第一卷　绪　论　　王余光　陆滢竹◎著

第二卷　先秦秦汉魏晋南北朝图书馆学史　　何官峰◎著

第三卷　隋唐五代图书馆学史　　赵晓◎著

第四卷　宋辽夏金元图书馆学史　　钱昆◎著

第五卷　明代图书馆学史　　熊静◎著

第六卷　清代图书馆学史　　熊静◎著

第七卷　民国图书馆学理论　　王莞菁◎著

第八卷　民国图书馆学教育　　郑丽芬◎著

第九卷　民国图书馆学学术团体　　王玮◎著

第十卷　民国图书馆学学者　　李诗苗◎著

　　　　民国文献学学者　　李诗苗◎编著

国家社科基金重大项目『中国图书馆学史』（13&ZD153）结项成果

第一卷　绪论　　　　　　　　　　　　　　　　　王余光　陆滢竹◎著

第二卷　先秦秦汉魏晋南北朝图书馆学史　　　　　何官峰◎著

第三卷　隋唐五代图书馆学史　　　　　　　　　　赵晓◎著

第四卷　宋辽夏金元图书馆学史　　　　　　　　　钱昆◎著

第五卷　明代图书馆学史　　　　　　　　　　　　熊静◎著

第六卷　清代图书馆学史　　　　　　　　　　　　熊静◎著

第七卷　民国图书馆学理论　　　　　　　　　　　王莞菁◎著

第八卷　民国图书馆学教育　　　　　　　　　　　郑丽芬◎著

第九卷　民国图书馆学学术团体　　　　　　　　　王玮◎著

第十卷　民国图书馆学学者　　　　　　　　　　　李诗苗◎著

　　　　民国文献学学者　　　　　　　　　　　　李诗苗◎编著

国家社科基金重大项目「中国图书馆学史」（13&ZD153）结项成果

中国图书馆学史

第九卷

主编 王余光
副主编 熊静 吴永贵

李诗苗 著

时代出版传媒股份有限公司
安徽教育出版社

图书在版编目（CIP）数据

中国图书馆学史. 第九卷 / 王余光主编；熊静，吴永贵副主编；李诗苗著. -- 合肥：安徽教育出版社，2024.5
ISBN 978－7－5748－0249－0

Ⅰ.①中… Ⅱ.①王… ②熊… ③吴… ④李… Ⅲ.①图书馆学史－研究－中国 Ⅳ.①G250.92

中国国家版本馆 CIP 数据核字（2024）第 100772 号

中国图书馆学史·第九卷
ZHONGGUO TUSHUGUANXUE SHI·DI-JIU JUAN

| 出 版 人：费世平 |
| 策划编辑：江　舟 |
| 统筹编辑：江　舟　陶忠娣 |
| 责任编辑：李桂荣　黄　文　徐　鹏 |
| 装帧设计：张鑫坤 |
| 技术编辑：陈善军 |

出版发行：安徽教育出版社
地　　址：合肥市经开区繁华大道西路 398 号　邮编：230601
网　　址：http://www.ahep.com.cn
营销电话：(0551)63683012，63683013
排　　版：安徽时代华印出版服务有限责任公司
印　　刷：安徽新华印刷股份有限公司

开　　本：710 mm×1010 mm　1/16
印　　张：27.25
字　　数：329 千字
版　　次：2024 年 5 月第 1 版
印　　次：2024 年 5 月第 1 次印刷
定　　价：166.00 元

（如发现印装质量问题，影响阅读，请与本社营销部联系调换）

缪荃孙

韦棣华

梁启超晚年写作留影

孙毓修《图书馆》

柳诒徵

沈祖荣

戴志骞

王云五

洪业

洪有丰

袁同礼

李小缘

万国鼎

杜定友

万国鼎《索引与序列》

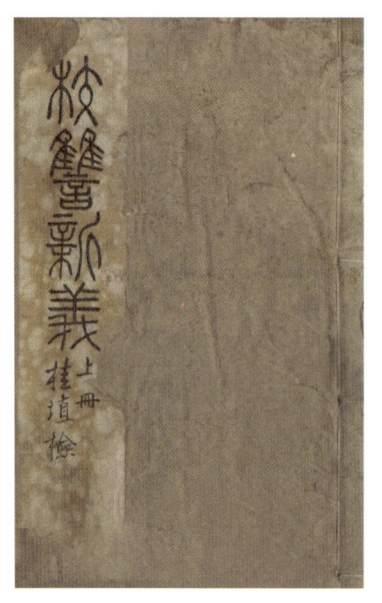

《校雠新义》书影　　　　　　　　《中国藏书家考略》书影

蒋复璁　　　　　　　刘国钧

 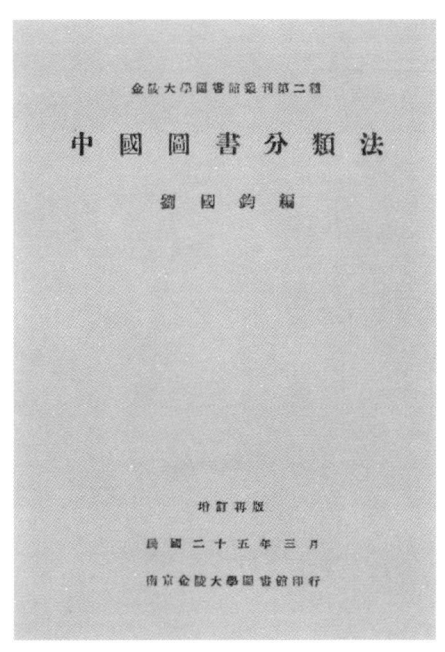

《图书馆学要旨》书影　　　　　　　《中国图书分类法》书影

桂质柏　　　　　　　　　　　　　皮高品

陈训慈

钱亚新

《索引和索引法》书影

《图书学大辞典》书影

总　序

1925年，梁启超先生在中华图书馆协会成立会上呼吁，建设"中国的图书馆学"，明确指出"对于中国的目录学（广义的）和现代的图书馆学都有充分智识"之人，才能将中国的图书馆学建设成一门独立的学科，成为"中国的图书馆学"（《中华图书馆协会成立会演说辞》）。自此之后，经过几代图书馆学学人的共同努力，中国现代图书馆学走完了从孕育到成熟的发展历程。

中国古代藏书文化源远流长，自刘向、刘歆父子校理群书起，积累了丰富的藏书经验与整理理论；以清末西学东渐、西方图书馆学思想传入为起点，现代意义上的图书馆在中国生根发芽，一代图书馆学家完成了中国图书馆学学科体系构建的历史使命。数千年来，一代代爱书人聚书万卷、丹黄不辍，谱写了世界文化史上关于书的学问最为绚丽的篇章。

近百年来，数代图书馆学家筚路蓝缕，将中国传统藏书管理、整理的方法和理念，与西方图书馆学思想相结合，完成了中国图书馆学的本土化进程。在这个过程中形成的思想、理论、著作、学术流派，为学科发展作出贡献的人物，以及学科教育、学术组织、刊物等，都属于中国图书馆学学科史的重要内容。今天，我们重视学科史、学术史，既为表彰前辈学人开山辟路之功，同时也是在回顾成就的基础上，为中国图书馆学的发展厘清思路。

按照学界惯例，学术史是体现学科成熟度的重要标志。然而，中国图书馆学虽历史悠久，但学科史的研究一直比较薄弱，成果较少且叙述都较为简略，未能建立起纵贯古今的图书馆学史研究框架。2017年，四卷本《中国图书馆史》出版，填补了我国图书馆史系统性研究的空白，我担纲其中《古代藏书卷》的主编。图书馆事业与图书馆学，为一体之两面，也是我长期以来重点关注的研究领域。在爬梳史料的过程中，我深感古代藏书与近现代图书馆事业之间的紧密联系，以及建立中国图书馆学史研究体系的必要性。

随着学界同道对"中国图书馆学史"研究意义认识的不断深入，我们愈发感到推进"中国图书馆学史"研究的紧迫。因此，2013年初，笔者向国家社科基金委提交了"中国图书馆学史"重大项目选题。选题通过后，我们组建了一支由国内知名高校图情领域中青年研究者组成的团队，共同完成课题申报，并于2013年11月获得立项，项目名称就是"中国图书馆学史"，项目号为"13&ZD153"，该项目的预定目标就是推出一套多卷本的《中国图书馆学史》。

2014年，我们于北京大学信息管理系召开开题报告会，徐雁教授、王子舟教授、姚伯岳教授、吴永贵教授等参会，就研究计划与实施方案提出了大量切实可行的建议。课题组根据专家意见，重新修改完善了研究大纲并确定分工，正式展开中国图书馆学史的资料收集与研究工作。

经过一年多的准备，2015年11月28日至29日，课题组在北大信息管理系召开第二次全体工作会议。经过两天的讨论，会议确定了各卷的主要内容、写作大纲，讨论开列了各时期重要图书馆学学人名录，进一步明确了研究思路，课题研究转入攻坚阶段。2016

年初至2019年底，是各分卷按照分工独立展开研究的阶段。其间，我们多次召开小型研讨会，就各卷研究遇到的问题展开讨论，同时协调进度，统一写作思路。为保证书稿质量，2020年元月2日至3日，课题组在北京召开第三次全体工作会议，从体例统一的角度，对各分卷初稿逐一审读并提出修改意见。2020年4月底，各分卷按计划完成了初稿。经过近半年的修改，2020年10月14日至18日，课题组在苏州召开结题审稿会，邀请苏州图书馆邱冠华、金德政、费巍和苏州大学李雅等专家学者与会，就审稿过程中发现的问题进行研讨。充分吸纳专家意见并对书稿进行修改后，2020年11月底，"中国图书馆学史"重大课题结项报告最终定稿，并于2021年3月通过鉴定，获批结项。

我与安徽教育出版社渊源颇深，2017年底，由我主编的十卷本《中国阅读通史》由安教社出版。在十余年"漫长"的合作中，安教社始终支持我们的工作，对作者的"拖延"保持了足够的宽容，并为出版做了大量认真细致的工作。因此，在与作者团队商议后，我们决定"再续前缘"，延续我们因《中国阅读通史》而结下的良好合作关系，共同做好《中国图书馆学史》的出版工作。2021年，安徽教育出版社将该项目的结项成果按照出版规范加以调整后，申报了国家出版基金，并于2022年3月正式获批。此后，按照国家出版基金时间要求，根据专家审读意见再次修改书稿，完善内容，打磨细节。

2023年10月14日至15日，在安徽教育出版社、河南大学新闻传播学院的支持下，我们在河南开封召开"《中国图书馆学史》出版推进会"，讨论了出版规范、书稿体例等问题。2024年3月14日至17日，为了解决出版过程中遇到的问题，安徽教育出版社在合肥召开了一次由作者和全体责编参加的终审会,对书稿进行最后的修改。至此,基本完成全书定稿工作,最终的成果就是这套即将与读者见面的十卷本《中国图书馆学史》,目次为:

第一卷　绪论　先秦秦汉魏晋南北朝图书馆学史
第二卷　隋唐五代图书馆学史
第三卷　宋辽夏金元图书馆学史
第四卷　明代图书馆学史
第五卷　清代图书馆学史
第六卷　民国图书馆学理论
第七卷　民国图书馆学教育
第八卷　民国图书馆学学术团体
第九卷　民国图书馆学学者
第十卷　民国文献学学者

第一卷分为《绪论》和《先秦秦汉魏晋南北朝图书馆学史》两部分。《绪论》重点解决中国图书馆学史研究中的重要理论问题,阐释我们对中国图书馆学、图书馆学史等基本概念的理解,梳理前人研究成果,确立研究的疆域与边界,构建全书总体框架,为后续研究奠定基础。按照我们的理解,中国图书馆学既应包括西学东渐、近代学术转型以来,西方图书馆学思想本土化后的成果,更应继承古代藏书整理的经验、方法、理论。近代学科体系的突出特征,就是分科越来越细,交叉越来越多。在近代学科体系建立的过程中,许多原本有密切联系的知识门类独立为专门的学科,图书馆学与文献学就是其中的代表,但从学术史的角度看,相关学科之间的客观联系是无论如何不应被忽视的。因此，在对前人研究成果进行梳理时，我们将之分为图书馆学与文献整理学两部分，以求更为全面地展现本领域的既有进展，帮助我们厘清思路，提炼重点研究问题。

从《先秦秦汉魏晋南北朝图书馆学史》至《清代图书馆学史》，属于中国图书馆学史的古代部分。我们认为，中国古代关于藏书的文化传统，是滋养中国图书馆学发生、发展的土壤，而系统的西方学科理论，奠定了中国图书馆学学科化、体系化的基石。中国古代藏书文化中关于藏书建设、整理、管理的思想与方法，是中国图书馆学的重要内容，也是"中国的图书馆学"的文化土壤与特色所在。因此，我们按照时间顺序将古代图书馆学划分为五个时段，分论每个时段图书馆学的历史发展、主要成就、代表人物，重点梳理各时段藏书管理与藏书整理思想、理论。具体内容有：古代藏书管理的思想与方法，即古代藏书收集、保存、利用等相关经验的总结；古代藏书整理的思想与方法，重点放在分类、编目、版本等藏书整理实践中总结的方法和理论。

民国是中国图书馆学学科体系建立的关键时期，有对传统藏书经验和理论的总结与继承，更有随近代学科体系建构而形成的新领域、新思想；也是中国图书馆学发展的关键阶段，在形塑学科体系结构、引领学科发展方向等方面产生了深远影响。此外，这一时期学人、著作不断涌现，学术团体、学科教育等学术建制的萌芽与成熟对于学科发展意义重大，同样应当进入学术史的范畴。而学人、著作是学术史的"主角"，以人为纲，学案体的写法更利于展现学派、学术发展之内在关联。故中国图书馆学发展至民国以后，有必要对其进行进一步的细分，以契合民国图书馆学在中国图书馆学史上的重要地位。在写作思路上，采用总分式结构。以一卷的篇幅总论民国图书馆学的发展背景、理论进展、学科建制；再以四卷的规模，择取民国图书馆学教育、学术团体、图书馆学与文献学学者等不同侧面，多维度展现民国图书馆学的发展面貌与主要成就，力求揭示近代中国图书馆学学科建构与转型的路径及其发展的内在机理。

"中国图书馆学史"的研究过程中，我的研究生、博士后也参与了课题讨论，从中选取相关论题撰写论文，为课题积累了丰富的前期成果和研究资料。由于工作变动，其中部分成员没有参与书稿的撰写，在此对他们的付出表示感谢。他们是北京大学范凡、许欢、张慧丽、李世娟、衡明明、张婵娟，清华大学王媛，中国人民大学王丽丽，河北大学赵元斌，青岛大学刘悦。

需要说明的是，在中国图书馆学史研究领域，许多基本概念尚存争议，学科史的研究框架与内容亦无成例可循，本书的观点仅代表一家之言。限于学力、时间，疏漏之处在所难免，诚盼学界同人不吝批评，就书中涉及的问题与我们展开讨论。

对学科史研究的重视，是学科发展到一定程度之后的学术自觉。对几千年来中国图书馆学成就的系统梳理，能够帮助我们找寻图书馆学史闪耀的思想光芒，确认值得今天借鉴的精神成果。当前图书馆学的发展也需要我们时常回望来路，通过反思历史，审视今天的问题，厘清前进的方向。当前，随着国民经济的快速发展，中国图书馆事业突飞猛进，取得了令世界瞩目的成就，图书馆是重要文化设施的理念深入人心。然而，与事业发展相伴的是图书馆学学科及其教育发展面临的困境。一方面，信息技术的革新赋予了以图书馆学为代表的信息学科无限的想象空间；另一方面，与现实脱节，对事业发展重大现实问题回应力不足，以及由此而生的关于学科必要性、独立性的悲观情绪，正在学科内部蔓延。历史总是相似的，如今，中国的图书馆学又走到了一个需要选择何去何从的关口。我们梳理图书馆学学术史时，不仅要铭记前辈先贤为构建学科作出的努力与贡献，更重要的是从历史经验中汲取养分，对今天的图书馆事业、图书馆学发展进行深入思考，厘清思路、拓展视野，透过纷繁的现象，为中国图书馆学未来的发展作出正确的道路选择。这也是时代赋予当代图书馆学学人的重大使命与责任！

十卷本《中国图书馆学史》的出版，仅是我们为上述目标所作的初步努力，而学术史的完善，仍需更多关心图书馆学的发展、深入理解"中国的图书馆学"内涵的学者共襄其事。我相信，图书馆是人类文明生活的"第二起居室"；中国的图书馆学，将有一个光明的未来！

是为总序。

王余光

2024年4月于北京

目录

引 言 / 1

第一章 / 4
民国图书馆学学者（一）

第一节　缪荃孙 / 4

第二节　韦棣华 / 13

第三节　孙毓修 / 23

第四节　梁启超 / 34

第五节　柳诒徵 / 55

第六节　沈祖荣 / 75

第七节　戴志骞 / 102

第八节　王云五 / 123

第二章 / 139
民国图书馆学学者（二）

第一节　杨昭悊 / 139

第二节　洪　业 / 148

第三节　洪有丰 / 161

第四节　袁同礼 / 178

第五节　李小缘 / 193

第六节　万国鼎 / 216

第七节　杜定友 / 232

第八节　金步瀛 / 261

第三章 / 273

民国图书馆学学者（三）

第一节　蒋复璁 / 273

第二节　刘国钧 / 290

第三节　桂质柏 / 313

第四节　皮高品 / 327

第五节　陈训慈 / 337

第六节　钱亚新 / 355

第七节　卢震京 / 375

第八节　金敏甫 / 388

主要参考文献 / 407

索　引 / 414

后　记 / 422

引 言

　　中国图书馆学的发展植根于传统藏书楼的土壤，得益于近代图书馆在中国的建立，兴盛于民国图书馆学学人的学术创新。一代代图书馆学学人的不懈努力促成了中国图书馆学的兴盛，也是学科得以持续发展的动力源泉。研究民国时期图书馆学学人，不仅可以更好地梳理中国近代图书馆学的知识体系和学科发展脉络，而且可以帮助我们更为深刻地理解这一重要时期在中国图书馆学史上的历史地位和作用，同时对于探究现代图书馆学学科理论、明晰学科未来发展方向意义深远。

　　依据研究领域的不同，我们将民国时期图书馆学学人划分为两种类型：图书馆学学者和文献学学者。图书馆学学者即现代图书馆学的研究者，他们融合古代藏书理念与西方图书馆学思想，致力于传统图书馆学的现代转型，研究内容主要集中在图书馆性质与功能、图书馆与图书馆学的含义、分类与编目、图书馆管理、检字法、索引等学术领域，重视图书馆的教育功能，关注图书馆学研究的致用性，构建中国图书馆学的现代化学科体系，积极探索中国图书馆学的本土化发展之路。这一思想特点的形成受到多种因素的影响，除了民国时期的政治经济变革以外，各种思潮的兴起也是重要原因之一。在西方图书馆学学科体系和实用主义观念的影响下，图书馆学学者开始思考建立中国的图书馆学，经世致用的观念与实用主义、民族主义思潮相结合，形成了20世纪初期中国图书馆学研究的致用特色。

在图书馆学代表性人物的确定上，本书主要参考如下标准：一是其人重要学术成就的取得发生于民国时期，如杨昭悊、李小缘、洪有丰、袁同礼、戴志骞等，这一部分学者构成民国图书馆学学者的主体。二是其人重要学术成就的取得发生于1949年后，但其在民国时期已然产生了一定的学术影响力，如钱亚新、皮高品等。除此之外，笔者还综合考虑学者的学术著述、理论贡献、学术实践等因素，筛选出较有代表性的人物。其中，学术著述是指学者在该领域有代表性的著作或论文，理论贡献是指学者提出的学术主张对当时或后世学术界产生了重要影响，学术实践是指学者依据理论进行的实践活动。

本书依据人物的生年顺序，对各章节加以编排，概述学人的生平事迹，梳理学人主要学术论著及其学术价值，重点关注人物的学术思想和学术实践，考察其学术经历、学术传承、学术流派、学术贡献。受中国古代藏书观念和西方现代图书馆学思想的双重影响，民国时期的图书馆学研究既传承了古代藏书理念，也兼具建立于现代学术基础上的创新发展性。民国时期图书馆学学者研究的范围较为宽泛，涉及基础理论（如基本含义、学科体系）与技术方法（如图书分类与编目、检字方法、索引法）。民国图书馆学学者往往任职于某一图书馆，在图书馆中实践自己的思想主张，也在实践中提升图书馆学理论水平。这就决定了在分析学人思想时,不能单纯地研究其图书馆学著述,也要关注其图书馆学实践,探究思想与实践的相互作用。

需要特别说明的是,因民国的时间跨度不足40年,多数图书馆学学者的卒年在1949年以后。且以1949年为界,我国图书馆学史的指导思想和学术主张都发生了显著变化。虽然本书的研究定位为民国时期图书馆学学者,但因研究对象为图书馆学学人的学术思想,为确保历史人物的鲜活性和学术思想的延续性,所以也会提及学人在1949年以后的重要学术主张,从而保证专题研究的连贯性。

第一章

民国图书馆学学者（一）

第一节　缪荃孙

一、生平

缪荃孙（1844—1919），字炎之，晚号艺风老人，祖籍河南，1844年9月出生于江苏省江阴县（今江阴市）申港镇缪家村的一个书香世家。缪荃孙幼时便开始在家塾读书，17岁时避居淮安，进入山阳丽正书院学习文字学、训诂学等。后随父迁居四川。1867

年,在四川乡试中举。因赏识其才,时任四川学政的张之洞将缪荃孙收入门下,令其协助撰写《书目答问》。1876年,缪荃孙考中恩科进士,授翰林院编修。1879年,缪荃孙在翰林院参加《顺天府志》的编撰工作,后升任总纂。曾主讲于江阴南菁书院、南京钟山书院、上海泺源书院、常州龙城书院,任江楚编译局总纂。1902年,缪荃孙开始负责筹办三江师范学堂(后更名为两江师范学堂),并赴日本考察教育和图书馆事业。1907年,缪荃孙负责筹办江南图书馆(今南京图书馆)。1909年,缪荃孙被任命为京师图书馆(今中国国家图书馆)正监督,负责筹办京师图书馆。1914年,缪荃孙被聘任为《清史稿》总纂。1919年,缪荃孙病逝于上海。

二、学术论著

缪荃孙有着丰富的图书馆管理经验,在图书分类、图书编目、图书馆管理等领域均有所研究,撰写的学术论著有《书目答问》[作者为张之洞,缪荃孙参与代笔,初刊于光绪二年(1876)],《艺风藏书记》(自刊本,1900年),《艺风堂文集》(自刊本,1901年),《清学部图书馆善本书目》(上海:国粹学报社铅印本,1912年),《清学部图书馆方志目》(上海:国粹学报社铅印本,1913年)等,其中《书目答问》最具代表性。

《书目答问》,共5卷,附2卷,收录书目2 200多种,初刊于光绪二年(1876),作者为张之洞。但据缪荃孙《艺风老人自订年谱》载:"光绪元年乙亥年三十二岁","八月,执贽张孝达先生门下受业，命撰《书目答问》四卷"。① 因此《书目答问》为缪荃孙参与代笔的推荐书目。该书将收录书目分为经、史、子、集、丛5类，另附"别录"类，突破了传统四部分类法的局限，在四部分类法占据主导地位的时期，具有重要的学术意义，也为后世的图书分类和推荐目录指明了发展方向。

三、图书分类与编目思想

图书分类是为了方便读者查找图书，而中国传统的分类体系，以四部分类法最为流行。随着西方众多种类书籍的不断传入，以经、史、子、集为代表的四部分类法不能涵盖所有新传入的书籍，许多有识之士开始尝试探索适应社会潮流的新的图书分类法。钱亚新曾有言："清康熙间姚际恒的《好古堂书目》中，除经史子集四部外，已立有'经史子集总'部，这个总部实际上就是丛部。更前一些，在明末清初祁理孙的《奕庆藏书楼书目》中，除经史子集四部外，已立有'四部汇'部，这个四部汇实际上就是丛部。"② 虽然此时还没能形成统一的为社会大众所普遍接受的图书分类法，但他们的探索为图书分类体系注入了全新的活力，也为日后分类法的进步与完善奠定了思想基础。

缪荃孙在分类法上不断摸索，以求找出最适合中国社会的图书分类体系。《书目答问》中，缪荃孙在原有四部分类法的基础上增

---

① 缪荃孙：《艺风老人自订年谱》，载沈云龙主编《近代中国史料丛刊》（第五十一辑），台湾文海出版社，1982年，第22—23页。
② 吉林省图书馆学会等主编：《钱亚新论文选》，成都东方图书馆学研究所，1988年，第92页。

加了"丛书"一类，运用的是更符合社会需求的五分法。在《艺风藏书记》和《艺风藏书续记》中，他采用十分法，把图书分为"经学、小学、诸子、舆地、史学、金石、类书、诗文、艺术、小说"十类，以求最大限度囊括社会上的众多图书。在《艺风藏书再续记》中，缪荃孙采用七分法整理图书，将图书按照版本进行分类，将善本图书分为"宋刻本、元刻本、明刻本、旧钞本、校本、影写本、传钞本"七大类别。无论是为书籍实用而创造的五分法，还是按书籍类目而归纳的十分法，抑或是按照图书版本形态而建立的七分法，无不昭示着缪荃孙对分类体系的探索与创新。值得一提的是，缪荃孙在《书目答问》中提出的五分法影响深远。姚名达在《中国目录学史》中说，《书目答问》"虽未能破坏四部内质，然已示人以四部之不必拘守，且为举要目录奠一基础焉"[①]。

缪荃孙在掌管公共图书馆时，因地制宜地把多种分类法充分融合到图书馆的实际工作当中：《清学部图书馆方志目》中以地点为标准来分类，《江苏金石志》和《艺风堂金石文字目》中以时间为标准进行分类。缪荃孙所创造的种种分类体系，虽然没能代替四部分类法成为社会主流思想，但他勇于创新的大胆实践，敢于挑战权威的分类思想，为日后分类体系的成熟和完善作出了重要贡献。

对于书籍目录，缪荃孙自有其独特的编撰体系。他素来秉承"分别条流，慎择约举"的原则，对所收书目，无一不精心筛选过滤。早在缪荃孙编撰《书目答问》时，就可见其筛选书籍之严格。各部图书的收录均有明确且严格的标准：经部收录实事求是

---

① 姚名达：《中国目录学史》，上海古籍出版社，2005年，第302页。

之书，史部收录考证详核之书，子部收录古今实用之书，集部收录著名典籍，丛部收录精审实学之古书。以下五类著作则明文规定不予收录：大凡无用、空疏之书，偏僻、淆杂之书不予收录；古书的内容今书已有者，不予收录；注释粗浅、妄自删改、编刻错误之书不予收录；失传的古书不予收录；旧书抄本且难觅行踪之书不予收录。经过这番"分别条流，慎择约举"的选择后，缪荃孙所编撰的书目体例明确、内容清晰，具有"辨章学术，考镜源流"的作用。

缪荃孙主持编订了《清学部图书馆善本书目》和《清学部图书馆方志目》。《清学部图书馆善本书目》是中国近代史上第一部公藏书目，是我国公共图书馆编制善本书目的开端。它不仅规范了我国公共图书馆的馆藏目录，更为后世馆藏目录的修订奠定了制度基础。《清学部图书馆方志目》则是一部方志的专题性藏书目录，著录各省府州县志1 676余部，是揭示京师图书馆古籍收藏情况的重要文献资料，成为日后各地方图书馆编撰古籍目录的典范。

缪荃孙原是声名卓著的私人藏书家，有艺风堂、对雨楼、藕香簃、云自在龛、联珠楼等多座藏书楼。缪荃孙深感社会动荡不安对藏书事业的破坏，但凡动乱，图书大抵都要经历浩劫。太平天国运动破坏江南三阁的《四库全书》，英法联军恶意掠夺《永乐大典》，官府尚不能保全藏书，何况个人？缪荃孙意识到，以自己的微薄之力要保全藏书难度极高，但书目则相对容易保存，不仅可以传给后人，而且对中国传统典籍具有保存和传播的作用，故而缪荃孙逐渐形成了"书去目存"的藏书思想，并把自己的藏书分门别类，编成《艺风藏书记》《艺风藏书续记》《艺风藏书再续记》等书目。这种积极变通的藏书观，不仅使得缪荃孙整理公布了完整的家藏，更为其出借典籍、刻书惠人提供了新途径，开启了私家藏书的新风气，也为其日后管理两大公共图书馆（江南图书馆、京师图书馆）积累了丰富的实践经验。

四、图书馆管理思想

在1909年的《江阴先哲遗书序》中，缪荃孙表达过对于知识的看法："士大夫居乡，收拾先辈著作，寿之梨枣，以永其传，有三善焉。一邑读书之士能著述者不过数十人，著述而能传者不过数人，吉光片羽，蟫本为巢，及今传之，俾不湮没，其善一也。土风民俗之迁革，贤人才士之出处，贞义士女之事实，耳目近接，纪载翔实，是传一人之诗文即可传数人之行谊，其善二也。乡曲末学，志趣未定，贻以准则，牖其心思，俾志在掌故者，既可考订以名家工于词章者，亦能编纂而成集佩，实衔华闻风兴起，其善三也。"[①]缪荃孙认为，整理先辈著作，一来可传承历代优秀文化，二来可记录事实以教化民众，三来可树立准则为各领域提供参考。这与公共图书馆的使命不谋而合，即希望馆藏书籍能够被更多人阅览，以便发挥其更大功效。

明末清初的私人藏书家曹溶历来为缪荃孙所推崇，曹溶认为，正是私人藏书家的秘藏造成了众多古书的散亡，这与缪荃孙的藏书思想不谋而合。曹溶明确提出了流通古书的两个方法：藏书家之间彼此相互传抄以互通有无，有资力的藏书家出资刻印书籍以广流

---

① 缪荃孙：《江阴先哲遗书序》，《国粹学报》1909年第1期。

传。缪荃孙深以为然，并身体力行。他不吝己藏，大力推行传播典籍的藏书思想，很好地保存和传播了我国的古籍珍本。

柳诒徵撰《缪荃孙传》云："当是时，新学小生苴葛故籍，诸老先生流风寝衰矣。而南北二馆，后先巍立，号为册府，笃古之士犹得钻仰胚沫其间，不令中国历代巨刻珍钞、万国希觊之瑰宝，流放沽鬻于东西都市者，荃孙力也。"① 在图书馆的运行过程中，缪荃孙注重积累馆藏，通过大量收购私人藏书家图书、合并官藏图书等方式，获得了大量的善本藏书，并率先解放思想，实践开放典籍、流通藏书、传播知识、传承文化的服务读者思想。

在筹备江南图书馆、京师图书馆的过程中，缪荃孙力主破除传统私人藏书楼秘而不宣的固有思想，扩充馆藏资源，宣传公共图书馆的新式流通型馆藏思想，充分发挥图书的文化传播作用，最大限度地便利民众阅读。

京师图书馆作为公共图书馆，不仅馆藏丰富，而且制度相对完善，持续为读者提供各色的读书服务。学部调入的国子监书籍、地方文献的统一征调、私人藏书家书目的大量收购，保证了京师图书馆充足的馆藏。馆内藏书，博杂而有序，有专门设立的编目部门，随时更新完善书目，方便读者借阅。《京师图书馆及各省图书馆通行章程折》（以下简称《章程》）第一条规定："图书馆之设，所以保存国粹，造就通才，以备硕学专家研究学艺，学生士人检阅考证之用。以广征博采，供人浏览为宗旨。"② 缪荃孙结合《章程》与自身藏书经验，注重相互传抄与借书交流。他认为这种对图书的传抄

---

① 柳诒徵：《缪荃孙传》，载中国历史文献研究会编《历史文献研究》（北京新一辑），北京燕山出版社，1990年，第2页。
② 河北大学图书馆学系编印：《图书馆法规文件汇编》，1985年，第3页。

与交流，不仅能扩大书籍的影响力，满足民众的图书阅览需求，更是一种制度的创新。这为日后图书馆之间的馆际图书互借交流，奠定了实践的基础。《章程》第五条规定："图书馆应设藏书室、阅书室、办事室。"① 这种分门别类设置行政办公部门的思想极具现代性，是公共图书馆的典范。第十二条规定："京师暨各省图书馆得附设排印所、刊印所。"② 在该原则的指导下，缪荃孙大力整合秘籍孤本、古书善本，刊印发行，为文化的大力传播作出了重要的贡献。

在缪荃孙任江南图书馆馆长时，馆中的许多工作人员本身就是知名学者，包括典守编纂丁国钧，典守编辑王耕心，参议章钰、吴俊卿，提调邓嘉缉，司书官陈作霖，采访员徐乃昌。③ 众多知名专家学者的加盟，使得江南图书馆盛名远播。在掌管京师图书馆时，缪荃孙继续自己在江南图书馆的参考咨询思想，充分肯定人才对于公共图书馆发展的重要意义，因此向学部提出聘请有学识的名誉经理员，给到馆读书的广大读者提供咨询、解惑。他聘请罗振玉等八人为名誉经理员，后又补充聘请吴廷燮等九人为名誉经理员。这些知名的教授学者，不仅能为读者讲解怎样按目录查书，还能在思想上为读者释疑解惑。缪荃孙的这种参考咨询思想对图书馆建设影响深远，为当时及后世图书馆管理提供了重要参考。

---

① 河北大学图书馆学系编印：《图书馆法规文件汇编》，1985年，第3页。
② 河北大学图书馆学系编印：《图书馆法规文件汇编》，1985年，第4页。
③ 参见柳诒徵撰，武黎嵩、李昕垚整理点校《国立中央大学国学图书馆小史》（与《盋山案牍》合刊，上册），商务印书馆，2021年，第90—92页。

五、学术贡献

缪荃孙以自身的学识和崇高的威望,给图书馆学界带来持久广泛的影响。在图书分类方面,他突破中国传统的四部分类法,使五分法、十分法等新颖的分类方式进入人们的视野,挑战了墨守成规的权威思想,促进了人们对分类法思想的重新认识,推动了图书分类法的不断进步发展。在图书编目方面,《江南图书馆善本书目》《清学部图书馆善本书目》《清学部图书馆方志目》等善本目录的编撰辑刻,不仅为读者到馆阅读提供了方便,极大地发挥了公共图书馆的服务功能,更为图书馆目录的编制与学术研究提供可借鉴的范例。在读者服务方面,他引领了读者本位的思想潮流,不仅收购私人藏书家图书,给图书馆馆藏编目,更鼓励读者到馆阅读,聘请知名教授为读者答疑解惑。他完善了图书馆管理的规范体系,推动了中国公共图书馆事业的发展。

第二节 韦棣华

一、生平

韦棣华（1862—1931），原名玛丽·伊丽莎白·伍德（Mary Elizabeth Wood），1862年出生于美国纽约州的一个小镇，在七个兄弟姐妹中排行第四。由于家庭负担过重，韦棣华未接受过系统的学校教育，仅断断续续地在一些公立学校和私立学校学习，但她勤奋刻苦，自学成才，尤其对英国文学知识有所积累。1889年，韦棣华进入里奇蒙德纪念图书馆（Richmond Memorial Library）工作，担任首任馆长，从此开启了她的图书馆职业生涯。1899年，韦棣华从美国启程来到武昌，看望在中国传教的弟弟韦德生。来华以后，韦棣华担任思文学校教员。1903年，思文学校更名为文华书院，韦棣华继续在文华书院执教。在教学过程中，她致力于学校图书馆的建设工作，设立报刊阅览室。后来阅览室因规模扩大而取名为文华书院藏书室。为了更好地发展中国的图书馆事业，1906年，韦棣华利用休假的时间返回美国，进入普拉特学院图书馆学院，接受专业训练。同时，她还四处宣传游说，为文华书院筹集图书馆建设所需资金。1908年，韦棣华回到文华书院，着手图书馆的筹建工作。1910年，文华公书林举行了隆重的开放典礼。作为公共图书馆，文华公书林以多种形式服务读者，如宣传普及图书馆理念、设立流动图书馆、举办巡回演讲等。1918年，韦棣华再次回到美国进修，就读于西蒙斯学院图书馆学院。次年，韦棣华回到中国，参与"新图书馆运动"，大力宣传现代图书馆的管理经验与读者服务思想。1920年，韦棣华同沈祖荣、胡庆生一起，创建文华大学图书科，开启了我国图书馆学正规教育的先河。1922年，在韦棣华的主持下，文华公书林完成了扩建改造工作。1929年，文华大学图书科获教育部批准，成为独立学府，更名为"私立武昌文华图书馆学专科学校"（简称"文华图专"）。从文华图专创立开始，韦棣华便一直亲自授课，培养中国图书馆学人才。1931年5月1日，韦棣华因心脏病逝世于武昌。她一生未婚，无私奉献于中国图书馆学事业，被黎元洪誉为"中国现代图书馆运动之皇后"。

1931年，在韦棣华女士追悼会暨韦棣华女士来华服务三十周年之际，《武昌文华图书科季刊》在第3卷第3期专门开设"韦棣华女士纪念号"，刊登《韦棣华女士略传》《悼韦棣华女士》《韦棣华女士逝世的日记》《可爱的韦棣华师》等中英文文章23篇，纪念韦棣华女士为我国图书馆事业发展所作出的重要贡献。在追悼大会上，沈祖荣作报告，将韦棣华女士事业成功的要素归纳为三个方面：

（一）坚忍，彼于事业，悬鹄以赴，百折不回，仅就其创办公书林及文华图书科言，所有募款之信件；靡弗一手亲缮，百函并发，若经一一收集，恐公书林亦容不下。（二）刻苦，彼一生服御朴素，自奉甚俭，曾在各大学及女师任教职多年，苟有所获，即举以发展公书林及文华图书科,往岁某主教尝笑谓女士下次谒见美总统时,勿再御平素所服之旧帽,盖于谈笑之中,深致钦崇之意。(三)信仰,女士宗教信仰极笃,平生无论遭受若何艰危,从不消极,惟虔诚祈祷,专精致力,以迅赴事功,反此,如遇极得意事,亦归功于所信仰之主,盖终其身为人类服务,亦即为主服务云云。①

二、图书馆学基础理论学说

文华公书林由韦棣华于 1910 年创办,实质上是一所公共图书馆。在创立初期,韦棣华仿照美国公共图书馆的经验,举办公共演讲,设立巡回书库,承担着早期武汉市公共图书馆的角色。韦棣华主张图书馆的书库应对外开放,以方便读者阅览。这一观点现在已成为社会的共识。但在 20 世纪初的中国,设立向民众开放的公共图书馆已属少见,开放书库更是罕见之举。例如,当时的文华大学校长翟雅各(James Jackson)博士"主张公书林须采闭库制度,严格限制校外学生自由出入书库"②。这一主张与韦棣华的观点恰恰相反,由此导致了翟雅各校长在任期间,公书林与文华大学之间的相互独立。

为贯彻开放阅览的理念,韦棣华采取了三个方面的措施,以进一步发挥文华公书林公共图书馆的职能。这三个措施分别为:

一、开放提供本校(文华)全部学生使用,在有限范围内,提供

---

① 董铸仁:《韦棣华女士追悼大会纪略》,《武昌文华图书科季刊》1931 年第 3 期。
② 卢震京:《图书学大辞典》,台湾商务印书馆股份有限公司,1971 年,第 31 页。

给其他政府机构及武汉有识青年使用。

二、全部藏书开架式,读者可以自由浏览取阅。

三、建立巡回图书馆,(1914年)装运2 000册中英文图书走出校门访问武昌其他学校和工厂。[①]

文华公书林的前身为文华书院的"八角亭",即阅报室。随着藏书规模的扩大,文华公书林开始建设,并于1910年投入使用。在韦棣华与设计师德希斯的沟通下,文华公书林结合中西建筑特点,既保持西方古典建筑的形制,也突出图书馆的特殊作用。沈祖荣曾称赞道:"初以为崇楼杰阁,馆址颇为壮观;中西书籍,虽不敢说搜罗宏富,也可算规模粗具;办理必无若何困难。"[②]

1920年,文华公书林开始扩建。此次扩建不仅为适应馆藏增加与读者需求,也为文华图书科的建立作准备。在原有馆舍的基础上,依据图书馆特征,文华公书林设置了编目室、参考室、阅览室、报纸杂志室、书库、韦氏参考室、孙公纪念室(专藏商学书籍)、罗瑟厅(专藏论述中国的西文书籍)、司徒厅(用于演讲、会议等的礼堂)、实习室、图书馆学研究室、教室等,以更好地发挥公书林的教育功能。一楼正厅为公书林的核心地带,摆放了开放式书架,供读者借阅。这一开架借阅的理念于今天看来较为普遍,但在当时实属罕见,并遭到了不少质疑。

文华公书林虽设立于学校内,但韦棣华将公书林定位为公共图书馆,而非仅限于学校图书馆。因公书林位于武昌城东北隅,地点偏僻,故而前来阅书的人数不多。鉴于这一情况,韦棣华决定借鉴

---

① 胡榴明著,胡西雷摄影:《昙华林》,武汉大学出版社,2016年,第116—117页。
② 沈祖荣:《在文华公书林过去十九年之经验》,《武昌文华图书科季刊》1929年第2期。

美国图书馆经验,设立分馆与巡回文库。分馆主要设立于"长街适中地点,以便人就近阅览",巡回文库"将各种适用书籍,每五十册至一百册,装箱分送各欲借书学校机关陈列,以便就近阅览"。① 这些举措取得了显著效果,据沈祖荣统计,"现在用巡回文库的,在民国十五年时,有二十三处,不特是武昌城内学校,就是附近的各地的学校、团体,以及远道邮便所在,也有巡回文库的往还"②。巡回文库突破地域范围的限制,扩展了图书馆服务的空间区域。这一做法在一定程度上宣传了文华公书林,体现了开放阅览的图书馆服务理念。

自1899年来华以后,韦棣华时刻关注中国图书馆事业的发展,致力于在中国建设现代化图书馆。作为一名"世俗传教士",韦棣华的图书馆思想带有一定的宗教色彩,却又在此基础上有所突破。在美国进修学习期间,韦棣华分别于1907年1月和5月发表文章《为在中国中部建立一所基督教的图书馆》(*A Christian Library for Central China*)和《在一个中国城市的图书馆工作》(*Library Work in a Chinese City*),介绍当时的中国图书馆事业发展情况,号召在华中地区建立基督教图书馆,为文华公书林的建设筹集经费。虽然募集资金的宣传是为建设基督教图书馆,但实质上,文华公书林突破了基督教图书馆的限制。在韦棣华的管理下,文华公书林已然成为武汉地区的公共图书馆。为了吸引更多民众来馆阅读,韦棣华采取多种宣传方法,扩大文华公书林的影响力。例如,"举行大学扩充演讲,敦请中西名人,或道过武汉的专家,在公书林定

---

① 沈祖荣:《在文华公书林过去十九年之经验》,《武昌文华图书科季刊》1929年第2期。
② 沈祖荣:《在文华公书林过去十九年之经验》,《武昌文华图书科季刊》1929年第2期。

期演讲"①。在1923年的中华教育改进社年会上,韦棣华与洪有丰、冯陈祖怡一道,提出《呈请中华教育改进社转请全国各公立图书馆将所藏善本及一切书籍严加整理布置酌量开放免除收费案》,建议"将此案函请各省省长,转知各该属图书馆委员会,或其他管理该属图书馆团体机关,从速整理图书馆事业"。②

韦棣华曾说道:"今中国教育之改造,进步极速。教育制度亦极完备,但少注意于图书馆事业不无可憾耳。"③她以"办中国文化事业亟须有有系统之计划与进行,而组织一规模宏大收藏丰富之国立图书馆,亦刻不容缓。惟国家多故,着手为难,力短心长,时增叹息。适值美国有退还庚子赔款之议,而群争用途,莫衷一是,女士则主张用于文化事业之发展"④。为了中国图书馆事业的发展,韦棣华于1924年著《庚子赔款与中国图书馆运动》(*The Boxer Indemnity and the Library Movement in China*)一书,并与余日章博士等共谋以庚子赔款发展图书馆之事。为此,韦棣华携此项议案赴美,参与美国国会集会,走访两院议员,将"中国上美国大总统之呈请书(有中国各界领袖及名流一百五十余人署名)并中华教育改进社之议案,及重要文件,抄录多份",呈请两院之外交事务审查委员会审议。⑤议案通过以后,韦棣华亲自谒见美国总统,提

---

① 沈祖荣:《在文华公书林过去十九年之经验》,《武昌文华图书科季刊》1929年第2期。
② 洪有丰等:《分组会议纪录:第三十 图书馆教育组》,《新教育》1923年第2—3期。
③ 韦棣华演讲,程葆成笔记:《运动庚子赔款退回中国拨充推扩中国图书馆之经过》,《图书馆》1925年创刊号。
④ 王正廷等:《韦棣华女士来华服务三十周年纪念大会启》,《中华图书馆协会会报》1930年第4期。
⑤ 参见韦棣华演讲,程葆成笔记《运动庚子赔款退回中国拨充推扩中国图书馆之经过》,《图书馆》1925年创刊号。

及上述两项文件。遵照庚子赔款管理委员会（以下简称"庚款委员会"）的提议，韦棣华亲赴纽约，参加美国图书馆协会之年会，促成鲍士伟博士访华，使其进一步了解中国图书馆情况，以便将中国图书馆情况及时传达至中美庚款委员会。1925 年 6 月，鲍士伟博士访华，这一事件直接推动了中华图书馆协会的成立。在致中华图书馆协会及中华教育改进社报告书中，鲍士伟博士提议部分庚款可用于以下用途："（一）由中华图书馆协会视随时之需要，直接支配其用途。（二）建筑有定数之图书馆，惟是项图书馆之设立须先履行所附之特殊条件。（三）以类似的条件，选购现代书籍。（四）开放书库后如有书籍遗失，以此作购书费。（五）设立一所或数所试验图书馆。"[1] 得益于部分美国退还的庚款用于相关图书馆的建设，中国图书馆事业得到了快速发展。国立北平图书馆、北京大学图书馆、武汉大学图书馆、文华图专因这一经费的资助而得以发展壮大。关于韦棣华对中国图书馆事业的贡献，严文郁曾称赞道："中美庚款的退还，中华图书馆协会的成立，女士亦亲身参与促成，更是她一生对我国图书馆事业的最大贡献，正如意大利人潘利文在大英博物馆图书馆一般，皆异邦人士而造福邻邦，其热心毅力，实足为今世师表。誉之为中国图书馆运动的大导师，洵不为过。"[2]

在韦棣华的支持下，1917 年，沈祖荣联合基督教青年会全国协会，开启了新图书馆运动的序幕。新图书馆运动利用巡回演讲、报刊舆论、专业讲座等形式，旨在宣传美国图书馆思想，创建现代

---

[1] 鲍士伟著，朱家治译：《鲍士伟博士致本会及中华教育改进社报告书》，《中华图书馆协会会报》1925 年第 2 期。
[2] 严文郁：《中国图书馆发展史：自清末至抗战胜利》，台湾枫城出版社，1983 年，第 41 页。

化新式图书馆。这一运动得到了当时图书馆学界的认可,图书馆学家纷纷响应,李大钊、杜定友、刘国钧、戴志骞、洪有丰也参与其中,以公共图书馆或高校图书馆为基础,扩大现代化图书馆思想的影响力。《图书馆教育问题》《我们何以要提倡图书馆呢?》《近代图书馆之性质》《图书馆与市民教育》《教育与公共图书馆》等文章或演讲稿在这一时期相继发表。

三、图书馆教育思想

韦棣华重视图书馆人才的培养,她的图书馆人才教育观念不仅体现在图书馆人才的培养方面,也表现于中西图书馆学教育的结合、理论与实践的结合上。

受韦棣华的资助,沈祖荣与胡庆生分别于1914年和1917年赴美国纽约州立图书馆学校和哥伦比亚大学攻读图书馆学。1920年,韦棣华与沈祖荣、胡庆生创立文华大学图书科,开启了我国图书馆学现代化教育的先河。1924年,文华大学与博文书院、博学书院合组为华中大学。1926年9月,华中大学停办,文华大学图书科却并未因此停止招生。利用庚子赔款和募集来的经费,文华大学图书科在艰难的情况下仍正常运营。1929年,私立武昌文华图书馆学专科学校获批,我国第一所图书馆学专科学校就此成立。

文华图专虽仿照美国纽约州立图书馆学校设立,但其课程体系则充分考虑到了中国图书馆事业的发展情况。文华图专的课程有中西文编目学、图书馆经营法、中国目录学、中文参考书举要、西洋图书馆史、图书馆建筑法、西文分类法、西文参考书、中文书籍选读等。文华图专的任课教师有韦棣华、沈祖荣、胡庆生、毛坤、白锡瑞、安德生、李登伯等。韦棣华作为文华图专的创办人，同时也教授英国文学和美国图书馆学概况等课程。此外，文华图专还邀请戴志骞、袁同礼、洪有丰、刘国钧、杜定友、李小缘等担任特约教师。在创办初期，文华图专的教师多数具有欧美留学背景，这也是当时中国缺乏图书馆学专门学校的体现。虽然韦棣华本人自幼在美国成长，并接受过美国专业图书馆学教育，但文华图专所开设的课程不是对欧美图书馆学校课程的照搬照抄，而是结合了中国目录学与图书学内容，做到了中西并重，既有中文参考书举要、中文书籍选读等中国传统课程，也有西文分类法、图书馆经营法等现代图书馆学课程。

除了课堂上的常规理论教学，文华图专也重视实践操作。文华图专的实习地点在文华公书林。自1920年扩建以后，文华公书林专门设置了实验图书馆，供学生参与图书馆实际管理工作。此外，文华图专的学生还在教师的带领下，参观公立和私立图书馆、出版社、报馆等，以便学生进一步学习图书馆知识，做到理论知识与实践经验相结合。

四、学术贡献

在中国图书馆学的发展史上，韦棣华是西方图书馆学思想的早期传播者，为中国图书馆学专业教育模式、人才培养机制和图书馆事业体系构建了先期范式，在一定时期内引领着我国图书馆学学科的发展走向。

作为一名西方近代图书馆学思想的拥护者和实践者，韦棣华通过文华公书林的管理、文华图专的课程教授、图书馆协会活动、公开演讲等，传播美国图书馆学观念。同时，韦棣华也在思考中国图书馆事业体系的构建与发展出路。为使庚子赔款能用于发展中国图书馆事业，她亲自赴美游说，介绍中国图书馆事业发展情况，促成鲍士伟博士访华，为中国图书馆事业的对外宣传实现了良好的开端。

截至1930年底，由韦棣华创建的文华图专各届毕业生已有60名左右。其中，多数毕业生在图书馆学研究领域有所造诣，在中国图书馆学的发展过程中发挥着中流砥柱的作用，例如沈祖荣、毛坤、严文郁、皮高品、汪长炳、桂质柏、王文山、钱亚新、周连宽等。文华图专是我国第一所图书馆学教育的正规专科学校，它的意义不仅在于对图书馆学专业人才的培养，也在于对中国图书馆学学科体系发展的探索。文华图专注重中国古代校雠学与西方现代图书馆学的结合，这在推动图书馆学教育的本土化方面迈出了坚实的一步。1930年，毛坤在《武昌文华图书科季刊》上发表《华中大学文华图书馆科十周年纪念》，将文华精神概括为三个方面，分别是"创办人之精神""维持人之精神""学生之精神"，并说道，"以上三端，皆文华图书馆科，赖以巍然存于国中之理由，国家亦以受其福利者，表而书之，用志纪念"，足见文华图专在我国图书馆学史上的影响之深远。①

---

① 参见毛坤《华中大学文华图书馆科十周年纪念》，《武昌文华图书科季刊》1930年第2期。文章原名为《华中大学文华图圕科十周年纪念》，其中"圕"是"图书馆"的缩写。为方便读者阅读，全书统一将"圕"改为"图书馆"。

第三节 孙毓修

一、生平

孙毓修(1871—1923),字星如,号留庵,1871年出生于江苏无锡的一个乡村知识分子家庭。自幼受家庭环境的影响,喜好读书、买书、藏书,"出赴郡县试,辄就书棚,择所喜者,倾囊购之"①。1895年,孙毓修应县试,中秀才,并于同年开始了他在江阴南菁书院的学习生涯。1897年,孙毓修结束在南菁书院近三年的学业,任职于苏州中西学堂。他始终好学若饥,后曾跟从外国牧师学习英文和各种西学,也曾跟随缪荃孙学习版本目录学。1907年,孙毓修被聘为上海商务印书馆编译所高级编辑。在此期间,孙毓修主持出版了大量儿童文学读物,编译了众多欧美文学专著,是我国民国时期著名的出版家。除了作为一名出版家外,孙毓修还有一个重要的身份,即商务印书馆图书馆馆长,曾一度主持涵芬楼的馆务,并撰写专著《图书馆》。1923年1月,孙毓修因病在上海逝世。

---

① 星如:《买书记》,《小说月报》1916年第10期。

二、学术论著

作为涵芬楼的管理者，孙毓修对图书馆管理、图书分类、图书编目都有研究，所撰写的图书馆学论著有《图书馆》（《教育杂志》1909—1910 年）、《中国雕板源流考》（上海：商务印书馆，1918 年）等，其中《图书馆》最具代表性。

《图书馆》，连载于 1909—1910 年《教育杂志》，全书共七章，分别为：建置、购书、收藏、分类、编目、管理、借阅，仅连载至第四章，并未完成连载或单独出版，但它在中国近代图书馆事业发展历程中具有开创性意义。该书首次向国人介绍了杜威十进分类法，弥补了 20 世纪初中国在图书馆学理论建设方面的空白，不仅是我国"早期学者对图书馆进行系统论述的第一部专著"①，也是第一次对我国近代图书馆管理思想和方法的经验描述。

三、图书馆管理思想

中国古代藏书楼的规模、影响在世界文明史上都是独一无二的。虽然藏书楼的地位和作用已被近代以来的图书馆所代替，但其历史影响力是不容忽视的。涵芬楼作为商务印书馆上海时期的藏书楼，不仅收集保存了丰富的文献典籍，同时也成为传播中华文明的重要载体，实可谓中国藏书史上的一大创举。②

---

① 中国图书馆学会主编，《建筑创作》杂志社编：《百年文萃：空谷余音》，中国城市出版社，2005 年，第 13 页。
② 参见蒋玲玲《从涵芬楼到东方图书馆——张元济与中国近代图书馆事业》，《浙江档案》2003 年第 6 期。

涵芬楼的创立可远溯至 1904 年。当时正值商务印书馆初创时期，张元济主持编译所工作，在古籍编纂工作中，他常常因找不到善本而苦恼，为了满足编译工作的需要，他着手搜购图书，并专门设立了一个用于收藏古籍善本的藏书楼。直到孙毓修进入商务印书馆后，该藏书楼才完成了向近代图书馆的过渡。孙毓修曾多次行走在南京路上，看到英国人创办的"上海图书馆"，自己国家却没有时，总会抒发感慨，于是萌生创办中国人自己的公共图书馆的念头。① 在创办图书馆这件事情上，他与张元济有着共同的热情，很自然地成为张元济的得力助手。在二人的共同努力下，藏书楼的规模越来越大，到 1909 年所收藏的图书和报刊达到一定规模后，便正式成立图书馆，聘请孙毓修主持。② 关于图书馆的名称问题，孙毓修曾写道："岁在戊申，上海商务印书馆购得绍兴徐氏、太仓顾氏、长洲蒋氏之书，设图书馆于其编译所，即世所称涵芬楼者也。"③

中国在清末出现公共图书馆，但当时并没有形成真正意义上的现代图书馆学。④ 随着维新思想的推动，西学东渐的步伐加快，国人纷纷将目光投向西方发达国家，图书馆学的重要性也逐渐被国人认识。为了学习西方图书馆学的思想和方法，一些西方图书馆学文献被翻译成中文，国外图书馆学思想和理论走进中国的藏书楼和国人意识中。但由于我国传统文献自身的特点、传统分类法的固有观念和传统藏书楼思想的限制，国外图书馆学理论和方法很难完好地

---

① 参见陈燮君、盛巽昌主编《20 世纪图书馆与文化名人》，上海社会科学院出版社，2004 年，第 29—33 页。
② 参见张雪梅《试论孙毓修对中国近代图书馆学的贡献》，《图书馆》2009 年第 2 期。
③ 星如：《买书记》，《小说月报》1916 年第 10 期。
④ 参见徐英《孙毓修及其所著〈图书馆〉》，《图书馆杂志》1982 年第 2 期。

被应用到我国的藏书机构。受清末维新思想的影响,孙毓修深刻认识到了图书馆学的重要性。他积极地将自己的知识和经验运用到我国图书馆事业的建设中,在经营涵芬楼的同时,利用自己扎实的文献理论知识和对我国传统藏书楼的深刻认识,创新性地将国外图书馆学思想和方法与我国传统藏书楼管理相结合。因"图书馆之当筹办也,如彼其急。但前此既无成典",孙毓修"爰仿密士藏书之约,庆增纪要之篇,参以日本文部之成书,美国联邦图书之报告",撰写了《图书馆》一书。① 该著作是我国第一部图书馆学理论专著,为我国近代图书馆学的发展开启了新的篇章,在我国图书馆学事业发展历程上意义重大。②

"私家藏书,非愿力宏大……不能兼收并蓄……图书馆之意为公,将一切之书,无所不备。"③ 我国传统的图书馆是藏书楼。我国藏书楼数量庞大,主要是由个人或某个家族经营管理的藏书之所。书籍的购买和日常管理所产生的费用由藏书楼的所有者承担。这种私人所有制的形式决定了藏书楼的排他性。孙毓修认为,具备共有性质的图书馆解决了这一问题,图书馆将众多书籍汇聚,可供给众人参阅。"欲保古籍之散亡,与策新学之进境,则莫如设地方图书馆,使一方之人,皆得而阅之。"④ 图书馆不但能够有效地预防古籍的散乱、消亡,而且能够促进西学的传播,保证一定区域内的读者都有书可读,有效扩大了国民阅读范围。"著作之家,博览深思,以大其文。专家之士,假馆借阅,以蓄其德。即一艺一业之人……

---

① 参见孙毓修《图书馆》,《教育杂志》1909 年第 11 期。
② 赵元斌:《孙毓修——从图书馆长到图书馆学家》,《山东图书馆学刊》2015 年第 2 期。
③ 孙毓修:《图书馆(续)》,《教育杂志》1909 年第 12 期。
④ 孙毓修:《图书馆》,《教育杂志》1909 年第 11 期。

以慰其劳苦，长其见识……就学儿童，休业之日，亦可入馆，以书为消遣……有益于风俗社会……"① 图书馆对国家各方面的人都有很大的价值，大家都能在此各取所需，并以此来提高国民素质，净化社会风气。"而一人致之则不能，一家私之则易散，于是乃有地方图书馆之法焉。"② 图书馆能够发挥公众的财力和物力优势，科学、有效地维持文献的长期存在和高效使用。"藏书之以公共之义，揭于天下者，汉唐已有之矣。"③ 孙毓修提出的公共藏书思想在我国汉朝、唐朝就已存在，这也是创办近代图书馆的理论渊源。

"语其篇第，则建置第一，购书第二，收藏第三，分类第四，编目第五，管理第六，借阅第七是也。"④ 虽然编目、管理、借阅三项内容并没有在《图书馆》中登载，但从整体上来说，孙毓修有效地将他的图书馆相关实践经验转化为结构完整、条理清晰的图书馆学理论体系。

依据当时我国图书馆的设立情况，孙毓修主张构建的图书馆体系包含国立图书馆、都会图书馆、学会图书馆、地方图书馆。他认为，虽然国立图书馆和都会图书馆的成立不同，但二者"皆可视为公共之藏书，人人得往借阅。馆中之书必令诸体俱备一切，专门、普通程度深浅之人，皆得所欲而去"，这也是孙毓修关于公共开放图书馆理念的阐述。⑤ 至于地方图书馆，孙毓修指出，该类型图书馆"足以辅学校之不及，为益甚大"，肯定其教育功能。值得一提的是，孙毓修已经开始关注总分馆制度的设立，他建议，"设总馆

---

① 孙毓修：《图书馆》，《教育杂志》1909 年第 11 期。
② 孙毓修：《图书馆》，《教育杂志》1909 年第 11 期。
③ 孙毓修：《图书馆》，《教育杂志》1909 年第 11 期。
④ 孙毓修：《图书馆》，《教育杂志》1909 年第 11 期。
⑤ 参见孙毓修《图书馆》，《教育杂志》1909 年第 11 期。

于总汇之区为甲馆,并度其道里之远近,人民情性嗜好之相同者,而分设于乙、丙等邑",并认为此制度可以节省人力、财力,使图书馆资源得到充分利用。① 虽然孙毓修并未对总分馆制度进行更加系统深入的叙述,但这一观念反映了民国时期图书馆学学人理论研究的超前性。

关于各类型图书馆的采购,孙毓修根据实际情况,建议国家图书馆和都会图书馆可以采购宋元旧刻;地方图书馆因财力不足,"不如先购致局板书以为基本面"②。除此之外,他还倡导出版社捐赠图书给图书馆,给予图书馆购书以优惠折扣。

进入商务印书馆后,孙毓修协助张元济创办涵芬楼,并主持涵芬楼的馆务。张元济"征毓修为之典签"③,名义上已经肯定了孙毓修图书馆馆长的身份,虽然当时并没有这个称谓,但孙毓修对于涵芬楼的管理可谓沥尽了心血,他这位"馆长"可以说是当之无愧的。在书刊采购方面,孙毓修以其出众的版本鉴别能力为涵芬楼购得了大量古籍善本。孙毓修主张把图书馆和藏书楼加以区分比较,并且充分发挥图书馆之于藏书楼的优势,合理组织藏书。在他的努力下,涵芬楼从一家藏书楼发展成为一所图书馆,所藏书籍的种类从古籍发展到有图有书。④ 谢菊曾在《涵芬楼往事》中说道:"孙字星如,国学湛深,又从江阴缪艺风(筱珊)游,精于版本之学,英文亦有根基。涵芬楼图书馆创立时,曾主持馆务,协助张菊生搜罗

---

① 参见孙毓修《图书馆》,《教育杂志》1909 年第 11 期。
② 孙毓修:《图书馆(续)》,《教育杂志》1909 年第 12 期。
③ 星如:《买书记》,《小说月报》1916 年第 10 期。
④ 参见陈燮君、盛巽昌主编《20 世纪图书馆与文化名人》,上海社会科学院出版社,2004 年,第 29—33 页。

海内古籍精本和孤本，出力不少。"① 即说孙毓修在涵芬楼创立时，协助张元济主持古籍的采购工作。涵芬楼所藏中华善本多为真本，这与孙毓修慎重采购、严格把关是分不开的。②

孙毓修认为，"建造书楼为藏书之第一事"，但考虑到经费与经验的因素，他提出，可选择租赁"佛殿古刹，乡贤祠庙"等场地开办图书馆。③在图书馆的选址上，他建议"宜于都市之中，四达之区"④。孙毓修的选址建议并非盲目提出，而是通过对比当时上海租界图书馆和古代藏书楼，从而确定了图书馆便利读者借阅的服务宗旨后提出的。在考察各图书馆的基础上，他同时也指出，图书馆在建筑之时，应有预留之地，以便日后扩充。

图书排列也是图书馆管理的必要内容。孙毓修总结了中外图书排列的四种方法，分别是："随书形之大小为类""随著者之名氏为类""依书之类别为次""按时代之先后为次"。⑤在具体的应用上，他建议"旧书以随书形之大小，与按时代之先后两法为善，西书复当加入随著者之名氏为类一条，依书分类之说最不可通"⑥。孙毓修不赞同依照书的类别排列图书，并解释原因为书籍"形状参差，不良于观"⑦。由此可知，孙毓修反对图书按类排列，是考虑到了不同类型书籍的形制问题，这与现在的按类排列方法截然相反。但孙毓

---

① 谢菊曾：《十里洋场的侧影》，花城出版社，1983年，第26页。
② 参见陈燮君、盛巽昌主编《20世纪图书馆与文化名人》，上海社会科学院出版社，2004年，第29—33页。
③ 参见孙毓修《图书馆（续）》，《教育杂志》1909年第13期。
④ 孙毓修：《图书馆（续）》，《教育杂志》1909年第13期。
⑤ 孙毓修：《图书馆（续）》，《教育杂志》1910年第1期。
⑥ 孙毓修：《图书馆（续）》，《教育杂志》1910年第1期。
⑦ 孙毓修：《图书馆（续）》，《教育杂志》1910年第8期。

修也指出,"收藏之际,首当分科,以为区别",并分为"旧书门""教科及教科参考书门""东文门""西文门""报章杂志门""图画门"。①

涵芬楼在成立初期,没有形成一套系统的图书借阅制度和管理监督机制,内部管理混乱,丢书现象很常见,张元济便请孙毓修进行整顿、查究。②孙毓修在其所制定的《涵芬楼藏书目录》的开卷有一份《借阅图书规则》,该规则条文大都较为细致完备,条款层次分明,对于图书的借阅对象、借阅方式、借阅时限以及赔偿制度等借阅事项作出了明确的规定和说明,可操作性强。在当时能够制定出如此相对完备的借阅规则,足以看出孙毓修等人在制定图书馆管理制度上所投入的心血与精力。

孙毓修的图书收藏观是对其涵芬楼管理经验的总结。由于涵芬楼藏书种类的相对稳定性,孙毓修便更加注重图书大小、语种、著者等方面的排列,从而忽视了书籍类别在图书排列中的重要性,这是孙毓修图书馆学观念的不足之处。

四、图书分类与编目思想

通过研究国外图书馆学的分类思想,并结合中国的四库分类体制,孙毓修提出,"图书馆之意旨,既不主于保旧,则四部之外,凡异域之图籍、移译之外篇,日刊之报章,摄影之图画,博稽广搜,皆不可遗。收藏之际,首当分科,以为区别"③。孙毓修不赞同

---

① 孙毓修:《图书馆(续)》,《教育杂志》1910年第8期。
② 参见柳和城《孙毓修评传》,上海人民出版社,2011年,第102—106页。
③ 孙毓修:《图书馆(续)》,《教育杂志》1910年第8期。

新书采用四部分类法，依照"欧美通行之类别目次"，结合当时我国图书发展情况，他编制了一套新的分类体系。该分类体系共包含二十二大类，分别为哲学部、宗教部、教育部、文学部、历史地志部、国家学部、法律部、经济财政部、社会部、统计部、数学部、理科部、医学部、工学部、兵事部、美术及诸艺部、产业部、商业部、工艺部、家政部、丛书部、杂书部。① 孙毓修的分类体系借鉴了西方图书分类体系，并在此基础上有所扩充，已与传统的四库分类法有明显不同。该分类法依据学科体系划分，其大类名称也与西方知识分类名称类似，反映了当时西学东渐的社会浪潮。这种创新性的理论成果，很好地解决了我国近代以来文献数量大幅上升、文献种类快速增长以及我国传统文化与世界新文化接轨造成大量国外不同类别文献海量增加等问题，在图书管理工作上使我国传统文献和新增文献更加合理、系统地放置和保存。

在《图书馆》中，孙毓修将杜威十进分类法的十大类名翻译为总记部、哲学部、宗教部、社会学部、语学部、理科博物学部、应用的美术部、非应用的美术部、文学部、历史部。② 虽然孙毓修所翻译的杜威十进分类法类名与通行的类名有所区别，《图书馆》一文也仅介绍至宗教部类，但孙毓修首次将杜威十进分类法引入中国，使我国的图书分类开始逐渐采用西方科学分类体系，图书馆管理日趋科学化，这是我国图书馆事业发展的一大进步。

随着涵芬楼书籍的日益增多和规模的扩大，内部书籍的管理问题亟待解决，书籍的目录编制问题应运而生。在此期间，孙毓修编撰完成《书目考》《中国雕板源流考》《丛书考》《〈永乐大典〉辑本

---

① 参见孙毓修《图书馆（续）》，《教育杂志》1910年第9—10期。
② 参见孙毓修《图书馆（续）》，《教育杂志》1910年第10期。

考》《无锡人著述考》等著作，成为我国著名的版本目录学家。其中，《中国雕板源流考》考证了我国历代雕版印书的纸张、墨色、装订、各类型版本情况，全面系统地总结了我国雕版印刷史的源流与发展过程。《书目考》参照朱彝尊《经义考》体例，搜罗古今存亡图籍，著录历代书目六百余种，成为"所有书目的资料长编"①。孙毓修早年曾跟随缪荃孙学习过版本目录学，具有扎实的目录学功底，进入商务印书馆后，他在张元济的大力支持下，主持编定了涵芬楼第一部古籍图书目录——《涵芬楼藏书目录》。实际上，《涵芬楼藏书目录》是一个系列，具体分为志书目录（地方志）、旧书目录（古籍）和新书目录（现代刊印）三部分，其中旧书目录又分为初编、续编、再续编、三编。②孙毓修所编定的这部古籍目录便是《涵芬楼藏书目录》旧书目录中的初编，同时也是涵芬楼第一部古籍目录。③该目录采用张之洞的书目分类法，把涵芬楼所藏古籍分为经、史、子、集、丛书部五个大类，即在中国古代目录四部分类法的基础上，又加入了丛书部这一大类，其内容明确，体例完备，从中可以深切地体会到孙毓修为涵芬楼编写目录的良苦用心。

五、学术贡献

《图书馆》这一专著并不是对国外的图书馆学理论的总结叙述，也不是对国外图书馆管理方法的简单描述，而是孙毓修在分析图书馆价值和功用的同时，结合我国古代藏书经验，参考东西方图书馆

---

① 胡道静：《孙毓修的古籍出版工作和版本目录学著作》，《出版史料》1989年第3—4期。
② 参见卫凯《〈涵芬楼藏书目录〉初探》，《图书馆界》2012年第6期。
③ 参见柳和城《孙毓修评传》，上海人民出版社，2011年，第103页。

管理方法撰写而成的。①《图书馆》一书,"针对当时图书馆理论相当滞后的现象,第一次系统回答了图书馆建设的理论问题"②。该书是孙毓修图书馆学思想的宝贵结晶,不但是我国近代早期图书馆发展过程的缩影和我国图书馆学的历史开端,也标志着孙毓修从一位传统藏书楼的普通管理者成长为一名杰出的近代图书馆学家。孙毓修的《图书馆》在保存我国传统藏书楼优势的同时,充分吸收西方图书馆管理思想和方法,阐述了图书馆的重要意义与近代图书馆管理的方法理念,明确了图书馆存在的价值及功用,开拓了我国近代图书馆学的研究领域,是我国近代图书馆学研究领域的开山之作。

孙毓修在实践方面利用自己的智慧和汗水将一家出版社的藏书楼打造成一座近代意义的图书馆,在理论方面将自己成功的图书馆管理经验和系统的思想理论编著成我国第一部系统的图书馆学理论专著,为我国图书馆事业的发展作出了巨大贡献。总而言之,"孙先生对图书馆的认识,在1917年以前无人能及"③。

---

① 参见张焕《孙毓修所著〈图书馆〉述评》,《山东图书馆季刊》1985年第3期。
② 范并思等编著:《20世纪西方与中国的图书馆学——基于德尔斐法测评的理论史纲》,北京图书馆出版社,2004年,第183页。
③ 中国图书馆学会主编,《建筑创作》杂志社编:《百年文萃:空谷余音》,中国城市出版社,2005年,第13页。

第四节 梁启超

一、生平

梁启超（1873—1929），字卓如，号任公，又号饮冰室主人、饮冰子等，1873年2月23日出生于广东省新会县（今江门市新会区）熊子乡茶坑村，祖父梁维清为郡生员，父亲梁宝瑛"凤教授于乡里"。1882年，应童子试，在赴广州途中吟诗，得神童之名。1884年，应试学院，补博士弟子。1889年，中举人。翌年，进京会试，购买阅读《瀛环志略》，见上海制造局所译各书，并结识陈通甫（千秋）与康有为（南海）。1891年，应梁启超与陈通甫之请，康有为在广州万木草堂设教，梁启超协助康有为进行《新学伪经考》等书的编写工作。① 1895年，康有为联合1 300余名举人，上书请求变法，梁启超亦竭力奔走，这就是历史上著名的"公车上书"。同年，梁启超协助康有为创办《万国公报》和强学会。1896年7月，梁启超应邀担任《时务报》主笔，发表《变法通议》《西学书目表》等文章，次年10月被聘为湖南时务学堂讲席。1898年

---

① 参见梁启超著，文明国编《梁启超自述》，人民日报出版社，2011年，第36—41页。

9月，戊戌变法失败，梁启超东渡日本，开始了东游生活。1900年，梁启超因勤王运动返回中国，后事败，仅在上海停留十日便又前往澳洲。① 1912年，梁启超回国，应汤化龙之邀，加入共和建国讨论会。次年加入共和党，后共和党与民主党等合并为进步党，梁启超被推举为理事。1916年，梁启超发起创办松坡图书馆提议，并参与护国运动。1917年，梁启超支持段祺瑞对德宣战，并在段祺瑞组阁的北洋政府任职财政总长。同年9月，护法运动爆发，梁启超于11月辞去财政总长职务。

1918年至1920年，梁启超游历欧洲各国，归国以后，任教于清华、南开等校，并在全国各地巡回演讲，致力于学术研究。1923年，为纪念蔡锷，梁启超创办松坡图书馆。1925年，梁启超担任京师图书馆馆长，商议制定中国图书分类法事宜，并发表《要籍解题及其读法》《中华图书馆协会成立会演说辞》等。次年，兼任北京图书馆馆长，并撰写《中国历史研究法补编》《〈图书馆学季刊〉发刊辞》等著述。1927年，梁启超商讨编纂《中国图书大辞典》《中国图书索引》两部图书，后因病辞去北京图书馆与清华研究院的职务。1929年1月19日，梁启超在北京逝世。

二、学术论著

梁启超在图书馆学领域的学术论文及著作有《西学书目表序例》（《时务报》1896年第8期），《论图书馆为开进文化一大机关》（《清议报》1899年第17期），《东籍月旦》（《新民丛报》1902年第

---

① 参见丁文江、赵丰田编《梁启超年谱长编》，上海人民出版社，1983年，第195页。

9、11 期),《国学入门书要目及其读法》(《晨报副刊》1923 年 6 月 14、15、17、18、23 日),《中华图书馆协会成立会演说辞》(《中华图书馆协会会报》1925 年第 1 卷第 1 期),《要籍解题及其读法》(北平:清华周刊丛书社,1925 年),《〈图书馆学季刊〉发刊辞》(《图书馆学季刊》1926 年第 1 卷第 1 期),《佛家经录在中国目录学之位置》(《图书馆学季刊》1926 年第 1 卷第 1 期),《中国图书大辞典编纂内容概要》(《中华图书馆协会会报》1927 年第 2 卷第 6 期),《图书大辞典簿录之部》(《图书馆学季刊》1930 年第 4 卷第 3—4 期)等,其中《中华图书馆协会成立会演说辞》《西学书目表》具有代表性。

《中华图书馆协会成立会演说辞》是梁启超在 1925 年 6 月 2 日中华图书馆协会成立大会上的演说辞。在该演说辞中,梁启超提出要"建设中国的图书馆学"和"养成管理图书馆人才",反对多设"阅书报社"式的公共图书馆(群众图书馆),为发展适合中国国情的图书馆学指明出路。该演说辞是我国探索图书馆学本土化的开端,它的发表在图书馆学界引起了广泛讨论。"中国的图书馆学"的提法既是对鲍士伟博士访华的明确回应,也是中国图书馆学学人在西方图书馆学思想输入背景下的反思。

《西学书目表》,1896 年刊登于《时务报》。全书分为上、中、下、附卷四卷,另附札记一卷,精选著录书目三百种,依照现代科学划分方法,将书目划分为西学、西政、杂类三个大类,二十八个子类。在该书中,每个书目的著录项目有书名、译者、年代、本数、刻书地、价值,并加识语和圈识,为读者提供购读建议;附卷载有《通商以前西人译著各书》《近译未印各书》《中国人所著言外事书》。且附札记数十则,论述图书优点与阅读方法,即《读西学书法》。该书是梁启超在主编《时务报》期间，为宣传维新变法思想所撰。该书的分类体系打破了传统的四库分类法，对 1895 年以前我国西学书目汉译工作进行了全面总结，是在我国"首创"以科学分类为基础的书目分类体系，[1] 开创了我国科学书目分类体系的先河。

三、图书馆学基础理论学说

梁启超曾参与起草《请推广学校折》《京师大学堂章程》，并于 1899 年在《清议报》发表译文《论图书馆为开进文化一大机关》（译《太阳报》第九号），论述图书馆的八大功能，强调图书馆在社会教育、参考咨询、人才培养等方面的作用。[2] 这可看作梁启超对近代图书馆的初步认识，是西方图书馆学思想传入时期的代表性观点。

梁启超参与创建松坡图书馆，担任京师图书馆和北京图书馆馆长。梁启超有着多年的从政经历，这决定了他对图书馆学的研究更多地着眼于社会变革发展的宏观立场。他认为图书馆包含两个要素：读者和读物。这里所指的读者并非现代图书馆所倡导的全体公民，而是"实以中学以上的在校学生为中坚，而其感觉有图书馆之必要最痛切者，尤在各校之教授及研究某种专门学术之学者"[3]。梁启超意识到，当时这种类型的读者是少数人，但他也指出，群众图

---

[1] 参见李万健《梁启超对我国目录学的开创性贡献》，《中国图书馆学报》1993 年第 2 期。
[2] 参见梁启超《论图书馆为开进文化一大机关》（译《太阳报》第九号），《清议报》1899 年第 17 期。
[3] 梁启超：《中华图书馆协会成立会演说辞》，《中华图书馆协会会报》1925 年第 1 期。

书馆是努力改变的方向。

梁启超仅将图书馆的要素归纳为读者与读物两个方面，无论与杜定友的"四要素"说（金钱、人才、书籍、房屋）、"三要素"说（人、书、法）相比，还是与刘国钧的"四要素"说（图书、人员、设备、方法）、"五要素"说（图书、读者、领导和干部、建筑与设备、工作方法）相比，都缺少了对人才、建筑、管理方法等图书馆必备要素的考虑。

梁启超的图书馆要素说见于1925年6月2日的《中华图书馆协会成立会演说辞》一文。如果考察该演说辞发表的时代背景，就不难理解为何他只提到读者、读物两个方面的要素。1925年4月25日，中华图书馆协会成立大会在上海召开。因庚款退回问题，同年4月26日，鲍士伟博士访华。鲍士伟是美国著名图书馆学家，曾担任美国布鲁克林公共图书馆馆长、纽约公共图书馆流通部主任、圣路易斯公共图书馆馆长，撰有《美国公共图书馆》《公共图书馆管理》等专著。

鲍士伟博士来到中国以后，在上海、苏州、杭州、北京等地发表多次演说，宣传美国公共图书馆（即群众图书馆）的思想与管理方法，强调"自由阅览"与"借书出馆"，主张在中国设立两三所美国式的公共图书馆，以期在短时间内推广。[①] 对于美国式的公共图书馆是否适用于中国，梁启超的回复是："我们绝对的承认群众图书馆对于现代文化关系之重大，最显着的成例就是美国，我们很信中国将来的图书馆事业也要和美国走同一的路径才能发挥图书馆的最大功用。但以中国现在情形论，是否应从扩充群众图书馆下

---

① 参见朱家治译《鲍士伟博士考察中国图书馆后之言论》，《图书馆学季刊》1926年第1期。

手，我以为很是一个问题。"① 他指出，"美国几乎全国人都识字，而且都有点读书兴味，所以群众图书馆的读者满街皆是"，而当时的中国，除了在校学生和学者、教授以外，"至于其他一般人，上而官吏及商家，下而贩夫走卒，以至妇女儿童等，他们绝不感有图书馆之必要"。② 如果要创办美国式的公共图书馆，梁启超认为，在当时的中国，几乎是不可能的。

因此，从评价鲍士伟博士提议创办公共图书馆的角度出发，梁启超认为，图书馆包含读者和读物两个要素，反对多设"阅书报社"式的群众图书馆，并提出，当时中国图书馆事业的发展之路应为："就读者方面，只是供给少数对于学术有研究兴味的人的利用"；"就读物方面，当然是收罗外国文的专门名著和中国古籍"。③

1925年高仁山在《对于鲍士伟先生来京之感想》一文中说，当时中国75%以上的人民不识字，推广美国式的公共图书馆"实非必要"，"故在今日之图书馆事业上，不仅要实力提倡公共图书馆，亦须提倡各种专门图书馆"，而中国现状与各国比较有特别之处，中国文化也另具特点，因此，"中国图书馆事业，必须创自中国人之手，方可根深蒂固"。④ 这与梁启超的观点有相似之处。沈祖荣在1933年《我国图书馆事业之改进》中也指出，"中国式的图书馆，就是纯粹的中国色彩，合乎中国人的性情，我们虽然取用人家科学的方法，但是在实质上要变为中国化的图书馆，如分类，编目，图

---

① 梁启超：《中华图书馆协会成立会演说辞》，《中华图书馆协会会报》1925年第1期。
② 梁启超：《中华图书馆协会成立会演说辞》，《中华图书馆协会会报》1925年第1期。
③ 梁启超：《中华图书馆协会成立会演说辞》，《中华图书馆协会会报》1925年第1期。
④ 高仁山：《对于鲍士伟先生来京之感想》，《晨报副刊》1925年第118期。

书设备等等,都能代表中国的文化,可由中国图书馆显现出来"①。沈祖荣赞同梁启超建设中国式公共图书馆的提议,但并没有提及具体的创办实施方法。与梁启超的观点相反,李小缘在1926年的《藏书楼与公共图书馆》一文中提出,图书馆是平民式的,贵于致用。②从现代图书馆的发展观来看,梁启超的图书馆要素说具有古代士大夫的精英意识,违背了公共图书馆向社会公众免费开放的原则。但从当时来看,这不失为根据我国民众识字情况出发的无奈之举。

从中国社会发展的实际情况出发,梁启超提出,要建设"中国的图书馆学"。具体原因有:图书馆学的原则虽然是共通的,但中国的文字有自身特色,书籍的性质较为复杂,书籍的种类和编纂方法与欧美各国有诸多不同之处,因此要运用现代图书馆学的原则从事整理,而成"中国的图书馆学"之系统。③他指出,中国的图书馆学起源较早,刘向、刘歆、荀勖、王俭、阮孝绪、章学诚等都有连贯的研究和精到的见解,各史书中的艺文经籍志、佛教经录、明清时期的私家藏书目录等都提供了丰富的资料与详尽的方法。对于建设"中国的图书馆学"之人,梁启超认为,要熟悉中国目录学(广义的)和现代图书馆学的知识,这"非经许多专门家继续的研究不可",研究的结果,一定能使得图书馆学在中国成为一门独立的科学。④

---

① 沈祖荣:《我国图书馆事业之改进》,《文华图书馆学专科学校季刊》1933年第3—4期。
② 参见李小缘《藏书楼与公共图书馆》,《图书馆学季刊》1926年第3期。
③ 参见梁启超《中华图书馆协会成立会演说辞》,《中华图书馆协会会报》1925年第1期。
④ 参见梁启超《中华图书馆协会成立会演说辞》,《中华图书馆协会会报》1925年第1期。

梁启超的《中华图书馆协会成立会演说辞》于 1925 年 6 月 2 日演讲当天在《晨报副刊》发表以后,《中华图书馆协会会报》和《浙江公立图书馆第十期年报》分别在 1925 年 6 月 30 日和 7 月进行了转载。1926 年,梁启超撰写了《图书馆学季刊》创刊号的《发刊辞》。在《发刊辞》中,他重申了自己的观点:

图书馆学之原理原则,虽各国所从同,然中国以文字自有特色故,以学术发展之方向有特殊情形故,书籍之种类及编庋方法,皆不能悉与他国从同。如何而能应用公共之原则,斟酌损益,求美求便,成一"中国图书馆学"之系统,使全体图书馆学之价值缘而增重?此国人所宜努力者又一也。①

四、图书分类思想

关于图书的分类与编目,梁启超指出,二者是"图书馆学里头主要的条理"②。在图书分类方面,他认为,采用经、史、子、集四部分类法或杜威十进分类法都是行不通的,因此,需要制定新的分类标准。从宏观层面出发,他将图书分类的原则简要地概括为两点:一是"分类要为'科学的'(最少也要近于科学的)",二是"要能把古今书籍的性质无遗"③。换言之,新的图书分类方法既要具有科学性,适应科学发展规律,也要有实用价值,适应中国古籍

---

① 梁启超:《发刊辞》,《图书馆学季刊》1926 年第 1 期。
② 梁启超:《中华图书馆协会成立会演说辞》,《中华图书馆协会会报》1925 年第 1 期。
③ 梁启超:《中华图书馆协会成立会演说辞》,《中华图书馆协会会报》1925 年第 1 期。

和西方图书的分类需求。蒋复璁在《中国图书分类问题之商榷》中指出，对于全体图书，分类原则有"须冶新旧于一炉而无碍""须用论理方法，能谨严，以谨严为主""号码须明析简短"等。① 1929年，中华图书馆协会第一次年会通过的图书分类法原则为"中西分类一致""以创造为原则""分类标记须易写、易记、易识、易明""须合中国图书情形"。② 这也是民国时期各图书分类法所遵循的基本原则。1954年，《中国人民大学图书馆图书分类法》第一版的编制说明中，将分类法的原则概括为"思想性""科学性""实际应用性"，与《中国图书馆图书分类法》的编制原则基本一致。由此可见，梁启超的图书分类编制原则虽然稍显简略，但依然适用于现代中西文图书分类工作。

依照科学和适用的原则，梁启超在1896年编制的《西学书目表》中，把300多种西学书目分为学、政、教三大类，除教类书目不收录外，又将学、政类诸书分为西学、西政和杂类三卷。其中，西学包括算学、重学、电学、化学、声学、光学、汽学、天学、地学、全体学、动植物学、医学、图学；西政包括史志、官制、学制、法律、农政、矿政、工政、商政、兵政、船政；杂卷包括游记、报章、格致总、西人议论之书、无可归类之书。

在具体的分类细则上，梁启超也有研究。例如，"其有一书可归两类者，则因其所重，如行军测绘，不入兵政，而入图学"。③ 1975年《中国图书馆图书分类法》第一版的编制说明中有言："有

---

① 蒋复璁：《中国图书分类问题之商榷》，《图书馆学季刊》1929年第1—2期。
② 中华图书馆协会执行委员会编：《中华图书馆协会第一次年会报告》，中华图书馆协会事务所，1929年，第55页。
③ 梁启超：《梁启超全集》（第一册），北京出版社，1999年，第83页。

些学科门类，关系到两个学科部门，一般是按照它们的重点关系分。"① 这与梁启超"因其所重"主张有相似之处。再如，"西学之属先虚而后实，盖有形有质之学，皆从无形无质而生也。故算学、重学为首，电、化、声、光、汽等次之，天地人（谓全体学）物（谓动植物学）等次之，医学图学全属人事，故居末焉"②，符合当时社会发展现实情况的需求。值得注意的是，为便于读者购读，《西学书目表》还采用标注银价的方式，详列所收书目的价值，并在"表下加识语，表上加圈识"，"表后附札记数十则，乃昔时答门人问之语，略言某书之长知及某书宜先读，某书宜缓读，虽非详尽，初学观之，亦可以略识门径"。③

五、图书编目思想

对于编目问题，梁启超同样重视，他说道："就编目论，表面上看，像是分类问题决定之后，编目是迎刃而解，其他如书名人名的便检目录，只要采用外国通行方法，更没有什么问题。其实不然：分类虽定，到底那部书应归那类，试随举十部书，大概总有四五部发生问题。"④ 在解决编目的问题上，他提出，若要编成科学、便利的图书目录，可借鉴章学诚提出的"互见"和"裁篇别出"的原则，这体现了梁启超倡导弘扬中国传统文化、建立中国图书馆学

---

① 中国图书馆图书分类法编辑委员会编：《中国图书馆图书分类法》，书目文献出版社，1980年，"编制说明"第4页。
② 梁启超：《梁启超全集》（第一册），北京出版社，1999年，第83页。
③ 梁启超：《梁启超全集》（第一册），北京出版社，1999年，第83—84页。
④ 梁启超：《中华图书馆协会成立会演说辞》，《中华图书馆协会会报》1925年第1期。

的主张。

受《书目答问》和《輶轩语》的影响，梁启超"始知天地间有所谓学问者"①，且编纂了诸多导读书目，包括《读书分月课程》（1892年）、《西书提要》（1896年）、《西学书目表》（1896年）、《东籍月旦》（1902年）、《国学入门书要目及其读法》（1923年）、《要籍解题及其读法》（1925年），对阅读各类传统书籍与西学书籍给出具体或总体的指导方法。这些书目的编纂时间从1892年到1925年，时间跨度为30余年，这既反映了梁启超对导读书目的重视，也可以考察梁启超政治文化思想方面的转变。

作为梁启超编纂的第一部导读书目，《读书分月课程》是他在跟随康有为学习今文经学时期所作，所著录的图书种类包含《春秋》传注类图书（如《春秋繁露》《何注繁露》《公羊传》《穀梁传》）、辨古今真伪类图书（如《新学伪经考》）、礼学类图书（如《五经异文》《白虎通》）、西学类图书（如《万国史记》《瀛环志略》）等。为了宣传西学、促进维新变法，梁启超对国人所译西学书目进行了著录和导读工作，并解释了编纂原因："（《西学书目表》——引者注）此三百种者，择其精要而读之，于世界蓄变之迹，国土迁异之原，可以粗有所闻矣。抑吾闻英伦大书楼所藏书，凡八万种有奇，今之所译，直九牛之一毛耳。西国一切条教号令，备哉粲烂，实为致治之本，富强之由……"②但梁启超不赞同全盘西学化，而是主张中西学并重，他提倡"舍西学而言中学者，其中学必为无用。舍中学而言西学者，其西学必为无本。无用无本，皆

---

① 梁启超：《梁启超全集》（第一册），北京出版社，1999年，第39页。
② 梁启超：《梁启超全集》（第一册），北京出版社，1999年，第82页。

不足以治天下。虽庠序如林,逢掖如鲫,适以蠹国,无救危亡"①,这与维新变革的改良主张是一致的。

维新变法失败以后,梁启超东渡日本,发现学习日本也是变革的有效途径。他认为日本所翻译编著的政治学、哲学等书均为"开民智强国基之急务也"②。梁启超认为,"犹有东籍以为之前驱,使今之治东学者得以干前此治西学者之蛊"③,即研习日文图书有助于学习西学。"今我国士大夫学东文能读书者既渐多矣,顾恨不得其途径,如某科当先,某科当后,欲学某科必不可不先治某科,一科之中,某书当先,某书当后,某书为良,某书为劣,能有识抉择者盖寡焉。"④ 因此,他在1902年编纂了《东籍月旦》一文,连载于《新民丛报》,收录伦理与历史类日本著作,以及日本翻译西方的著作,介绍书籍的读者群体、基本内容与写作特点,并指出,"吾中国所谓伦理者,其广狭偏全,相去奚翅霄壤耶。故外国伦理学之书,其不可不读明矣"⑤;"欲治政治、经济、法律诸学者,则历史为尤要。必当取详博之本读之"⑥。在《东籍月旦》连载之时,梁启超均在后面注明"未完"。在第一编"普通学"中,梁启超说,"凡求学者必须先治普通学,入学校受教育者固当如是,即独学自修者亦何莫不然",并依据当时日本中学的普通科目,将普通科目列举为"伦理""国语及汉文""外国语""历史""地理""数学""博

---

① 梁启超:《梁启超全集》(第一册),北京出版社,1999年,第86页。
② 梁启超:《梁启超全集》(第一册),北京出版社,1999年,第324页。
③ 梁启超:《梁启超全集》(第一册),北京出版社,1999年,第325页。
④ 梁启超:《梁启超全集》(第一册),北京出版社,1999年,第325—326页。
⑤ 梁启超:《东籍月旦》,《新民丛报》1902年第9期。
⑥ 梁启超:《梁启超全集》(第一册),北京出版社,1999年,第329页。

物""物理及化学""法制""经济"共十门课程。① 由此推测，梁启超《东籍月旦》的编纂计划绝不仅仅限于伦理学与历史学两门学科，但可惜的是，未能见到后续的内容。

1920年，梁启超自欧洲考察回国，意识到西方文明的不足之处。他在1923年和1925年分别编纂《国学入门书要目及其读法》与《要籍解题及其读法》，倡导青年学习中国传统文化，坚定民族文化自信。其中，《要籍解题及其读法》是梁启超在清华学校所讲，在序言中，他表明编纂此书的原因："一个受过中学以上教育的中国人，对于本国极重要的几部书籍，内中关于学术思想者若干种，关于历史者若干种，关于文学者若干种，最少总应该读过一遍。……因此，学生们并不是不愿意读中国书，结果还是不读拉倒。想救济这种缺点，像'要籍解题'或'要籍读法'一类书，不能不谓为适应于时代迫切的要求。我这几篇虽然没有做得好，但总算在这条路上想替青年们添一点趣味，省一点气力。我希望国内通学君子多做这类的作品……"②

为了发挥图书馆的作用，在1925年的中华图书馆协会成立会上，梁启超主张"编纂新式类书"，因为"除需要精良的分类和编目之外，还须有这样一部大而适用的类书，方能令图书馆的应用效率增高"。③ 1927年6月，在《梁任公先生致北京图书馆委员会请津贴编纂图书大辞典原函》中，梁启超声明编纂《中国图书大辞典》的原因："此不独为本国学子急切之需求，即各国研究中国文

---

① 参见梁启超《东籍月旦》，《新民丛报》1902年第9期。
② 梁启超：《要籍解题及其读法》，岳麓书社，2010年，"自序"第3页。
③ 梁启超：《中华图书馆协会成立会演说辞》，《中华图书馆协会会报》1925年第1期。

化之人，亦当各手一编，以作津逮也。"①

在《编辑图书大辞典（又名群籍考）计画》中，梁启超再次解释编辑图书大辞典的缘起：一是便于学者查找图书；二是明晰图书流传存亡；三是宣传中华之著林；四是考辨古书真伪。梁启超历数中国自古以来的图书辞典，指出："朱彝尊著《经义考》，谢启昆著《小学考》，天下至今，犹食其赐，惜其范围，仅囿于经。又嘉道以后，巨著蒙出。今兹所编，略盖仿此。惟廓充其藩，补衲其遗，搜寻检辑，亦较广备而已。"② 梁启超编纂《中国图书大辞典》的目的在于搜寻当时所有书目，方便读者检索查找，这与他担任图书馆馆长的经历有很大关系。此时的梁启超正任职于清华学校，他带领清华学校研究院的同学进行初步的编纂工作，取得了不小的成就。因此，他断定，如果继续进行，"两年当可蒇事，惟是经费所需"③。

因侧重古代图书的收录，梁启超在编纂《中国图书大辞典》时，计划仍采用四部分类法，分上下编和第一、第二附录，共四部分，其中，上编为"存本及残本"，下编为"佚本及未见本"，第一附录为"统计表"，第二附录为"索引"。④ 在编辑程序上，梁启超设想，选用邵懿辰《四库简明书目》、莫友芝《邵亭见知传本书目》参互校检；集合阮元《揅经室外集》中所列的四库未见本；且将书目与八千卷楼书目、全国有名大图书馆书目、现存大藏书家书目、

---

① 梁启超：《梁任公先生致北京图书馆委员会请津贴编纂图书大辞典原函》，《中华图书馆协会会报》1927 年第 6 期。
② 《编辑图书大辞典（又名群籍考）计画》，《中华图书馆协会会报》1927 年第 6 期。
③ 梁启超：《梁任公先生致北京图书馆委员会请津贴编纂图书大辞典原函》，《中华图书馆协会会报》1927 年第 6 期。
④ 参见梁启超《中国图书大辞典编纂内容概要》，《中华图书馆协会会报》1927 年第 6 期。

古今经籍考、清代以来题跋考、顾修《汇刻书目》等书目相互参校，按照"先存，次亡，后未见"的原则开展编辑工作。① 在体例方面，除正编外，梁启超还计划编制《古今大丛书一览表》《古今大刊家一览表》《古今大藏家一览表》《历代著作多少比较表》等十几种图表，有着长远的编制规划。

为训练手续和材料准确，在梁启超的指导下，饮冰室藏书仅用一个半月时间便编纂近40卷。梁启超说，这可以被看作"全书最小之雏形"②。《梁氏饮冰室藏书目录》依照经、史、子、集分类法排列，增加丛书部，将"汇刻书籍别为丛书部，有虽系汇刻书而义有专属者，则仍依其性质分类，如《初唐四杰集》《盛唐四杰集》，列唐别集末；《金石丛书》，列金石类末。余类推"③。

1928年2月的《中国图书大辞典编纂近况》一文大致叙述了编纂工作开展一年来的主要成就：编查丛书397部，曲本4 553种，词集2 249种，金石门丛帖目录稿本1种，现存明人别集写片4 000余种，现存明遗民别集及存佚未定者近千种，历代名人年谱数百种。④ 虽然大体上依据四库分类法进行编纂，但梁启超计划在《中国图书大辞典》的义例与方法上都不沿袭前人，"意欲为簿录界开一新纪元，衍刘略阮录之正绪而适应于现代图书之用"⑤。

关于《中国图书大辞典》的作用，梁启超设想，"意欲使此书

---

① 参见《编辑图书大辞典（又名群籍考）计划》，《中华图书馆协会会报》1927年第6期。
② 《中国图书大辞典编纂近况》，《中华图书馆协会会报》1928年第4期。
③ 国立北平图书馆编：《梁氏饮冰室藏书目录》，北京图书馆出版社，2005年，"凡例"第9页。
④ 参见《中国图书大辞典编纂近况》，《中华图书馆协会会报》1928年第4期。
⑤ 丁文江、赵丰田编：《梁启超年谱长编》，上海人民出版社，1983年，第1180页。

成后，凡承学之士欲研治某科之学，一展卷即能应其顾问，示以资料之所在，及其资料之种类与良窳，即一般涉览者，亦如读一部有新系统的《四库提要》，诸学之门径可得窥也"①。对于增设的簿录之部，梁启超的解释为："今簿录之书，存佚单附合计，数且盈千，泱泱乎一大邦矣。揆其性质，实总函四部而筦其钥，指为史籍枝属，名实未安，故今别建一部，用冠群籍，俾凡孳治任何部类之遗典者皆于此问津焉。"② 在《与适之足下书》中，他提到，"簿录之部，官录及史志一册，史部谱传类年谱之属一册，金石书画部丛帖之属一册，史部杂史类晚明之属一册，比较可算已成之稿（虽应增改者仍甚多）"③。由此推断，梁启超对四库分类法进行了诸多改进，将"金石书画"单列一部，"年谱之属"独列一册，"晚明之属"独列一册，彰显图书价值，与当时社会文化发展的需求相适宜。可惜的是，梁启超于1929年病逝，《中国图书大辞典》的编纂工作未能全部完成，仅有《图书大辞典簿录之部》留存，发表在1930年的《图书馆学季刊》上，后由中华书局于1936年出版发行。《图书大辞典簿录之部》收录官录及史志簿录、金石门丛帖类初稿。

《中国图书大辞典》的编纂得到了当时学界的关注，毛坤专门撰写《关于中国图书大辞典之意见》一文，大加称赞，认为此项工作是"大有关于我国学术前途的工作，实在是一桩极可欣喜极可称赞的事体"，并分别就名称、图表、范围、分类、标题、著录格式等问题进行了评论。④

---

① 丁文江、赵丰田编：《梁启超年谱长编》，上海人民出版社，1983年，第1181页。
② 梁启超：《图书大辞典簿录之部》，《图书馆学季刊》1930年第3—4期。
③ 丁文江、赵丰田编：《梁启超年谱长编》，上海人民出版社，1983年，第1181页。
④ 参见毛坤《关于中国图书大辞典之意见》，《中华图书馆协会会报》1928年第4期。

在研究图书目录的过程中，梁启超注意到了佛经目录的独特之处，并撰写《佛家经录在中国目录学之位置》一文，发表在《图书馆学季刊》1926年的创刊号上。梁启超称赞《安录》（即道安《综理众经目录》）和《祐录》（即僧祐《出三藏记集》）的开创性贡献，将《安录》比之于《别录》《七略》，《祐录》比之于《汉书·艺文志》，把隋代的《法经》称作"现存经录中最谨严有法度者"①。他认为，相比普通目录，佛家经录的优点有：

一曰历史观念甚发达。凡一书之传译渊源，译人小传，译时，译地，靡不详叙。二曰辨别真伪极严。凡可疑之书皆详审考证，别存其目。三曰比较甚审。凡一书而同时或先后异译者，辄详为叙列，勘其异同得失；在一丛书中抽译一二种或在一书中抽译一二篇而别题书名者，皆一一求其出处，分别注明，使学者毋惑。四曰搜采遗逸甚勤。虽已佚之书，亦必存其目以俟采访，令学者得按照某时代之录而知其书佚于何时。五曰分类极复杂而周备。或以著译时代分，或以书之性质分。性质之中，或以书之函义内容分，如既分经律论，又分大小乘。或以书之形式分，如一译多译，一卷多卷等等。②

从所归纳的五个长处中可以看出，梁启超看重佛经目录的历史观念浓厚、著录项目详细、真伪辨别严格、搜集版本全面、分类子目完备等优点。他指出，这是《七略》《汉书·艺文志》《七录》等所不具备的特点。他注重归纳各时期佛经目录分类方法，并与近代目录学的理论相结合，认为"著书足以备学者顾问，实目录学家最

---

① 梁启超：《佛家经录在中国目录学之位置》，《图书馆学季刊》1926年第1期。
② 梁启超：《佛家经录在中国目录学之位置》，《图书馆学季刊》1926年第1期。

重要之职务"①。同时他也看重目录的实用性，并指出，"学术愈发达，则派别愈细分"，唐代《开元释教录》"将大小乘经论更加解剖，此应于时势要求，自然之运也"，在该经录中，"大乘经之分五部，而五部外单译本别自为类，小乘经分四含，而四含外单译本别自为类，此皆因部帙繁简，姑为此画分以便省览，在学理上非有绝对正确根据，但就目录学的立场言之，则取便检查，亦正是此学中一重要条件。智昇创此，其功自不可没，而后此制录者，亦竟罕能出其范围也"②。

六、图书馆教育思想

在《中华图书馆协会成立会演说辞》中，梁启超指出，图书馆协会的职责有两种："建设中国的图书馆学"和"养成图书馆管理人才"。关于"建设中国的图书馆学"，前文已经提及，此处不再赘述。梁启超将"养成图书馆管理人才"的原因概述为："图书馆学在现在已成一种专门科学，然而国内有深造研究的人依然很缺乏，管理人才都还没有，而贸然东设一馆，西设一馆，这些钱不是白费吗？所以我以为当推广图书馆事业之先，有培养人才之必要。"③

对于图书馆人才培养方式，他建议："最好是有一个规模完整的图书馆，将学校附设其中，一面教以理论，一面从事实习。但还有该注意一点：我们培养图书馆人才，不单是有普通图书馆学智识

---

① 梁启超：《佛家经录在中国目录学之位置》，《图书馆学季刊》1926年第1期。
② 梁启超：《佛家经录在中国目录学之位置》，《图书馆学季刊》1926年第1期。
③ 梁启超：《中华图书馆协会成立会演说辞》，《中华图书馆协会会报》1925年第1期。

便算满足,当然对于所谓'中国的图书馆学',要靠他做发源地"。①可以看出,梁启超提出设立"规模完整的图书馆",目的在于将该类型图书馆作为"中国的图书馆学"的发源地,将图书馆学理论研究与图书馆实践充分结合,实现社会资源的合理利用。从当时图书馆学专门学校与图书馆讲习班的开设情况来看,我国图书馆学人才的培养并未完全按照梁启超设定的道路发展,但当时我国图书馆学专门学校普遍重视实践经验,并将图书馆实习看作专业必修课程,图书馆学暑期讲习班也大多附设于规模相对完整的图书馆。梁启超任职的北京图书馆创立《北京图书馆月刊》,专门收录图书馆学、文献学等学科的著述。1930年,该刊更名为《国立北平图书馆馆刊》,曾刊登梁启超、陈寅恪、王重民、蒋复璁、李小缘、杜定友、刘国钧、谢国桢等著名学者的学术论文,为学术发展提供了研究方向与指南。此外,北京图书馆还培养了诸多图书馆学人才,如严文郁、岳良木、汪长炳、邓衍林、王重民等。

七、学术贡献

梁启超图书馆学观念的形成,既受时代发展形势的影响,也与他的人生经历密切相关。梁启超早年从政,跟随康有为参与维新变法,主笔《时务报》,创建万木草堂书藏,设立强学会书藏,创办松坡图书馆。后来他将重心由政治转向学术,成为清华国学研究院的四大导师之一,培养了诸多国学人才。一战结束后,梁启超游历欧洲,发现西方文明的不足之处。由欧洲回国以后,他着重宣传中

---

① 梁启超:《中华图书馆协会成立会演说辞》,《中华图书馆协会会报》1925年第1期。

国传统文化，主张用西学方法研究传统文化。他建议，"第一步，要人人存一个尊重爱护本国文化的诚意；第二步，要用那西洋人研究学问的方法去研究他，得他的真相；第三步，把自己的文化综合起来，还拿别人的补助他，叫他起一种化合作用，成了一个新文化系统；第四步，把这新系统往外扩充，叫人类全体都得着他好处"①。

依照这个路径，梁启超首先对中国传统文化进行深入挖掘，撰写了《中国历史研究法》《中国历史研究法补编》《中国近三百年学术史》《清代学术概论》等学术著作，分析我国自清代以来的学术理论与研究方法。其次是对西学的研究，《西学书目表》《东籍月旦》《读书分月课程》等是梁启超对西学书目的归纳。再次是"中国图书馆学的建立"，包含图书分类、编目、图书馆事业、新式类书等方面的内容。最后是梁启超对自我主张的宣传，尤其是在鲍士伟博士访华期间，大力提倡"中国的图书馆学"的建设。

无论是在古典文献学还是近代图书馆学领域，梁启超的研究在当时都有着独特的学术价值。他所编纂的《西学书目表》于1896年在《时务报》上刊载，比康有为《日本书目志》的发表时间还要早一年，是梁启超为宣传维新改革主张、启蒙国人思想所作，在当时有着极大的影响。在序例中，梁启超说道："国家欲自强，以多译西书为本，学者欲自立，以多译西书为功。此三百种者，择其精要而读之，于世界蕃变之迹，国土迁异之原，可以粗有所闻矣。"②据姚名达《中国目录学史》所载："受其启发而研究西学者遂接踵而起。目录学家亦受其冲动，有改革分类法者，有专录译书者。沈

---

① 梁启超：《梁启超游记》，东方出版社，2006年，第57页。
② 梁启超：《梁启超全集》（第一册），北京出版社，1999年，第82页。

桐生撰《东西学书录提要总叙》，徐维则撰《东西学书录》，顾燮光补之，近年犹刊其旧著《译书经眼录》焉。专录一国文字之译籍者，则有魏以新之《中译德文书籍目录》。专录一图书馆收藏之译籍者，则有金天游之《浙江图书馆汉译西文书目索引》。"①《佛家经录在中国目录学之位置》对民国时期学者研究目录学理论有高度的借鉴价值。姚名达有言："自尔以还，恍如敦煌经洞之发露，殷虚卜辞之出土焉，目录学宫黑暗之一角，重幕骤揭而大放光明。"②

梁启超在游历美国期间，参观了波士顿市立图书馆、华盛顿图书馆等美国各大图书馆，感叹华盛顿图书馆的"藏书之富"与卡耐基资助图书馆的数量之多。梁启超回国时，正值新文化运动和新图书馆运动蓬勃发展之时，他提倡发扬中华传统文化，设立精英式的图书馆，其实也反映了他作为中国传统知识分子的精英主义观念。

在中华图书馆协会成立会上，梁启超提出建设"中国的图书馆学"的主张，无疑是对当时鲍士伟博士所提倡的美国图书馆学思想的有力回应。梁启超首次提出"中国的图书馆学"一词，强调要综合外国图书馆学，重新改造中国传统目录学，创设中国的图书馆学，这既是中华文化自信的表现，也体现了梁启超在戊戌变法失败以后对中华民族未来发展道路的深刻反思。

---

① 姚名达：《中国目录学史》，商务印书馆，1938年，第335页。
② 姚名达：《中国目录学史》，商务印书馆，1938年，第228页。

第五节　柳诒徵

一、生平

柳诒徵（1880—1956），字翼谋，号龙蟠迂叟、蓥山髯、能稼楼主，晚号劬堂，1880年2月5日出生于江苏省丹徒县（今江苏省镇江市丹徒区）。[①] 年幼时便通读四书五经，发奋学习，因无力购买图书，常常向亲友借书以抄录。1895年，考中秀才，自此入学，之后常学骈文。1899年，"应岁试列一等三名"。[②] 1900年，柳诒徵在陈善余先生的介绍下，至江楚编译局任分纂之职。1902年，随缪荃孙、徐乃昌一同赴日本考察教育数月，归国后仍任职于江楚编译局。后任教于南京思益小学、江南中等商业学堂和镇江大港小学，并辞去编译局职务。1912年，转任北京明德大学斋务主任和历史教员。1915年至1925年期间，柳诒徵任职于南京高等师范学校（在此期间，南京高等师范学校更名为东南大学）。1925年，受东南大学"易长风潮"事件的影响，远赴东北大学任教，次年任职

---

① 参见申耆《柳诒徵传略》，载晋阳学刊编辑部编《中国现代社会科学家传略》（第五辑），山西人民出版社，1985年，第280—309页。
② 柳曾符、柳佳编：《劬堂学记》，上海书店出版社，2002年，第348页。

于北京女子大学,兼授北京高等师范学校历史课程。1927 年,柳诒徵任江苏省立国学图书馆馆长。在柳诒徵的励精图治下,江苏省立国学图书馆成为与北平图书馆齐名的中国第二大图书馆。①抗战期间,柳诒徵辗转湖南、浙江、江西至重庆,并于 1942 年担任中央大学历史研究导师。1945 年返回南京,"复任国学图书馆馆长"②,1949 年任名誉馆长。1956 年,柳诒徵因病逝世。

二、学术论著

柳诒徵是我国著名的史学家、目录学家、版本学家,也是颇有经验的图书馆管理者,所撰写的学术论文及著作有《拟编〈全史目录议〉》(《史地学报》1924 年第 3 卷第 1—2 期),《国立中央大学国学图书馆小史》(南京:盋山精舍,1928 年),《盋山书影序》[《史学杂志(南京)》1929 年第 1 卷第 4 期],《南监史谈》(《江苏省立国学图书馆年刊》1930 年第三年刊),《中国版本略说》(上海:中国科学社中国书版展览纪念刊,1931 年)等,其中《拟编〈全史目录议〉》《国立中央大学国学图书馆小史》具有代表性。

《国立中央大学国学图书馆小史》,1928 年由盋山精舍出版发行,共 9 章,约 6 万字,记述国立中央大学图书馆的缘起、沿革、环境、图书、目录、人物、经用、规则等内容,是"自江南图书馆成立以来的第一部完整的馆史"③。该书对江南图书馆的筹建经过、

---

① 参见蔡尚思《学问家与图书馆》,《江苏省立国学图书馆年刊》1935 年第八年刊。
② 柳诒徵著,文明国编:《柳诒徵自述》,安徽文艺出版社,2013 年,第 5 页。
③ 《南京图书馆志》编写组编:《南京图书馆志(1907—1995)》,南京出版社,1996 年,第 265 页。

图书馆管理制度、馆藏珍本来源、藏书目录、任职情况都有着详细的阐述,为研究江南图书馆和国学图书馆提供了丰富史料,被称作"中国式图书馆史著作的典范"①。

《拟编〈全史目录〉议》,1924年发表于《史地学报》。在此篇文章中,柳诒徵主张改革史籍整理方法,联合编制《全史目录》,打破图书内容与体裁的束缚,建立以分代史、分类史、分地史、分国史为纲的史籍体系,汇集各种形式的史事文献,著录书名、著者、出处、版本等项。《全史目录》是柳诒徵对史籍分类体系的大胆创新,相比于梁启超的史部分类法更为全面规范,完善了图书分类学的理论体系。

三、图书馆管理思想

柳诒徵曾言:"缅维先哲笃生二千祀前,揭櫫大义曰:'大道之行也,天下为公。'公天下奚自乎?曰自学,曰自图书馆。"②他认为,图书馆是自学的最佳场所,也是保存学问之处。1927年,柳诒徵接任国学图书馆馆长后,便着手国学图书馆的藏书建设。为适应读者需求,保存传统文化,柳诒徵尤为重视古籍的影印工作。继杨守敬最早编印古籍书影图谱《留真谱》之后,缪荃孙刊载了《宋元书影》。此后,袁克文、瞿启甲均在新法影印古籍方面进行了尝试。1928年,为满足读者随时随地阅读馆内善本古籍的需求,使得善本图书尽其所用,国学图书馆(因背靠盋山,又称盋山图书馆)仿照瞿启甲所辑《铁琴铜剑楼宋金元本书影》的体例,选取图

---

① 王子舟:《重读近现代图书馆学典籍的必要性》,《图书情报工作》2009年第11期。
② 柳曾符、柳佳编:《劬堂学记》,上海书店出版社,2002年,第250页。

书馆所藏的宋元善本刊刻精品，印行了《盋山书影》，并分为两辑出版，共收宋元书影125种，①馆长柳诒徵亲自撰写了《盋山书影序》。为了使读者更加清晰刊印善本古籍的具体情况，《盋山书影》还在每本刊刻书籍中夹有说明一纸，依据刊刻书籍的情况，标注其"校刻时代，收藏源流，版匡高广，刻工姓名，行格字数"②，这是杨、缪、袁、瞿四人的石印书影所不曾有的细节说明，为读者清晰地标明了馆藏古籍的版本情况。

《盋山书影》的刊印和发行，是国学图书馆促进珍贵古籍流传阅览的重要举措；以石印法汇制成为书影，刊印发行，使得海内外的读者均可购买阅读，为广大读者提供最直接的文献资料。这不仅充分利用了馆藏资源，同时也在风雨飘摇的岁月中，最大限度地保护了善本，防止其散佚。1927年至1936年间，国学图书馆新印书籍共计104种，55 595部，141 047册。③ 不仅如此，国学图书馆还传承借书影印的传统，为其他单位提供借书影印服务。《中央大学国学图书馆第二年刊》记载，商务印书馆曾借国学图书馆单行善本书1种印入《四部丛刊》，41种印入《续古逸丛书》，商务印书馆还专门派出代表同国学图书馆订立善本书借印规约，以规范书籍的影印工作。④ 值得一提的是，国学图书馆精心选取影印书籍，参加1930年的比利时独立百年纪念博览会，获得了奖状和金质奖章，这表明国学图书馆影印珍贵古籍、传播中华民族传统文化的举措得

---

① 参见范军编撰《中国出版文化史研究书录（1985—2006）》，河南大学出版社，2008年，第91页。
② 柳定生、柳曾符编：《柳诒徵劬堂题跋》，台北华正书局，1996年，第46—47页。
③ 参见《印行部概况》，《江苏省立国学图书馆年刊》1937年第十年刊。
④ 参见《致商务印书馆张菊生王岫庐函》，《中央大学国学图书馆年刊》1929年第二年刊。

到了海内外学界的认可。柳诒徵的这些举措不仅有利于馆藏建设，并且适应了读者阅读、研学的需求，为读者自学提供了便利条件，同时也为珍本秘籍流传于世作出了贡献。

柳诒徵担任多年的图书馆馆长，尤其重视读者服务工作。在任期间，他贯彻为读者服务的宗旨，建立特种借书、住馆读书等多项借阅制度，完善参考咨询体系，定期举办展览，宣传图书馆资源，以方便读者使用本馆图书。柳诒徵就任江苏省立国学图书馆馆长以后，便根据发展需要设置相应的部门，召集具有丰富知识背景的馆员从事图书馆的相关工作，为图书馆更好地服务读者奠定了坚实的基础。影印珍稀古籍，最大限度地保存了宝贵的文化资源，使读者能够更方便、更充分地利用馆藏资源；编写图书馆目录，使读者对图书馆所藏的全部书籍一目了然，能够根据已有的书目查找书籍，可以避免盲目地翻阅卡片目录，节省读者时间；特种借书工作的实施，则使相关书目更加清晰，方便国学研究者进行资料查找和图书借阅；各项参考咨询工作的开展，更是从根本上确立了图书馆服务广大读者的理念，体现了图书馆的教育水平和学术层次；图书馆展览的举办，则是图书馆和读者的盛会，可以更好地扩展图书馆的服务范围，吸引更多的读者来馆读书，实现图书馆学术交流和文化传承的使命；住馆读书制度的开创，延长了读者的在馆时间，为其读书、研究提供了极大的便利；传钞服务制度的实行，既可以让读者获取所有馆藏资源，又可以扩充图书馆的馆藏容量，实现本图书馆与其他图书馆或出版机构的双向交流。

在书籍的流通方面，柳诒徵周密考虑图书馆善本古籍的借阅事宜。国学图书馆制定的《印行部规程》第一条即为"本馆设立印行部,流通秘籍以饷学者"①。可以看出,国学图书馆除了注重保管珍贵古籍外,还重视馆内珍藏书籍的流通阅览,秉着流传古籍、为学者提供便利的宗旨,国学图书馆尤为关注馆内孤本、稿本等珍藏书籍的流通使用。1927年9月,国学图书馆将馆藏善本向社会公开,充分体现了"书是为了用的"这一为读者服务的理念。

不仅如此,为满足社会有志青年、进步人士对知识的渴求,国学图书馆在1933年8月14日特别上报江苏省教育厅,申请批准其阅览部增设特种借书处,并制定了《江苏省立国学图书馆阅览部特种借书规约》(以下简称《特种借书规约》)。《特种借书规约》的第一条即是"为青年有志读书而苦无门径者计,特选关于国学研究初步必读之书若干种,储备多份,俾能以充分时间假归研阅,依类探求,得渐进深造之资";第五条为"借阅之书宜有札记,以验心得,如有疑义商榷之点,随时录送本馆,当在可能围范内竭诚以告其札记心得,本馆认为有公诸众览之必要者当设法代为发表";第六条为"阅读勤劬,长期无间且记述,成绩优良者,本馆得酌赠馆中印行书籍以示奖励";第七条为"借阅大部书,如正经、正史、周秦诸子、唐宋名贤文集者,仍照本馆普通借书规程办理"。②由以上几条可以看出,国学图书馆为帮助读者更好地进行国学研究,允许读者借阅一些珍贵的大部头参考资料,并按普通书办理借阅,鼓励读者勤学苦读,记述读书心得。对读者的服务,柳诒徵则要求馆员要勤,凡是读者的要求和问题,都尽量地去满足和解答。例如,

---

① 《江苏省立国学图书馆章程》,载张研、孙燕京主编《民国史料丛刊》(1120)《文教·文博》,大象出版社,2009年,第371页。
② 《江苏省立国学图书馆阅览部特种借书规约》,《江苏省立国学图书馆年刊》1933年第六年刊。

为帮助蔡尚思先生完成《中国思想史》一书的编著，国学图书馆在借阅的时间及数量上都尽可能地满足其需求，并提供专门的场所供其浏览阅读。据《江苏省立国学图书馆第八年刊》①和《江苏省立国学图书馆第九年刊》②的统计，1932年7月至1933年6月，国学图书馆的特种借书阅览共有105种365册74人次，而在1933年7月至1934年6月，国学图书馆的特种借书阅览共310部611册315人次，增长了近一倍的数量。善本书阅览书籍数量和人次的激增，除了与南京国民政府的重视支持、新图书馆运动的大背景和馆员的集体努力息息相关外，图书馆鼓励读书的政策如住馆读书制度、特种借书制度等也是其重要原因。

除了上述图书馆的常规服务，柳诒徵还在国学图书馆开展了一系列特色服务，如传钞业务、住馆读书等，其宗旨皆在服务广大读者。

鉴于馆藏数量有限的情况，国学图书馆在1927年设立传钞部，不仅传钞本馆书籍，也传钞馆外的书籍。传钞部的工作分为对内和对外两部分，对内主要是通过传钞书籍增加馆藏，对外主要是为读者服务。具体的传钞工作包括四类：馆内书籍传钞、借馆外书籍传钞、托人传钞和带人传钞。为此，国学图书馆专门制定了相应的部门章程。《传钞部规程》第一条即"本馆为增广庋藏及流传古籍起见，设立传钞部，办理钞录事务"③。传钞部的工作主要是通过传钞孤本、善本来增加馆藏数量，将一些市场需求量大的书籍交给出版

---

① 参见《二十三年度阅览数量统计表》，《江苏省立国学图书馆年刊》1935年第八年刊。
② 参见《二十四年度阅览数量统计表》，《江苏省立国学图书馆年刊》1936年第九年刊。
③ 柳诒徵撰，武黎嵩、李昕垚整理点校：《国立中央大学国学图书馆小史》（与《盋山案牍》合刊，上册），商务印书馆，2021年，第124页。

社去印刷。此外还有传钞图书的对外交换，例如日本《太平圣惠方》一书与国学图书馆传钞书籍的交换。对外的工作主要是替有需求的机关团体和个人代钞书籍，具体步骤为：读者先交部分定金，由传钞部开具发票，待钞写完成后与读者统一结算，代钞图书的费用均由读者支付，图书馆不收取任何的费用，包括善本书资料费也是分文不取。①

自 1927 年设置两名专门负责钞录书籍的缮校员（传钞员）以来，国学图书馆传钞的业务与日俱增，后正式传钞员的数量一度增至四人，为此图书馆还招收特约传钞员。在 1930 年的《本馆招收特约传钞员简章》中，第一条便是"本馆为补助学校课余教育及提倡学生工读兴味起见设特约传钞组"②。特约传钞员由学校代为报名，并缴纳楷书本简章一份，被录取的特约传钞员由图书馆将证书送至学校主任处盖章，以表示重视。特约传钞员的工作时间为每周日上午九点至十二点和下午一点到四点，酬金为每万字国币三元（银元三块）。从这条规定中可以看出，国学图书馆鼓励有传钞兴趣的在校学生报名，并且不占用学校的上课时间。对于青年学生来说，这是一个学习国学、研究学问的好机会，不仅可以利用周末时间获得一定的报酬，还可以阅览需要传钞的珍贵书籍，提升自己的学术研究水平。《江苏省立国学图书馆概况》一文记载，仅在 1927 年至 1934 年上半年间，国学图书馆馆内传钞的书籍共计 552 种，借外书传钞的书籍为 39 种，托人传钞的书籍为 16 种，代人传钞的书籍为 814 种，传钞书籍的种数共计 1 421 种，传钞字数共计

---

① 参见刘小云《江苏省立国学图书馆传钞部的特色服务》，《新世纪图书馆》2004 年第 2 期。
② 《本馆招收特约传钞员简章》，《江苏省立国学图书馆年刊》1930 年第三年刊。

44 089 793 字。① 由以上统计数据可以看出，国学图书馆的传钞业务主要是馆内传钞和代人传钞，而借外书传钞和托人传钞的书籍数量较少，这表明图书馆的传钞以馆内书籍的抄写为主，其丰富的馆藏得到了当时众多读者的认可。蔡尚思在应聘上海沪江大学之后，通过国学图书馆出版的图书总目，专门派他的学生邱汉生做主持，带领 10 多个人，将前期未读的作简要批注的书籍进行传钞。②

住馆读书制度的开创及实施深为读者称道。住馆读书制度即为外地来馆阅览的读者提供食宿，读者只要缴纳一定费用，便可长期住馆从事读书研究工作。1928 年，柳诒徵所撰的《国立中央大学国学图书馆小史》一书就有《住馆读书规程》的记载，现将规程的具体内容摘录如下：

第一条，有志研究国学之士，经学术家之介绍，视本馆空屋容额，由馆长主任认可者，得住馆读书。第二条，住馆读书者，须缴保证金二十元，阅览书籍无损害者，出馆时退还，否则以此款赔偿。第三条，住馆读书者，每月纳宿费十元，膳费六元，茶水灯火费一元，仆役费一元，先期交付。第四条，住馆读书者，阅览本馆藏书必须在阅览室，不得携至所住室中，违者处罚。第五条，住馆读书者，因事外出须向馆长或主任请假。第六条，住馆读书者，非因疾病要事，继续满一星期不至阅览室读书者，得由本馆通知介绍人请其出馆。第七条，住馆读书者，行李箱箧出入本馆时，须经馆员检查。③

---

① 参见《江苏省立国学图书馆概况》，载张研、孙燕京主编《民国史料丛刊》（1120）《文教·文博》，大象出版社，2009 年，第 326—328 页。
② 参见蔡尚思《蔡尚思学术自传》，巴蜀书社，1993 年，第 7—8 页。
③ 柳诒徵撰，武黎嵩、李昕垚整理点校：《国立中央大学国学图书馆小史》（与《盋山案牍》合刊，上册），商务印书馆，2021 年，第 129 页。

国学图书馆的住馆读书制度是民国时期致力于研究国学的学者的福音。除了可以让读者吃住在图书馆，柳诒徵先生还允许住馆读者在晚上与其讨论国学研究的各种问题，为读者答疑解惑，虽然条件简陋，但这为勤奋好学的人提供了一个难得的机会。《江苏省立国学图书馆第六年刊》上刊登了《美国顾立雅先生函》，在来函中，顾先生首先高度评价了柳诒徵的《中国文化史》，同时也表达了计划来馆住读的愿望。① 据《江苏省立国学图书馆年刊》记载，郑鹤声、赵万里、谢国桢、张叔亮、徐方域、张定宇、都敬皆、黄天行、吴天石、王符生、苏幼申、蔡尚思、刘掞黎等来自全国各地的读者都曾入住国学图书馆。② 在国学图书馆长期住馆读书的更是有柳慈明、赵厚生、王诚斋、张叔亮等人。③

南京师范大学教授唐圭璋曾回忆道："同门任君中敏是敦煌学家（前扬州师院教授），当时住馆读书，夜深屋漏，雨滴不止，他撑伞遮雨，坚持抄书，使我深受感动。"④ 为了《全宋词》的编纂工作，唐圭璋在教书之余便从早至晚在国学图书馆阅读丁氏"八千卷楼"的词书，中午在馆内吃完饭便又继续工作，利用馆藏的善本词书进行大量的考证和校勘，最终完成了《全宋词》的编纂工作。⑤ 后任复旦大学副校长的蔡尚思是当时住馆时间最长的读者。蔡先生

---

① 参见《美国顾立雅先生函》，《江苏省立国学图书馆年刊》1933 年第六年刊。
② 参见徐昕《国学图书馆住馆读书制度述略》，《图书馆杂志》2003 年第 9 期。
③ 参见许廷长《柳诒徵振兴国学图书馆》，载柳曾符、柳佳编《劬堂学记》，上海书店出版社，2002 年，第 256 页。
④ 卢子博主编：《南京图书馆志（1907—1995）》，南京出版社，1996 年，第 133 页。
⑤ 参见吴智龙、钟振振《词坛耆硕——唐圭璋》，南京师范大学出版社，2012 年，第 101—112 页。

将图书馆视为自己的"最高学府",称其为"太上研究院"。① 在《劬堂学记》中,收录了蔡先生的《柳诒徵先生学述》一文,文中他详细叙述了自己1934年至1935年住馆读书的情况。柳诒徵先生不仅允许蔡尚思住入国学图书馆,还"不收房租及其他费用",并且对蔡尚思的借阅图书数量不设限,嘱咐图书馆的工作人员耐心为其服务,将蔡先生的贡献视为图书馆的贡献。②

国学图书馆不仅拥有丰富的藏书资源,还培养了一批高素质的馆员,部分馆员后来成为某一领域的专家,如向达、范希曾、缪凤林、王焕镳等。1928年,国学图书馆更是聘请中央大学教授陈汉章、王伯沆、汤用彤,金陵大学图书馆馆长李小缘为图书馆参议,邀请他们定期到馆商讨事务,以促进图书馆的现代化管理,更好地提供参考咨询服务。③ 国学图书馆立足读者,以为读者服务为理念,针对个别有需求的读者,大开方便之门,采取全方位的服务,态度真诚,服务全面。

除了基础的阅览保管工作,国学图书馆的工作人员在柳诒徵的带领下,还担负起解答读者疑惑、指导读者学习的责任,这使得国学图书馆形成了良好的学习氛围,成为国学研究者的理想学习场所。馆长柳诒徵先生更是亲力亲为,全心全意为读者服务。关于图书馆服务读者,柳先生有自己的看法:"诒徵与诸同人有鉴于是,耻其德之不修,学之不讲也,务涤厥私,以勉于学。守法必严,束

---

① 参见蔡尚思《蔡尚思学术自传》,巴蜀书社,1993年,第7页。
② 参见蔡尚思《柳诒徵先生学述(代序)》,载柳曾符、柳佳编《劬堂学记》,上海书店出版社,2002年,第1—7页。
③ 参见许廷长《柳诒徵振兴国学图书馆》,载柳曾符、柳佳编《劬堂学记》,上海书店出版社,2002年,第256页。

身必谨。万有之学不能尽谙，则合多人竭日力以缒因于学海，冀微窥其涂辙鳃理，以待群彦之责索。"① 这体现了柳诒徵先生致力于服务读者、为读者答疑解难的思想。

蔡尚思先生在《柳诒徵先生学述》一文中曾经说，柳诒徵先生不仅允许他住馆读书和阅览图书数量无上限，嘱咐工作人员不厌其烦地为其服务，还经常为他解答学术研究中的问题。蔡尚思常常是在白天阅览图书，晚上整理笔记，"常于夜间八九时以后去向柳先生请教。他从清朝的掌故到民国的时事，无所不谈，边谈边笑，如袁子才与戴东原之异同之类，真使我闻所未闻，均为书本上所无法得到的知识"②。在《学问家与图书馆》一文中，蔡尚思先生列举了当时中国有名的图书馆，并对南京国学图书馆进行了单独的介绍，称赞国学图书馆的藏书质量仅次于北平图书馆，是黄河以南地区的第一大馆。除了介绍国学图书馆的藏书情况，蔡先生还在文中提到了馆长柳诒徵，评价其"学识既富，品格又高，学者住馆读书，几如受业于门，遇有疑难，可以质叩，盖此公和蔼可亲，且喜奖进贤士，绝非一部分有学无行炫己藐人之老学者所可比也"③。唐圭璋先生则认为柳诒徵先生使他在编辑《全宋词》的过程中少走了不少弯路，"我从写作，到校词、辑词、论词，没有走多大的弯路，皆有赖于柳师的指导"④。由此可见，柳诒徵先生以服务读者为图书馆员的使命，注重读者的咨询问题，耐心解答，获得了很高的赞扬，他

---

① 顾廷龙：《柳诒徵先生与国学图书馆》，载柳曾符、柳佳编《劬堂学记》，上海书店出版社，2002年，第250—251页。
② 蔡尚思：《柳诒徵先生学述（代序）》，载柳曾符、柳佳编《劬堂学记》，上海书店出版社，2002年，第5页。
③ 蔡尚思：《学问家与图书馆》，《江苏省立国学图书馆年刊》1935年第八刊。
④ 吴智龙、钟振振：《词坛耆硕——唐圭璋》，南京师范大学出版社，2012年，第102页。

开展的参考咨询服务使得国学图书馆不仅成为藏书之地，更是国学问题的研究场所。

国学图书馆类似的参考咨询服务在相关的文章中也有所体现，如《中央大学国学图书馆第一年刊》的《函复河南通志处》一文记载，柳诒徵听闻河南通志处重修志，便回复图书馆目录中有关于河南省的书目，可检寄一份与通志处。①《中央大学国学图书馆第二年刊》的《复古物保管委员会函》中记载，1928年9月24日，柳诒徵答复古物保管委员会，表达了可派人翻阅或雇员代抄《三朝要典》一书之意。②郑逸梅《东南硕彦柳诒徵》一文中记载，黄秋岳（濬）在编著《花随人圣庵摭忆》时，经常以函来馆，委托图书馆代为检索翁同龢日记、杨乃武案件等资料，也大都由柳诒徵亲力亲为。③《江苏省立国学图书馆第四年刊》记载，池则文与蔡嵩云先生询问借书一事，柳诒徵在1930年9月16日的《致池则文、蔡嵩云函》中附录了具体的借书办法。④《江苏省立国学图书馆第九年刊》中记载，1936年9月12日，柳诒徵在《复首都民俗展览会函》中回复民众展览会来信征集物品一事，柳先生告知其欲将图书馆在清凉山香市期内留影十二幅随函送上。⑤

国学图书馆除了注重馆藏文献的搜集和读者参考咨询服务之外，还举行展览会揭示本馆藏书，以更好地为读者服务，例如1929年2月就曾举办过善本书展览会。关于国学图书馆在1930年和

---

① 参见《函复河南通志处》，《中央大学国学图书馆年刊》1928年第一年刊。
② 参见《复古物保管委员会函》，《中央大学国学图书馆年刊》1929年第二年刊。
③ 参见郑逸梅《东南硕彦柳诒徵》，载柳曾符、柳佳编《劬堂学记》，上海书店出版社，2002年，第157页。
④ 参见《致池则文、蔡嵩云函》，《江苏省立国学图书馆年刊》1931年第四年刊。
⑤ 参见《复首都民俗展览会函》，《江苏省立国学图书馆年刊》1936年第九年刊。

1935年的两次大型展览会,张逢辰和陈兆鼎分别在《江苏省立国学图书馆第三年刊》和《江苏省立国学图书馆第八年刊》中进行了详细的记载。

1930年4月19日的展览主要是珍秘名人书画的公开展览,展期共三天。此次的书画展览吸引了来自全国各地慕名而来的参观者,"欣然署名于宾籍者逾千人"①。据张逢辰的统计,学界参与者有619人,政界参与者有267人,其他参与者有法界、党部、农界、工界、商界、医生、东西洋人等各个阶层的书画爱好者104人,以上几者共计990人,其他随意签名的孩童等尚未计算在内。此次展览共有书画陈列室、古籍陈列室和名贤墨迹陈列室三个陈列室。书画陈列室的书法作品有陈正揆和梁闻山的行书等,绘画作品有蒋璋的钟馗、钱元昌的玉兰牡丹等;古籍陈列室是宋、元、明的书籍以及海内的孤本;名贤墨迹陈列室则有清道光、咸丰、同治年间的名人手札。"展览期中,自晨及晡,人络绎无停趾,时及退休,而低回忘返,会已终了,而要约续开者有之。"②

1935年4月5日,国学图书馆借修葺增添杂志室事宜,本着供多方鉴赏的目的,共选出"八百余种缮制说明卡签",于6日至8日举行了更大规模的展览会。这次展览共设置5个展览室,每室有3名馆员负责招待。其中第一展览室是阅览室,陈列的有清刊本、梵夹本、四库馆底本、日本刊本、高丽刊本、现代刊本、清季江宁局署档案、吴淞炮台图等;第二展览室是善本阅览室,陈列的有清代禁书抽毁本及全毁本、明刊本、明清抄本和图书馆的传抄本等;第三阅览室陈列的有宋刊本、元刊本、明清名贤手稿校本、抄校本

---

① 张逢辰:《记本馆书画展览会》,《江苏省立国学图书馆年刊》1930年第三年刊。
② 张逢辰:《记本馆书画展览会》,《江苏省立国学图书馆年刊》1930年第三年刊。

等；第四阅览室是杂志阅览室，陈列的有明清名人书画图册、名人合景书画册、名人书画扇面册、清代名贤手札等；第五展览室是盋山精舍，陈列的有唐宋辽元各碑禊事和图书馆历年出版书籍。此次展览吸引了各个行业的国学爱好者前来参观，其中不乏部分社会名流，如教育厅刘茂华，图书馆学家刘国钧和李小缘等。仅6日当天就有观众800多人，原定3天的展览延长了1天，直至9日。受阴雨天气的影响，后几日来馆参观的人数略有下降，但观众人数共计达1653人，观众的职业包括政界、军界、农工商、新闻、教师和学生，其中尤以学校教职人员和学生居多。① "参观人士有携眷同游、携带孩提者，有鉴赏珍品自携镜箱商乞留影者，有竟日观摩审谛低徊不忍去者，有阅览未厌一再三至者，有怀挟小册随时笔记者"②，而国民政府林森主席听说展览会之事时已经是在闭会之后，但依旧去参观书楼和阅览室，询问详细情况，称赞此次的展览会是"都门盛事"③。

四、图书分类与编目思想

柳诒徵是我国著名的史学家，曾长期担任史学教授，参与创办《史地学报》等杂志，撰写《南监史谈》《检书小志》《中国版本略说》《拟编〈全史目录〉议》等文章，在版本目录学方面有着深入

---

① 参见陈兆鼎《本馆二十四年四月展览会纪事》，《江苏省立国学图书馆年刊》1935年第八年刊。
② 陈兆鼎：《本馆二十四年四月展览会纪事》，《江苏省立国学图书馆年刊》1935年第八年刊。
③ 陈兆鼎：《本馆二十四年四月展览会纪事》，《江苏省立国学图书馆年刊》1935年第八年刊。

研究。在1924年的《拟编〈全史目录〉议》中，他主张编纂《全史目录》，打破史学固有类目范围，依照分代史、分类史、分地史、分国史的分类标准，将经史子集、新出书目、外国人研究中国史事的图书、图谱、器物等与史事有关者，汇为一体，编制新的史籍体系，以使学者"按目而求"，检索到所需参考资料，开展编制新史的工作。① 在具体的著录事项上，柳诒徵提出了包含书名、著者、出处、版本和互见著录等在内的六个原则：

> 凡书必注若干卷，某人著，某局本，某处发售，孤本则注某氏某图书馆所藏。
> 凡专篇必注出于某书某本某卷。
> 凡外国人所著用汉文者，如上例。用西文及和文者，注明某国文，某国某处印售。有译本，注某人译，某处印售。已译而未印者，亦注明。
> 凡一书关系多方者，须互著重出，仍注明互见某类。
> 凡一书有数本者，均须注明某为足本，某为节本，某为善本。
> 凡器物图像，必注出某地，藏某家，见某书某卷。②

以上是柳诒徵对编制史学目录的建议，体现了他的图书分类思想，同时也适用于图书馆的编目工作。1929年，在中华图书馆协会第一次年会上，柳诒徵提交了《编制中文书目应将新旧书合编不宜分列新旧书为二目案》。在该提案中，柳诒徵指出："因所谓新书旧书者，本无显然之界限。——强为分别，必致多生窒碍，且长此

---

① 参见柳翼谋《拟编〈全史目录〉议》，《史地学报》1924年第1—2期。
② 柳翼谋：《拟编〈全史目录〉议》，《史地学报》1924年第1—2期。

分立，因循苟简，则新创之分类法，将无以产生。而今后之新中国目录学，恐亦无有试验而创造之者矣。……在今日不废新旧书分立之目，则编目者必日趋穷途。且其势足阻遏新目录学之产生，为害匪细。"① 因此，他主张新旧图书统一编目，但统一编目并不意味着全部采用一种方法，而是应该采用适合实际情况的方法。为促进新编目法的产生与新目录学的创立，他建议各地图书馆应废除新旧书分立的编目方法，试验改造中国旧有之分类法（如四部分类法）与新分类法（如杜威十进分类法）。这一提案对当时中国图书馆新旧图书分别编目的做法提出了质疑，也为国学图书馆的分类编目工作提供了指导意见。

就任江苏省立国学图书馆馆长以后，柳诒徵注意到图书馆珍藏有钱塘丁丙"八千卷楼"藏书、武昌范氏月槎木樨香馆藏书、宋教仁遗书、珍贵的名人书画、西方书籍等丰富馆藏。为使读者能够更好地利用图书馆资源，他带领一批具有丰富文史知识素养的馆员，如范希曾、王焕镳、陈兆鼎、朱焕尧等，将国学图书馆所藏新旧书籍，于1935年分类汇编成《江苏省立国学图书馆图书总目》，《江苏省立国学图书馆图书总目补编》则于1936年编成。这一目录集普通书目、善本书目、丛书总目于一体，甚至将西学书籍也编入子部目录，便于寻检与查阅。《江苏省立国学图书馆图书总目》共有24册44卷，分为经、史、子、集、志、图、丛7大类，其中经部4册，史部5册，子部8册，集部5册，志图丛共2册；正编收录的馆藏书籍以1934年12月为限，记载的图书共计37 002种、59 228部、478 838卷、198 922册；补编收录图书以1935年12月

---

① 《编制中文书目应将新旧书合编不宜分列新旧书为二目案》，《中央大学国学图书馆年刊》1929年第二年刊。

为限，共有 12 卷，收录书籍 24 926 册；此外国学图书馆馆藏的书画、档案、手札、金石拓片、人物造像另为专目，比《四库全书》所记载的书籍多至 5 倍。[①] 除了珍本善本古籍，该书目对馆藏翻译书籍和期刊也有所记载。为方便读者检索，对于有多个刻本和散见于各个丛书中的书籍，此书目则将其汇列在一处。

《江苏省立国学图书馆图书总目》将《四库全书总目》中的 44 类扩充为 85 类 832 属。[②] 它的经部共有易、书、诗、礼、乐、春秋、四书、孝经、小学、经总 10 类，每类之下设有子目；史部共正史、编年、纪事本末、别史、杂史、史钞、传记、载记、地理、时令、政书、目录、史评、专史、史表、外国史、史总、金石 18 类，其中，专史、史表、外国史、史总是增设的类目，金石类则从四库类目中析出；子部共有儒、道、法、名、墨、纵横、杂、农、小说家、兵书、历数、术数、方伎、艺术、谱录、释教、类书、工、商、交通、耶教、回教、东方各教、哲学、自然科学、社会科学、神道、子丛 28 类，新增的类目有自然科学、社会科学、神道等，其中，新学归属于神道类，以与中国传统的道家相区别；集部共有别集、总集、文评、集丛 4 类；志部共有省志、府州厅县镇志、志丛 3 类；图部共有中国全图、省图、县图、城市图、水道图、交通图、历史图、交界图、军用图、经济图、天象图、地质图、杂图、世界全图、东西洋历史图、日本图；丛部有类刻、汇编、郡邑、氏族、独撰 5 类。[③]

---

① 参见柳诒徵《国学图书馆图书总目序》，载柳定生、柳曾符编《柳诒徵劬堂题跋》，台北华正书局，1996 年，第 40—42 页。
② 参见顾廷龙《柳诒徵先生与国学图书馆》，载柳曾符、柳佳编《劬堂学记》，上海书店出版社，2002 年，第 249—252 页。
③ 参见王焕镳《本馆图书总目叙例》，《江苏省立国学图书馆年刊》1936 年第九年刊。

由以上类目可以看出，该分类法将传统的四部分类法扩展至七类，增加图、志、丛三部，适应了图书馆馆藏建设和我国图书事业发展的需求。现代的哲学、自然科学和社会科学划入子部，并丰富了史部的类别。图、志、丛三部的添加使资料检索更为便捷，创造了适合图书馆馆藏建设发展的新书目，也充实了我国图书分类学的理论体系。在具体的类目设置上，各级子目的增设既参考西方图书分类法，也结合社会发展的现状，体现了柳诒徵勇于尝试、突破历史局限的与时俱进精神，为图书馆编制图书目录提供了典范。

《江苏省立国学图书馆图书总目》虽然仍未摆脱传统四部分类法的束缚，但是它适应了当时书籍目录的发展情况，使读者对图书馆的馆藏情况一目了然，为寻找参考书籍提供了有效的指导方向。对此，唐圭璋回忆道："柳师当时正组织人力编印三十巨册的《国学图书馆总书目》，对我的工作提供了极大方便。"① 蔡尚思表示，"在全国大图书馆中也只有此图书馆出版了全馆普通本善本编在一起的《图书总目》，使读者不必查卡片的麻烦了"②。顾廷龙曾评价此书目：

自有图书馆以来，能将全部藏书编成总目者，以此为第一家。其特点有三：一、将四库分类加以增删；二、将丛书子目分归各类，便于检索；三、别集编次，以卒年为断，便于定易代之际作者归于何朝。其方法在图书馆界有一定影响。合众图书馆编印藏书目录，即明确说明分类采用国学图书馆分类法。关于丛书子目分别部居，一九三八年

---

① 吴智龙、钟振振：《词坛耆硕——唐圭璋》，南京师范大学出版社，2012年，第101页。
② 蔡尚思：《柳诒徵先生学述（代序）》，载柳曾符、柳佳编《劬堂学记》，上海书店出版社，2002年，第3页。

日本东方文化学院京都研究所汉籍目录及上海图书馆编《中国丛书综录》,均将子目分类。国学图书馆之《总目》实导夫先路,在目录学史上应有一定之地位。①

五、学术贡献

作为当时少有的未曾在国外学习过图书馆学的图书馆馆长,柳诒徵贯彻图书馆服务理念,将教育思想与方法应用于图书馆,提供了诸多图书馆管理的新思想与新模式。例如,他开创住馆读书制度,主张中外图书统一编目,重视公共图书馆的教育功用,主持编制《江苏省立国学图书馆图书总目》《江苏省立国学图书馆现存书目》等图书目录,根据发展需要不断创新读者服务方法,完善图书分类体系,增加馆藏图书数量,提升馆员的学术水平,鼓励读者勤勉上进,使江苏省立国学图书馆一时闻名全国。

---

① 顾廷龙著,《顾廷龙全集》编辑委员会编:《顾廷龙全集·文集卷》(上册),上海辞书出版社,2015年,第306页。

第六节 沈祖荣

一、生平

沈祖荣（1884—1977），字绍期，1884年（一说1887年[①]，一说1883年[②]）出生于湖北宜昌。[③]沈祖荣幼时跟随父亲在宜昌一家饭铺中跑堂，曾就读于私塾，后因无力缴纳学费辍学。因饭铺所得不足以养家糊口，沈祖荣后来被父亲送至宜昌一所教堂做勤杂工，以维持生计。1901年美国圣公会在武昌昙华林创办文华书院，招收学童，沈祖荣受教士推荐至学院免费入学读书。1907年，沈祖荣从文华书院毕业，受书院推荐至文华大学攻读本科。1911年大学毕业后，任职于刚创办不久的文华公书林。[④] 1914年，韦棣华女士资助沈祖荣赴美留学。在美留学期间，沈祖荣就读于纽约公共图书馆学校，学习了大量的西方图书馆学理论与实践知识。1917年，

[①] 参见《文华图书馆学专科学校消息一束》，《中华图书馆协会会报》1937年第6期。
[②] 参见严文郁先生八秩华诞庆祝委员会编《严文郁先生图书馆学论文集》，辅仁大学图书馆学系，1983年，第253页。
[③] 参见程焕文《中国图书馆学教育之父——沈祖荣评传》，国家图书馆出版社，2013年，第266页。
[④] 参见沈祖荣《在文华公书林过去十九年之经验》，《武昌文华图书科季刊》1929年第2期。

沈祖荣回国。回国以后，他致力于图书馆学思想的宣传，在南京、上海等地演讲，调查中国图书馆事业进展情况。1920年，文华大学开设图书科，招收在大学修业两年以上学生，学习期限为两年，由沈祖荣讲授"西文编目法"等课程。① 是年，沈祖荣担任北京高师暑期图书馆学讲习会讲师。1922年至1924年，沈祖荣连续出席中华教育改进社图书馆教育组三次年会，提出建设京师图书馆等议案。

1925年，沈祖荣应邀参与筹备中华图书馆协会，担任图书馆教育委员会委员，并承担鲍士伟来华的部分翻译工作。1929年，沈祖荣参加中华图书馆协会第一次年会，当选为中华图书馆协会执行委员，并作为代表，于该年6月赴意大利参加国际图书馆大会。1929年8月，文华大学图书科更名为私立武昌文华图书馆学专科学校，沈祖荣任校长。1931年，沈祖荣带领学校学生筹备韦棣华女士来华三十周年纪念会，但因韦棣华女士的逝世而未能如期举办。1933年与1935年，沈祖荣连任中华图书馆协会执行委员会委员。1938年文华图书馆学专科学校由武昌迁往重庆，沈祖荣与汪长炳等负责选定学校搬迁的校址与办公地点事宜，最终借用重庆曾家岩的求精中学院内空地作为临时校址。抗战时期，文华学校多处房屋被炸毁，沈祖荣等募款购置廖家花园，建立新校舍。

1947年，文华图书馆学专科学校由重庆迁返武昌。1953年，文华图书馆学专科学校并入武汉大学，为图书馆学专修科，沈祖荣任教授一职。1956年，沈祖荣任中国图书馆学会筹备委员会常务委员。1959年，沈祖荣从武汉大学退休。1977年2月，沈祖荣逝

---

① 参见吴鸿志《文华图书科之过去与将来》，《武昌文华图书科季刊》1929年第1期。

世于江西庐山。

二、学术论著

沈祖荣在图书分类、图书馆管理、图书编目、图书馆教育等方面都有所研究，撰写的学术论文及著作有《仿杜威书目十类法》（武昌：武昌文华公书林、圣教书局，1917年），《中国全国图书馆调查表》（《教育杂志》1918年第10卷第8期），《提倡改良中国图书馆之管见》（《新教育》1923年第6卷第4期），《中国图书馆目录应采书本式抑卡片式》（《图书馆学季刊》1926年第1卷第3期），《图书馆编目之管测》（《图书馆学季刊》1927年第2卷第1期），《我对于文华图书科季刊的几种希望》（《武昌文华图书科季刊》1929年第1卷第1期），《在文华公书林过去十九年之经验》（《武昌文华图书科季刊》1929年第1卷第2期），《中文编目中一个重要的问题——标题》（《图书馆学季刊》1929年第3卷第1—2期），《我国图书馆事业之改进》（《文华图书馆学专科学校季刊》1933年第5卷第3—4期），《谈图书馆专业教育》（《湖北教育月刊》1935年第2卷第4期），《俄文图书编目法》（武汉：武汉大学出版社，1958年）等，其中《仿杜威书目十类法》《中国全国图书馆调查表》《俄文图书编目法》具有代表性。

《仿杜威书目十类法》，沈祖荣与胡庆生合著，初版由武昌文华公书林、圣教书局于1917年出版发行，第二版由武昌文华公书林于1922年出版发行。此法突破了传统四部分类法的限制，仿照杜威十进分类法进行编制，是我国近代第一部采用标记符号制的图书分类法。

《中国全国图书馆调查表》，1918年刊载于《教育杂志》，是沈祖荣对民国时期中国各省图书馆的调查统计，旨在使各图书馆相互联络，取长补短，共谋中国图书馆事业的繁荣发展。该调查表是中国首次采用调查统计法考察全国图书馆事业的调查报告，开创了图书馆学领域新的研究方式。

《俄文图书编目法》，初稿成于1954年，由武汉大学出版社出版发行，1955年再版，1958年三版。该书是为适应当时社会学习苏联热潮所作，是我国第一部国人自编的俄文图书编目法。该书的再版参考了相关俄文编目著作，增添马克思列宁主义著作的相关内容，对当时的图书馆编目工作具有重要的参考意义。

三、图书馆学基础理论学说

沈祖荣是20世纪新图书馆运动的主要领导者，也是中国图书馆事业的改革家。他认为改进中国图书馆事业是"最为急切的一个问题"，"是为固有的文化向前面发展而改进，是为调合他方面输入的新文化改进"，也是"办理图书馆事业的人所应当负责的"。[①] 但这并不意味着要盲目发展图书馆，他强调中国图书馆事业在改进过程中要有着清楚的认识。在当时我国社会发展现状的基础上，沈祖荣提出了三个注意事项："欲望不可过高""合乎实际需要""须取得群众的信用"。[②]

关于建设中国图书馆事业，沈祖荣分别就实施原则与办法等方面进行了研究。例如，在图书馆事业的基本原则与最低标准方面，

---

① 沈祖荣：《我国图书馆事业之改进》，《文华图书馆学专科学校季刊》1933年第3—4期。
② 沈祖荣：《我国图书馆事业之改进》，《文华图书馆学专科学校季刊》1933年第3—4期。

他提倡将公有公享作为图书馆事业的基本原则，学术研究、事业发展、文化保藏是图书馆的根本建设。"至于最低限度的标准，就是要有相当最低限度的员司，设备，经费，图书等等，而为真正合乎图书馆所需要者，决非滥竽，靡费；还须办理图书馆一切基本事务，以为远大发展计划的张本，不使其涸竭，此均最低标准中所应有者。"① 在中国图书馆事业实施方案与程序方面，他提议：要建设"中国式的图书馆"，"就是纯粹的中国色彩，合乎中国人的性情，我们虽然取用人家科学的方法，但是在实质上要变为中国化的图书馆，如分类，编目，图书设备等等，都能代表中国的文化，可由中国图书馆显现出来"；要"有切实工作效能，不必过事铺张"；要"有深刻学术上工作上之研究与创作，须知过去得失所在，以定今后努力各项事功之方案及其实施之程序，采取钟摆式动荡的姿势，以为实施工作之方针"。② 在图书馆工作与协作方面，他主张，"力求允当，经济，合作，建设；极力避免错误，浪费，倾轧，破坏；尤须于经费上，管理上，工作上，人事上，求得真正的合理化。至于图书馆编目，选购，交换，建筑，设备，组织，管理等等，尤须力求整个图书馆界之调剂协作"。③ 在图书馆专门人才的培养方面，他指出，可订立各项标准，学校要严格详审，图书馆人才须有良好的品格、健全的身体、热心服务精神以及专业学术技能。在继承发扬中国固有图书馆事业方面，他认为，须"征求与咨询""研究与传播"。④

---

① 沈祖荣：《我国图书馆事业之改进》，《文华图书馆学专科学校季刊》1933年第3—4期。
② 沈祖荣：《我国图书馆事业之改进》，《文华图书馆学专科学校季刊》1933年第3—4期。
③ 沈祖荣：《我国图书馆事业之改进》，《文华图书馆学专科学校季刊》1933年第3—4期。
④ 沈祖荣：《我国图书馆事业之改进》，《文华图书馆学专科学校季刊》1933年第3—4期。

从图书馆事业的基本原则、实施程序、分工协作、人才培养等角度,沈祖荣为中国图书馆事业制订了一个初步的发展策略。这一策略将西方图书馆学理论与中国图书馆实践相结合,是沈祖荣对中国图书馆事业前途的规划,体现了他对中国图书馆事业和图书馆学科发展的思考。

沈祖荣留美回国以后,运用调查问卷法,分别于 1918 年和 1922 年对中国的图书馆情况展开了调查,他也因此开创了图书馆学定量研究的新路径。自沈祖荣以后,《全国图书馆调查表》《全国图书馆调查录》《全国图书馆及民众教育馆调查表》等调查表相继问世。

沈祖荣认为,民国初期,中国图书馆事业不发达的原因主要在于民众意识的缺乏与国家法令的缺失,具体原因为:"盖吾国士夫,多持曹仓邺架之谬见,尚未明了图书馆之性质,不在培养一二学者,而在教育千万国民;不在考求精深学理,而在普及国民教育。此中国图书馆不能发达之一远因也。迩年图书事业,渐有萌芽,各省亦多有设立者。惜国家无一种法令之规定,各馆皆人自为法,漫无标准,殊于图书事业前途,诸多滞碍。"[①] 通过调查中国各省图书馆的藏书卷数、每季阅书人数、书籍借阅情况、目录编制方法、图书装订法、阅书证券取资和经费情况,沈祖荣认识到,当时的中国图书馆事业亟须改良。他认为,在增长国民文化水平方面,图书馆教育比学校教育的效力更具普及性,而图书馆事业则需要政府的提倡与民众的支持,"在政府提倡于上,人民劝导于下,徐图异日之发达焉"[②]。

---

① 沈祖荣:《中国全国图书馆调查表》,《教育杂志》1918 年第 8 期。
② 沈祖荣:《中国全国图书馆调查表》,《教育杂志》1918 年第 8 期。

1929年，作为中国图书馆界代表，沈祖荣前往意大利参加国际图书馆第一次大会。会议结束后，他参观了德国、意大利、荷兰、英国、法国、瑞士、俄国、奥地利等国图书馆，对当时欧洲各国图书馆的发展情况与特点有了更加深刻的认识。为此，他撰写了《参加国际图书馆第一次大会及欧洲图书馆概况调查报告》一文，详细叙述欧洲各国图书馆注重政府提倡、人民赞助、东方文化、人才培养，担负文化建设责任以及馆藏丰富等特点。

结合美国图书馆的发展特征，沈祖荣指出，欧、美图书馆的不同在于，"欧洲之各大图书馆，大抵于图书多重在保存，于应用多顾及专门之学者。美国图书馆，大抵于图书多重在普及，于应用则多顾及于公民"①。鉴于当时中国国民的文化素养水平与图书馆事业的情形，沈祖荣认为，"我国文献悠长，同时民智未开，于国立图书馆当以欧洲为法，重专门与保存，于公共图书馆当以美国为法，注应用与普及。如斯则文献可以不坠，民智可以增进矣"②。在考察欧美各国图书馆以后，沈祖荣并没有盲目遵从欧洲或美国图书馆的发展道路，而是对其发展特点与原因进行总结，为我国图书馆事业的发展提供合乎实际的指导意见，这也体现了他注重从国情出发的本土化发展理念。

20世纪20年代，沈祖荣便注意到了中国图书馆之间的合作问题，并倡导建立全国性质的图书馆协会，加强图书馆之间的联络。他在1922年的《民国十年之图书馆》一文中提到，"中国图书馆，

---

① 沈祖荣：《参加国际图书馆第一次大会及欧洲图书馆概况调查报告》，《中华图书馆协会会报》1929年第3期。
② 沈祖荣：《参加国际图书馆第一次大会及欧洲图书馆概况调查报告》，《中华图书馆协会会报》1929年第3期。

其所以不能发达者，又在该馆各自为法，孤立无助；推原其故，由未联络研究机关，以谋协助也"①。1923年，沈祖荣发表《提倡改良中国图书馆之管见》一文，提议仿照美国，设立图书馆责任委员会，负责全国图书馆的调查、介绍最新管理方法、在未设立图书馆之地提倡讲演与著述、图书馆改良事宜著作的编写与发表。②该委员会是沈祖荣仿照美国图书馆责任委员会的设置而提出的。美国图书馆责任委员会的职责有：辅助已设立图书馆之发展、备置巡回文库、介绍最新管理方法、培养图书馆人才、联络各地图书馆、提高图书馆办事人员资格、提携各图书馆组织促进会。从负责事务的不同可以看出，沈祖荣并没有盲目模仿美国图书馆的做法，而是制订了符合中国国情的发展策略，并在其基础上有所创新。沈祖荣对当时中国图书馆事业的发展阶段有着清晰的认识："现在我国之图书馆事业，正在萌芽时期，散漫毫无统系，万轴牙签，多非适用之书籍，数本目录，别无简便之方法，故见自封，难期进步。"③结合当时中华教育改进社图书馆教育组的工作，他指出，中华教育改进社"对于组织此会，最为适宜"，"欲于图书馆教育已有之委员会，及书报目录编辑组外，又提议设立责任委员会；或不另设，即以已有之委员会，暨书报目录编辑组，扩充范围，为一责任委员会"。④

　　1925年，沈祖荣参与中华图书馆协会的筹备工作，把成立责任委员会的设想付诸实践。中华图书馆协会的宗旨为："研究图书馆学术，发展图书馆事业，并谋图书馆之协助"⑤，这也与沈祖荣所

---

① 沈祖荣：《民国十年之图书馆》，《新教育》1922年第4期。
② 参见沈祖荣《提倡改良中国图书馆之管见》，《新教育》1923年4期。
③ 沈祖荣：《提倡改良中国图书馆之管见》，《新教育》1923年4期。
④ 沈祖荣：《提倡改良中国图书馆之管见》，《新教育》1923年4期。
⑤ 《中华图书馆协会组织大纲》，《中华图书馆协会会报》1925年第1期。

倡导的调查全国图书馆事业、介绍最新管理方法等诸多职责相吻合。

1936年,在中华图书馆协会第三次年会中,沈祖荣发表《公立图书馆在行政上及事业上应有之联络》的演讲,再次强调图书馆之间的合作联络。在该演讲中,他指出,当时中国图书馆在行政上存在的不良现象是"各自为政"和"不通声气"。① 对此,沈祖荣建议:在行政上应建立全国性质的图书馆行政机关,实施自上而下的系统管理;在图书馆具体工作上,可谋求分类编目的统一化,联络采购书籍,扩大图书馆书籍流通范围,加强各馆之间的学习交流;在馆员友谊方面,要创造合作机会,养成与人合作的精神,以期图书馆员的一致团结。② 他呼吁,以中华图书馆协会作为全国图书馆界联络的中心机关,设立图书馆节制机关,以辅助或指导图书馆事业,请求政府给予一定经费补助。③

因抗日战争爆发,我国图书馆事业受到严重打击。沈祖荣早在1932年就发表《国难与图书馆》一文,表明中国图书馆事业的发展方向。他说,"我们国内的学术,教育,文化,均在世界后进之国的后程,我们办理图书馆者,更应当自告奋勇,尽我们的本分,为文化事业谋发展,使我们祖宗数千余年所传下来的国粹,得以表彰世界,藉以发扬我们民族的精神,培成我们民族的命脉",并提出,图书馆界同人要谋解决的方法,适应环境、抱定唯一目标、多

---

① 参见沈祖荣讲,李尚友记《公立图书馆在行政上及事业上应有之联络》,《中华图书馆协会会报》1936年第3期。
② 参见沈祖荣讲,李尚友记《公立图书馆在行政上及事业上应有之联络》,《中华图书馆协会会报》1936年第3期。
③ 参见沈祖荣讲,李尚友记《公立图书馆在行政上及事业上应有之联络》,《中华图书馆协会会报》1936年第3期。

预备应用方法，一致团结，任事忠诚，己立立人。①

在抗战大后方艰苦的条件下，沈祖荣对战后中国图书馆事业的发展前途进行了思考。他认为"中国近代图书馆的事业，对国家有相当的贡献，但远未能发挥其应有的效力"②。根据四十年来从事中国图书馆事业的实践经验，沈祖荣对战后中国图书馆事业的发展提出了如下意见："第一，从事于图书馆事业的人，要有坚强的耐力与恒心"；"第二，今后办理图书馆同时注意现代化与中国化"；"第三，应添设学术顾问或特设参考咨询部"；"第四，图书馆要走到一般学校尤其普及中小学去"；"第五，战后的图书馆要深入到乡村去"；"第六，战后的民众图书馆，更须负起民众识字教育的责任"；"第七，战后的图书馆要和博物馆密切合作，与档案馆印刷所也要联络，或兼办此类职务"。③沈祖荣的建议增强了国人在战后建设中国图书馆事业的信心，也是沈祖荣对图书馆发挥普及民众教育作用的殷切希望。

四、图书分类思想

1917年，沈祖荣留美回国，深感传统的四部分类法和张之洞的五部分类法难以适应中西书籍的发展需求，中国急需一部新的图书分类法，以包罗中外书籍。他参考杜威十进分类法，与胡庆生一同编制了《仿杜威书目十类法》。该分类法"将古今中外书籍分为

---

① 参见沈祖荣《国难与图书馆》，《文华图书馆学专科学校季刊》1932年第3—4期。
② 沈祖荣：《沈祖荣文集》，武汉大学出版社，2013年，第321页。
③ 沈祖荣：《沈祖荣文集》，武汉大学出版社，2013年，第321—322页。

类书、哲学、宗教等为十总类"①。这十大类分别是：经部及类书，哲学及宗教，社会学及教育学，政法及经济，医学，科学，工艺，美术，文学，历史。"如零数至九数，分总目为十类；每类分十部，每部分十项。例如五百为科学类，五百一十为算学部，五百一十一为珠算项，余以此类推。如某项书多，十数不能容纳，则于十数之后，以小数志点之法代之，以济其穷例。"②

具体的分类细则如下：经书因性质接近于类书，故其经解注疏、字典丛书等归入"经部及类书"；哲学类与中国的子学、理学相近，故理学诸书归入东方哲学，中国哲学类、伦理学诸书归入西洋哲学；政法与社会学诸书依其类别归类；因经济原属于政法，故政法与经济学归为一类；工艺工程类图书因数量增多，故特别列出，成为单独的一类；艺术类为专门学科，字画归入艺术类；医学为专门学科且著作丰富，故单独列为一类；因各国的文言一致，因此文学与语言学合为一类，新旧翻译小说诸书归入文学类；历史与地理合为一类，传记游记诸书归入历史类。

《仿杜威书目十类法》第一版仅印制200本，至1922年，该版本已经告罄。但"各处图书馆来相索取者，仍络绎不绝。或者以是篇（篇）对于图书事业，稍有裨益，今竟无以应付，愧良多矣"③。在第一版的基础上，沈祖荣与胡庆生一起对该分类法进行改正完善，于1922年修订出了第二版。在第二版的序言中，沈祖荣说道：

---

① 沈祖荣、胡庆生：《仿杜威书目十类法》，武昌文华公书林，1922年，"凡例"第4页。
② 沈祖荣、胡庆生：《仿杜威书目十类法》，武昌文华公书林，1922年，"原序"第1页。
③ 沈祖荣、胡庆生：《仿杜威书目十类法》，武昌文华公书林，1922年，"新序"第3页。

"虑其歧出也,则归并之;嫌其支离也,则浑括之。总期统系联属,阅者了然。不必拘拘专与杜威相吻合,惟期适用而已。……前册多所仿用者,草创时代也。今兹特加修改者,进化期间也。不过是册之中,虽分十类,而包罗极夥。欲寻细目当用简单方法,因采取检字目录法,付诸蒿(篇)末,较为便捷。"①《仿杜威书目十类法》第二版的类目为:000 经部及类书,100 哲学宗教,200 社会学与教育,300 政治经济,400 医学,500 科学,600 工艺,700 美术,800 文学及语言学,900 历史。

与第一版相比,修订后的《仿杜威书目十类法》的改进之处有:全部采用阿拉伯数字进行类目标记,类目体系结构更为清晰明了;进一步完善类目名称,更加符合图书发展规律;增加检字目录,方便快捷检索。正如沈祖荣所说,"目录分类愈多,检阅愈难,现仅分目录为十类,凡古今中外书籍,考其性质与某类相近者,悉编入之,不拘成例,阅者谅之"②。关于检字目录,沈祖荣在凡例中说道:"此项目录,系为办理图书馆者,示一编列书籍之法,与检阅书卷之目录,迥有区别,本书林阅书目录另有专书。"③他编制检字目录的目的是便于初学者检阅,因"前朝字典,如《说文》,如《正字通》,以及《康熙字典》,可谓集字书之大成矣,奈搜罗繁富,难于翻阅,往往因参考一字,多费时刻,学者苦之"④。

《仿杜威书目十类法》是我国第一部采用层累标记制的图书分

---

① 沈祖荣、胡庆生:《仿杜威书目十类法》,武昌文华公书林,1922年,"新序"第3—4页。
② 沈祖荣、胡庆生:《仿杜威书目十类法》,武昌文华公书林,1922年,"凡例"第5页。
③ 沈祖荣、胡庆生:《仿杜威书目十类法》,武昌文华公书林,1922年,"凡例"第5页。
④ 沈祖荣、胡庆生:《仿杜威书目十类法》,武昌文华公书林,1922年,"检字目录"。

类法。它对我国图书分类法的贡献有：突破四部和五部分类法的限制，不以图书形式划分，而是以图书内容划分，能够更好地反映学人著述的发展情况；采用阿拉伯数字标记图书类目，易于理解记忆，方便图书的实际排架；包罗中外文图书，适用范围广泛；采用等级列举式，类目系统排列有序；编制检字目录，方便快速检阅。该法开创了我国编制图书分类法的新范式，它既不同于传统的四部分类法，也与杜威十进分类法有所区别。自此分类法以后，我国图书馆学学人开始了对中外图书统一分类法的探索，杜定友、洪有丰、王云五、刘国钧、皮高品、陈天鸿、程伯群、裘开明等纷纷编制新型图书分类法，《世界图书分类法》《中外图书统一分类法》《中国图书分类法》《中国十进分类法》《哈佛燕京图书馆中文图书分类法》《中外一贯实用图书分类法》等均是民国时期图书馆学学人的创新尝试。

《仿杜威书目十类法》对当时学界产生了深远影响。金敏甫在1929年《中国现代图书馆概况》一书中有言："民国六年，文华大学图书馆沈祖荣氏，创中西混合之制，而著仿杜威书目十类法，将中外书籍，合用一法，可免上述之弊，中国之图书分类法，遂现一线光明；后复加以更改，遂于民十一再版发行，其于门类方面，颇具科学精神；沈胡二氏，更因试验结果，尚有未妥，正在修改之中，三版问世，为期当已不远矣。"①蒋元卿也评价道："新旧混合制之创始，当以沈祖荣、胡庆生二氏为首。二氏曾仿杜威法著《仿杜威十类分类法》（笔者注：即《仿杜威书目十类法》），于民国六年（一九二七）（笔者注：此处应为一九一七）由武昌文华公书林

---

① 金敏甫：《中国现代图书馆概况》，广州图书馆协会，1929年，第38页。

印行。……总之，此法既系开山之书，较之近人著作，自为简略，然其所设类名，后之师之者，颇不乏人。如语言文学之合并，刘国钧氏及安徽省立图书馆，均仿其例。如哲学宗教之合并，杜定友、裘开明、陈子彝诸氏，亦依其法。此足见其影响于吾国图书分类改进之功，实未可泯也。"①蒋复璁称赞道："仿杜威法创自民十二年文华大学图书馆沈祖荣及胡庆生合著之《仿杜威十类分类法》，继之者甚多，于图书馆界发生重大之影响，首事改革，厥功甚伟……"②

《仿杜威书目十类法》也存在不足之处，例如类目过于简略、类名科学性有待考证，因此运用此分类法的图书馆并不多。如蒋元卿所说，"惟览其简表所列，此法虽为中籍而设，然能为中籍用者极少，似仍有中籍凑合西籍之嫌。且其所列类名，亦欠明了。第一类'经部类书类'即其一也。（蒋复璁说）而医学独立一门，似亦有轻重失当之嫌"③。但这些缺点不足以掩盖《仿杜威书目十类法》的巨大贡献，沈祖荣对此也有清楚的认识。他在为皮高品《中国十进分类法及索引》所作的序言中说道："我常想到我与胡庆生先生所编的《仿杜威十进分类法》一书，是为我国图书馆首先的一本工具书籍。以后看来，是一本很简单的书，而在当时所采用的实为不少。此理诚无足怪，每逢一种学术在萌芽的时候，偶而产生一种帮助的工具，是会叫人们去欢迎的。"④

---

① 蒋元卿：《中国图书分类之沿革》，中华书局，1937年，第207页。
② 蒋复璁：《中国图书分类问题之商榷》，《图书馆学季刊》1929年第1—2期。
③ 蒋元卿：《中国图书分类之沿革》，中华书局，1937年，第207页。
④ 皮高品：《中国十进分类法及索引》，武昌文华图书馆学专科学校，1934年，"沈序"第2页。

五、图书馆教育思想

沈祖荣并未对图书馆下过严格的定义,但在他的著述中,曾多次论及图书馆的作用,主要可概括为四个方面:保存文献、普及教育、改良社会、唤醒民智。他曾说道:"图书馆是一种致力于文献之收集,保存与应用之机关。"① 但保存文化并不是图书馆的唯一作用,在沈祖荣看来,"图书馆之作用,系补助学校教育所不及,养成乐于读书之习惯,为改良社会之利器,即人民对于图书馆,如布帛粟菽,不可须臾离也"②,"图书馆为造就各种学问之机关,为富强之基础"③,因此,他更加看重图书馆的教育与社会改良功能。

在为《世界民众图书馆专号》所作的卷头语中,沈祖荣有言:"我们说'图书馆是教育文化的先锋,又该做解粮官',就这句话已经显示图书馆对于教育文化的重要和它所负的使命了,可是我国现时急需的就是普及教育,要使一般的民众都到图书馆里来……"④ 在《图书馆所希望于出版界的》一文中,他再次提及,"全国的呼声,是向民众追逐,尤其是教育方面,最为激烈。例如识字运动,民众教育,乡村教育等,都是注意到教育以普及民众为前提,因之图书馆的工作,亦往民众方面开发"⑤。即使是在抗战时期,沈祖荣也致力于图书馆功用的宣传,并指出,"图书馆在新的意义之下,

---

① 沈祖荣:《我国图书馆之新趋势》,《教育与社会》1944 年第 1—2 期。
② 沈祖荣:《民国十年之图书馆》,《新教育》1922 年第 4 期。
③ 沈祖荣:《中国全国图书馆调查表》,《教育杂志》1918 年第 8 期。
④ 沈祖荣:《世界民众图书馆专号卷头语》,《文华图书馆学专科学校季刊》1934 年第 2 期。
⑤ 沈祖荣:《图书馆所希望于出版界的》,《文华图书馆学专科学校季刊》1933 年第 2 期。

已经不是静的仅止发书的地方,而是动的推广教育的机关"①,"图书馆是教育设施的一种,是不拘形式灌输知识,促进技术的利器。皆因不拘形式易于普及,也最合乎战时的需要,也才普遍受到群众的欢迎。由此我们进一步认识到图书馆亟须适应战时的需要而活动"②。虽然在不同的社会发展阶段,沈祖荣关于图书馆作用的言论并不完全一致,但总体来说,他基本上围绕相同的主题展开论述。相对而言,保存文化是图书馆自古以来的传统,沈祖荣更加提倡图书馆在普及社会教育方面的作用。改良社会、唤醒民智则是沈祖荣长期关注的话题,也是普及教育的使命所在。

在图书馆的社会教育方面,沈祖荣指出,"图书馆事业,是社会教育的一部分。是比较别的事业更具体化,更有永久性和独立性的一种社会教育"③。在抗战最紧张的时期,他认为图书馆教育也最应该紧张进行,具体来讲,图书馆教育可为前方将士供给精神食粮,顾及受伤将士的休闲教育,服务难民的教育,进行一般民众的教育,以唤起民众的抗战救亡意识。④ 在战后恢复建设时期,他提倡,要更加发挥图书馆辅助教育、发扬文化的作用,将图书馆教育普及到学校尤其是中小学,深入到乡村,民众图书馆则要担负起民众识字教育的责任。⑤

沈祖荣很早就意识到,发展中国图书馆事业需要培养中国的图书馆人才。他在1922年的《民国十年之图书馆》一文中就有言:

---

① 沈祖荣:《我国图书馆之新趋势》,《教育与社会》1944年第1—2期。
② 沈祖荣:《图书馆教育的战时需要与实际》,《中华图书馆协会会报》1939年第4期。
③ 沈祖荣:《今后二年之推进图书馆教育》,《建国教育》1939年第2期。
④ 参见沈祖荣《图书馆教育的战时需要与实际》,《中华图书馆协会会报》1939年第4期。
⑤ 参见沈祖荣《沈祖荣文集》,武汉大学出版社,2013年,第321—322页。

"虽然,海外留学,所费不赀,远涉重洋,谈何容易?纵令虚往实归,而橘枳变异,势所必然,所学之件,在外国虽称合法,在中国不能完全采用。由是言之,欲推广图书馆之事业,务须在中国组织培养人才机关,将来学业有成,可以充图书馆之应用。"① 在参加国际图书馆大会、考察欧洲各国图书馆以后,他认为各国图书馆事业的发展有赖于图书馆专门管理人才的培植,这也更加坚定了他培养中国图书馆人才的信心。他呼吁:"若无专门人材以扶持整顿于其中,发挥光大,难可与期也。深望我政府及协会注意及此。或创办新校或补助旧有者,皆刻不容缓之事也。"②

相比图书馆的社会教育功能,图书馆专业人才的培养是沈祖荣研究成果更为丰富的话题。这与他常年教授图书馆学课程有关,也是他管理文华图书馆学专科学校的经验总结。

在图书馆专业教育的重要性方面,他强调,"图书馆是研究学术,沟通文化,辅佐教育的机关",因此,图书馆专业教育"是与一切学术文化事业,和教育事功,不可以须臾离,是息息相关,脉脉相承,直截可以说,乃全然是学术文化事业和教育之重要的一部分"③。1933年,沈祖荣受中华图书馆协会执行委员会委托,调查国内图书馆与图书馆教育的发展状况。此次参与调查的高校、国立、省立等各种类型图书馆共有30所,分布于十余个城市。经过这次调查,沈祖荣意识到当时中国图书馆与图书馆教育存在的主要问题。他肯定中国图书馆事业的发展成绩,但也感慨图书馆意识的

---

① 沈祖荣:《民国十年之图书馆》,《新教育》1922年第4期。
② 沈祖荣:《参加国际图书馆第一次大会及欧洲图书馆概况调查报告》,《中华图书馆协会会报》1929年第3期。
③ 沈祖荣:《谈图书馆专业教育》,《湖北教育月刊》1935年第4期。

普遍缺乏。他指出，当时的大学图书馆存在的问题是师生与图书馆合作精神、图书馆学人才意识的缺乏。图书馆专业教育方面的问题则有："多数大学图书馆，常无供图书馆人员购置专门参考书籍之费，彼等似不觉其重要"，"许多图书馆中之助理，多为未经专门训练者，似应授以若干图书馆工作必需知识"，"图书馆员彼此间，据观察所得，亦少合作之企图与努力"，"图书馆学训练与专门学术研究，亟须打成一片"。①

对于图书馆专门人才训练，他制订了严格的标准，并提及三个步骤：一是"应订定各项标准，严格遵办，严格考核，对于学历，成绩，资格，以及学科，体格，均须合乎学校的标准"；二是"学校之实施，须下详审切实工夫，凡对于图书馆用品之创制，工具之运用，图书馆学教科书与参考书之编纂，图书馆学应用图书及杂志之选购与流通，以及图书馆学讲演，图书馆学专门教育之指导，并位置之介绍等等，均为重要之事功"；三是"须有良好之品格，健全之身体，并有热心服务，任事忠诚，言词温和，以及学术技能，均极优越精到，凡此种种，皆为训练中应有之要素"。②

在图书馆专业教育的具体措施上，沈祖荣在课程、师资、学生与学制等方面均有所研究。课程方面，他指出，"学科等项，举凡一切深浅虚实古今中外科目，如目录学学科、图书馆技术学科、图书馆管理行政学科、图书馆相关科目、外国语文，以及其他经教部规定必修之课程，似均应设置"③。但沈祖荣也并非一味模仿外国图

---

① 沈祖荣：《沈祖荣文集》，武汉大学出版社，2013年，第237—238页。
② 沈祖荣：《我国图书馆事业之改进》，《文华图书馆学专科学校季刊》1933年第3—4期。
③ 中华图书馆协会第二次年会图书馆教育组编：《中华图书馆协会第二次年会图书馆教育组报告暨意见书》，中华图书馆协会第二次年会图书馆教育组，1933年，第10页。

书馆学课程设置,而是强调要符合中国图书馆事业的实际发展情况。"如图书馆经营法,图书馆行政,大体说来,中外可说是一例的,但我国图书馆事业,自有其特征,我国国家人民所要求于图书馆的,也有其特征,这样,我们要讲授图书馆的组织,管理,行政,方法等等,自然不得不特为适应这种种了。"① 在师资方面,他提出,要提高图书馆学任教职员的待遇,任教职员"须同时对图书馆有研究,对学校教育与教学法有素养"②。在学生与学制方面,他认为,因为对基本知识和外国语有要求,招收的图书馆学专科学生"至少非有大学二年修了的程度不可,高中毕业的学生,是还不够尝试这种专门训练的"③。但是这种招生方式使得文华图书馆学专科学校一度陷入招生困难的境地。为此,他提出解决之法:图书馆学校附属于大学、大学毕业生修习一年或高中毕业生修习两至三年,皆可为有效途径。

在设备方面,他指出,训练的设备必不可少,"一般图书馆应有的各类书藏、馆屋设备,以及应用格式,表册,卡片,用品,文具,工具等等,无疑是须备办齐全的了。再对于分类,编目,参考应用的种种工具书,每日必须使用的打字机,以及图书馆学,目录学,及其他相关学科的专门书籍,学报,杂志,既为图书馆专门训练场所,也自然必须应有尽有的"④。在学程方面,他说,"修习学时有限,师生学力有限,教学方法有限,图书馆学校工作能力有限,必应如何编制适宜学程,诚为不易遽下决论者",他主张,在

---

① 沈祖荣:《谈图书馆专业教育》,《湖北教育月刊》1935年第4期。
② 沈祖荣:《谈图书馆专业教育》,《湖北教育月刊》1935年第4期。
③ 沈祖荣:《谈图书馆专业教育》,《湖北教育月刊》1935年第4期。
④ 沈祖荣:《谈图书馆专业教育》,《湖北教育月刊》1935年第4期。

修学的前两学年着重技术训练，第二、三学年着重理论研究训练，并采取分科制度，注重实习参观和外语能力。① 在教材方面，他认为，"教材以编纂适合我国图书馆需要之题材为原则，理应由各专家逐渐编出图书馆学教学适用之教本，工具，参考物若干种应用"②。在考试方面，他主张要发挥全国图书馆协会的中枢作用，依据教学政策与方针，规定相应的章程与标准。

对于我国20世纪20年代普遍兴起的图书馆学短期培训班，沈祖荣也同样提倡。在《中华图书馆协会第三次年会图书馆教育委员会报告》中，他说，"因现时国内图书馆人才经费设备均充足者不多，故正式附设图书馆讲习所者甚少，然各馆为其自己馆员学识之增进，组织讲学会、补习班者，所在多有，收效亦大"，并建议，在图书馆教育推进方面，中华图书馆协会"应每年联络各省教育厅办理暑假讲习会"。③ 在讲习会名称、讲习时间、受训人员、进行方法、课程、教员等方面，他都作了详细的规定。例如，讲习时间方面，他主张时长可为"四礼拜到八礼拜"；受训人员为"省县市及民众图书馆在职馆员"；进行方法上，"每年春假时即由本会函各省政府教育厅或某市政府教育局，询问他们是否愿意办此项讲习会。如有愿办者，即可与之筹划一切，如不止一处愿办者，可分别缓急，审度力量，或同时办理，或先办一处，再办他处"；课程方面，"每周假定十六小时，四周共六十四小时，设立图书馆行政16，分

---

① 参见中华图书馆协会第二次年会图书馆教育组编《中华图书馆协会第二次年会图书馆教育组报告暨意见书》，中华图书馆协会第二次年会图书馆教育组，1933年，第11页。
② 中华图书馆协会第二次年会图书馆教育组编：《中华图书馆协会第二次年会图书馆教育组报告暨意见书》，中华图书馆协会第二次年会图书馆教育组，1933年，第11页。
③ 沈祖荣：《沈祖荣文集》，武汉大学出版社，2013年，第286—287页。

类编目 16，选择与求购 8，目录学与参考 8，检字与排列 8，其他 8"。① 举办暑期讲习班，是当时我国图书馆数量增多、图书馆专业人才匮乏的形势所需。沈祖荣对此给予肯定，并表示，通过暑期讲习班来训练民众图书馆员，必然能够使全国图书馆事业工作效率有所增进。

通过以上种种努力，沈祖荣希望达到自己的愿望，即"提高图书馆专业教育的价值""确定图书馆专业教育的地位""增进图书馆专业教育的效率""完成图书馆专业教育的使命"。② 他同时也希望，图书馆专业教育能够得到国家与社会的支持赞助；图书馆员能够热爱此项专业，获得其他行业和一般社会人士的认可和爱护，使得图书馆能够服务于全国的民众及各个机关团体。

沈祖荣参与文华图书科的创建工作，并自 1929 年起担任文华图专校长一职，被誉为"中国图书馆学教育之父"。他的图书馆学教育思想植根于文华图书科的教育实践。在图书馆学专门人才的训练上，他效仿欧美各国，结合当时中国的发展情况，对报考学生条件、课程安排、学习要求等方面都有着明确的标准，设置了符合我国图书馆发展实际的课程体系，采取理论研究与实习参观相结合的管理机制，为中国培养了大批图书馆学专家。为提升学校师生的科研水平，沈祖荣、毛坤等在中华文化基金会董事会的经费支持下，创立《武昌文华图书科季刊》（后改名为《文华图书馆学专科学校季刊》）。沈祖荣对《武昌文华图书科季刊》的期望是："不半途夭折""要特重实事""不避琐细题目""审合社会情形""整理丛书"

---

① 沈祖荣：《沈祖荣文集》，武汉大学出版社，2013 年，第 288 页。
② 沈祖荣：《谈图书馆专业教育》，《湖北教育月刊》1935 年第 4 期。

"介绍新知识""读者通讯与读者论坛"。①自 1929 年创刊以来,《武昌文华图书科季刊》刊登了大量优质的图书馆学专业论文,与《图书馆学季刊》《中华图书馆协会会报》一同,成为当时我国图书馆学界的三大刊物。抗战期间,沈祖荣带领文华图专师生西迁重庆,在艰难的环境下,秉承"智慧与服务"的校训,保存图书档案,维持正常办学。抗战胜利以后,他制订《文华图书馆学专科学校战后工作计划》,提议"把文华图书馆学专科学校发展成为一所授予学位的图书馆学、档案学和博物馆学学院",这体现了沈祖荣对我国图书馆学教育的长远规划与发展信心。②虽然这一提议在当时未能实现,但今日我国图书情报学科的发展壮大无疑实现了沈祖荣的愿望。

六、图书编目思想

在文华图书科执教期间,沈祖荣教授"西文编目法"课程,并翻译《简明图书馆编目法》,撰写发表《图书馆编目之管测》《西文编目参考书》等文章,阐述他的图书编目观念。关于采用书本式或卡片式目录的问题,沈祖荣在分析二者利弊的基础上指出,"使主张书本式目录者,于此种问题,加以审察,当知舍短取长,改采卡片,无可疑矣",提倡采用卡片式目录,以求改进,方便阅览与编制。③在编目的功用方面,沈祖荣指出,目录要使得阅者知道馆内有何书,某著者有何书,同类书有多少,达到"问一得三"的效

---

① 沈祖荣:《我对于文华图书科季刊的几种希望》,《武昌文华图书科季刊》1929 年第 1 期。
② 参见程焕文《中国图书馆学教育之父——沈祖荣评传》,国家图书馆出版社,2013 年,第 139—144 页。
③ 参见沈祖荣《中国图书馆目录应采书本式抑卡片式》,《图书馆学季刊》1926 年第 3 期。

果。所以，编目"可以为图书馆的代表，可以永久为阅者的导师。他的功用是伟大的"①。

鉴于编目的重要性，他认为，善于编目之人，要具备的资格有："（一）须头脑清明，（二）须趋向坚定，（三）须常识丰富，（四）须度量深宏，（五）常留心阅者的需要，择善而从，不得有'胶柱鼓瑟'的成见。"②他提出，初学编目之人，要做到"准"与"慎"，这也可作为现代编目人员的重要准则。至于编目的规则，他认为，编目的规则多依据实践经验而来。因此，"富于经验的人，能够利用规则，表示他的经验。既然有了经验，又遵守规则，恒久不变，所编的目录，自然能统一，能有秩序，能够合用"③。由此可见，沈祖荣重视编目的实践经验，并将实践视为制定编目规则的重要依据，这也正与他实事求是、一切从实际出发的图书馆事业观念相呼应。

沈祖荣认为，编目方面的一大困难即为标题（subject heading），而中国当时的图书馆"多仅有分类目录，而无标题目录者"④。为此，他专门撰写了《中文编目中一个重要的问题——标题》一文，发表在1929年的《图书馆学季刊》上。他强调标题的重要地位，并指出，"标题在编目位置上实占首位"，标题的意义在于"标明一书之内容——所讨论者何，与该书之体裁；并藉以将凡同主题之书籍，编置其下"，标题的目的在于为标题卡确定正确统一的标准，发挥

---

① 沈祖荣：《图书馆编目之管测》，《图书馆学季刊》1927年第1期。
② 沈祖荣：《图书馆编目之管测》，《图书馆学季刊》1927年第1期。
③ 沈祖荣：《图书馆编目之管测》，《图书馆学季刊》1927年第1期。
④ 沈祖荣：《中文编目中一个重要的问题——标题》，《图书馆学季刊》1929年第1—2期。

标题卡增大图书功用的作用。① 此外，沈祖荣对标题的选择标准、选择方法、排列方法也有着详细的研究。他主张，要急速从事我国标题目录的编纂工作，并提出编纂所依据的书目："一、普通名词，可以《汉英双解综合辞典》作根据，因此书最近出版，采引博洽。二、科学名词，取曾经中国科学社审定诸名词。三、医学名词，用医学会所定者。四、关于新学术，新思潮，诸名词，取《新文化辞书》中所用者。五、此外各专门辞书，如《教育辞书》《法律经济辞典》《动物辞典》《植物辞典》……等，皆可作参镜。"② 为解决标题目录的问题，沈祖荣着手编纂《标题总录》，并由文华图书馆学专科学校于1937年出版。该书共分两部分，分别是英汉部和汉英部，以减少使用者在语言方面的困难。在《标题总录》的自序中，沈祖荣提及，"二十一年前我就开始选译美国图书馆协会所编之《标题总录》，以蕲合我国之用，旋译旋加探究，觉其中颇多缺憾，因之全部放弃。又经多方考虑与试验，方采《美国国会图书馆标题总录》，作为编译的根据，它的长处，完全是根据美国国会图书馆所收藏的书籍，编成一部很大的标题总录，比较实用"③。

由此可见，沈祖荣在留美回国以后就开始关注标题目录的问题，并十分注重其实用价值。在《标题总录》中，他以《美国国会图书馆标题总录》为底本，并在此基础上进行了适当的增减。对于增减的原因，他解释道："这种增减，是我应该负责的，我的用意，一不是好奇，二不是满足于原著，实在是想求合乎我国图书馆实际

---

① 参见沈祖荣《中文编目中一个重要的问题——标题》，《图书馆学季刊》1929年第1—2期。
② 沈祖荣：《中文编目中一个重要的问题——标题》，《图书馆学季刊》1929年第1—2期。
③ 沈祖荣：《沈祖荣文集》，武汉大学出版社，2013年，第294页。

的用途。我想这一点意思，可以获得原著者谅解，而国内同志，亦必表同意的。至于原著，有一种长处，我应当介绍出来的，就是在条目之后，附有美国国会图书馆图书分类号码，今已完全加上，对于我国图书馆之用国会分类法者亦可有相当的便利。"① 沈祖荣所指的"标题"即为现代图书馆学中的"主题"，因此，沈祖荣是我国早期关注主题目录发展的图书馆学学人。《标题总录》是我国第一部主题词表，它的出现标志着我国在检索语言领域的重要进步。自沈祖荣以后，吕绍虞《中文标题总录》（1937）、程长源《中文图书标题法》（1950，附标题表）等主题词表相继出现。但因各种社会原因，这些主题词表都未能得以运用。直至20世纪60年代，主题词表的编制工作才重新开始。1975年，《汉语主题词表》开始编制。1980年，《汉语主题词表》正式出版。自此以后，各种类型的主题词表纷纷出现，为主题标引工作提供了便利的参考工具，沈祖荣编制应用主题目录的设想也得以逐步实现。

正如沈祖荣在1934年为黄星辉《普通图书编目法》所作的序言中所说，"言中国图书编目法而有专书者，惟杜定友氏之目录学，裘开明君之中国图书编目法，及余所译简明编目法数种而已"②。在1929年之前，仅有金敏甫所译《现代图书馆编目法》、杜定友《图书目录学》等少数的编目学著作，与之比较，沈祖荣所译《简明图书馆编目法》的特点在于简明实用，这无疑为当时中国图书馆的西文编目提供了简便的工作指导方法。1930年，在《简明图书馆编目法》出版的第二年，沈祖荣在《武昌文华图书科季刊》上发表

---

① 沈祖荣：《沈祖荣文集》，武汉大学出版社，2013年，第295页。
② 沈祖荣：《普通图书编目法序》，载黄星辉著《普通图书编目法》，武昌文华图书馆学专科学校，1934年，第1页。

《西文编目参考书》一文,与毛坤1929年所作的《中文编目参考书》相互补充,为我国图书编目实践和图书编目学研究提供了全面的参考资料。

为了适应时代发展和实际教学需求,1954年6月,沈祖荣于古稀之年自学俄语,撰写完成专著《俄文图书编目法》。1955年和1958年,《俄文图书编目法》分别修订出版了第二版和第三版。在第二版中,沈祖荣参考克连诺夫的《图书馆技术》译本和《小型图书馆目录及出版物的著录统一条例》原文本、武汉大学图书馆学专修科1954级学生和各图书馆俄文编目同志的意见,以及我国图书馆发展的情况,对第一版进行了修改与补充,增添马克思列宁主义著作和多卷书著录等内容。① 考虑到学生的俄语基础知识较差,以及毕业后需要担任实际的俄文编目工作,在第三版中,沈祖荣将主题目录、期刊等的使用方法予以省略或精简,所举例句也一律用中文翻译,并附录著录常用词缩写、出版机关简称,以及人名变格、大写和移行等规则,以节省学生的时间,达到一目了然的效果。鉴于"学生只知著录俄文图书而不知怎样组织目录。尤其是苏联字顺目录的组织有许多特殊的规则,以及排架目录的编制等问题",他对有关规则着重介绍,并列举三百多种实际例子,"组成字顺目录的形式",使学生能够认识到苏联字顺目录的复杂性和优越性。② 《俄文图书编目法》是沈祖荣讲授俄文图书编目课程的讲义,也是沈祖荣为适应当时社会发展要求所作,"开创了我国全面研究俄文

---

① 参见沈祖荣编《俄文图书编目法》,武汉大学出版社,1958年,"再版附言"第2页。
② 参见沈祖荣编《俄文图书编目法》,武汉大学出版社,1958年,"第三版简略说明"第1页。

图书编目的先声"①,体现了沈祖荣注重实用的图书编目观念。

七、学术贡献

作为我国第一批接受国外图书馆学教育的学人和新图书馆运动的领袖,沈祖荣是宣传近代图书馆学思想的先行者,他对中国图书馆学的影响是多角度、多方面的。

沈祖荣先后两次走访调查中国各省图书馆,证实了社会学研究法应用于图书馆学的可行性,开创了图书馆学的社会调查研究法。这一方法在当时便获得了学界的认可,各个机构或个人组织的社会调查在20世纪30年代以后数量渐多。时至今日,问卷调查法、抽样调查法等已广泛应用于图书馆学的学术研究中,促进了我国图书馆学研究领域的深度扩展。沈祖荣也因此成为"中国近现代图书馆学术史上私人从事图书馆实际调查研究的第一人"②。

沈祖荣与胡庆生所编制的《仿杜威书目十类法》虽然仍以杜威十进分类法为蓝本,但该分类法首次打破了中外图书各自分类的局面。因此,沈祖荣对图书分类学的贡献并不仅仅在于编制新的图书分类法,更重要的是中外图书统一分类理念的开创与施行。在文华图书科执教期间,沈祖荣教授编目学课程,标题目录是他重点提倡的编目方法。受各种因素所限,这一编目方式在当时的图书馆并未得到实施,却广泛应用于现代图书馆,并成为图书检索的主要方式

---

① 程焕文:《中国图书馆学教育之父——沈祖荣评传》,国家图书馆出版社,2013年,第207—208页。
② 程焕文:《学融中西 道存千古——〈中国图书馆界先驱沈祖荣先生文集〉读后》,《晋图学刊》1993年第1期。

之一。

接手文华图专以后,课程、师资、招生、学制、就业都是沈祖荣改革的重点方向。在他的管理下,文华图专在中国图书馆学发展史上承担着人才培养、学术著述出版、国内外学术交流等重要使命。

综上,沈祖荣可称作我国图书馆学界的先驱者。在图书馆学的诸多研究领域,他吸取国内外有益经验,不断创新完善,推动了中国图书馆事业的发展,展现了我国图书馆学学人精益求精、大胆创新的科学研究精神。

第七节　戴志骞

一、生平

戴志骞(1888—1963),名超,字志骞,英文名 Tse-chien Tai,1888 年 2 月 27 日(一说 2 月 27 日为农历日期,公历日期为 1888 年 4 月 8 日[①])出生于江苏省青浦县(今上海市青浦区)。1894 年,戴志骞入私塾,学习汉语和英语。1904 年,入上海圣约翰学校备

---

① 参见郑锦怀《中国现代图书馆先驱戴志骞研究》,中国海洋大学出版社,2017 年,第 12—14 页。

馆（预科）①。1907年，戴志骞毕业，此时圣约翰学校已升格为圣约翰大学。毕业以后，戴志骞前往温州瑞安公立中学堂教授英文。1909年，戴志骞再次就读于圣约翰大学，其间，他还学习了英语、法语和拉丁语的课程，并在圣约翰大学图书馆兼职。1912年毕业，获文学学士学位，留在学校图书馆全职工作。1914年，戴志骞受邀北上，任职于清华学校图书室，后为图书馆主任。1917年，获清华学校留美津贴，受圣约翰大学校长卜舫济和清华学校校长周诒春的推荐，赴纽约州立图书馆学校就读。1918年，戴志骞获得纽约州立图书馆学校的图书馆学学士学位，"他成为纽约州立图书馆学校的第一位中国籍毕业生，同时也是继沈祖荣之后在美国获得图书馆学学士学位的第二个中国人"②。毕业以后，戴志骞留美一年，参加美国图书馆协会年会和该协会组织的图书馆战时服务，服务于纽约厄普顿军营图书馆，兼任《中国留美学生月报》编辑，并发表多篇英文文章。1919年，戴志骞回到清华学校图书馆，开始对图书馆进行组织架构、制度建设、读者服务等方面的改革，并宣传新图书馆运动，推动中国现代图书馆事业的发展。

1920年，严鹤龄担任清华学校代理校长，在《本国教职员游学规则》中规定，"本国教职员在校服务五年以上确有劳绩并曾在国内外专门以上学校毕业者准其赴外国游学一年"③。根据这个规定，戴志骞完全达到了基本要求。据此，他申请赴美游学，于1924

---

① 参见郑锦怀《中国现代图书馆先驱戴志骞研究》，中国海洋大学出版社，2017年，第33—37页。
② 郑锦怀：《中国现代图书馆先驱戴志骞研究》，中国海洋大学出版社，2017年，第108页。
③ 严鹤龄：《本国教职员游学规则》，载《清华学校董事管理校务严鹤龄报告书》，清华学校，1920年，第31页。

年启程。同年，入爱荷华大学攻读教育学，次年获得哲学博士学位。毕业以后，戴志骞与夫人利用暑假时间前往欧洲考察，参观欧洲各国图书馆，并在1925年10月返回清华学校。在第二次留美回国以后，戴志骞被推选为清华学校新校务委员会委员，同时积极改革清华学校图书馆的管理制度。1928年，清华学校升格为国立清华大学，罗家伦任校长。同年9月，清华大学发生"清校运动"，余日宣、戴志骞、杨光弼、赵学海、虞振镛五人离校。1928年10月，戴志骞在被迫离开清华大学后受邀南下，任国立中央大学图书馆馆长一职。1929年，他代理中央大学区高等教育处处长职务，后担任国立中央大学副校长。1930年7月，戴志骞因病辞去国立中央大学副校长的职务。同年9月，受邀前往哈尔滨，担任（哈尔滨）中国殖业股份有限公司经理一职。[①] 1931年7月，戴志骞前往上海担任中国银行人事室主任职务，后任总秘书一职。1945年10月，他与霍宝树等一起奉命到东北主持中国银行的复业事宜。1963年3月，戴志骞逝世于布宜诺斯艾利斯。

二、学术论著

戴志骞在图书馆学基础理论、图书馆管理、图书馆教育等方面有所研究，所撰写的学术论著有《图书馆与教育》(《民国日报·觉悟》1920年3月9日、《教育汇刊》1921年第1期)，《图书馆学术讲稿》(《教育丛刊》1923年第3卷第6期)，《图书馆与学校》(《教育丛刊》1923年第3卷第6期)，《图书馆学简说》(《新教育》1923

---

① 参见顾烨青等《探究图书馆学家戴志骞转行与归宿之谜——戴志骞生平再考》，《大学图书馆学报》2013年第1期。

年第 7 卷第 4 期)、《图书馆学》(戴志骞讲、毕树棠记,《清华周刊》1924 年第 305 期)、《图书分类法几条原则的商榷》(《北京图书馆协会会刊》1924 年第 1 期)、《欧美图书馆概况》(戴志骞讲、孔敏中记,《清华周刊》1926 年第 366—367 期)、《清华学校图书馆概况》(《图书馆学季刊》1926 年第 1 卷第 1 期)、《十五年来之中国图书馆事业》(《清华周刊》1926 年十五周年纪念增刊)、《清华学校图书馆之过去,现在,及将来》(《清华周刊》1927 年第 408 期)等,其中《图书馆学术讲稿》《图书馆与学校》《图书馆学简说》具有代表性。

《图书馆学术讲稿》为 1921 年戴志骞在北京高等师范学校的演讲稿,后于 1923 年发表在《教育丛刊》上。该讲稿包含图书馆组织、管理、建筑、论美国图书馆、图书分类、图书编目六个方面的内容,全面系统地阐述了戴志骞的图书馆学观点,是民国初期我国"以美为师"的代表性著作之一。

《图书馆与学校》载于 1923 年的《教育丛刊》。在该文中,戴志骞提出了图书馆与学校的"两半球"说,论述图书馆对学校教育的补充作用,强调图书馆对于文化发展的重要意义。

《图书馆学简说》载于 1923 年的《新教育》。该文主要包含四个方面的内容:图书馆沿革、图书馆趋势、图书馆种类、图书馆学校,论述了戴志骞关于图书馆学基本问题的观点。

三、图书馆教育思想

在第一次赴美留学期间,戴志骞便于 1918 年在《留美学生季报》上发表了《论美国图书馆》一文,论述美国图书馆的发展情况和图书馆的重要作用。他强调图书馆与教育的密切关系，认为学校是初步的教育，"如要国民有终身智力生长之机，除图书馆外，别无较良美之法，故图书馆，可称国民之终身学校也"，首次提出了"图书馆为终身学校"的主张。①

1920 年，在《图书馆学》一文中，戴志骞再次扩展了图书馆教育的观点。他认为，"学校教育有时期的，譬如由小学而至大学，或再出洋留学，到留学回国，学校教育的时期便算完了。但图书馆是无时期的教育。自小孩以至老人，都有图书馆之需要。图书馆是助智力生长的养料。图书馆是无时期的学校教育。吾人要有终身智力生长的机会，除图书馆外，再无较良的方法"②。此外，他还进一步指出，图书馆在增进职业技能方面也有促进作用，这表明戴志骞对于图书馆与教育的认识在不断地加强与深化。

在这个认识的基础上，戴志骞分别于北京高师和南京高师进行了《图书馆与教育》的演讲，从图书馆学理论和中国图书馆事业的实际出发，申明图书馆的教育功能。他说道："人生有三种表现：（1）教育，无教育的人，只可说是存在（Existence），不能说是（Life）；（2）职业，拉车的也算是一种职业；（3）休养，因为人生不能像机器一样，一天二十四小时老是工作，全不休息。所以人生必定要有教育、职业、休养三种。那么世界上什么东西能够包含这三种呢？我是学图书馆的，当然推举图书馆了。"③

戴志骞的观点得到了国内学者们的认可。在《在北京高等师范

---

① 参见戴志骞《论美国图书馆》，《留美学生季报》1918 年第 4 期。
② 戴志骞：《图书馆学》，载韦庆媛、邓景康主编《戴志骞文集》（上册），国家图书馆出版社，2016 年，第 9—10 页。
③ 戴志骞：《图书馆与教育——在北京高师图书馆的演讲》，载韦庆媛、邓景康主编《戴志骞文集》（上册），国家图书馆出版社，2016 年，第 11 页。

学校图书馆二周年纪念会上的演说辞》中,李大钊指出,"图书馆和教育有密切的关系。想教育发展,一定要使全国人民不论何时何地都有研究学问的机会,换一句话说,就是使全国变成一个图书馆或研究室"①。刘国钧在《近代图书馆之性质及功用》中提到,"近代图书馆在社会上之价值可就教育、休养、社会与经济四方面言之"②。

戴志骞认为,图书馆与学校具有互补的作用,并提出了图书馆与学校的"两半球"论。他主张,"图书馆之设,由广义而言,其目的与办学校无异。目的唯何?即使人民有机遇得最新之学识,藉以发展人民之知识,而因各种之利便,且得阐扬文化之本能耳。论其办到目的之方法,则亦有相异之点焉。学校授学生以新知识,其时期为联续而有一定者也……综上各节观之,则对于传播新知识及发展人民之知识,与其自动之能力,学校与图书馆二者,实有互相补充之功用焉","且图书馆与学校犹文化之两半球也,缺其一则不成其为球矣"③。

随着对图书馆与教育认识的不断深化,戴志骞继续宣传他的"图书馆为终身学校"的思想。他于1923年在《新教育》期刊上发表《图书馆学简说》一文,强调"图书馆为辅助普及教育之惟一机关,已为社会教育家所公认,而欧美各国,且以图书馆为国民终身学校,亦有至理存焉。……图书馆则既无时期之限制,且无阶级之判别,上自博士工程师,下逮一般艺徒工匠,莫不以图书馆为供给

---

① 李大钊:《李大钊全集》(第三卷),河北教育出版社,1999年,第417—420页。
② 刘衡如:《近代图书馆之性质及功用》,《浙江公立图书馆年报》1923年第8期。
③ 戴志骞:《图书馆与学校》,《教育丛刊》1923年第6期。

知识之渊薮"①。在《图书馆学术讲稿》中,他指出,"图书馆与人生有密切之关系,其重要理由厥有数端:(一)扶助学校教育之不足;并可为国民终身学校。(二)增进专门职业智识。(三)休养精神。"② 在清华学校的演讲《图书馆学》中,戴志骞也同样强调,"图书馆的最大功用,就是补学校教育之不足,因为他的搜藏无穷无尽,所有的学问都涵括在内"③。

从"图书馆为终身学校"到图书馆与学校的"两半球"论,戴志骞都在强调图书馆的教育职能。他的这一观念启蒙于杜威"图书馆是平民的学校"的图书馆学思想,后从我国国民教育的实际情况出发,将图书馆与学校教育相结合,宣传图书馆的教育职能,表明图书馆在社会上的存在价值。

戴志骞曾规定图书馆人才的标准有:"不但要有图书馆学的学问,必须要有普通的常识,并须具有和蔼的性情,愿意帮人的忙。"④ 1930年,戴志骞还专门撰文《图书馆员职业之研究》,将图书馆员职业应注意的事项分为七个方面,分别是:"有丰富之常识""有管理之能力""有淡泊之性情""有勤劳之习惯""能随时浏览以增新知""能具有为人服务之热诚""宜以和蔼可亲之面目引人入胜"。⑤ 此篇文章虽为韦棣华女士来华三十年的纪念文章,但也是戴志骞对中国图书馆馆员的殷切希望。

为了更好地实现图书馆管理工作,戴志骞定期召开职员会议,

---

① 戴志骞:《图书馆学简说》,《新教育》1923年第4期。
② 戴志骞:《图书馆学术讲稿》,《教育丛刊》1923年第6期。
③ 戴志骞讲,毕树棠记:《图书馆学》,《清华周刊》1924年第305期。
④ 戴志骞:《图书馆学》,载韦庆媛、邓景康主编《戴志骞文集》(上册),国家图书馆出版社,2016年,第8—10页。
⑤ 戴超:《图书馆员职业之研究》,《武昌文华图书科季刊》1931年第3期。

专门聘请发兰姆（清华学校美籍教授狄玛的夫人）、查修、戴罗瑜丽（戴志骞夫人）、刘廷藩、曾宪三、徐家麟、章新民、吴汉章、余光宗、顾子刚、柳哲铭等人进入图书馆工作。其中，发兰姆毕业于美国威斯康星图书管理学校，查修、刘廷藩、曾宪三、徐家麟、章新民均毕业于文华图书馆学专科学校，戴罗瑜丽毕业于美国纽约州立图书馆学校，吴汉章、顾子刚毕业于上海圣约翰大学，余光宗、柳哲铭毕业于燕京大学，足见戴志骞在图书馆人才培养方面所作的努力。

四、图书馆管理思想

戴志骞注重管理方法在图书馆工作中的重要作用，他认为，"设立图书馆之至要者，不在屋宇之宏丽壮严，亦不在藏书有汗牛充栋之富，首要者，在图书之管理法"，管理完备的图书馆可以供多数人民之参考、造福社会。他引用美国图书馆学家杜威的言论——"学校者，锥也。图书馆者，大理石也。二者缺一，虽能工刻者，亦不能产美丽之石像"，表明图书馆管理方法与建造图书馆同等重要。[①] 在给杨昭悊的《图书馆学》一书作序时，他也说道："美国图书馆协会之格言有云：'集最有用之书籍，施以最合经济之方法，以供给大众之应用。'诚近时图书馆管理之南针也。"[②]

为此，他提及普通图书馆管理的六要素，分别为：

（一）切不可设在偏僻交通不便之处。

---

① 参见戴志骞《论美国图书馆》，《留美学生季报》1918年第4期。
② 杨昭悊：《图书馆学》，商务印书馆，1923年，"戴志骞先生序"第3页。

（二）虽不必有极华丽之屋宇，然终要整齐、清洁、干燥、空气流通、光线充足之所。

（三）若限于款项，所购书籍，不必出重价购善本希珍之书籍，应先购有实用而多参考资料之书籍。

（四）所购之书籍，应详细分类编目，以便检查，以省阅者宝贵之时光，以免书籍陈列架上，终无与阅览者。

（五）开门借书时刻，应日夜、星期、假日皆不闭馆，为利便人民起见。惟此项于人民极有益，而于图书馆款项上，稍有妨碍。因须加增馆员人数，并值星期及假日馆员之薪金，应稍优，以示鼓励。然于人民有益，此层终须力行。

（六）馆长之对于书籍，切不可有守财奴对于金钱之观念。应想各种方法，使人民多用书籍杂志，而少窖藏书籍；须具商铺掌柜之资格，望每日夜皆有主顾，愈多愈善。切不可具局长之威严，有"图书馆为重地，闲人莫入"之牌示。①

以上六点包含图书馆选址、建筑、采购、分类、编目、规章制度、资金等方面，基本上涵盖了图书馆管理的全部内容。不同于刘国钧或杜定友的要素说，戴志骞的六要素论实质上是对图书馆管理方法的归纳。从实际工作和读者服务的角度出发，他主张图书馆应根据实际需求采购书籍，增加开放时长，提升图书利用率，以方便读者为原则。

以六要素论观点为前提，戴志骞进一步对图书馆管理法进行了阐释。他说，各种图书馆的组织大纲包括三条："得适当主任""选

---

① 戴志骞：《论美国图书馆》，《留美学生季报》1918 年第 4 期。

择图书""图书馆之建筑及馆内之布置"。① 关于图书馆具体管理机构的设置,他建议,"管理部之大小,照图书馆之大小而定。馆内一切行政之方针,皆由管理部议决施行"②。依照上述指导思想,戴志骞对清华学校图书馆进行了成效显著的改革。

为了更好地管理图书馆,他两次赴美,学习国外图书馆管理理念,考察欧美各国图书馆,将先进的管理方法应用于清华学校图书馆的管理实践中,使得清华学校图书馆和东南大学孟芳图书馆一同,成为中国当时除文华公书林以外,影响较大的大学新式图书馆。③

戴志骞主张,"图书馆于图书之选择甚为紧要。然此事极不易为,而选择之标准,亦不易定"④。因此,他建议,图书馆的馆藏图书应尽力满足最多数的阅览者。在1925年《清华周刊》记者与戴志骞谈话中,戴志骞表示,他并未决定将清华学校图书馆的性质定为专门性质或是普通性质,而是仿照外国图书馆的馆际互借制度,将清华图书馆的采购重点定位为各国文参考书,并计划与北京大学、燕京大学、协和医学院共同商议互用图书馆事宜。⑤

在戴志骞的管理下,清华学校图书馆建立了预算制度,将各个年度的预算提前为各类图书分配好,以保证图书馆的有序运行。《清华周刊》上就曾刊登了1920年和1921年的购书预算表。为了使图书馆馆藏更好地满足读者的需求,戴志骞不断完善图书采购策

---

① 戴志骞:《图书馆学术讲稿》,《教育丛刊》1923年第6期。
② 戴志骞:《图书馆学术讲稿》,《教育丛刊》1923年第6期。
③ 参见周洪宇《不朽的文华——从文华公书林到文华图书馆学专科学校》,华中师范大学出版社,2013年,第74页。
④ 戴志骞:《图书馆学术讲稿》,《教育丛刊》1923年第6期。
⑤ 参见伸《谈话记:与图书馆主任谈话记》,《清华周刊》1925年第9期。

略，自1925年起，将之前图书委员会分配购书预算给各学系的做法，改为各学系自行规定采购图书预算，且提交给校中最高立法机关，由各学系教师给各学系会介绍所需采购图书，各学系会再将采购计划交由图书馆。通过这种采购方式，戴志骞将采购图书权限下放至各学系，提升了图书采购的效率。① 为此，清华学校的图书采购也由学校采购各门学科图书改为各院系采购。

随着清华学校对国文课程的改良，图书馆也添购多种中文参考图书，以满足师生的教学和参考需求。戴志骞非常注重与其他图书馆或机构的图书交流工作，例如他利用自己赴美留学的机会，在1919年与美国纽约州立图书馆、美国国会图书馆达成协议。此二馆同意将其印刷品寄往清华学校图书馆以供学生参考。1924年，为了保证馆藏期刊的完整性，清华学校图书馆向全校征求《消夏旬刊》第二、四、六号各一册，第一、三、五号各两册。② 此外，清华学校图书馆鼓励学校师生推荐图书，全校师生都可通过填写图书馆特印的介绍纸，将其投入戴志骞馆长室门前的小柜中，以达到读者荐购的目的。在戴志骞的带领下，清华学校图书馆的馆藏数量得到了大幅增加，仅在1919年至1920年期间，清华学校图书馆的西文图书由8 000本增至13 000本，中文图书由32 000余本增至35 200余本。③ 1925年6月，图书馆的中文图书增至60 000余册，西文图书增至25 000余册，中西文日报34种，并藏有图书集成2部和雍正年手抄1部。④

---

① 参见球《图书馆》，《清华周刊》1926年第372期。
② 参见《图书馆新闻》，《清华周刊》1924年第330期。
③ 参见《本校一年来大事记：图书馆》，《清华周刊》1920年增刊第6期。
④ 参见吴汉章《图书馆概况》，《清华周刊》1925年增刊第11期。

规范管理制度与满足读者需求也是戴志骞图书馆管理观念的重要实践。1914年，他为清华学校图书馆制定了《清华学校图书室章程》；1917年，制定《图书馆规则》，对借书时间、归还期限、开馆时间等作了详细规定，以规范图书馆的有序运行。清华学校图书馆的章程得到了当时部分图书馆的认可，《清华周刊》1921年就曾记载："北京扶轮公学图书馆，及山东济南公立通俗图书馆，均先后与本校图书馆函索章程及目录等以便仿行云。"① 1923年，在清华学校学生的要求下，戴志骞对图书馆的开放时间作了相应调整。② 1925年，图书馆采纳学生会的建议，计划于当年的11月份起将晚间开馆时间延长至十时半。③ 这反映出，在戴志骞的带领下，清华学校图书馆能够贯彻以读者为中心、尽力满足读者需求的服务理念。

为了使读者更方便地利用图书馆资源，在图书馆的支持下，《清华周刊》专门创办了《书报介绍副刊》。该刊虽然存在的时间不长，仅从1923年3月维持到了1925年5月，但它的成果不容小觑。据学者统计，《清华周刊·书报介绍副刊》"共出版17期，七百多页，近四十万字。登载书报评介文章384篇，共评介图书231种，刊物79种，论文342篇"④。在该刊创办初期，主要的栏目有中文书报介绍、西文书籍介绍、英文杂志介绍，后来添加了分学科参考书目和中英文定期刊物论文的介绍、古籍新评、清华作品介绍。据有关资料统计，戴志骞在《书报介绍副刊》上共发表了15

---

① 《图书馆记事：函索章程》，《清华周刊》1921年第213期。
② 参见《图书馆新闻》，《清华周刊》1923年第273期。
③ 参见《最近新闻》，《清华周刊》1925年第357期。
④ 任勇胜："清华园里好读书"——〈清华周刊〉的"书评"概述，《中国图书评论》2006年第7期。

篇文章。随着后期栏目的增加，《书报介绍副刊》的作者群体也逐渐丰富起来，除了戴志骞、毕树棠、余光宗、吴汉章等图书馆馆员外，还有梁启超、梅贻琦、胡适等著名学者。这使得清华师生可以更好地利用图书馆的馆藏资源。书报上所刊载的文章，如《国学入门书要目及其读法》《最低限度的国学书目》等直到现在还被学者们津津乐道，成为国学初学者的必读书目。

在学习图书馆学理论知识的同时，戴志骞也十分关心中国图书馆事业的发展。早在1919年，戴志骞便发表 Present Library Conditions in China（《中国图书馆的现状》）和 A Brief Sketch of Chinese Libraries（《中国图书馆概述》）两篇文章，指出中国当时的图书馆发展仍处于初期阶段，并概述国内各种类型的图书馆和中国图书馆史，对中国图书馆事业的发展寄予了厚望。此后，戴志骞相继发表了 Libraries Aid in Educating China（《图书馆对中国教育的支持》）、Library Movement in China（《中国的图书馆运动》）、Modern Library Development and Its Relation to Scholarship（《现代图书馆发展及其与学术的关系》）、Development of Modern Libraries in China（《中国现代图书馆的发展》）、《十五年来之中国图书馆事业》等多篇论文，总结中国图书馆的概况，指出不重视行政管理、中央政府不稳定、公众舆论不够激烈等阻碍发展的因素，强调教育工作者和社会工作者的支持促进作用，以寻求我国图书馆事业的发展出路。

戴志骞认为，"中国的图书馆史是伴随着汉字书写的产生而正式开始的"[①]。因此，他把中国图书馆史的发展分为六个阶段：第一

---

① 戴志骞作，董琳、郭兰芳译：《中国图书馆概述》，载韦庆媛、邓景康主编《戴志骞文集》（上册），国家图书馆出版社，2016年，第216页。

阶段是从黄帝任命史官到秦始皇焚书坑儒，即公元前 2697 年至公元前 206 年；第二阶段是汉朝至唐朝时期，即公元前 206 年至公元 618 年；第三阶段是唐朝至宋朝时期，即 618 年至 960 年；第四阶段是宋朝至元朝时期，始于 960 年；第五阶段是元朝至民国时期；第六阶段始于中华民国诞生之日。在每个历史发展时期，戴志骞都特别注意书写工具、书写材料、印刷术和图书分类法对于图书馆发展的作用。

戴志骞对中国图书馆事业的发展充满信心，在 1919 年的《中国图书馆概述》一文中便说道："笔者于 1909 年进入图书馆行业，从那时起就一直预感，在不久的将来中国将会发生一场规模宏大的图书馆运动……虽然中国的图书馆体制老旧、弊病诸多，但在几千年的历史长河中，它的发展脚步缓慢却不失稳健、鼓舞人心。目前的教育体制必然会促发图书馆运动的诞生。"① 他把推动现代图书馆的发展因素总结为学术、民众教育的普及和高等教育的研究精神。②

鉴于以上情况，戴志骞给中国图书馆事业的发展提出了五条建议：一是"组织一个中华图书馆协会，将来可以创办以图书馆为主题的期刊或小册子"；二是"鼓励每个城市都有一个地方图书馆协会"；三是"建议一些高等教育机构成立图书馆学校"；四是"鼓励在每个区建立小型图书馆和阅览室"；五是"设法让中国学生去美国学习图书馆学知识"。③ 从当前中国图书馆的现状来看，以上五点

---

① 戴志骞作，董琳、郭兰芳译：《中国图书馆概述》，载韦庆媛、邓景康主编《戴志骞文集》（上册），国家图书馆出版社，2016 年，第 221 页。
② 参见戴志骞 Modern Library Development and Its Relation to Scholarship，载韦庆媛、邓景康主编《戴志骞文集》（上册），国家图书馆出版社，2016 年，第 298—314 页。
③ 戴志骞作，管翠中译：《中国的图书馆运动（一）》，载韦庆媛、邓景康主编《戴志骞文集》（上册），国家图书馆出版社，2016 年，第 249—250 页。

都得到了实现。但在当时的情况下，我国图书馆事业发展受到社会各方面因素的影响，部分民众对图书馆的认识还停留在古代藏书楼的观念之中，戴志骞的这些提议无疑为中国图书馆事业的发展指明了现代化的发展道路。事实证明，民国时期我国图书馆事业基本遵循这五条建议而前行，并取得了巨大成就。作为提议人，戴志骞本人也参与了图书馆协会、图书馆学校的创立，并发挥着关键作用。

1918年，戴志骞在赴美留学的时候参加了美国图书馆协会的第40次年会，之后又参加了纽约图书馆协会会议和美国图书馆协会的第41次年会。① 三次参会经历使得戴志骞对专业团体的作用有了更加实际的认识。从1922年至1925年，中华教育改进社共举办了四次年会。在这四次年会中，戴志骞共提出了六项议案，分别是：第一届年会的《中国师范学校及高等师范学校应增设图书馆管理科案》《通俗图书馆内应建设儿童图书部案》《组织图书馆管理学会案》《各学校应有图书馆讲演案》，② 以及第二届年会的《组织各地方图书馆协会案》和《交换重本图书案》。③

除了自己的提案，戴志骞还对年会上的其他议案，给出相应的建议，例如，在第一届年会杜定友的《请教育部添设图书馆教育司案》中，戴志骞提议《请中华教育改进社组织图书馆教育研究委员会案》，且拟有理由和组织大纲，他的这个提议获得了参会人员的认可并决议通过。④ 这也直接促成了"图书馆教育委员会"的正式

---

① 参见郑锦怀《中国现代图书馆先驱戴志骞研究》，中国海洋大学出版社，2017年，第228—229页。
② 参见《分组会议记录：第十八　图书馆教育组》，《新教育》1922年第3期。
③ 参见《分组会议记录：第三十　图书馆教育组》，《新教育》1923年第2—3期。
④ 参见《分组会议记录：第十八　图书馆教育组》，《新教育》1922年第3期。

成立。在第二届年会朱家治的《拟在海关附加税项下酌拨数成建设商业图书馆案》中，他提议将第一项修正为"由中华教育改进社请中国总商会同具说帖，说明图书馆在中国商业上之需要，送交海关附加税委员会讨论，指拨款项"。① 在第三届年会上，戴志骞促成论文《中文书籍编目问题》印成大纲，交由参会人员讨论。在该届年会上，《刊行图书馆季刊案》获得一致通过，戴志骞被任命为《图书馆学季刊》编辑部副主任。

戴志骞《组织各地方图书馆协会案》通过后，各地开始纷纷成立地方图书馆协会。1924年，北京图书馆协会在中华教育改进社事务所召开成立大会，戴志骞被推选为会长，查修为书记，冯陈祖怡为副书记。冯陈祖怡《中文目录片排列法问题》、袁同礼《现代图书馆之组织》、戴志骞《图书分类法几条原则的商榷》等学术演讲便是该会的重要成果。北京图书馆协会的成立对中华图书馆协会和其他地方图书馆协会的创立、中国现代图书馆事业的发展有着重要的推动作用。

1929年，中华图书馆协会第一届年会在南京召开。为筹措经费，戴志骞奔走各方募集，最终筹得教育部转呈行政院的一千元拨助经费。② 在开会辞中，戴志骞强调图书馆的作用并说道："图书馆在学术上，文化上，风俗上，社会上，均有密切之关系，而尤以在训政时期为刻不容缓之图。"③ 在这次年会上，戴志骞当选为执行委

---

① 《分组会议记录：第三十 图书馆教育组》，《新教育》1923年第2—3期。
② 参见戴志骞《年会筹备主任报告》，载中华图书馆协会执行委员会编《中华图书馆协会第一次年会报告》，中华图书馆协会事务所，1929年，第23—24页。
③ 戴志骞：《戴志骞先生开会辞》，载中华图书馆协会执行委员会编《中华图书馆协会第一次年会报告》，中华图书馆协会事务所，1929年，第8页。

员会委员。1929年至1940年，戴志骞一直在中华图书馆协会担任要职。1944年，戴志骞虽已不在图书馆界任职，但仍被选为监事，这足见他在图书馆界的重要影响。

戴志骞还积极参与各种图书馆暑期讲习班和图书馆的顾问工作，宣传新图书馆运动。他曾担任天津南开大学图书馆顾问、北京图书馆委员会委员等职，并在南开大学发表《如何用图书馆及参考书》《图书馆之利用法》等演讲。[①]在1920年的北京高师暑期图书馆学讲习会上，戴志骞作为讲课专家，编译了所用的讲义稿，即后来整理的《图书馆学术讲稿》。这一讲习会活动，"成为中国图书馆界由学习日本转而学习美国图书馆的标志性事件"[②]。在高等图书馆学校的课程设置上，他主张"将图书馆专业的专门知识加以组织并系统化，让学生在最短的时间内学到更多的高等专业知识"，注重学生专业技能和崇高理想的培养，并强调要"着眼于特定服务类型，适应学生的专业方向"。[③]为此，他还专门为清华学校大学部设计了图书馆学专业教育的课程计划，可惜最终未能实现。[④]戴志骞的这些提议不仅为当时图书馆学校的发展指明了方向，也促进当下对目前图书馆学专业的课程设置和培养方向进行思考。

---

① 参见《图书馆消息》，《清华周刊》1921年第225期。
② 中国科学技术协会主编，中国图书馆学会编著：《中国图书馆学学科史》，中国科学技术出版社，2014年，第141页。
③ 戴志骞作，郭兰芳译：《高等图书馆学校——课程宗旨》，载韦庆媛、邓景康主编《戴志骞文集》（上册），国家图书馆出版社，2016年，第292—297页。
④ 参见韦庆媛、邓景康《清华大学图书馆百年图史》，清华大学出版社，2013年，第47页。

五、图书分类与编目思想

戴志骞认为,图书馆所采用的分类法"必混合'与论理相合的'及'人为的'数种分类法的原则而成者,方为完全适用之分类法",具体原则如图1.1所示:

图1.1 戴志骞的图书分类法原则①

戴志骞指出,理想的图书分类法应包括以下五点:"论理的""地理的""依年代的""字母的""方言的"。② 他对当时世界各大图书分类法进行了评析,尤其指出了杜威十进分类法的优点:"(1) 简单;(2) 有柔韧性;(3) 记号易记易识,有前述之五特点;(4) 小册,信札,簿记,均适用此种分类法;(5) 数目记号已通行于全世

---

① 戴志骞:《图书分类法几条原则的商榷》,《北京图书馆协会会刊》1924年第1期。
② 戴志骞:《图书馆学术讲稿》,《教育丛刊》1923年第6期。

界；(6) 有详细索引目录；(7) 门类轻重划一；(8) 便于参用。"①他认为，杜威十进分类法的奥妙在于不以主观分类，当时有百分之七十五的图书馆采用杜威十进分类法，足以证明其实用功效。从客观角度出发，戴志骞肯定了杜威十进分类法的价值，但在实际应用上，他意识到杜威十进分类法并不完全适用于中文书籍，因此聘请查修对杜威十进分类法进行补充改编。当时清华学校图书馆的西文图书采用杜威十进分类法分类，而中文图书分类依照的则是查修的《杜威书目十类法补编》。

在图书编目与分类的关系上，戴志骞认为，"编目与分类，二者应相辅而行，其于图书馆目录之功效，犹人之有手足，手足缺一，则成残废；编目与分类不相辅而行，则失图书目录之功效"②。他将编目的原则总结为三个方面："（一）编目应代阅书者设想，使所有书籍如何定分类之号数，如何定顺置之次序；如何定庋藏之方法；俾阅书者一检即得也……（二）编目应为掌书籍出纳者设想：研究如何而使借书手续简便；如何而使逾限及已借出之书籍系何人何日借去，一查便得……（三）编目应参用世界各国通例，不能墨守一国之故习也……"③

关于具体的图书馆目录，戴志骞也有所思考，他认为目录必须具备的特点有："（一）目录须可阻止购置复本。（二）目录须为图书馆各种册籍之主要，并须能划一各种记载之方法。（三）目录须使阅览者在最短时间内，得悉该馆有此种书籍或论著与否。（四）目录须能省管理者之强记。（五）目录须使出纳科之手续，迅速便

---

① 戴志骞：《图书馆学术讲稿》，《教育丛刊》1923 年第 6 期。
② 戴志骞：《图书分类法几条原则的商榷》，《北京图书馆协会会刊》1924 年第 1 期。
③ 戴志骞：《图书馆学术讲稿》，《教育丛刊》1923 年第 6 期。

利。"① 虽然没有列出详细的编目规则，但戴志骞所说的这些原则具有理论指导性，并应用于清华学校图书馆的编目实践中，对当时我国的图书馆编目工作起到了示范意义。

据洪有丰《二十年来之清华图书馆》所述，清华学校图书馆在初期"只有登录号数，而无分类号码及书目"②。戴志骞上任以后，便开始着手图书馆的分类编目工作。1916年和1917年，清华学校图书馆分别编制了中文和英文的书目账册。清华学校图书馆的西文书籍采用的是杜威十进分类法，中文图书采用查修的《杜威书目十类法补编》，中文编目曾与清华学校研究部合作，共同从事书名编录和书籍分类工作。至于编目的中西分股，戴志骞解释为人才和方法两个方面的原因，这也是当时的形势所需。

在戴志骞的带领下，清华学校图书馆的分类编目工作取得了不小的成就，至1927年，"中文书本目录，约一千五百余页。西文书本目录，约七百余页"③。1927年，《清华学校图书馆中文书籍目录》和《清华学校图书馆英文书籍目录》出版，戴志骞还专门为这两本目录写了序言。在中文书籍目录序言中，他表示，"本馆藏书日多，卡片字典目录一时不能编就。又虑读者检查不易，特由中文编目股在最短时期内编成书本目录一种。俾全校教授及同学于检查书籍时有所凭依。并非以此自炫炫人也"，以期做到一查便知馆藏图书。④

---

① 戴志骞：《图书馆学术讲稿》，《教育丛刊》1923年第6期。
② 洪有丰：《二十年来之清华图书馆》，载清华大学校史研究室编《清华大学史料选编》（第一卷）《清华学校时期（1911—1928）》，清华大学出版社，1991年，第461页。
③ 戴志骞：《清华学校图书馆之过去，现在，及将来》，《清华周刊》1927年第11期。
④ 参见查修等编《清华学校图书馆中文书籍目录》，清华学校图书馆，1927年，"戴主任序"第3页。

六、学术贡献

戴志骞的《图书馆学术讲稿》是我国近代图书馆学"以美为师"的标志性学术成果。自戴志骞以后,中国图书馆学学者探究日本图书馆学的本质来源,将目光投向美国图书馆学,加快了中国图书馆学现代化的发展步伐。

戴志骞曾两度赴美留学,分别攻读图书馆学与教育学,因此,他重视图书馆的教育功用。戴志骞认为,图书馆为终身学校,表明了图书馆的教育作用。他提出了图书馆与学校的"两半球"论,将图书馆与学校视为"文化之两半球",缺一不可。在图书馆管理方面,他提出普通图书馆管理的六要素论,从位置、建筑、采购、分类与编目、开放时间、馆藏观念角度,叙述图书馆管理的基本要求。戴志骞的图书馆学研究偏重图书馆管理与图书馆教育的创新,所以他的理论学说并非仅停留于理论层面,他以清华学校图书馆为实践对象,对其进行组织架构、管理制度、分类编目、读者服务等方面的改革,并取得了良好效果。

第八节　王云五

一、生平

王云五（1888—1979），原名云瑞，号岫庐，原籍广东香山县（今中山市），清光绪十四年农历六月初一（1888年7月9日）出生于上海。自幼入私塾读书，14岁时半工半读，白天在五金店做学徒，晚间到夜校学习英文。1903年，入守真书馆专攻英文。次年暑期进入上海同文馆修业。先后在同文馆、益智书院、南洋公学担任英文教员。1912年，任南京临时大总统府秘书，同时任职于教育部专门教育司，协助京师大学堂改组为北京大学事宜。[①] 同年9月，兼任国民大学（后改名为中国公学大学部）法科英文教授。1921年，经胡适推荐，入上海商务印书馆，任编译所所长，主持编译所改组与丛书创编业务。1924年，东方图书馆落成，兼任馆长一职。1930年起，任商务印书馆总经理，实行科学管理，主持出版《万有文库》《国学基本丛书》以及大学教材等图书数种。1964年，担任台湾商务印书馆董事长。1979年，因病逝世于台

[①] 参见王云五《岫庐八十自述》，江西教育出版社，2011年，第63—64页。

北市。

二、学术论著

王云五对图书分类、检字法、图书馆管理颇有研究,在图书馆学领域的论文和著作有《中外图书统一分类法》(上海:商务印书馆,1928年),《四角号码检字法》(上海:商务印书馆,1926年),《图书馆学》(《教育与民众》1929年第1卷第5期),《怎样读书》(《读书月刊》1930年第1卷第2期),《图书与儿童》(《商务印书馆通信录》1933年第390期),《中外著者统一排列法》(《浙江图书馆报》1928年第2卷),《读书问题:读书的方法》(《商务印书馆出版周刊》1935年新第124期)等,其中《中外图书统一分类法》《四角号码检字法》具有代表性。

《中外图书统一分类法》,1928年由商务印书馆出版。该法在杜威分类体系的基础上,新增了"十""廿""土"三个符号,是王云五参考杜威十进分类法,遵循美国图书馆专家卡特的"同类相陈"原则,结合传统知识体系与中国图书特点所编制,并首次使用":"的组配方法来连接类名的分类法。该分类法既尊重传统知识,也吸取现代科学价值观念,做到了中外图书的统一分类,具有灵活的延伸性和大胆的创新性,在当时得到了广泛的应用。

《四角号码检字法》,1926年由王云五发明,后多次修订。该法采用数字来代表汉字笔形,依照左上、右上、左下、右下四角的笔形号码,组成汉字的全体号码,并在四个号码之外增加附号,以增加检字的便捷性。该法由民国政府教育部推广使用,在当时各类工具书和部分图书馆得到了广泛应用。胡适称此法为"最容易,最方便，应用最广的法子"①。

三、图书馆管理思想

虽然出身寒门，但依靠正规学校教育之外的社会教育成功的王云五，以自己的亲身实践肯定了图书馆的价值，并且广泛倡导应重视图书馆的社会教育功能。他曾在《教育与民众》上撰写《图书馆学》一文专门论述图书馆学，指出图书馆应该具有平民化的特征，以服务普通民众、提高国民素质为图书馆建设和服务的宗旨。② 只有通过办图书馆，才能让徘徊于学校门外"望洋兴叹"、身无分文的穷人们，也能成为有作为的国民。正是在这一思想的支持之下，他不仅公开宣传图书馆对于社会的重要性，亦以自身的实践躬行这一理念，以丛书出版的方式推动普通图书馆在全国的广泛建立，传播图书馆的民主民享理念，推动图书馆学著作的出版。

民国以来，我国的图书馆事业虽然有了突破性的发展，但作为一项公共事业，受到当时国力、政局以及整体教育水平的制约，在图书馆的数量、藏书资源、管理人员等方面均存在极大的不足，远远不能满足民众的需求，尤其在一些偏远的地区，由于资金的缺乏和知识水平的滞后，更是没有能力来建立图书馆。据沈祖荣《中国全国图书馆调查表》（1918年），当时的图书馆不仅数量少，而且借阅需要收费，没有完善的图书馆目录，经费不足，馆藏不切合当时人的需求。作为一名审时度势、深谋远虑的精明出版家，王云五看到的不仅仅是一个亟待填补的市场空间，更是一种重大的文化责

---

① 王云五：《四角号码检字法》，商务印书馆，1935年，"胡适序"第20页。
② 参见王云五《图书馆学》，《教育与民众》1929年第5期。

任。"我自从二十岁左右便开始感到图书馆的重要。自入长商务印书馆编译所之次年,即筹议为国内小图书馆植其初基。"① 王云五设置图书馆的目的在于,以整个的普通图书馆用书贡献于社会,使得任何个人或者家庭乃至新建的图书馆,都可以通过最经济、最系统的方式,方便地建立其基本收藏。

在这种责任感的鼓舞下,王云五在商务印书馆力排异见,计划采用最经济与适用的排印方法出版《万有文库》5 000 部,"俾前此一二千元所不能致之图书,今可以三四百元致之"②。《万有文库》丛书在预售初期并没有达到预定的目标,一度陷入困窘之中。后来调整营销策略,扩大其公益性质,通过集体预约折扣的方式,使该丛书不仅能为图书馆公用,也可为充实私人藏书家的私藏所用,实现了经济利益和社会效益的双丰收。该丛书取得了极好的销售业绩,在几年间第一集售出 8 000 部,第二集售出约 6 000 部,从而使得现有图书馆可以快速充实扩大馆藏,还没有建立图书馆的地区,亦可借此奠立图书馆的初期基本馆藏。通过这些举措,王云五最初的理想变为现实——协助各地方、学校、各机关,甚至各家庭,以极低的代价,创办具体而微的图书馆。

根据相关统计,凭借《万有文库》丛书成立的新图书馆有 2 000 家以上。③ 1930 年 6 月《纽约时报》曾在题为《为苦难的中国提供书本,而非炮弹》的报道中,称其为当时世界上未曾有之大

---

① 王云五著,王学哲编:《岫庐八十自述(节录本)》,上海人民出版社,2007 年,第 72 页。
② 王云五主编:《万有文库第一集一千种目录》,商务印书馆,1930 年,"印行万有文库缘起"第 3 页。
③ 参见王云五著,王学哲编《岫庐八十自述(节录本)》,上海人民出版社,2007 年,第 75 页。

规模图书。曾任哈佛大学教授的李欧梵先生评价道:"这(笔者注:《万有文库》)可能是共和国时期在界定和传播知识上最具野心的努力了。"① 该丛书亦因其包罗万象、通俗易懂,一经出版即受到当时普通民众,尤其是中学生和知识青年的欢迎。"自从'万有文库'出版后,每个中学都很容易地成立一个图书馆。"② 当时的内政部和教育部,特于1930年训令各省市民政教育当局转敕所属县市政府必须购备,作为地方图书馆的馆藏,因此而建立的图书馆达2 000家以上。当时延安缺书,曾请各地方代购。宁毅侯老先生将自己家藏的全套《万有文库》,装了40多箱,用20多头骡子送到延安,得到毛泽东主席及中共中央的赞扬,③ 该丛书亦成为红色根据地延安的精神食粮。

伴随着新文化运动的蓬勃兴起,商务编译所附设的涵芬楼在商务同人的努力下,于1924年扩展为面向社会大众开放的东方图书馆。如何让东方图书馆实现"土壤细流之助"④ 的补益社会教育之功,让平民大众进行公开阅览,将会涉及图书馆管理思路和方法的问题。例如普通读者如何较便捷地查找所需要的资料、图书馆应该给读者提供什么书籍等。这些问题若得不到合理解决,图书馆就将形同虚设,出现空有馆藏而少读者利用的问题,也就更谈不上发挥图书馆的社会功能了。

---

① 李欧梵著,毛尖译:《上海摩登:一种新都市文化在中国 1930—1945》,上海三联书店,2008年,第60页。
② 陈燮君:《前言:20世纪图书馆与文化名人延伸轨迹的时空组合》,载陈燮君、盛巽昌主编《20世纪图书馆与文化名人》,上海社会科学院出版社,2004年,第5页。
③ 参见《为延安送书》,《西安晚报》1984年2月23日。
④ 张元济:《东方图书馆概况·缘起》,载张人凤编《张元济与中国近现代图书馆事业》,上海科学技术文献出版社,2014年,第11页。

王云五三任东方图书馆馆长，其在就任馆长初期，便敏锐地意识到这些问题。他结合自己多年使用各类图书馆的经验和自学的图书馆学知识，提出了便利读者使用、厘清图书馆要素等具有创造性的图书馆管理思路，并在具体工作中加以实践。通过这些方法的运用，东方图书馆丰富的馆藏被世人充分利用，东方图书馆也因此成为我国公开的私人图书馆之楷模。每日皆有好学之士踊跃到馆阅览，远到上海来参观访问的图书馆界人士也络绎不绝。一改昔日涵芬楼"不见贤才蜂拥至，只见门前车马稀"的状况。据统计，1929 年到东方图书馆阅览的人数近 3 万，阅览图书 18 789 册，1930 年为 3.6 万余人，阅览图书 45 517 册。①

开架借阅今日已经成为世界图书馆的发展潮流，但在 20 世纪的中国，一方面由于受书籍价格和人民收入水平的制约，一方面由于古代私人藏书楼一向秘不示人的传统影响，开架阅览是一种十分鲜见的可贵举动。开放阅览有利于降低管理成本，提高读者使用效率，因为这不但"可以节省图书馆员用于借还书的时间"，而且"可以免去有些读者的怕羞心理"。② 为宣传开架阅览的作用，王云五还经常到各地发表演讲，倡导开架阅览。他还针对当时图书馆界普遍担心的开架阅览带来的偷书问题，告诫图书馆员不要怕有人偷书，如真有人偷书，可以说明这个图书馆经营成功了。在逐步试验的基础上，东方图书馆率先采用开架阅览服务，每天下午定时向公众开放普通阅览室、报刊阅览室。1928 年，东方图书馆增设儿童图书馆，每天下午 4 时到 6 时向放学的小学生开放。此外，为进一

---

① 参见胡维革主编《中国传统文化荟要》（4），吉林人民出版社，1997 年，第 622—623 页。
② 莫伟鸣、何琼：《王云五与图书馆》，《图书馆》2003 年第 3 期。

步便利外地读者借阅,1931年,东方图书馆成立流通部,办理图书外借服务,为外地读者提供远程通信邮递借书服务。通过此手段,东方图书馆的借阅服务覆盖全国各大城市。即便后来抗战爆发,上海东方图书馆被日军炸毁,商务印书馆的中心转移到重庆,在艰难困苦中,王云五仍利用商务印书馆在后方的样书、在重庆出版的新书及其他图书馆馆藏,建立东方图书馆重庆分馆,并向公众开放,提供阅览服务,"虽僻处一隅,而日夜前来阅览者,平均每日二三百人"[①]。

通过这些具有超前眼光的行动,王云五实现了其最初开办东方图书馆的理想:"扶助教育"[②],供学校师生及各专业人员进行教学、研究之用,特别为经济困难、无力购书的穷学生提供免费阅读之便,使好学的青年能够享受到读书的快乐;这些行动也体现着其身为一名胸怀天下的教育家"为国难而牺牲、为文化而奋斗"的崇高人格与理想。我国文献学家胡道静回忆说:"从我读中学的高年级到大学毕业的那些年代中,它一向是我亲密的'图书之家'。一九二六年五月,它开始对外开放,从那时,我就是它的阅览者了。……每次都能读到不少想读而不能或无力备有的书,笔记本子上总是密密麻麻的,'满载而归'。"[③]

厘清图书馆的要素,有利于图书馆的科学管理,也是图书馆学研究的重点。要素说的提出和完善是图书馆学作为一门独立学科的学科基础。20世纪二三十年代,我国诸多学者对这一学说进行了

---

① 王云五:《岫庐八十自述》,台湾商务印书馆股份有限公司,1967年,第334页。
② 张元济:《东方图书馆概况·缘起》,载张人凤编《张元济与中国近现代图书馆事业》,上海科学技术文献出版社,2014年,第11页。
③ 胡道静:《我读书在上海的图书馆里》,载上海文化出版社编《上海掌故》,上海文化出版社,1982年,第41页。

探索,对图书馆要素的认知发展反映了当时我国图书馆学的发展状况。

在1929年《图书馆学》一文中,王云五明确提出了自己对图书馆要素的认知:书籍、馆舍、用户构成了图书馆的三要素。"有了图书馆而没有馆舍,这不能算为图书馆;有了馆舍而没有图书,这也不能算为图书馆;那末有了图书,有了馆舍,这可算图书馆了吗?不!决不!有了图书馆学舍,而没有人来看书的,还不能算是图书馆;因为图书馆虽有了他的工具,而失去了他的效用,这只可称之为藏书楼。所以,图书,馆舍,来利用他的人,实为图书馆之三大要素。"① 王云五对图书馆三要素的见解,以及对这些要素间的相互关系简洁而深刻的论述反映了王云五的图书馆认识论,也成为其图书馆管理工作的核心指导思想和基本准则。

值得一提的是,经过半个多世纪的发展,尤其在21世纪,随着计算机技术和互联网技术的发展,图书馆进入数字化发展阶段,服务重心日渐转移到参考咨询服务上,王云五对图书馆要素的认知的意义日益凸显,尤其是倡导重视图书馆的效用、为读者服务的观点,更显示了其图书馆学思想的超前性。

四、图书编目思想

除了上述基本图书馆理念外,王云五还根据当时国人的知识水平和需求,创制《中外图书统一分类法》《四角号码检字法》等具体的图书馆目录管理方法。这些改革使藏书丰富的东方图书馆有了

---

① 王云五:《图书馆学》,《教育与民众》1929年第5期。

类别、书名、著者等几种便捷的检索途径，极大地方便了读者，使东方图书馆真正实现了通俗化和公开阅览。他明确提出，图书分类是图书馆进行开放阅览的基础，"分类法赖检字法而完成，检字法亦赖分类法而磨炼；二者有相互的关系"①。

中国传统学术向来重视目录学，视目录学为治学的门径。而图书分类正是一种目录学。王云五更认为图书分类为新目录学之纲领，而检字法则为新目录学之重要工具。② 图书分类本质上就是知识的分类，是一个时期内人们对于知识的理解线索和对价值判断的标准。王云五认为，图书馆的公开阅览首先要合理类分图书，以便书籍检取。东方图书馆藏书达 46.3 万余册，既有当时出版的新书、报刊，又有中西善本古籍。如何管理这样一个新旧书籍混杂，中西图书相间，报刊、图书、照片资料等杂陈的庞大图书馆；普通读者如何在这样一个书籍浩如烟海的综合图书馆里找到自己所需的资料，对当时东方图书馆的管理者来说是一个巨大的挑战。在悉心总结前人已有的设想和经验的基础上，王云五结合自己使用图书馆的体验和当时西方各国流行的分类检索思想，提出了既有国际视野又融合中国文化传统的新目录管理方法，促进了中国目录学的现代化转型。

在王云五看来，面对东方图书馆数十万中外藏书，传统经、史、子、集四部分类法并不能完全适用。图书分类说到底是知识的分类，形式和性质并不能说明问题，而已引入的美国"杜威十进分类法"也不适合我国古籍的类别。当时图书馆学界纷纷对杜氏分类

---

① 王云五著，王学哲编：《岫庐八十自述（节录本）》，上海人民出版社，2007 年，第 60 页。
② 参见王云五《新目录学的一角落》，商务印书馆，1943 年，"序"第 1—4 页。

法加以改造，如清华学校分类法是在杜威十大类之外，再加上丛、经、史、子、集五大类，容纳中文图书。杜定友《世界图书分类法》把杜威十进分类法中的某几类加以归并，空出的类号分给中国图书。王云五认为，这些方法仍然造成中西书籍的分置。本着"中西贯通，洋为中用"的原则，经过三年的艰苦探索和思考，他在1927年提出了以内容性质为标准的中外图书统一分类法。该分类法是在美国图书馆专家卡特的"按照图书内容在科学上所占的地位而分类；同类相陈"原则指导下，以国际主流的杜威十进分类法为基础，保持传统知识体系的独立性，在杜氏原有类号前分别冠以"十""廿""土"三个符号，来容纳性质上与西方图书大同小异的中国书籍。这样不仅使译本与原本放在一起，而且使得与西方图书性质尽同或大同小异的中国古籍，也都分别置于相同或接近之地位。① 与此同时，王云五还首创"："，作为类名与类名之间活用的符号，以表示类名之间的关系，其目的是以一种类名说明别种类名。这实际上是最早的组配思想，这一思想的提出比印度图书馆学家阮冈纳赞于1933年出版的《冒号分类法》还早五年。②

如何将东方图书馆日趋丰富的藏书，清晰而科学地揭示和呈现给读者，以便其充分利用？中外图书统一分类法虽然解决了图书如何按类排列的问题，但仍不能解决中外著者的统一排检问题。一般在排检时，著者的姓名中文用汉字，西文用字母。王云五最初只是按照约翰大学图书馆的办法，把中国著者的姓音译成罗马字母，取其第一字母和姓的笔数合成一个符号来与外国著者号码一起排列，但该法极不方便。在发明了四角号码检字法后，受到号码法的启

---

① 参见王云五《王云五回忆录》，九州出版社，2012年，第229—231页。
② 参见全根先《王云五的图书分类实践与创新》，《新世纪图书馆》2007年第2期。

发，王云五觉得外国字母也可以用号码来代表，于是制成一种罗马字母号码表，用 0~9 这 10 个数字分别代表 26 个字母。这样，外国著者姓名只要按表翻译成号码，中国姓名只要照四角号码来编号，中外著者便可以统一排列。外国作者姓名无须翻译成中文，即可同中国作者一样编号，按图书分类需要排列在一起。

《中外图书统一分类法》于 1928 年正式出版，其问世后引起社会各界的广泛关注和争议。作为民国时期的分类法之一，中外图书分类法贯通中西知识的思想无疑值得肯定，在类目上有灵活的延展性，既维持杜威原有号码，又添加新创的类号，以补充当时分类法的不足。该分类法在东方图书馆这样中外书籍兼收的大型图书馆管理应用上较为理想，但在实际运作层面上，对于大量没有外文书籍的小型普通图书馆来说，就显得过于复杂。另外，虽然中外图书统一分类法能将图书进行不断的细分，但同时也出现了某些类目划分不胜烦琐的问题。在其书出版后就受到不少图书馆界学人的批评，认为其分类法表面看似简便，实际运用起来却很繁重，一些类属系统划分上有违反分类原则之嫌。①

从历史的层面来看，王云五的《中外图书统一分类法》产生于我国图书馆现代分类思想的初创时期，且其非图书馆学专业出身，因而在创制分类法时难免会有种种缺漏，但其大胆创新、立足于现代科学价值观、尊重传统知识、融合中西知识的分类思想是值得后辈学人仿效的。另外，中外图书统一分类法推出后，王云五把中外图书统一分类号统一印在《万有文库》的每本书籍上，并附送书名卡片给购买该文库的小型图书馆直接使用，使其无须再进行分类。

---

① 参见刘国钧编《图书馆学要旨》，中华书局，1934 年，第 84 页。

这种随书附号的举动引起当时学界不少诟病，主要意见一方面是影响已使用其他分类法的图书馆分类；另一方面是作为出版方，在出版的丛书上印制分类号，多少有借推销书籍之机强行推广自己分类法的嫌疑。但如果越过时代局限，我们不难看到，王云五这种随书附号的探索，再次体现了其超越时代的眼光和敏锐的洞察力。实现图书分类号与图书出版的融合，以分类号为图书出版业服务，如今已成为国际图书馆界和出版界普遍流行的图书在版编目（cataloguing in publication），即CIP的先声。[①] 王云五的分类思想和方法体现了一代学人在新的时代环境中保存传统知识完整性的努力，实际上也是对丧失主流地位的文化最有效的保护。有学者明确指出，这种努力将对新世纪的世界范围内的新价值标准和知识体系的确立产生有益影响。[②]

汉字检字向来是一个复杂而烦琐的问题，王云五创制四角号码检字法的初衷是为了编制字典辞典，改良繁难而不易确定的传统部首检字法。受到电报号码启发，在前人探索的基础上，经过四年的努力和不断修正，王云五于1926年成功创制四角号码检字法。此法变通"永字八法"的旧式而归为笔画十种，以四角的笔画为标准，又以电报号码的编码给出，以10代表十笔，以0代表没有笔画之角；再按左上、右上、左下、右下顺序取一个字四角笔画代表全体的笔画。该检字法的优点是检索直接、迅速而准确。四角号码检字法发明后，得到蔡元培、胡适、高梦旦等知名人士的充分肯

[①] 参见张素园、李平贵《王云五对我国图书馆事业的贡献及其启示》，《图书馆学刊》2011年第5期。

[②] 参见朱渊清《王云五和分类法》，载《商务印书馆一百年》，商务印书馆，1998年，第347—350页。

定,他们分别为王云五的著作写序。胡适更是不遗余力地宣传推广,称之为整理国故再造文明,将其誉为最容易、最方便、应用最广的法子,还给该检字法编了一套广为流传的经典口诀:"横一垂二三点捺,叉四插五方块六;七角八八九是小,点下有横变零头。"①

1928年商务印书馆先行推出《四角号码学生字典》,销路极好。同年,民国政府教育部通令全国图书馆采用这一新的检字法,四角号码检字法于是在全国推广开来。四角号码检字法不仅广泛运用于各类工具书的编制,一些图书馆也采用此法编制图书目录。1949年后,台湾地区将其广泛应用于户口人名卡片,在大陆地区各行政机关、中小学、出版社、图书馆也得到广泛运用。在国外,美国哈佛大学图书馆、国会图书馆汉文书名片以及日本京都大学教授学者索引片检索都采用此法。② 1977年商务印书馆出版《四角号码新辞典》第八次修订版。直到1996年,商务印书馆出版的《现代汉语词典》才用音序检字法取代了四角号码检字法。

时至今日,四角号码检字法整体上已经被音序检字法取代,但其仍有音序检字法不可替代的优点。例如在检索不认识字的读音时,可为音序检字法的补充;同时其编制思想对后来者理解汉字结构和造字法有不可忽视的启发价值。四角号码检字法影响中国文化半个多世纪,它不仅仅是一种检字法,更是近代以来大众文化生活中最为奇特的文化符号,其使用率和覆盖面创造了近代中国文化的奇迹。它有利于文化和知识的普及,嘉惠士林和后学,是近代尤其

---

① 黄艾仁:《胡适与中国名人》,江苏教育出版社,1993年,第268页。
② 参见吴组湘《出版家王云五》,载朱传誉主编《王云五传记资料》(第二册),台湾天一出版社,1987年,第5页。

是新文化运动以来最成功的文化普及，对社会文明程度的提高和整个社会的进步功不可没。①

五、学术贡献

清末民初正是中国走向现代化的全面启动时期，伴随着两千多年来封建帝制的解体，一个新兴的民族国家在坚船利炮和欧美风雨的夹击中破茧而出。从民间社会的日常礼俗、平民百姓的生活习惯、娱乐到国家的上层政治、经济结构都发生着翻天覆地的变化。被誉为"公家书房"的图书馆在维新派思想家的着力倡导下，开始逐步得到社会政治力量的支持，从一种代表现代民族国家建立和复兴的"现代想象"新思想变为具体的社会实践。蔡元培在民国元年（1912）就任临时政府教育总长后，在宣布自己的教育方针和政见时，明确指出了政府建设和发展图书馆的重要意义："教育并不专在学校，学校以外，还有许多的机关。第一是图书馆。凡是有志读书而无力买书的人，或是孤本、抄本，极难得的书，都可以到图书馆研究。"②

出身于清末世代务农家族，只念过几年私塾，却被后人誉为"一个符号象征，象征了一个贫苦无依的人的奋斗成功的故事"③的王云五，正是依赖于"学校以外的许多机关"自学成才，从一个平凡的学徒成长为一代杰出的出版家、教育家的。著名学者胡适赞赏

---

① 参见王建辉《文化的商务——王云五专题研究》，商务印书馆，2000年，第152页。
② 高平叔编：《蔡元培全集》（第四卷），中华书局，1984年，第13页。
③ 王云五著，王学哲编：《岫庐八十自述（节录本）》，上海人民出版社，2007年，封底页"唐振常"语。

王云五读书最多、学问广博，是"有脚的百科全书"，他的成功完全来于自修。①终身受益于图书馆的广博阅览，加之依靠勤奋自修成才的王云五，也以自己的方式反哺图书馆，为图书馆学及其事业的发展作出了不少有益的创新和贡献。他希望工商企业界在有余力的情况下多建立图书馆，认为这是"取之于社会，用之于社会"的最好的服务方式。②

王云五在图书馆学思想、图书馆经营、图书馆管理等方面都作出了颇多有益贡献，在图书馆学教育上也颇有建树。他较早认识到图书馆的专业化发展需求，建立了专门的学科来培养图书馆人才。1928年，东方图书馆举办图书馆学讲习所，除亲自讲授由他发明的中外图书统一分类法、四角号码检字法及其图书馆学业务知识外，王云五还聘请社会各界知名人士、图书馆学家来讲习班讲课。1937年，商务印书馆函授学校设立图书馆学科，由王云五亲任校长，编印目录学、图书选择法、编目法、分类法、图书馆行政等图书馆学系列教材，教授学生，训练图书馆人才。此外，他还先后担任上海图书馆协会委员长、中华图书馆协会执行长等职，积极参与地区和全国性的图书馆专业活动，推动了我国公共图书馆及图书馆学科建设的发展。

即使到了晚年，他仍矢志不忘自己的文化责任，积极建立公益文化基金会，号召更多的人为增进子孙福祉的事业投资。而云五图书馆的建立正是这一文化投资的最好注脚。1972年，他用两万本书、数百万储蓄，建立了云五图书馆，并立下遗嘱：将所存全部

---

① 参见胡适《胡适的日记》，中华书局，1985年，第157页。
② 参见王云五《王云五全集》(18)《最后十年自述》(下)，九州出版社，2013年，第627页。

书画及精印艺术品分给儿女作为纪念，其余资产连同身后各项收入，一律捐予财团法人云五图书馆。等他和两位妻子去世后，所居房屋即归并于云五图书馆，仅保留新建小楼房一幢，供旅外儿女回国暂住。1974年，云五图书馆正式对外开放，供公众免费阅览。

纵观王云五一生，是非功过、毁誉参半，但不啻为一场壮游。虽然他在中国图书馆学和图书馆事业上的成就不过是其众多成绩中的一项，但也以滴水之微反射了太阳的光辉。他早年得益于图书馆无偿的滋养，最终也将自己所有的一切回归图书馆的知识海洋，以文化教育之功惠泽后人。

第二章

民国图书馆学学者（二）

第一节 杨昭悊

一、生平

杨昭悊（1891—1939），字濬明（一说浚明[①]），湖北谷城县人。1919 年毕业于北京法政专门学校并留校工作，1921 年赴美留学，

[①] 参见郑锦怀《民国图书馆学家杨昭悊生平活动考辨》，《大学图书馆学报》2013 年第 2 期。

1923年在南加州大学取得政治学硕士学位,1924年进入伊利诺伊大学研究院攻读图书馆学专业。1925年回国,先后任职于交通部、上海暨南大学、浙江大学图书馆、江西省立图书馆。1930年其母去世,他与胞兄一同向亲友和同学发出讣告,征集图书报刊,在谷城创办了湖北省第一家私立图书馆——杨太夫人图书馆。后因时局动荡,图书馆被迫关闭,大部分图书毁于兵燹,仅有小部分被运至郧阳省立第八高中。作为中华图书馆协会会员,杨昭悊积极投身于图书馆界活动,曾担任中华图书馆协会的监察委员。[①] 抗战爆发以后,杨昭悊离开江西省立图书馆,回到湖北老家。1939年,杨昭悊因病逝世。[②]

二、学术论著

杨昭悊的图书馆学论著有《大学校和图书馆》(《学林》1922年第1卷第1、6期),《图书馆学》(上海:商务印书馆,1923年),《人民对于公共图书馆的权利义务》(《晨报副刊》1923年3月24日)等,译有《图书馆员之训练》(佛里特尔著,杨昭悊、李燕亭译述,上海:商务印书馆,1929年)等,其中《图书馆学》最具代表性。

《图书馆学》,于1923年由商务印书馆初版发行。该书第一次明确提出了包含图书馆学原理和应用知识的图书馆学体系结构,是民国早期重要的图书馆学专著。全书共八篇,讲述了图书馆学所涉及的各个方面:第一、二篇是图书馆学理论,第三至八篇是图书馆

---

① 参见《中华图书馆协会会员录》,《中华图书馆协会会报》1932年第6期。
② 参见汤旭岩《续写我国早期图书馆学家杨昭悊》,《图书情报论坛》2009年第1期。

学应用；具体的章节是第一篇总论，第二篇图书馆和教育，第三篇图书馆经营法，第四篇图书馆组织法，第五篇图书馆管理法，第六篇图书分类，第七篇图书目录，第八篇促进图书馆教育的机关，附录部分是当时中国关于图书馆的法规。蔡元培为此书作序，写道："在我国今日，真最应时势的好书。不但办理图书馆的人，一定欢迎，就是想享用图书馆的人，也是不可不读的。"[①]戴志骞在序中评价道："吾知是书一出，其有裨于中国图书馆之前途者，实匪浅鲜。"[②]

三、图书馆学基础理论学说

19世纪末20世纪初，我国热心图书馆事业的有志之士普遍取法日本，如梁启超、罗振玉、王国维、李大钊，他们都有访学日本的经历。1917年，日本图书馆协会编著的《图书馆小识》由北京通俗图书馆翻译出版，之后又由顾实以《图书馆指南》为名翻译并由医学书局于1918年出版。1920年，北京高师举办了由戴志骞主讲的图书馆学讲习会，介绍美国图书馆学，而返还庚款和文华图书馆学专科学校的设立更是促进了美国图书馆学在中国的传播。杨昭悊早期以翻译外国图书馆学书籍为主，其翻译的图书有日本的《图书馆员之训练》《图书馆指南》《图书馆员守则》。在翻译图书和参加完北京高师图书馆学讲习会之后，他意识到建立中国图书馆学的必要性，编写了《图书馆学》一书，并在序言中提出了自己编书而不译书的三点原因：一是"外国图书馆学的著作，属于分科的多，属于通论的少，倘若把他译出来，只合于图书馆员参考，不足

---

① 杨昭悊编著：《图书馆学》，商务印书馆，1923年，"蔡子民先生序"第2页。
② 杨昭悊编著：《图书馆学》，商务印书馆，1923年，"戴志骞先生序"第4页。

供一般人研究";二是"外国图书馆学的著作,关于应用的多,关于原理的少,倘若把他译出来,只可供应用不能示提倡";三是"外国图书馆学的著作,多半是发表自己的意见,或叙述本国的状况,倘若把他译出来,只能供参考,不能资比较"。① 在序言中,杨昭悊自述《图书馆学》十分之八九的内容参考了各家的著作,自己有十分之一二的意见,并在凡例中列举了所参考的中西文书目。

关于图书馆的含义,杨昭悊引用德国休叶的解释:"图书馆是搜集有益的图书,随着大家的知识欲望,用最经济的时间,自由使用的地方。"② 据此,他将图书馆定义的内涵解释为两点:一是"要把有益的图书搜集起来保存在那里";二是"要把所搜集的图书随大众的需要自由活用"。③ 这一定义得到了图书馆学界的认可。杜定友指出,图书馆的设立要具备三大要素:"能够积极的保存""有科学的方法,以处理之""能够活用图书馆,以增进人民的智识和修养"。④ 刘国钧将图书馆定义为:"图书馆乃是以搜罗人类一切思想与活动之纪载为目的,用最科学最经济的方法保存它们,整理它们,以便利社会上一切人使用的机关。"⑤ 俞爽迷定义图书馆为"搜集有益的图书,随着大家的知识欲望,用最经济的时间,自由使用的地方"⑥,基本上沿袭了杨昭悊的定义。以上三位学者对图书馆的定义基本上围绕图书馆保存书籍与读者使用两方面来解释,而杨昭悊则是较早地将两方面因素结合起来进行定义的图书馆学学者。

蔡元培曾说:"一种事业,发达到一定的程度,便有产生一种

---

① 杨昭悊编著:《图书馆学》,商务印书馆,1923年,"编书人的序"第9页。
② 杨昭悊编著:《图书馆学》,商务印书馆,1923年,第3页。
③ 杨昭悊编著:《图书馆学》,商务印书馆,1923年,第3页。
④ 杜定友:《图书馆学概论》,商务印书馆,1927年,第2页。
⑤ 刘国钧编:《图书馆学要旨》,中华书局,1934年,第5页。
⑥ 俞爽迷编著:《图书馆学通论》,正中书局,1936年,第2页。

有系统的理论。有了有系统的理论,那种事业的发达,才有迅速的进步。"① 图书馆也不例外。图书馆与图书馆学是密不可分的,杨昭悊认为,"先有图书馆,然后有图书馆学。必定图书馆发达,然后图书馆学才能发达"②。他在《图书馆学》一书的凡例中写道:"本书用科学的方法,说明图书馆的原理和应用,所以叫做图书馆学。"③ 他认为图书馆学就是用科学的方法来说明图书馆原理与应用的学问。这种从理论与应用两个层面来定义图书馆学的想法也贯穿于杨昭悊的图书馆学思想体系中。通过考察与图书馆学相关的学科类别,杨昭悊对图书馆学提出的看法如下:广义上说,图书馆需要管理保存一切图书,涉及分类、编目等图书工作,而对于图书而言,可以与一切学科知识相关,从这个层面看图书馆学可谓是与一切学科都有关系;严格来说,图书馆是一种教育且需要管理和设备,因此和社会学、心理学、经济学的联系尤为密切。

杨昭悊充分肯定图书馆学研究的迫切性和必要性:图书馆学是蕴含许多亟待研究的丰富内容的学术领域,对于图书馆事业的发展有着重要作用。这不仅有助于转变国人对于图书馆学的陈旧认识,而且对于确认图书馆学在图书馆发展、学科构建、学术研究等方面的地位具有重要意义。

关于图书馆学的研究范围,杨昭悊引用马叶氏《百科辞书》中的介绍:图书馆学分为两大部分,一是"图书馆历史和统计";二是"整理和管理",整理包括图书馆建筑、书库内图书排列法、目录编纂法等,管理方面如藏书的保存、搜集利用等。④ 杨昭悊认为,

---

① 杨昭悊编著:《图书馆学》,商务印书馆,1923年,"蔡子民先生序"第1页。
② 杨昭悊编著:《图书馆学》,商务印书馆,1923年,第5页。
③ 杨昭悊编著:《图书馆学》,商务印书馆,1923年,"凡例"第1页。
④ 参见杨昭悊编著《图书馆学》,商务印书馆,1923年,第11页。

图书馆学研究者无法穷尽所有图书馆学内容的研究,应该有所选择,有所专攻,例如有建筑学背景的人可以研究图书馆的建筑,有商学背景的人可以研究图书的采购,不求广而全,但求精而准,否则就容易"务广而荒"①。

1905 年,马叶氏的《百科辞书》将图书馆学定义为"把关于图书馆的理论和技术知识的,总和为有系统的研究"②。参考马叶氏的说法,以及美国丕咨伯格卡勒几图书馆学校和纽约州立图书馆学校的科目分类,杨昭悊将图书馆学分为两个类别:纯正的和应用的。纯正的图书馆学研究的是图书馆原理原则或者既有事实,应用的图书馆学研究指导图书馆的实施方法;纯正的图书馆学分为具体的和抽象的,应用的图书馆学分为特殊的和一般的。杨昭悊图书馆学内容体系的具体内容如图 2.1 所示:

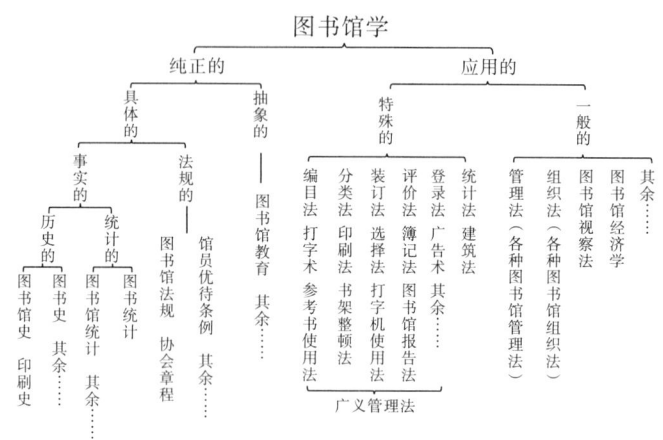

图 2.1 图书馆学内容体系(杨昭悊)③

杨昭悊第一次完整地提出了图书馆学的体系结构,为图书馆学

---

① 杨昭悊编著:《图书馆学》,商务印书馆,1923 年,第 12 页。
② 杨昭悊编著:《图书馆学》,商务印书馆,1923 年,第 11 页。
③ 杨昭悊编著:《图书馆学》,商务印书馆,1923 年,第 13—14 页。

科的建设提供了可以参考借鉴的范本。① 杜定友在《图书馆学的内容和方法》中说道:"凡是成为专门的学科,至少要有两个根本的条件:第一是原理,第二是应用;而应用是根据于原理而来的。"② 王子舟教授评价这种划分"尽管'应用的''特殊的'内容排列有些混杂……'纯正的'部分虽然理论色彩并不浓厚,然而此部分的设立,依然表现出了对图书馆学仅为技术之学观点的纠正与批判意识"③。可见,杨昭悊对图书馆学内容体系的构建是基于认可图书馆学是一门学科的观点,不仅为图书馆学未来的研究发展构建了基本框架,也为图书馆学作为一门严肃科学的学科发展提供了支撑。

刘国钧在《图书馆学要旨》中提出,图书馆学与教育学、社会学、心理学、目录学有着密切的关系。④ 黄宗忠在《图书馆学导论》中将图书馆学体系分为理论图书馆学、技术图书馆学和应用图书馆学,其中,理论图书馆学包括图书馆学导论、比较图书馆学等,技术图书馆学包括图书采访学、藏书组织学、图书馆读者学、图书馆管理学、图书馆建筑学等,二者属于普通图书馆学;应用图书馆学包括国家图书馆学、公共图书馆学、高等学校图书馆学、科学图书馆学、专业图书馆学、军事图书馆学、儿童图书馆学等,属于专门图书馆学。⑤ 吴慰慈在《图书馆学概论》(修订二版)中指出,图书馆学的学科体系包括普通图书馆学、专门图书馆学、比较图书馆学

---

① 参见范并思等编著《20世纪西方与中国的图书馆学——基于德尔斐法测评的理论史纲》,北京图书馆出版社,2004年,第213页。
② 杜定友:《图书馆学的内容和方法》,《教育杂志》1926年第9期。
③ 王子舟:《杜定友和中国图书馆学》,北京图书馆出版社,2002年,第51页。
④ 参见刘国钧编《图书馆学要旨》,中华书局,1934年,第15页。
⑤ 参见黄宗忠编著《图书馆学导论》,武汉大学出版社,1988年,第39页。

和应用图书馆学。[①] 杨昭悊倡导的纯正图书馆学和应用图书馆学，对应着黄宗忠所提出的图书馆学学科体系中的理论图书馆学和技术图书馆学，吴慰慈构建的学科体系中的普通图书馆学和应用图书馆学。由此可见，杨昭悊所提倡的图书馆学学科体系符合图书馆学发展的基本规律，并得到了学者的广泛认可。

参考马叶氏的观点，按照普通科学分类法，杨昭悊总结了图书馆学研究的三种方法：归纳法、演绎法和证实法。归纳法是从特殊到一般，通过考察个别事实得出一般结论。图书馆学的统计需要根据调查数据，结合具体的社会状况、人民心理和经济情形，以归纳出相应的结论。演绎法是从一般到特殊，以抽象的方法进行分类组织，从而形成一定的系统。演绎法不仅可以用在纯正科学上，也可用于应用科学。证实法是把某种学说应用于事实，观察其效果如何，如果有效可继续推行，无效则须改良。俞爽迷在1936年出版的《图书馆学通论》中，从普通、片面和分系研究三个方面，分析了图书馆学研究的归纳法、演绎法和证实法。[②] 虽然研究的角度不同，但这也不失为对杨昭悊图书馆学研究方法的一种借鉴与采纳。杨昭悊图书馆学研究法与现今众多学科研究方法是有共通之处的，因而直到今天这些研究方法对图书馆学学者的研究仍有指导意义。

四、学术贡献

杨昭悊是图书馆学翻译领域的先驱人物，在近现代翻译热潮中

---

① 参见吴慰慈、董焱编著《图书馆学概论》（修订二版），国家图书馆出版社，2008年，第13—17页。
② 参见俞爽迷《图书馆学通论》，正中书局，1936年，第33—37页。

作出了重要贡献。1920 年杨昭悊翻译了日本田中敬的《图书馆学指南》一书，这是中国出版的第一本以图书馆学命名的著作。1927 年杨昭悊继续翻译了田中敬的《图书学序论》，这是对其原有《图书馆学指南》一书的补充。杨昭悊也因此"成为把日本图书学，或者书志学介绍到中国的第一人"[①]。1928 年，杨昭悊还与李燕亭一起翻译了美国佛里特尔的《图书馆员之训练》一书，当时的教育部部长范源濂高度评价此书："友人杨君昭悊、李君燕亭留美肄是学，课余复译《图书馆员之训练》一书，以饷国人，其劳既足多，其用心尤可感，吾国图书馆教育之发达，将于此是赖。"[②]

在学习西方图书馆的潮流中，杨昭悊意识到，编写一本中国图书馆学著作刻不容缓。《图书馆学》的出版便是他对图书馆学本土化研究的尝试。他构建了我国图书馆学的学科体系，在图书馆教育、图书分类、编目、图书馆管理等方面均有所研究。《图书馆学》一书既是杨昭悊图书馆学思想的概述，也是他为图书馆学学科的正名，让图书馆学能以一门独立学科的姿态正式成为中国学术研究的重要组成部分。

通过研究图书馆、图书馆学等基本概念的定义以及图书馆与图书馆学的密切联系，杨昭悊明确了对图书馆学的全新认知。他初步构建了图书馆学学科的基本体系，推动了图书馆学研究的系统规范化，确定了图书馆学研究的重要地位。同时，他还论述了图书馆事业自古以来在世界范围内的沿革发展，以古鉴今，以今为向。这些图书馆学基本理论为图书馆学研究者和职业工作者了解图书馆事业

[①] 范凡：《图书馆学翻译先驱杨昭悊及其译著小考》，《河南科技学院学报》2016 年第 5 期。
[②] 佛里特尔著，杨昭悊、李燕亭译述：《图书馆员之训练》，商务印书馆，1929 年，"范源濂先生序"第 3 页。

和研究图书馆学提供了基本的理论框架和基本指向,对当时处于转型发展时期的中国图书馆学具有指导意义。

第二节 洪 业

一、生平

洪业(1893—1980),谱名正继,字鹿岑,号煨莲(英文名William的音译),福建侯官(今属福建福州市)人,出生于1893年10月27日。幼年学习四书五经与《尔雅》,以接受庭训为主。后考入福州鹤龄英华书院,毕业以后获得英华书院美国董事汉福德·克劳福德(Hanford Crawford)的资助赴美留学。1917年,洪业毕业于美国俄亥俄州卫斯理大学,获文学学士学位;1919年,毕业于哥伦比亚大学,获文学硕士学位;1920年,毕业于哥伦比亚大学附属的纽约协和神学院,获神学学士学位。1920年,洪业受聘于美国的演说局,开始了踏遍美国的巡回演说生涯。在此期间,洪业有空便去访问美国各地的图书馆,深感中国缺少各种参考工具。1922年,经刘廷芳介绍,洪业在美国与司徒雷登见面,二人一见如故。洪业受司徒雷登之邀,接受了燕京大学聘请,并答应在美国多留一年从事演讲工作，帮助当时的燕大副校长路思义（Henry Winter Luce）筹集资金。① 1923 年，洪业携全家来到北平燕京大学，任历史系教授一职，从此开始了长达 23 年的燕大执教生涯。在此期间，洪业还曾兼任过文理科科长（即教务长）、图书馆馆长、哈佛燕京学社北平办事处执行干事、引得编纂处主任、历史系主任等职。1946 年春，洪业受哈佛大学邀请，赴美讲学。1947 年，受聘到夏威夷大学讲学半年。从 1948 年秋到 1963 年退休，洪业一直担任哈佛大学东亚语文系客座研究员的职务。② 1980 年 12 月 22 日，洪业因病在美国逝世。

二、学术论著

洪业在索引学、图书馆管理等领域多有研究，撰有《引得说》（北平：燕京大学图书馆引得编纂处，1932 年）、《礼记引得序》（《史学年报》1936 年第 2 卷第 3 期）、《白虎通引得》（北平：燕京大学图书馆引得编纂处，1931 年）、《春秋经传引得序》（《史学年报》1937 年第 2 卷第 4 期）、《勺园图录考》（北平：燕京大学图书馆引得编纂处，1932 年）等，其中《引得说》《礼记引得序》具有代表性。

《引得说》，初版发表于 1932 年的《引得》特刊上，该特刊由燕京大学图书馆引得编纂处出版，后被刘梦溪主编的《中国现代学术经典·洪业　杨联陞卷》收录，是民国时期索引学领域的代表性

---

① 参见陈毓贤《洪业传》，商务印书馆，2013 年，第 113—114 页。
② 参见燕京研究院编《燕京大学人物志》（第一辑），北京大学出版社，2001 年，第 208—209 页。

著作之一。《引得说》原文约 4.5 万字，内容分为三个部分：一是"何谓引得"，论述了索引的理论，包括引得的定义、历史、结构、重要性等内容；二是"中国字庋撷"，总结各个检字法的特点，介绍新的排检字方法——中国字庋撷法；三是"引得编纂法"，探讨编制索引的过程与具体方法。

《礼记引得序》，为洪业为《礼记引得》所作的序，1936 年载于《史学年报》。该篇论文长达 31 页，共有数万字，文后注释 131 条，考证了《礼记》一书和两汉礼学源流。这篇文章具有重要的参考价值，得到了西方汉学家的高度重视。《礼记引得序》也受到法国汉学家伯希和（Paul Pelliot）的赞赏并由伯希和推荐，获得了 1937 年的法国铭文学院的茹理安奖金。

三、索引学说

在美国巡回演说期间，洪业就非常羡慕美国可供大众随意翻阅的各种参考工具，例如百科全书、索引、年表、统计表等。其中，最出名的便是美国威尔逊公司出版的各种索引与指南，如《期刊读者指南》《教育索引》等。为此，他还专门访问了《读者文摘期刊指导》的创始人，也曾去过美国国会图书馆考察中文图书的编目情况。[①] 1928 年秋，洪业受邀前往哈佛大学讲学，感叹中国古籍检索困难，迫切需要编纂索引。1929 年秋，他草拟创建引得编纂处的计划，于来年春季提交至哈佛燕京学社年会。1930 年春，该计划在年会上通过；同年 9 月，他返回国内，主持哈佛燕京学社引得编

---

① 参见陈毓贤《洪业传》，商务印书馆，2013 年，第 112—113 页。

纂处，积极探索科学的引得编纂方法，对引得的定义、性质、结构等基本问题进行深入探索，在索引学理论研究方面达到了新的高度。

首先，他明确了引得的性质，认为"引得是一种学术的工具"，"引得者，助人多读书，助人善读其书之工具也"。①洪业进一步指出，引得的作用是让学者在最短的时间内找到书籍内部的文章或词句。在《引得说》中，他以幼时学习《尔雅》的经历为例，表明学术工具的重要作用。通过分析《佩文韵府》《图书集成》《广雅疏证》等类书，洪业指出这些都不能称为"引得"，仅有《史姓韵编》可看作类似引得的工具书。

其次，在引得的定义上，洪业并没有沿用当时的日译名称"索引"，而是借鉴中国传统文化典籍中的元素，将 index 译为引得，以示与西方原词音义的接近。他也指出，除了引得之外，检索书籍的工具还有所谓的"堪靠灯"，即英文中的 concordance。与引得不同的是，"堪靠灯"所录内容细密繁重，兼顾文辞训诂，如蔡耀堂的《老解老》便是《道德经》八十一章的"堪靠灯"，日本森本角藏的《四书索引》（1921 年出版发行）下册也是"堪靠灯"。他认为先秦经籍内容的检索适合采用"堪靠灯"的方法，因为这种方法比较简单，但其所需时间、精力和印费较多。

再次，洪业对引得的结构进行了概括。他重点提出了八个术语："文""录""钥""目""注""数""引""得"，并举例表明引得的具体使用方法。其中，"文"是指"某书里面之一字，一词，一句，一节，一章，或一部小书"；"录"即著录；"目"是所检内

---

① 洪业：《引得说》，燕京大学图书馆引得编纂处，1932 年，第 1、15 页。

容的"重要字眼";"数"是所检文献的卷页之数;"钥"就是所检条目的编码;"注"是对检索标目的进一步说明。"从钥到注,通称为'引';从数以到原书中之文,是为'得'。"因此,洪业所指的引得结构中,引包含"钥""目""注",得包含"数""文"。同时,他指出:"我们须注意两条最低条件。(一)学者得了引之钥,不可叫他再花好些工夫去找目。(二)录末之数,应以页为单位。"①

最后,洪业根据实际的编纂经验,总结出了一套实用的引得编纂法。从引得编纂处的工作步骤简则中,我们也可略知一二。

引得编纂手续纲要②

一　选书　拟引得书由编辑会讨论,并征求专家意见选定之。

(甲)未闻有他处拟引得者。

(乙)凡伪书暂不为引得。

(丙)凡次料暂不为引得。

(丁)凡曾经外人翻译而译本有引得者,暂不为引得。

(戊)凡书预算编引得时间,须超过二月以上者,暂放后。

二　选本　由编辑会选定之。

(甲)以通行本中之较佳者为限,并具说明。

(乙)通行别本应具叶行列表,并拟推算公式。

三　标点　每种书取二本,由甲乙二编辑员标点之,丙校正之,步骤如下:

(甲)凡选本中之有校勘记者,应先在本文旁,标出异文检查之页数。

---

① 洪业:《引得说》,燕京大学图书馆引得编纂处,1932年,第3—6页。
② 洪业:《引得说》,燕京大学图书馆引得编纂处,1932年,第35—37页。

（乙）随读随标点其句读。凡字句有不明了者，应作考查工夫，或寻专家请教。其终不明了者，每项列一卡片上，引得叙例中列举之；"不知为不知"，绝不伪为博学也。

（丙）每章或每段标点后，即重读一遍，并钩出（一）人名，（二）地名，（三）书名，（四）公名，（五）专名，或（六）公名之借用为形容或形动词者，并在书眉上写应加之"目"，"注"等，并应抄片数。

四　抄片　以丙编辑员所校正本为主。

（甲）依钩出及书眉上之文句每项抄在一片上，在片末注（一）卷号，（二）章号，（三）页号，（四）异文检查号。

（乙）每上下两半叶之片，即按次序夹放其中。

五　校片　甲乙二编辑员各逐页逐片校对一过，并在片上钩出应编钥号之字。

六　编号　（甲）甲乙二抄写员合作依庋撷号码编号，并排列之。

（乙）由丙丁二抄写员合作依"号片柜"校正之。

（丙）由戊抄写员取号片按拼音字母次序排列之，为拼音引得。

七　稿本　（甲）甲抄写员将抄，排，校，讫之片抄成引得稿本。

（乙）乙抄写员将按音排列之号片抄成拼音引得稿本。

（丙）二稿本由甲乙二编辑员校正之。

八　印刷　由经理商同编辑会办理。办法依哈燕出版委员会规章。

九　印本校对　由编辑员轮流校对：其第一次印稿由甲编辑员校对，则第二次归乙编辑员，余类推，以印稿完全无讹，然后许印定本。

十　加序　由编辑会举一人拟之。其印稿校对事宜，一依第九项。

从这个纲要中，我们可以了解到，洪业制订的引得编纂法是有一定逻辑性的，从选书、选本到校对、加序，每道流程紧密相扣，确保了引得在选题与编纂过程中的严谨性与科学性。以选书与选本为例，洪业提出"应编简而备，疏而不漏之引得"，强调"可靠"与"流通"，不主张为繁重的书籍编纂引得；而对于四书五经和诸子中的《老子》《庄子》，因其关系到历史、思想和中国语言文字的研究，他认为都要编制引得，甚至于详细的"堪靠灯"。

为此，在编《说苑引得》时，他编纂了《各板说苑叶数推算表》，以《四部丛刊》本为参照标准，算出各个版本与《四部丛刊》本比较的百分数。这个推算方法得到了当时学者们的认可，《大公报·文学副刊》就有言："用此比例数可推知某文某句之在《四部丛刊》本以外各本之卷数页数，大致不误，此真所谓科学方法，巧妙可称也。"[①] 洪业也非常注重标点工作，他说，"标点工作实为引得全体之关键"，标点也称钩标，钩标古书要求"必先置身于古人之地，熟知著者于每段文字用意所在，为备目注，唯简而确，更须虑及因千百年之经过，而书中偶见之名物故事，亦往往可为后世学者考据之材料，各于文中钩录焉"。[②]

在洪业的领导下，哈佛燕京学社引得编纂处的人员虽然不多，但办事效率极高。洪业认为，"开始的时候，不拟为繁重的书籍编引得"，选录"繁简得宜"，因此选取了《说苑》《白虎通》《仪礼》等篇幅不甚繁重的图书，以及四书、五经、《老子》、《庄子》等关系历史思想研究与中国语言文字研究的图书，坚持"皆应编简而备，疏而不漏之引得"的原则。[③] 从 1930 年创办初期到 1950 年终

---

① 洪业：《引得说》，燕京大学图书馆引得编纂处，1932 年，第 42 页。
② 洪业：《引得说》，燕京大学图书馆引得编纂处，1932 年，第 45 页。
③ 参见刘梦溪主编《中国现代学术经典·洪业 杨联陞卷》，河北教育出版社，1996 年，第 46 页。

止的 20 年间，引得编纂处共编有 41 种正刊（纯粹的引得，不附原始文献）和 23 种特刊（原始文献与引得合刊），合计 64 种 81 册，基本上保持着每年 3 至 4 种的出版数量。① 这些引得涉及诸多书籍，是研究与查找中国古代典籍的重要参考工具，也为图书馆目录的编制提供了新思路。

引得编纂处的工作受到了诸多学者的肯定。顾颉刚说道："燕京大学附设的引得编纂处，即是专做索引的一个机关，这是中西交通之后有计画的引用外国整理书籍文件的方法于中国的第一次。"② 李小缘在 1936 年的《中国图书馆事业十年来之进步》中也指出，"其学术成绩贡献之大者，仍推燕京大学引得社编纂处所编之传记引得等"③。《人文月刊》的《读书提要》中评价道："《四库全书总目及未收书目引得》，分编书名引得及人名引得附官书为上下二册，较之陈初乾编之《四库全书总目索引》及杨立诚编之《文渊阁目索引》，尤为完备便参考矣。其叙例中，及'书名引得''人名引得''官书'各条，颇可供图书馆编目者之参考。"④

在洪业的主持下，引得编纂处所聘任的工作人员大多毕业于燕京大学历史系，有着较高的学术造诣，如后来担任副主任的聂崇岐是宋史研究专家，其他成员如李书春、齐思和、田继综、翁独健也都是我国著名的历史学家，这保证了引得丛刊的高质量。引得编纂处每编写一种引得，都需要工作人员撰写序言，这些序言既是对引得内容的介绍，也是重要的历史研究论述。洪业所写的引得序就有

---

① 参见聂崇岐《简述"哈佛燕京学社"》，载《文史资料选辑》编辑部编《文史资料精选》（第二册），中国文史出版社，1990 年，第 360—370 页。
② 顾颉刚：《燕京大学引得编纂处的引得》，《图书评论》1933 年第 9 期。
③ 李小缘：《中国图书馆事业十年来之进步》，《图书馆学季刊》1936 年第 4 期。
④ 坚冰：《读书提要：引得七种（洪业主编）》，《人文月刊》1932 年第 4 期。

《白虎通引得序》《读史年表附引得序》《礼记引得序》《春秋经传引得序》《杜诗引得序》《四库全书总目及未收书目引得序》《清画传辑佚三种序》等。《图书季刊》在介绍《春秋经传引得附标校经传全文》时,就曾有言:"编首有洪煨莲教授(业)序文,凡百余面,考述三传及二千年来迄于今日三传学之源流得失,极为精邃。研究经学史学者,更不可不一读也。"①

胡适曾在为司徒雷登回忆录所作的序言中说道:"我想表达我对燕京大学洪业(William Hung)博士的敬意,他在燕大建立了很好的中文图书馆,并编辑出版了优秀的《燕京哈佛中国学研究》期刊以及最有用的《哈佛燕京社会科学索引》丛书。"② 肯定了洪业对燕京大学所作的重要贡献。

四、中国字庋撷法

编制引得难免会遇到检字法的问题。洪业并未沿袭古代已有的部首法和诗韵法,也没有采用当时的新式检字法(如林语堂的汉字索引法、王云五的四角号码检字法等),而是自创了中国字庋撷法。

至于自创检字法的缘由,洪业认为已有检字法存在着不同程度的劣势。诗韵检字法难以检索的原因是中国字的音读会因时因地不同;部首法需检索者背熟214个部首,这不利于初学之士的练习;笔画检字法在计算笔画数时较费时间。四角号码检字法的不足之处在于:(1)检字之法容易忘记;(2)"上左,上右,下左,下右"

---

① 毓:《春秋经传引得附标校经传全文》,《图书季刊》1939年新版第1期。
② 司徒雷登著,陈丽颖译:《在华五十年:从传教士到大使——司徒雷登回忆录》,东方出版中心,2012年,"引论"第3页。

的规律易混淆；(3) 同一数码之字过多。①

在编制中国字庋撷法的过程中，洪业吸取了当时诸多检字法的成功经验。据《引得说》记载，受林语堂《汉字索引制说明》的影响，洪业想出了复画的笔顺方法，将汉字分为十体，再将单复笔画分为十类，最后"化字为码"。中国字庋撷法中的"庋撷"二字有编入、检出之义，它把汉字分为五种字体，在每种字体中各取四角笔画，将号码按照次序排列，即可得到字的数码。这种排检方法可以说是综合了当时各个检字法的优点，对此洪业也有过详细的解释：

> 号码之意，我得之于美国书记们收藏信件，先化字母为数目之法。复笔的强定，我受暗示于林玉（语——笔者注）堂先生。以角为主之法，我乃受王岫庐（云五——笔者注）先生的影响。数方格的意思，乃从张天方（凤）先生的《形数检字法》中借来。分体是大致从部首法的指导。②

引得编纂处所编的引得，采取的都是这种检字方法，这在当时来说，是比较有实用价值的。洪业自己也称赞中国字庋撷法容易记忆、排列整齐、字体参错者少。

中国字庋撷法是洪业为适应引得编纂工作而创立的，这也决定了该检字法从一开始便有实践的可行性。中国字庋撷法具有号码法的普遍优点，位置固定，熟练以后便可实现迅速检索。顾颉刚说道："据洪先生讲，这个方法最可使汉字减少重复的号码；将来研

---

① 参见洪业《引得说》，燕京大学图书馆引得编纂处，1932年，第17—23页。
② 洪业：《引得说》，燕京大学图书馆引得编纂处，1932年，第34页。

究进步，且可代替电码，使得接到电报的人不必检书，只须看了号码，便可知是何字。按汉字本来最无办法，无论怎样排列总不能排得很好。即如此法，当然也有为难的地方。"①

但由于使用规则烦琐，中国字庋撷法并未得到广泛应用。林庆彰曾在《图书文献学研究论集》中说道："如果真要学中国字庋撷法，那你会学得很痛苦。名目录版本学家乔衍琯先生，曾下决心学过几次，最后还是失败了。因此，我们似乎不必浪费时间去冒那个险。"②朱建亮和毛润政在《文科文献检索》中也指出，中国字庋撷法是"一种比较特殊的号码法"，"这种方法既复杂又不很科学、不很准确，使用者只有旧燕京大学编的几十种'引得'"。③孟宪恒在《史学文献检索》中也提到，"这种方法取号较繁琐，一时不易掌握"④。祝鸿熹和洪湛侯在《文史工具书词典》中进行了全面的评价："庋撷法只要熟悉这 5 种字体和 10 种笔形所代表的号码，就能查到字，但真正使用起来却比较复杂而且繁琐，很不容易掌握，因此已被淘汰。"⑤

五、图书馆管理思想

洪业在美国期间便关注图书馆事业，拜访当地图书馆，并前往美国国会图书馆查阅相关资料。1928 年，洪业兼任燕京大学图书

---

① 顾颉刚：《燕京大学引得编纂处的引得》，《图书评论》1933 年第 9 期。
② 林庆彰：《图书文献学研究论集》，台湾文津出版社，1990 年，第 35 页。
③ 朱建亮、毛润政编著：《文科文献检索》（第三版），华中科技大学出版社，2002 年，第 51 页。
④ 孟宪恒编著：《史学文献检索》，陕西师范大学出版社，1991 年，第 42—43 页。
⑤ 祝鸿熹、洪湛侯主编：《文史工具书词典》，浙江古籍出版社，1990 年，第 876 页。

馆主任一职；1931年至1936年，洪业任燕京大学图书馆委员会主席。虽然没有撰写专门的图书馆学术著作，但洪业以丰富的实践经验，践行着扩充馆藏、注重采购与编目、规范管理条例的图书馆管理理念。在他的带领下，燕大图书馆在馆藏资源、编目整理方面取得了不小的成就。

燕京大学图书馆在建校初期，馆藏数量不到200册。[①] 在任职燕京大学教务长和图书馆馆长期间，洪业制订了详细的馆藏扩充计划，并通过私人关系募集所需资金。在1929年提交的"哈燕社备忘录"中，洪业叙述了他的宏伟计划：收集中国的方志、丛书、杂书以及欧洲的中国学著作，斥资15 000美元用来购买欧洲著作，在哈佛大学和燕京大学的中国学图书馆中采用统一的联合编目法。[②]

1930年，针对图书馆的整理问题，洪业提出了五个建议：图书馆管理内部的改组、减少书籍失落的计划、编目改良的计划、采买书籍问题、规章的编订等。[③] 1931年，《燕京大学图书馆报》创刊，洪业在创刊号上发表了《太平天国文件之未经发表者》一文。在得到哈佛燕京学社的支持以后，洪业邀请负责哈佛大学东亚藏书的裘开明到燕大图书馆整理图书，以实现其联合编目的诉求。

1931年，洪业担任图书馆西文日文东方学书籍审购委员会主席、学系图书室问题委员会和学校书款分配委员会委员。其间，洪业制订了详细的图书采购策略：在为燕京大学图书馆采购中文、日文、韩文图书时，一式两份，也给哈佛大学买一份；由于哈佛大学经费充裕，在遇到善本书时，替哈佛买一本，为燕大影印一本；在

---

① 参见田洪都《调查及报告：燕京大学图书馆概况》，《图书馆学季刊》1928年第4期。
② 参见陶飞亚、梁元生《〈哈佛燕京学社〉补正》，《历史研究》1999年第6期。
③ 参见张玮瑛等主编《燕京大学史稿》，人民中国出版社，2000年，第1 231页。

遇到具有研究价值而市场无法买到的图书时，便设法借来影印，一份给哈佛，一份给燕大。[①]

1929年以前，燕大图书馆有中日文藏书14万册，价值8万美元；西文书2.5万册，价值7万美元；总数16.5万册，价值15万美元。1933年，中日文藏书已达到22万多册，价值23万多美元；西文书3.6万多册，价值21.3万多美元；总数25.7万多册，价值44.4万多美元。[②]据1930年的统计数据，燕大图书馆馆藏数量在当时国内的大学图书馆中仅次于国立中山大学图书馆和国立北京大学图书馆，位居全国第三位。[③]1950年，燕大图书馆藏书已达40万册，这在国内高校图书馆中名列前茅。燕大图书馆的特藏包括善本书、东方学文库、毕业论文、古籍丛书、书目索引及工具书、缩微卡片、缩微胶卷。馆藏精品较多，尤以明、清刻本和抄本居多，善本书数量曾达到3 578种、37 484册。在1938年与《美国各图书馆藏西文东方学选编联合目录》所列图书比较时，燕大图书馆仅缺少其中的四种，由此可见其馆藏数量与种类的丰富。[④]

六、学术贡献

洪业的图书馆学思想来源于他的图书馆管理与引得编纂的工作实践，因此他的研究更加偏重索引理论、检字法等实用性较强的图书馆学科领域。自1923年任教于燕京大学历史系以来，洪业结合

---

① 参见陈毓贤《洪业传》，商务印书馆，2013年，第176—177页。
② 参见燕京大学图书馆编《燕京大学图书馆概况》，燕京大学图书馆，1933年，第4、13页。
③ 参见张玮瑛等主编《燕京大学史稿》，人民中国出版社，2000年，第420页。
④ 参见张玮瑛等主编《燕京大学史稿》，人民中国出版社，2000年，第421—422页。

他在哥伦比亚大学所学知识，注重实证研究与社会背景方面的历史研究。这一理念也被应用于他对图书馆学的研究。

鉴于哈佛燕京学社引得编纂处的管理经验，洪业将索引视为学术工具，从而对索引的属性作出了基本判断。以此为基础，洪业对索引的概念、结构、编纂方法等在理论与应用方面展开研究，构建完整的索引学体系，进而拓展了图书馆学学科的研究范围。在编制索引的过程中，洪业考察当时众多的检字方法，采用号码法，自创中国字庋撷法，应用于哈佛燕京学社引得的编纂工作中。虽然该检字法因种种原因未得以大范围推广，但它可作为编制号码法的参考样例。在燕京大学图书馆的管理工作中，洪业与哈佛大学合作，采取合作采购与联合编目的方法，重视图书馆的馆藏资源扩充，规范编目标准，创新管理方法，开创了馆际合作的新模式。虽然洪业以史学研究成就著称学界，但他在民国时期图书馆学领域的学术贡献不容忽视。

第三节　洪有丰

一、生平

洪有丰（1893—1963），字范五，原籍安徽省绩溪县，1893年出生于安徽休宁县。洪有丰启蒙于私塾,自幼聪颖好学,后进歙县崇一学堂学习,与陶行知、胡适、姚文采等成为同窗。1910 年入金陵大学文科,在校期间成绩优异,为图书馆时任主任克乃文教授器重,被其选为图书馆助理。毕业以后,留任金陵大学图书馆副馆长。1919 年,经克乃文介绍,洪有丰赴美国纽约州立图书馆学校,攻读图书馆学专业,曾一度服务于美国华盛顿国会图书馆,从事中文编目工作。[①] 1921 年,洪有丰回国,任南京高等师范学校(后改为东南大学)教授兼图书馆主任。在东南大学任职期间,洪有丰主持了孟芳图书馆的筹建工作,使得孟芳图书馆成为当时可与北京清华学校图书馆相颉颃的高校图书馆。1927 年,洪有丰被聘为中央党务学校(1929 年改名为中央政治学校)教授兼图书馆主任。1928 年,应清华大学校长罗家伦之邀,洪有丰来到清华大学执教,兼任图书馆馆长。1932 年,任安徽省教育厅主任秘书兼第三科科长。[②] 1933 年,任中央政治学校图书馆主任。1934 年 10 月,再次担任清华大学图书馆馆长。1935 年 7 月,受邀担任国立中央大学教授兼图书馆馆长。中华人民共和国成立以后,洪有丰任南京大学教授兼图书馆馆长。1952 年,全国高校院系调整,洪有丰到华东教育部主持图书的调拨工作。同年 12 月,洪有丰任华东师范大学图书馆业务指导,后担任副馆长一职。在此期间,他主持编印了多种馆藏目录,并先后被国务院科学规划委员会和国家科学技术委员会聘为图书馆组组员。1963 年 1 月 27 日,洪有丰在上海逝世。

---

① 参见袁同礼订正,胡钟吾敬录《洪范五先生事略》,载洪范五著《图书馆学论文集》,华联印刷厂,1968 年。
② 参见程翔云、郁祖权《我国图书馆事业的拓荒者——纪念洪范五先生》,《黄山高等专科学校学报》2000 年第 4 期。

二、学术论著

洪有丰在图书馆管理、图书馆教育、图书分类等领域均有深入研究，撰写的学术论著有《图书馆问题》[《出版界（上海）》1917—1918年第44—45期]，《东南大学图书馆述要》（《新教育》1923年第6卷第1期），《我对于南京省立第一图书馆之希望》（《浙江公立图书馆年报》1923年第8期），《图书馆组织与管理》（上海：商务印书馆，1926年），《清代藏书家考》（《图书馆学季刊》1926—1927年第1卷第1—4期、第2卷第1期），《图书馆述略》（《清华周刊》1931年第35卷第11—12期），《二十年来之清华图书馆》（《国立清华大学二十周年纪念刊》1931年）等，其中《图书馆组织与管理》最具代表性。

《图书馆组织与管理》，1926年由商务印书馆出版，此后分别于1933年和1935年再版重印。全书共16章，分别是："图书馆学之意义""图书馆与教育之关系""图书馆之沿革""图书馆之种类""创设与经费""建筑与设备""馆员与职务""参考部""选购""鉴别""登录""分类法""编目法""出纳法""装订修补法""目录学"。该书从中国图书馆的历史沿革和现实情况出发，突出图书馆实务工作，立足于发展中国的图书馆学，是我国图书馆学本土化的代表性著作之一。刘国钧曾评价此书"不是西方图书馆学的翻版，而是从我国图书馆实际出发，结合近代图书馆要求而写出的一部方法指导书"①。金敏甫在《中国现代图书馆概况》中评价道："最近

---

① 刘国钧：《敬悼洪范五先生》，《图书馆》1963年第1期。

洪有丰氏，本数年来办理中国图书馆之经验，以及教授之心得，撰《图书馆组织与管理》一书，此为中国图书馆学之创始……"[①] 范并思在《20世纪西方与中国的图书馆学——基于德尔斐法测评的理论史纲》一书中说道："在图书馆学本土化方面真正具有里程碑意义的事件，则是洪有丰的《图书馆组织与管理》的出版。……《图书馆组织与管理》代表了当时我国图书馆管理研究的最高水平。它于1933年和1935年两次重印。一部专业很狭窄的学术著作在短短的数年内多次再版重印，充分说明了它的学术地位和巨大影响。"[②]

三、图书馆教育思想

洪有丰对图书馆功用的描述为："图书馆以庋藏图书，供众阅览为职志。"[③] 在《清代藏书家考》中，他说道："或以为藏书果如晚近之图书馆，能有其专门之学，以管理运用而公开之，其效果得以普及于社会，则与学术关系诚为重要。"[④] 这种藏用并重的观念，在洪有丰的《东南大学图书馆述要》中也有着相关阐释："图书馆之设在罗列群书，供众研究，以辅教育之不逮；不但学术得以日新，文化亦因之而益进。其有功于社会国家者诚匪浅鲜，然非如宋之尊经阁，清之文澜等阁，保而藏之，秘而不宣者也；须公开任人参阅。"[⑤] 洪有丰重视图书馆为社会服务的功用，也是对当时社会依

---

① 金敏甫：《中国现代图书馆概况》，广州图书馆协会，1929年，第31页。
② 范并思等编著：《20世纪西方与中国的图书馆学——基于德尔斐法测评的理论史纲》，北京图书馆出版社，2004年，第213—214页。
③ 洪有丰：《图书馆组织与管理》，商务印书馆，1926年，第2页。
④ 洪有丰：《清代藏书家考》，《图书馆学季刊》1926年第1期。
⑤ 洪有丰讲演，施廷镛笔记：《东南大学图书馆述要》，《新教育》1923年第1期。

然存在的半开放式图书馆的有力批判。

洪有丰强调图书馆对教育事业的重要作用，主要分为三个方面：一是"使现受学校教育者得辅助其知能之生长"，图书馆可以辅助学生触类旁通、精益求精，补充课堂所学内容。二是"使已受学校教育者得继续其知能之生长"，图书馆能够为已经出学校之人士提供参考咨询和学习研究的场所，使得他们力求增进，学术日新，不致陈腐荒废。三是"使未曾肄业学校者得增进其知能之生长"，图书馆可为未曾接受过学校教育的人士，提供增进学识的自修之所，成为平民大学，无论其性别年龄和文化程度，均可享受图书馆的益处。① 从以上三点可以看出，洪有丰认为，对于正在求学、已经肄业和未接受教育之人士，图书馆都可以发挥其教育功效。由此，他说道："图书实具有使教育生生不已之功。而图书馆为图书之源泉，与教育之关系，更无待赘言。至于图书浩如渊海，寒士无力购备，而图书馆可以供给。社会消遣乏所，有堕落人格之危，而图书馆可以陶冶性情，养成高尚思想，尤其余事也。"②

洪有丰同时也重视图书馆学专业人才的培养，早在 1922 年，他就在中华教育改进社第一次年会上，提出了《中学及师范应添设教导用图书方法课程案》，该议案经决议后通过。洪有丰提出该议案的理由有："一，现在学生不知馆中图书，以致阅书发生困难。二，养成一种好读书习惯及自动的教育。三，学生毕业后对于学校服务，当明参考图书之方法。四，学生中途无力升学，藉此可以利用图书馆修养。五，为备学校图书馆之建设。"利用图书的方法包括图书的保护、利用参考书的方法、图书馆分类法大纲、目录的用

---

① 参见洪有丰《图书馆组织与管理》，商务印书馆，1926 年，第 3—4 页。
② 洪有丰：《图书馆组织与管理》，商务印书馆，1926 年，第 4 页。

法、图书的出纳法。①

　　1923年至1926年，洪有丰利用暑假时间，连续三次在东南大学开设图书馆讲习班。1925年4月，在中华图书馆协会第一次年会上，洪有丰被推选为中华图书馆协会图书馆教育委员会主任，负责图书馆学校和讲习班事宜。在华东师大图书馆任职期间，洪有丰注重馆员的业务培训工作，多次开设图书采购、编目、参考工具书、期刊、古籍等方面的业务培训讲座，或请校外的图书馆专家前来授课，或指定专人备课，分班上课，注重因材施教、区别对待。几十年来，洪有丰培养的学生中有许多成了图书馆的业务骨干，例如施廷镛、金平书、周宗渭、曹祖杰、周舜丞、胡家健、朱家治等。

四、图书分类思想

　　洪有丰不仅在图书分类理论上有所研究，而且编制了适合中国图书的分类体系。他指出，"分类之意义，即于各种图书中，辨其性质，分其异而类其同也。图书之分类，对于读者与管理者，双方咸有甚大之利益"②。具体来讲，读者可根据图书应属类别阅读图书，也能够得以阅读同性质的书籍，从而为其研究提供参考与指南；管理者可依据分类法对图书进行系统的整理，节省出纳时间，明了图书的梗概和学术问题。对于沈祖荣的仿杜威十进分类法和杜定友的世界图书分类法，洪有丰指出，这两种分类法有改革建设的效果，但其中所含的主观意见未必适合多数客观书籍。对于克特展

---

① 参见《分组会议记录：第十八　图书馆教育组》，《新教育》1922年第3期。
② 洪有丰：《图书馆组织与管理》，商务印书馆，1926年，第109页。

开分类法，他认为其优点在于"分类法较有系统，且与有关系之科目均相连置之，或附属之。此点为杜威氏所不及也"①。

在参考四库分类法和杜威十进分类法的基础上，洪有丰将图书分为丛、经、史地、哲学及宗教、文学、社会科学、自然科学、应用科学、艺术共九个大类。这九类分别为：000 丛类、100 经类、200 史地类、300 哲学及宗教、400 文学、500 社会科学、600 自然科学类、700 应用科学、800 艺术。②

其中，丛类与杜威十进分类法的丛类相似；经类与四库分类法的经类大体相同；史地类仿照杜威十进分类法，依据国籍和朝代分类；哲学类分为东方哲学与西方哲学两大类目；文学类仿照四库分类法的集部设立。他把四库分类法中的五经总义，分为群经合刻、群经总义、石经三个类目，乐类归入艺术类，政书职官等归入政治类，诏令归入法制类，奏议归入文学类，金石入艺术类。③ 对于四库中最为繁杂的子部，他根据各个子类的性质，分别作了相应的归类，如将儒家、名家、墨家归入哲学类，法家与纵横家归入社会科学类。

可以看出，在大类的设置上，洪有丰基本沿袭了杜威十进分类法的数字化特点。但在具体的下级类目设置上，他并未完全遵从杜威十进分类法，而是综合了四库分类法的图书类别，对四库法中的类目进行了拆分或合并，使四库法中的经、史、子、集类目都能找到相应的归属类别，适应了当时我国图书分类的发展需求。

---

① 洪有丰：《克特及其展开分类法》，《图书馆学季刊》1926 年第 3 期。
② 参见洪有丰《图书馆组织与管理》，商务印书馆，1926 年，第 145—151 页。
③ 参见洪有丰《图书馆组织与管理》，商务印书馆，1926 年，第 144—145 页。

1924年，在洪有丰的领导下，东南大学编纂了《国立东南大学孟芳图书馆目录》。在序言中，洪有丰说，图书馆的书目编制是图书馆事业的重要部分，但四部分类法难以适应科学书籍的发展，采用国外分类法又有削足适履之嫌。因此，该目录仍以四库分类法为主，并参照杜威十进分类法，用于中文书籍的分类，分为丛、经、史地、哲学及宗教、文学、社会科学、自然科学、应用科学、艺术，共计九大类。①

1928年，洪有丰来到清华大学图书馆任职。在收购丰华堂藏书以后，清华大学图书馆的中文图书数量大增，旧的分类方法愈来愈难以适应图书馆发展的实际需要。于是，在洪有丰的支持下，施廷镛着手编制新的图书分类法，力求详备类目归纳，符合事实，条例纲目，按类依次编目，不仅仅做四部分类法或杜威十进分类法的修补，并将草案呈请专家审定。②新的图书分类法共包含八个大类、八千小类。这八个大类分别是总类、哲学宗教、自然科学、应用科学、社会科学、史地、语文、艺术。③与之前的九大类相比，该分类法减少了丛、经、文学三个大类，增加了总类和语文两个大类。这一分类体系删除了丛、经两个类目，文学类目的含义基本可与语文类目等同。通过这一变化可以看出，洪有丰在这一时期注意到了我国图书馆中西文图书数量增加、旧籍比重下降的事实，更加趋向于中西图书统一分类，不再沿袭传统的四库分类法。

自1930年8月起，清华大学图书馆未曾编目的中、日文图书

---

① 参见洪范五《国立东南大学孟芳图书馆目录序》，载洪范五著《图书馆学论文集》，华联印刷厂，1968年，第261—271页。
② 参见洪范五《国立清华大学图书馆中文书目序》，载洪范五著《图书馆学论文集》，华联印刷厂，1968年，第346—347页。
③ 参见洪有丰《图书馆述略》，《清华周刊》1931年第11—12期。

统一依照新法进行分类编目，后来将原有使用旧法分类的书籍也一律按新法重编。清华大学图书馆古籍至今仍然使用此种分类法，其实用性可见一斑。① 此外，清华大学图书馆还编制了《国立清华大学图书馆丛书子目索引》，由洪有丰与张子高、朱自清共同商讨编纂之法，最后决定采用丛书子目按书名排比的方式，由施廷镛担任纂辑工作。该索引法收录1 164种丛书，皆为清华大学图书馆所藏之书，悉经校核，为读者了解清华大学馆藏丛书情况提供了查检便利。②

洪有丰在清华大学图书馆任职期间，对著者号码表也进行了相应的改革。西文采用美国克特著者号码表；中文取自《中国人名大辞典》《万姓统谱》《历代名人年谱》等书，将《康熙字典》中的部首化为简明部首，依照陈立夫五笔检字法排列，系以号码，另有多种附表；日文取自《日本人名辞典》，编日本姓氏表附后。③ 卡片目录与书本目录也是洪有丰到任后的重点改革方向。1930年下学期起，清华大学图书馆在书名目录和著者目录之外，增设分类目录卡片，中文目录片按照陈立夫五笔检字法排列，西文采用字典式排列。洪有丰认为，书本目录的编写是有必要的。在他的带领下，清华大学图书馆编制了《国立清华大学图书馆中文书目甲编一》等目录，并由他亲自撰写序言。

20世纪50年代，洪有丰指导编纂了《华东师范大学图书馆中

---

① 参见韦庆媛《洪有丰与国立清华大学图书馆》，《图书情报工作》2010年第11期。
② 参见洪有丰《国立清华大学图书馆丛书子目索引序》，《国立中央大学教育丛刊》1935年第1期。
③ 参见洪有丰《二十年来之清华图书馆》，载清华大学校史研究室编《清华大学史料选编》（第一卷）《清华学校时期（1911—1928）》，清华大学出版社，1991年，第449—465页。

文图书分类表》，将图书分为总类、哲学、社会科学、历史地理、语言文学、艺术、自然科学、应用技术、通俗及儿童读物、课本与教科书十类，这与他原来所编制的分类法有着较大差异。尤为明显的是，增加了通俗及儿童读物、课本与教科书两个类别，这也与华东师大的专业设置有关，原因是"我校为师范大学，以教育为重点，故图书在辅助教育实习之大量课本，以及一般学生参考书籍流通数量较大"[①]。

五、图书馆管理思想

洪有丰曾任东南大学孟芳图书馆和清华大学图书馆馆长，在主持馆务期间，积累了大量的实践经验，也因此成就了洪有丰在图书馆管理领域的学术成果与开创性地位。在《图书馆组织与管理》一书中，洪有丰采用较大篇幅，叙述图书馆管理中的建筑、采购、部门设置等问题，系统构建了图书馆管理体系，为图书馆管理学的本土化提供了坚实的理论基础。

洪有丰认为，图书馆建筑的内部应由图书家支配，外部则需由有丰富建筑工程经验的建筑家担任。他将图书馆经费分为创办费和经常费两部分，注重私人捐助在图书馆经费中的作用，并指出美国图书馆发达的原因是基于私人捐助，这也与他留美学习图书馆学的经历有着密切关系。虽然并非建筑专业出身，但洪有丰对图书馆建筑也有初步研究。在馆地选择与面积上，他建议图书馆应建在交通便利的清静之处，依据设馆情形来决定馆地面积，但要预留空地，

---

① 转引自余海宪等《洪范五先生与华东师范大学图书馆》，《大学图书馆学报》2014年第2期。

以备将来扩张之用。①

在洪有丰的带领下，东南大学图书馆和清华大学图书馆进行了扩建工作，成为当时图书馆建筑的典范。

东南大学原为南京高师，在成立初期，图书馆的馆舍面积仅有口字形房五间，且藏书与阅书管理合于一室。1918年，图书馆扩充房屋至十间，各个馆室才得以分立。但随着学校师生的日益增多，狭小的建筑空间严重阻碍了图书馆的扩充发展。洪有丰就任东南大学图书馆主任之后，提议建设新的馆舍。因国库空虚，于是便通过募捐筹集所需资金。为此，东南大学专门制订了图书馆募捐简章，对建筑计划、账目详情、捐款人名字镌刻等方面作了具体说明。②适时恰逢江苏都督齐夑元赞助银元15万元，便将图书馆以其父名命名为孟芳图书馆。1922年1月4日，东南大学图书馆开始动工。该馆由建筑师帕斯卡尔设计，采用钢筋混凝土梁板系统，坚固且能避火，馆内设有办事室、阅书室、陈列室、阅报室、杂志室等，设备书架均用铁制，配以热气机和电风扇，以营造舒适的阅览环境。③

东南大学图书馆考究的建筑风格得到了当时建筑学家们的认可，被誉为"中国20年代图书馆建筑的代表作之一"④。李小缘在1927年发表的《图书馆建筑》中评价道："惟今日国中之图书馆有建筑而防火者，当以清华大学图书馆，南京之孟芳图书馆，上海之

---

① 参见洪有丰《图书馆组织与管理》，商务印书馆，1926年，第35—37页。
② 参见《东南大学图书馆募捐启》，载《南大百年实录》编辑组编《南大百年实录》（上卷），南京大学出版社，2002年，第188页。
③ 参见洪有丰讲演，施廷镛笔记《东南大学图书馆述要》，《新教育》1923年第1期。
④ 张厚生：《东南大学图书馆志要》，载东南大学图书馆编《书林望道》，东南大学出版社，2008年，第3页。

东方图书馆……"① 鲍士伟博士 1925 年来到中国考察时，曾说过，"用最新方法办理图书馆事业。新式避火图书馆房屋之建筑，现有二处，南京东南大学图书馆与北京清华学校图书馆是也"②。在 1968 年出版的《图书馆学论文集》的序言中，蒋复璁说道："范五先生自美习图书馆学归，时长东南大学孟芳图书馆，馆厦新建，擘画精辟，设备完善，为继清华学校图书馆后之第二新式图书馆。厥后东南大学改称中央大学，清华学校亦改为清华大学，而两校图书馆之扩建，又皆出先生之手。故即以图书馆建筑而论，其贡献已非凡矣。"③

在洪有丰任职清华大学图书馆之前，清华学校图书馆的建筑于 1919 年由泰来洋行承办完成。随着清华学校改名为清华大学，图书馆馆藏量日益增加，藏书库也不能满足其发展的需要。1929 年秋，清华大学校长罗家伦提出图书馆扩充计划。"惟扩充计划，一须便于管理，二须将来仍有扩充余地，三须形式壮丽。"④ 同年 9 月，清华大学成立建筑委员会财务、工务委员会，洪有丰担任工务委员会委员。

从图书馆管理的角度出发，洪有丰提出了图书馆扩建的具体要求："（一）藏书、借书、阅书三部，须相衔接，俾便管理。（二）购书、登记、编目等室，须按办事程序支配，用增办事效率。（三）增加大阅览室一，须与现在之阅览室连接。（四）另设杂志阅览室及杂

---

① 李小缘：《图书馆建筑》，《图书馆学季刊》1928 年第 3 期。
② 朱家治译：《鲍士伟博士考察中国图书馆后之言论》，《图书馆学季刊》1926 年第 1 期。
③ 洪范五：《图书馆学论文集》，华联印刷厂，1968 年，"蒋序"第 3—4 页。
④ 洪有丰：《二十年来之清华图书馆》，载清华大学校史研究室编《清华大学史料选编》（第一卷）《清华学校时期（1911—1928）》，清华大学出版社，1991 年，第 449—465 页。

志书库，并相连接。（五）书库至少扩大一倍，除上五项外，其最要者，此次之扩充，非但须有十年之计划，即将来再行扩充时，仍有余地，并与现在之建筑可成一气。"①

清华大学图书馆的扩建于 1930 年 3 月正式开工，于 1931 年 11 月完成。图书馆的扩充面积共计 24 394 方尺，加上原有的书库容量，可容纳共计 30 余万册图书。② 图书馆的书架采用购自美国的铁书架，书库内共三层，每层十二排，每排双面六架，并添置有阅览书桌、台灯、电灯等设备，是当时国内设备先进的现代化图书馆。

在图书馆的机构设置方面，洪有丰认为，大图书馆应下设图书馆委员会，并细分为购置部、编目部、出纳部、典藏部、参考部、装订部、推广部、会计部、文牍部、事务部，共计十个部门，小图书馆则适宜从简，可根据事务性质而进行。③ 他尤其重视图书馆参考部的设置，并提到，"图书馆之设参考部，其与普通借阅图书部之差别，即集若干可供参考之图书或资料，以供学者来馆检查考证也"④。

据此，他认为参考部的职能包括"管理书籍、答问读者、置备书目"等，因此参考部可分为四股：管理股、询问股、目录股、稽考股。管理股负责选择与陈列图书；询问股的职责是指示利用图书馆的方法，解释馆中的目录、指示参考等；目录股负责编制参考书目，视读者需要而编制相应书目；稽考股的职责是答复函询和参考馆员有不能得于参考书之问题，此职位需要博学之士来担任。⑤ 这

---

① 《图书馆扩充建筑要项》，《国立清华大学校刊》1929 年图书馆增刊。
② 参见《清华图书馆新筑续闻》，《中华图书馆协会会报》1930 年第 5 期。
③ 参见洪有丰《图书馆组织与管理》，商务印书馆，1926 年，第 61—65 页。
④ 洪有丰：《图书馆组织与管理》，商务印书馆，1926 年，第 65 页。
⑤ 参见洪有丰《图书馆组织与管理》，商务印书馆，1926 年，第 65—68 页。

也是当时我国图书馆界参考咨询工作的需要，体现了洪有丰图书馆学思想的本土化特色。

在洪有丰任职清华大学图书馆之前，清华大学图书馆在图书馆主任以下设四股，分别是管理股、中文编目股、西文编目股和参考股。1928年，洪有丰出任图书馆馆长，考虑到图书馆事务的增加和管理便利，将四股改为三股。这三股分别是总务股、参考股和编纂股，其中，总务股相当于之前的管理股，负责函牍、购置、装订、杂务；参考股名称不变，但更加注重参考咨询工作，主要职责为参考指导、搜集参考资料、借阅图书、借阅杂志、典藏；编纂股将之前的中文编目股、西文编目股的工作合二为一，工作内容为图书登录、分类编目、校勘、刊物纂辑。[①]

洪有丰在此次图书馆组织机构调整中，更加强调中西文图书分类编目工作的结合，突出了参考咨询在图书馆日常工作中的重要地位。1935年，洪有丰担任国立中央大学图书馆馆长，将图书馆的组织机构分为总务股、采访股、中文编目股、西文编目股、典藏股、阅览股、参考股、期刊股，共计八股，并设学院图书室。以上两馆组织机构的实践与洪有丰在《图书馆组织与管理》中大图书馆的部门设立主张稍有差距，但这也正体现了他不墨守成规、从具体情况出发的指导观念。

关于图书采购，洪有丰主张，图书馆采购图书要依据其性质而定，学校图书馆的采购要以课程需要为标准。[②] 依照这一原则，洪

---

① 参见洪有丰《二十年来之清华图书馆》，载清华大学校史研究室编《清华大学史料选编》（第一卷）《清华学校时期（1911—1928）》，清华大学出版社，1991年，第449—465页。

② 参见洪有丰《图书馆组织与管理》，商务印书馆，1926年，第76页。

有丰在高校图书馆的管理工作中,坚持扩充馆藏的战略,订购中外文书刊,收藏珍贵图籍,制定与高校发展相适应的采访政策。1928年,清华大学图书馆经费实支为 66 606 元。1931 年,经费增至 145 684 元。在经费充裕的情况下,清华大学图书馆的馆藏量逐渐增多。在馆长洪有丰的带领下,1929 年,中文图书的馆藏量为 7 万多册,西文图书接近 4 万册;至 1931 年,中文图书已增至 14 万余册,西文图书也有所增多。除了扩充馆藏图书资源,洪有丰也重视杂志的订购工作,在他与清华大学图书馆同人的共同努力下,图书馆的杂志由数种增加至数百种,且出重价补齐了学术参考所用的全份杂志 150 余种。截至 1931 年,图书馆杂志有中文 350 种,日文 40 种,西文(含英语、德语、法语、意大利语、荷兰语、瑞典语、丹麦语)902 种,共计 1 292 种。① 在这期间,杭州杨氏丰华堂藏书是清华大学图书馆购置中文图书的最大宗者。

1929 年 4 月,清华大学校长罗家伦南行,恰逢杭州杨氏丰华堂无意收藏,愿出让全部图书。得知此消息后,罗家伦立即电知学校评议会,评议会决定派洪有丰前往交涉收购事宜。丰华堂主任杨复与洪有丰会晤后,共检交书目 6 本,包括:"(一)现藏书籍目录四本,(二)一部分业已押出书籍目录一本,(三)浙江省志书目录一本。"② 洪有丰对杨氏藏书与清华大学图书馆已有藏书进行核对,发现相同者有十分之三,但版本有所区别。因此,他将这一情况上报给了清华大学评议会。在评议会决定购买杨氏藏书后,经与杨复再

---

① 参见洪有丰《二十年来之清华图书馆》,载清华大学校史研究室编《清华大学史料选编》(第一卷)《清华学校时期(1911—1928)》,清华大学出版社,1991 年,第 449—465 页。
② 洪有丰:《购买杭州杨氏藏书报告》,《国立清华大学校刊》1929 年第 85 期。

三磋商，杨氏藏书的收购价钱定为3.4万元（原本价格为4万元）。

本次收购图书共计47 546册，其中已登记书目的42 653册，书目未载的4 893册，不乏宋元明清刊本、日本刊本、精抄本、稿本、名人批校本，还有《四库全书》5册。在洪有丰的带领下，本批图书均登记后装在铅皮箱内，加盖油纸防水，并分别编号以便于稽查。按照书目对图书作了初步分类以后，洪有丰发现杨氏藏书有诸多版本精良者，其中明版书400余种4 859册，抄本书200余种2 621册，批校本中有何义门亲笔批本，均为难得之版本。

洪有丰出任国立中央大学图书馆馆长后，在扩充馆藏方面积极探寻，明确经费的使用规定，收购善本书籍，增订400多种外国杂志，涵盖英美法德等欧美各国的重要期刊，为全校师生查找外文参考资料提供了坚实的保障。自1934年7月至1936年6月底，国立中央大学图书馆新增馆藏中文与日文书籍48 265册，西文图书19 570册，中文杂志266种，西文杂志186种，图书馆还收藏有法国16世纪至18世纪的绘画、敦煌石室的唐宋佛像佛经等珍贵的中西文善本。[1]

1937年8月，日军轰炸南京，中央大学图书馆多处遭到损毁，学校决定西迁至重庆。在馆长洪有丰的带领下，中央大学图书馆的藏书沿长江向西，最终到达重庆。1945年8月，日本宣布无条件投降。1945年10月，洪有丰被推选为中央大学复员计划委员会委员，负责抗战胜利后的中央大学复员工作。1946年10月，中央大学图书馆的馆藏书刊陆续抵达南京，此时仅剩中文书刊12万册、西文6万余册。复员以后，洪有丰担任中央大学校本部图书馆馆长。在

---

[1] 参见罗家伦《中央大学之最近四年》，《中央周报》1936年第432期。

中国人民解放军解放南京之前,他曾参与护校运动,使得图书馆的藏书得以完整保存。罗家伦曾在《图书馆学论文集》的序言中,称赞洪有丰在抗战时期搬运图书馆藏书的贡献:"此固有赖全校同人之努力,然范五先生艰苦中维持之功,自亦不能不为表彰,因为这是他对学术界实在的功劳,决不可湮灭。"①

六、学术贡献

洪有丰很早便意识到了中国图书馆事业发展必须要从实际出发。他以中国图书馆学的进步为己任,是新图书馆运动的宣传者和实践者。

洪有丰的图书馆学思想是其多年实践经验的总结,更是他对西方图书馆学理念的本土化改造,他也因此被誉为"图书馆事业的拓荒者"。②正如洪有丰在《图书馆组织与管理》一书的自序中所说:"图书馆于中国尚属幼稚时期,经有识者之提倡,其关系重要,群知之矣。然观吾国图书馆学之译著,尚寥若晨星,将何以为取则之资,而求事业之发达,效果之昭著,犹南辕而北辙也。编者未敢晓然自以为足以语此,然置身吾国图书馆界之一人,对于此专门之事业,亦负辅助诱进之相对义务。"③这段话表明了洪有丰发展中国图书馆学、推进中国图书馆事业的决心。在图书采购、分类、编目、组织结构方面,洪有丰的图书馆管理理念均具有指导意义,可直接

---

① 洪范五:《图书馆学论文集》,华联印刷厂,1968年,"罗序"第5页。
② 李承勋:《图书馆事业的拓荒者洪范五》,载南京市白下区政协文史资料工作委员会编《白下文史》(第六辑),政协南京市白下区委员会,1989年,第117—123页。
③ 洪有丰:《图书馆组织与管理》,商务印书馆,1926年,"自序"第1页。

作为图书馆管理规程。《图书馆组织与管理》为中国图书馆树立了一个可供参考的本土化样例,为中国图书馆学的研究注入了鲜明的中国特色。

第四节 袁同礼

一、生平

袁同礼(1895—1965),字守和,祖籍河北保定,1895年生于北京的书香世家。1913年,袁同礼考入北京大学预科,与傅斯年、罗家伦、沈雁冰(茅盾)等为同班同学。在校期间,加入"预科文学会",为英语辩论员,参与联合辩论会,受清华大学王文显教授赏识。1916年,从预科班毕业后,经王文显教授介绍,进入清华学校图书馆工作。1919年,加入由李大钊等人组织的"少年中国学会"。次年,在北京大学校长蔡元培的推荐下,赴美国哥伦比亚大学留学,入历史系就读。1922年,获哥大文学学士学位,同年入纽约州立图书馆专科学校攻读图书馆学,与李小缘为同班同学。翌年获图书馆学学士学位。1923年至1924年,袁同礼前往英国伦敦大学与法国巴黎国方文献学院作研究,其间考察欧洲各国的图书馆与博物馆。1924年秋,袁同礼回国,任岭南大学图书馆馆长。

后担任北京大学教授兼图书馆馆长、北京图书馆协会会长。1925年，担任中华图书馆协会董事，后任执事部部长。1926年，受聘为北京图书馆图书部主任。次年，任北京图书馆副馆长一职，兼故宫博物院图书馆副馆长。1928年，北京图书馆更名为北海图书馆，袁同礼担任馆长之职。同年，国立京师图书馆改名为国立北平图书馆。1929年，国立北平图书馆与北海图书馆合并，名为国立北平图书馆，蔡元培任馆长，袁同礼受教育部之聘，为国立北平图书馆副馆长，实际馆务工作由袁同礼主持。1942年起，袁同礼出任馆长一职。1949年，赴美任斯坦福大学研究所编纂主任，并定居美国。1957年，任职于美国国会图书馆，直至退休。1965年，因病逝世于美国华盛顿。

二、学术论著

袁同礼的图书馆学论著有《清代私家藏书概略》（《图书馆学季刊》1926年第1卷第1期），《明代私家藏书概略》（《图书馆学季刊》1927年第2卷第1期），《宋代私家藏书概略》（《图书馆学季刊》1928年第2卷第2期），《国立北平图书馆之使命》（《中华图书馆协会会报》1931年第6卷第6期），《关于图书集成之文献》（《图书馆学季刊》1932年第6卷第3期），《关于永乐大典之文献》（《国立北平图书馆馆刊》1933年第7卷第1期），《欧美图书馆之新趋势》（袁同礼讲，胡延钧、邬学通笔记，《文华图书馆学专科学校季刊》1935年第7卷第1期），《中华图书馆协会之过去现在与将来》（《中华图书馆协会会报》1944年第18卷第4期），《出版法修正草案意见书》（《报学杂志》1948年试刊号），《西文汉学书目》（耶鲁大学出版社，1958年）等，其中《国立北平图书馆之使命》《西文汉学书目》最具代表性。

《国立北平图书馆之使命》作于1931年国立北平图书馆新馆落成之时。文章叙述了我国公共图书馆的发展沿革，国立北平图书馆的创办经过、馆藏情况与所负使命。此文为国立北平图书馆的发展指明了方向，可视作对袁同礼公共图书馆观念的阐述。

《西文汉学书目》(China in Western Literature: A Continuation of Cordier's Bibliotheca Sinica)作于袁同礼供职于美国国会图书馆时期，由耶鲁大学出版社于1958年出版。该书收录了1921年至1957年间以英文、法文、德文出版的关于中国的1.8万多种研究文献，是继考狄（Henri Cordier）《汉学书目》(Bibliotheca Sinica)之后20世纪西方汉学研究的重要工具书，也是袁同礼图书分类思想的集中体现。

三、图书馆学基础理论学说

自1926年任职于北京图书馆以来，袁同礼在北京图书馆任职的时间长达20余年。在此期间，他发表系列论文，如《国立北平图书馆之使命》《中华图书馆协会之过去现在与将来》《欧美图书馆之新趋势》等，通过图书馆管理实践，践行其藏书建设、人才教育、读者服务等方面的理念。

袁同礼认为，国立北平图书馆是"中国文化之宝库""中外学术之重镇"。[①] 他将国立北平图书馆的使命阐述为三个方面："以所

---

① 袁同礼：《国立北平图书馆之使命》，《中华图书馆协会会报》1931年第6期。

有揭诸国人，而孤虑难周，亦祈大雅君子不我遐弃，赐予针规。此其一也"；"以此通中外图书之邮，为文化交通之介。蚊虻负山，区区之志，或亦不以为妄乎？此其二也"；"一国民智之通塞，与其图书馆事业之盛衰相为表里。吾国今日图书馆事业已由爝火微光日即于黎明之境。然而发挥光大，尚复有待。吾人不敏，愿与全国同仁，互相提携，以期为国家树长治久安之基。此其三也"①。袁同礼所述的使命可概括为馆藏揭示、文化交流、民众教育三个层次，即既考虑图书馆的基本任务，又兼顾国立北平图书馆的特殊地位，这与如今中国国家图书馆"履行国内外图书文献收藏和保护的职责，指导协调全国文献保护工作；为中央和国家领导机关、社会各界及公众提供文献信息和参考咨询服务；开展图书馆学理论与图书馆事业发展研究，指导全国图书馆业务工作；对外履行有关文化交流职能，参加国际图联及相关国际组织，开展与国内外图书馆的交流与合作"②的定位是基本一致的。

任职国立北平图书馆期间，袁同礼制定了相应的采访政策：中文图书需"负有广为收存之责任，应就原有基础，尽量补充，以期造成中国唯一之图书馆"，外文图书则需"特注重供给科学研究之方便，数年以后，即可为若干研究之中心"③，这一举措既为扩充国家馆藏，也为学术研究服务。从中外文图书的采访政策差异中可以看出，袁同礼认为，中文图书有扩充馆藏、发挥国家图书馆职责之用；外文图书则是为学术研究而采购。民国时期，外文图书的读者

---

① 袁同礼：《国立北平图书馆之使命》，《中华图书馆协会会报》1931年第6期。
② 国家图书馆网站 https://www.nlc.cn/web/dsb_footer/gygt/lsyg/index.shtml.
③ 国立北平图书馆编：《国立北平图书馆馆务报告》（民国十八年七月至十九年六月），国立北平图书馆，1930年，第5页。

多为专业研究人员。这一采访原则符合当时我国文化事业发展的实际情况，也是资源合理配置的需要。

在袁同礼的领导下，国立北平图书馆采用购买、接受捐赠、书刊交换等多种方式扩充馆藏，做到了中外并重、兼收古今。

1934年，国立北平图书馆设立购书委员会，主要职权有："决定购书方针及进行计划"，"审核图书馆拟定之每年分组分类购书费概算"，"介绍及审核图书"。[①] 同年，袁同礼与法国国立图书馆馆长克安作为立约人，订立《国立北平图书馆与法国国立图书馆交换书籍契约》，规定两国之间图书与杂志等各项出版品的交换事宜。

袁同礼重视馆藏文献的采访工作，建议图书馆应尽力搜集海内外图书，并指出，"固有旧籍自当力为搜进，毋使远渡异国，有求野之叹；外国新书，亦应广事探求，庶几学术可与国家新运而俱进"[②]。在这一方针的指导下，国立北平图书馆以京师图书馆的古籍善本为基础，购买明人别集、明清戏曲书籍、明刻旧抄、外文图书、金石拓片、舆图等类型图书，搜集聊城杨氏海源阁、天津李氏延古堂、四明范氏天一阁、常熟毛氏汲古阁、常熟陈氏稽瑞楼、梁启超饮冰室等私家藏书，并出国察访《永乐大典》残书、拍摄敦煌古写本文献。

新书呈缴也是国立北平图书馆的重要馆藏来源。袁同礼认为，"复查出版品之呈缴图书馆，用意原在取之于民，用之于民"，而"我国国立各图书馆，亦俱系为民服务，凡所呈缴，悉付众览，与

---

① 《1934年10月13日国立北平图书馆购书委员会组织大纲》，载北京图书馆业务研究委员会编《北京图书馆馆史资料汇编（1909—1949）》（下册），书目文献出版社，1992年，第1073页。

② 袁同礼：《国立北平图书馆之使命》，《中华图书馆协会会报》1931年第6期。

其他行政机关之偏重审查性质者,用意不同,似应各别分送,以求普及"。① 在图书馆的争取下,1931年,教育部同意各省市教育厅局"将呈缴新书,检出一份,径寄北平图书馆"②。1933年,《新出图书呈缴规程》由教育部修正公布,其中第三条的原寄于中央教育馆的呈缴图书,改为直接寄交国立北平图书馆。自此,国立北平图书馆馆藏新书有了保障。国立北平图书馆接受赠书,重要的赠书人士和机构有:普意雅、何遂、王孟泰、傅斯年、叶景葵、董授经、日本东方文化学院、西班牙科学研究院、商务印书馆、故宫博物院等。1934—1935年度国立北平图书馆接受的赠书总数为13 000余册;1935—1936年度,这一数量为17 000余册。③

除此之外,国立北平图书馆还建立了图书寄存制度,并于1930年颁布了《国立北平图书馆收受寄存图书暂行规则》,以进一步扩充馆藏。1931年至1934年,在国立北平图书馆寄存藏书或古物的人士或机构有:费培杰、王勤生、丁绪宝、瞿宣颖、叶可立、何遂、中华教育文化基金董事会。

1938年,国立北平图书馆奉教育部之令迁至昆明。在特殊时期,袁同礼对国立图书馆的性质有了更深层次的理解。在《国立北平图书馆工作概况》中,他指出,国立图书馆的性质与普通图书馆略有不同,国立图书馆的职责为:"一在文献典籍之搜藏,以供专家学者之研究与参考;二在中外文化之交流,以促国家文化之发展

---

① 袁同礼:《出版法修正草案意见书》,《报学杂志》1948年试刊号。
② 《1930年4月8日教育部致国立北平图书馆委员会关于新书呈缴的复函(附新出图书呈缴规程)》,载北京图书馆业务研究委员会编《北京图书馆馆史资料汇编(1909—1949)》(下册),书目文献出版社,1992年,第1 063页。
③ 参见李致忠主编《中国国家图书馆史资料长编(1909—2008)》(上册),国家图书馆出版社,2009年,第230—231页。

与提高，因此并尽力于编辑及出版事宜。"① 可以看出，袁同礼重视图书馆馆藏文献的建设，但考虑到国立图书馆的特殊性质与战时社会文化发展的困难，也注重其文化交流与编辑出版的作用。

这一时期，国立北平图书馆尤其注重边疆文献的搜集，以适应时局发展。为此，国立北平图书馆与西南联大合作成立"中日战争史料征辑委员会"，负责战争文献的搜集与整理。这一时期，图书馆采购的中文文献有：中日战争图籍两万余种，涉及政治、经济、社会书籍，包含敌伪日报、期刊、宣言、标语、传单等类型；西南文献，即"川康云贵以及两粤之方志，及地方文献"，其中多为罕见版本，为后方各图书馆中"所藏者为最完备"。② 至1949年，国立北平图书馆的馆藏数量有了较大的提升，增至140余万册。③

1935年，袁同礼在文华图专发表《欧美图书馆之新趋势》的演讲，对图书馆的发展提出了四点建议："（一）应尽量发挥图书馆之效能，以唤起社会注意图书馆之需要"；"（二）应注重参考工作"；"（三）应推进平民教育"；"（四）应技术与智识并重"。④ 依照上述观点，袁同礼注重发挥图书馆的职能，以发挥其教育作用。他还说道："今日欲谋我国图书馆事业发展，须仿效欧美，尽量发挥图书馆之效能，便与社会接近，俟社会知其需要以后，则自然乐于

---

① 袁同礼：《国立北平图书馆工作概况》，《社会教育季刊（重庆）》1943年第4期。
② 参见袁同礼《国立北平图书馆工作概况》，《社会教育季刊（重庆）》1943年第4期。
③ 参见李致忠主编《中国国家图书馆史资料长编（1909—2008）》（上册），国家图书馆出版社，2009年，第152页。
④ 袁同礼讲，胡延钧、邹学通笔记：《欧美图书馆之新趋势》，《文华图书馆学专科学校季刊》1935年第1期。

赞助也。"① 在他的带领下，国立北平图书馆颁布了《国立北平图书馆普通阅览室暂行规则》《国立北平图书馆善本阅览室暂行规则》《国立北平图书馆借书暂行规则》，规定"本馆阅览时间自九月一日至翌年五月三十一日均由上午九时起至下午十时止，六月一日至八月三十一日由上午八时起至下午九时止，每日阅览时间为十三小时，除新年放假三日，十月十日国庆放假一日外，无论星期、假期均照常开馆，惟善本阅览室、四库阅览室每星期一、日停止阅览一天"②。

参考咨询是图书馆工作的主要内容之一。袁同礼提出，在中国各大学研究院尚未健全的情况下，"图书馆参考工作，实属刻不容缓之事也"③。考虑到我国图书馆经费短缺的现实情况，他指出，"尤应仿效美国剪片及零碎材料之搜集，所费不多，功用甚大"④。为方便学者研究，国立北平图书馆还设立了各类型的阅览室和参考室，如善本阅览室、金石阅览室、舆图阅览室、新闻阅览室、杂志阅览室、工程参考室、俄文阅览室、远东研究室、蒙文研究室。1933 年，外交部部长罗文干致函袁同礼，对国立北平图书馆提供南沙群岛地图，表达了感谢之意。1934 年，国立北平图书馆增设咨询处，解答读者问题，搜集参考资料或编制书目。仅在 1934 年

---

① 袁同礼讲，胡延钧、邹学通笔记：《欧美图书馆之新趋势》，《文华图书馆学专科学校季刊》1935 年第 1 期。
② 《1934 年 1 月国立北平图书馆概况》，载北京图书馆业务研究委员会编《北京图书馆馆史资料汇编（1909—1949）》（下册），书目文献出版社，1992 年，第 1 251 页。
③ 袁同礼讲，胡延钧、邹学通笔记：《欧美图书馆之新趋势》，《文华图书馆学专科学校季刊》1935 年第 1 期。
④ 袁同礼讲，胡延钧、邹学通笔记：《欧美图书馆之新趋势》，《文华图书馆学专科学校季刊》1935 年第 1 期。

至1935年，咨询处便编制书目60余种，如《北平图书馆所藏中文算学联合目录》《中国文学史目录》《政府出版物参考书目录》《民国二十三年度关于中国问题之西文论文索引》等。

国立北平图书馆注重目录与索引的编制工作。馆藏目录的编印以卡片目录为主，同时也编印联合目录、专题目录、馆藏书目等书本式目录。1936年起，国立北平图书馆将目录卡片进行分期编印发行，国内外图书馆均有订购。1931年至1937年，图书馆编纂的书本式目录有《北平图书馆善本书目》《国立北平图书馆方志目录》《敦煌石室写经皮藏目录》《馆藏法文书目录》《馆藏西文参考书书目》《馆藏中国问题西籍分类目录》《北平各图书馆西文期刊联合目录》等。文献索引的编制也是国立北平图书馆编纂部的重要工作。在袁同礼担任副馆长期间，图书馆编纂的索引有《国学论文索引》《文学论文索引》《史地论文索引》《石刻题跋索引》《清代文史笔记子目分类索引》等。

为做好图书馆工作，袁同礼聘请专业人才进行管理。在北海图书馆任职期间，他聘请赵万里负责古籍方面工作，汪长炳负责阅览与参考，杨维新负责日文图书，蒋复璁和严文郁分别负责中文编目和西文编目。北海图书馆与京师图书馆合并后，袁同礼除了继续聘用两馆原有的优秀工作人员外，也聘请各院校的优秀毕业生，如胡鸣盛、向达、谢国桢、谭其骧、刘修业、钱存训等。袁同礼重视馆员业务素质与学术水平的提升。他鼓励馆员进行学术研究工作，尽力为馆员提供良好的发展平台。1931年至1937年间，国立北平图书馆派出出国学习的馆员有严文郁、孙楷第、汪长炳、王重民、岳良木、李芳馥、向达等。这些馆员后来都成为学术领域的研究专家，这在很大程度上得益于袁同礼对人才的重视与栽培。

"默察图书馆事业,非群策迈进,不能有大功。"[①] 1918年,袁同礼与李大钊等发起成立北京图书馆协会。虽然该协会后来停办,但它是我国第一个地方性图书馆协会,具有重大意义。两年以后,中华教育改进社成立,袁同礼积极参与图书馆教育组的活动。1925年4月25日,中华图书馆协会在上海成立,袁同礼当选为董事会董事。在中华图书馆协会的历次年会上,袁同礼曾任执行部部长、执行委员会主席、理事长等职务,为我国图书馆事业的"群策迈进"作出了巨大贡献。在他的带领下,《中华图书馆协会会报》《图书馆学季刊》等专业杂志创刊,国立北平图书馆分类、编目、索引检字、建筑等专门委员会成立,《国学论文索引》《文学论文索引》等书目相继出版,调查工作有序开展。为发挥学术作用,袁同礼领导的国立北平图书馆积极创办学术期刊,出版馆员学术著作,影印馆藏珍本。《国立北平图书馆馆刊》《国立北平图书馆月刊》《学文杂志》《图书季刊》《读书月刊》《大公报·图书副刊》分别创办于1930年、1929年、1930年、1934年、1931年、1933年。其中,《国立北平图书馆馆刊》刊登了梁启超、王国维、陈寅恪、罗振玉、王重民、向达、谢国桢、余嘉锡等著名学者的文章,是当时著名的学术期刊。国立北平图书馆所出版的学术著作有李慈铭《越缦堂日记》、余绍宋《书画书录解题》、谢国桢《晚明史籍考》等。

即使是在抗战的艰苦条件下,袁同礼依旧没有停止对我国图书馆事业的探索。1944年,他发表《中华图书馆协会之过去现在与将来》一文,从整体规划、政府、国际合作、人才四方面,指明抗战胜利后图书馆协会的发展方向,主要包括以下几点:"(一)战后

[①] 宋建成:《中华图书馆协会》,台湾育英社文化事业有限公司,1980年,第16页。

复兴之准备。本会战后之工作,可分提高及普及两种:提高工作,在促进全国图书馆之专业化,标准化,增加各馆之经费,充实各馆之设备,普及之工作,则为督促各方广设图书馆";"(二)获得政府及社会之赞助……今后应如何增进各方对于图书馆事业之认识而助其经费之增加,实为本会中心工作之一";"(三)国际间之联系。我国图书馆之发展,国际间之联系与援助,实不可缓";"(四)人材之培养。吾人欲使全国图书馆平均发展,筹募大批经费,固属重要,但必须先有健全之图书馆专门人材,方易办理"。[①] 可以看出,袁同礼建议全面提升图书馆的专业化水平,加强政府支持与国际合作,发挥专业人才的作用,为中国图书馆事业规划了相对完善的发展体系。

四、图书编目思想

袁同礼撰有《宋代私家藏书概略》《明代私家藏书概略》《清代私家藏书概略》,对宋明清三代私家藏书的特点、社会背景和盛行区域进行了研究。袁同礼将雕版印刷技术的流行视作私家藏书发达的重要原因。因此,作为印书最盛之地,蜀赣越闽也成为宋代私家藏书发达的地区。不同的是,"北宋藏书家多在四川江西,南宋藏书家多在浙江福建,此其大较也"。[②] 至于明代,藏书家注重手抄,如袁同礼所说:"明人好钞书,颇重手钞本,藏书家均手自缮录,至老不厌,每以身心性命,托于残编断简之中。而兵火迭侵,一生

---

① 袁同礼:《中华图书馆协会之过去现在与将来》,《中华图书馆协会会报》1944年第4期。
② 袁同礼:《宋代私家藏书概略》,《图书馆学季刊》1928年第2期。

卒勤之力，顷刻云散者，亦数见不鲜。"①

清代私家藏书发展之盛况，为前代所未有。袁同礼认为，原因是"对于晚明理学一反动也"。他将清代藏书发展与晚明时期的学术研究相联系，并认为，清代学者"以实事求是为学鹄，力矫颓风，或广搜善本，亲手校勘，或翻刻孤本，以广流传。故校雠簿录之学，绝胜前代，而丛书之盛，卓越千古，俨然与类书对抗焉。反动之初期，虽龂龂于求真，而循是以往，流泽益衍，直接影响于藏书者甚巨"。②清代私家藏书盛于江南，袁同礼指出其原因为"晚明实启其端绪"，这也是考证学盛于江南的重要因素。在清代的私家藏书中，他强调范氏天一阁与毛氏汲古阁二家的重要地位，认为"其岿然独存而又影响于清代藏书"。其中，汲古阁所刻的《津逮秘书》，"虽取舍不严，而网罗巨帙，古书得藉是以传，开藏书家刻丛书之风，有功于艺林至伟"。③

袁同礼对宋明清三代私家藏书的发展脉络进行了整体性的概括，但他的研究并不仅限于古代图书史的视角，而是从现代图书馆学观念出发，分析我国古代私家藏书的聚散原因。由于不对外公开的特征，私家藏书多毁于战事或火灾。为此，袁同礼将原因归咎于全国公共收藏机关（即公共图书馆）的缺乏。他指出，"抑当时缺乏公共收藏机关，有以使之然耶？吾人记其概略，益因之而有感矣"④，"全国缺乏公共收藏机关，实学术不发达之主要原因"⑤。

---

① 袁同礼：《明代私家藏书概略》，《图书馆学季刊》1927 年第 1 期。
② 袁同礼：《清代私家藏书概略》，《图书馆学季刊》1926 年第 1 期。
③ 袁同礼：《清代私家藏书概略》，《图书馆学季刊》1926 年第 1 期。
④ 袁同礼：《明代私家藏书概略》，《图书馆学季刊》1927 年第 1 期。
⑤ 袁同礼：《清代私家藏书概略》，《图书馆学季刊》1926 年第 1 期。

20世纪20年代至40年代，袁同礼在图书馆工作之余，致力于收录《永乐大典》现存卷目。截至1939年，袁同礼从国内外公共藏书机构与私人藏书家处，统计《永乐大典》现存卷目共367册689卷。[①] 这些卷目的来源有：北平图书馆、德国莱比锡大学、天津徐氏、河内远东学院、上海东方图书馆、美国国会图书馆、牛津大学、日本岩崎静嘉堂文库、大阪府立图书馆、燕京大学图书馆、剑桥大学、番禺叶氏、傅增湘藏书等。

在现存卷目表中，袁同礼详述卷数、页数、内容和收藏地等信息，以方便海内外学者的学术研究。1924年，他在《学衡》上发表《永乐大典考》一文，概述其形制、收录特点与收藏情况，为《永乐大典》的研究提供了资料依据。他认为，"《永乐大典》为有明一代之巨制，天壤间罕见之书，赖此多得而传"[②]。根据现有卷数与各家记载，袁同礼指出，《永乐大典》所搜集图书"极为详备，修撰之宏为前所未有"，其缺点则为"编纂之体例则欠允洽"，"《四库提要》谓其割裂庞杂，漫无条理，实不虚也"，"关于副本之记载又互有牴牾"[③]。对关于《永乐大典》的文献，袁同礼也撰写专文进行记载，以补充孙伯恒《永乐大典考》之不足，所收录的文献有：明代修纂及重录《永乐大典》文献，明清札记杂书中的记载，故宫博物院存乾隆时期关于《永乐大典》之档案等。[④]

袁同礼对《永乐大典》的研究不仅是为了收录海内外各家所存珍贵古籍，更是致力于扩充图书馆馆藏。他主张采用摄像方式保存

---

① 参见袁同礼《永乐大典现存卷目表》，《图书季刊》1939年新版第3期。
② 袁同礼：《永乐大典考》，《学衡》1924年第26期。
③ 袁同礼：《永乐大典考》，《学衡》1924年第26期。
④ 参见袁同礼《关于永乐大典之文献》，《国立北平图书馆馆刊》1933年第1期。

国外藏书，公布国内各家藏书。具体措施有："（一）藏于国外之各卷，亟宜择要影摄，仿今西法景印，无刊刻校勘之劳，时间经济两皆省便，虽属吉光片羽，当亦为嗜古者所同珍"；"（二）国内公私所藏，其卷数为此篇所未及者，应怂恿公布，我国藏书家每以藏有秘本自诩，不愿公之于世，一有错失焚毁，天壤间遂不复存，其阻碍学术也何限"。①

1945年以后，袁同礼致力于海外中国文献的搜集与目录编制工作。这一时期，他编撰了《西文汉学书目》《中国音乐书谱目录》《现代中国数学研究目录》《胡适先生西文著作目录》《俄文汉学书目》《中国留美同学博士论文目录》《中国留欧大陆各国博士论文目录》《新疆研究文献目录》等书目。

因纽约州立图书馆专科学校的求学经历与美国国会图书馆的工作经历，袁同礼的图书分类思想基本上以美国图书分类法为基础。但他又不拘泥于此，而是根据学术发展特点与读者需要适时调整类目体系。因此，他所编制的书目既是一部部图书分类目录，也是某一时期与某一领域的学科发展史。

《西文汉学书目》以美国国会图书馆的分类标准为主要参考依据，按照图书所属学术领域，分为总论性著作、法律法规、历史、教育、自然科学、地理和游记、社会状况和社会问题、对外关系、音乐与体育、建筑与艺术、林业与农业、医药与公共卫生等28个大类，在大类之下又分二级类目、三级类目。除了大类的划分，袁同礼根据所搜集文献的特征，在该书目中设立了诸多主题，如马可·波罗、中国历史人物、中国共产主义运动、华人移民史等，以

---

① 袁同礼：《永乐大典考》，《学衡》1924年第26期。

方便读者快速检索。值得一提的是，《西文汉学书目》28个大类的后7类按照地域进行分类，这与当时汉学研究的地域特征相符合。据余丰民的统计，在该书目的分类体系下，"建筑与艺术""语言""法律法规""社会状况与社会问题""东北各省（满洲）""蒙古与蒙古语""台湾""西藏"等类目的二级类目数量较多，如"社会状况与社会问题"类目收录文献约为676种，"对外关系"类目约为1 219种。[①] 从该书目的类目设置情况可以看出，20世纪30年代至50年代，西方汉学的研究不再是纯粹的文史研究，而是开始扩大至社会科学领域，更加关注社会现实与国际关系等问题。袁同礼的《西文汉学书目》正是这一学术现象的反映。

五、学术贡献

袁同礼管理北平图书馆20余年，后任职于美国国会图书馆。他参与北京图书馆协会、中华图书馆协会的创建，并多次任职于执行部门，积累了大量的国际交流经验。袁同礼的主要学术研究方向为图书史与目录学，但其实质是着眼于我国图书馆事业的发展。他研究宋明清时期私家藏书的本质目的是呼吁设立现代图书馆，收录《永乐大典》现存卷目的原因是为图书馆扩充馆藏。他的图书馆学思想来源于西方图书馆学理念与国家图书馆的实践经验，具有一定的现实指导意义。从战略高度出发，袁同礼提出国家图书馆在资源推介、文化交流和读者教育方面的作用，转变传统图书馆职能，明确了现代图书馆的发展路径。以今天的眼光来看，袁同礼的观点基

---

① 参见余丰民《袁同礼〈西文汉学书目〉分类体系浅析》，《图书馆理论与实践》2008年第4期。

本适用于所有类型的图书馆。在袁同礼的影响下，除了国家图书馆以外，多数图书馆也在实践着这三个方面的功能，提升了图书馆在文化教育中的地位。

第五节 李小缘

一、生平

李小缘（1897—1959），原名李国栋，1897年出生于江苏省南京市，自幼就读于私塾。后进金陵附小、金陵中学。1916年，升入金陵大学文理科。毕业后，在金陵大学图书馆工作，当时即有"图书馆乃文化之渊薮，民智之泉源"的主张。[①] 1921年，入美国纽约州立图书馆学校，在校期间设法工读。1923年，获图书馆学学士学位，并请得清华半官费，转入哥伦比亚大学师范学院学习社会教育学。在哥大学习期间，曾赴社会研究学院听课，且于每年暑假在美国国会图书馆汉文部工作，在晚间编制《西人论华书目》。1925年，从哥大毕业，在国会图书馆汉文部的留名录上，留下了"与其临渊羡鱼，不如归而结网"的题录。同年归国，任职于金陵

[①] 参见南京大学信息管理系编《李小缘纪念文集》，南京大学信息管理系，2007年，第302—312页。

大学图书馆，负责西文编目工作，同时教授图书馆学课程，参与中华图书馆协会成立仪式。1927年，参与创办金陵大学图书馆学系，兼任图书馆学系主任、金陵大学图书馆馆长。1928年，任第四中山大学图书馆学副教授，参与筹备中华图书馆协会第一届年会。是年，任东北大学图书馆馆长。1930年，重返金陵大学，任金大中国文化研究所研究员。1948年，兼任金陵大学图书馆馆长。

1951年，金陵大学中国文化研究所停办。次年，李小缘任南京大学图书馆副馆长，负责南京大学图书馆的馆藏整理、业务培训等工作。1956年，受邀参加全国高校图书馆会议、中国图书馆学会筹备委员会议。同年，兼任北京大学图书馆学系教授。1959年12月26日，因病逝世。

李小缘先生一生致力于中国图书馆事业的发展，按照李小缘的遗嘱："我编的稿子和西文论中国之目录，希望图书馆好好保管，如果有人能编可以扩大编制。把一切的一切捐献出给人民"，其子李永泰将其藏书捐赠给南京大学。①

二、学术论著

李小缘的学术论著集中于图书馆学基础理论、图书馆管理、图书馆教育、图书分类、图书编目等领域，撰写有《对于鲍士伟博士来华之感想与希望》（《晨报副刊》1925年6月4日），《藏书楼与公共图书馆》（《图书馆学季刊》1926年第1卷第3期），《公共图书馆之组织》（《图书馆学季刊》1926年第1卷第4期），《现代图书馆之

---

① 参见南京大学信息管理系编《李小缘纪念文集》，南京大学信息管理系，2007年，第312页。

种类》(《金陵周刊》1927年第4期),《图书馆学》(油印本,1927年),《全国图书馆计划书》(《图书馆学季刊》1928年第2卷第2期),《图书馆建筑》(《图书馆学季刊》1928年第2卷第3期),《英国国立图书馆藏书源流考》(《图书馆学季刊》1932年第6卷第3期)《中国图书馆事业十年来之进步》(《图书馆学季刊》1936年第10卷第4期),《云南书目》(南京:金陵大学中国文化研究所,1937年)等,其中《全国图书馆计划书》《藏书楼与公共图书馆》《云南书目》具有代表性。

《全国图书馆计划书》,写于1927年,是李小缘对当时中国图书馆事业的发展规划。在该文中,李小缘分别就图书馆之目的、国民政府对于中国图书馆发达之责任、国立中山图书馆、省立图书馆、公共图书馆、学校图书馆六个方面展开论述。《全国图书馆计划书》是李小缘结合中国当时图书馆发展情况与美国图书馆实践所作,对我国图书馆事业的发展具有指导作用。

《藏书楼与公共图书馆》,1926年载于《图书馆学季刊》,是李小缘在苏州平旦学社演讲词的一部分。在该篇文章中,李小缘对旧式藏书楼进行了批判,强调现代图书馆自动化、平民化、贵致用等特点,并对美国公共图书馆的意义和特色进行了总结。该文"也许可称得上是20世纪中国图书馆学对公共图书馆思想进行最为系统的研究论文"[①]。

《云南书目》,出版于1937年,是李小缘的目录学代表作。《云南书目》囊括了中外各类有关云南的文献资料,在收录范围、著录方式和编辑体例方面都有所创新,是民国时期的大型地方综合性文

---

① 中国图书馆学会主编,《建筑创作》杂志社编:《百年文萃:空谷余音》,中国城市出版社,2005年,第58页。

献书目，更是研究云南地区发展与历史沿革的重要参考资料。

三、图书馆学基础理论学说

1925年，在留学归国的当年，李小缘即在苏州东吴大学讲授"藏书楼与公共图书馆"课程，宣传美国图书馆思想，介绍美国公共图书馆的特点与经验。通过对比，他将中国古代藏书楼与美国现代图书馆的特点概括为："古之藏书楼，重在保存；今之图书馆，重在普利民众，流通致用，以普遍为原则，以致用为目的，以提高生活为归宿……"[①] 具体区别如表2.1所示：

表2.1 中国古代藏书楼与美国现代图书馆的区别[②]

藏书楼	图书馆
静的	动的
设在山林	设在城市
官府办的	民众办的
被动的	自动的
贵族式的	平民式的
贵保存	贵致用
注重学术著作	注重精神娱乐
文化结晶的机关	文化宣传的机关
腐败化的	革命精神

"平民式"是基于图书馆受众角度的，"贵致用"则是李小缘图书馆思想的核心部分。从致用的特点出发，图书馆的工作才能够

---

① 李小缘：《全国图书馆计划书》，《图书馆学季刊》1928年第2期。
② 李小缘：《图书馆学》，第四中山大学，1927年，第4页。

更加契合读者需求。他指出，美国公共图书馆的意义包含六个方面："辅佐学校教育之不及""图书馆即是教育""精神娱乐的最高俱乐部""传播消息及智识之总机关""社会经济""宣传文化之总机关"，强调现代图书馆的教育价值与文化宣传作用。①

在1927年所编写的《图书馆学》讲义中，李小缘将现代公共图书馆的意义概括为七个方面，除了以上六点之外，还增加了"文献不足征也足则吾能征之矣"。②"文献不足征也足则吾能征之矣"来源于《论语》，原句为"文献不足故也，足则吾能征之矣"。李小缘引用此句，意在警醒国人，说明图书馆在保存国家历史文献方面的重要作用。

李小缘对图书馆的定义为："图书馆者乃收藏，流通古今中外人类思想经验之所在。集人类思想经验而为记载，将记载印刷装订之而成书；图书馆从而采购之，分类编目以组织之于一室，使之流通致用是为图书馆。"③在这个定义中，采购、保存、分类、编目是图书馆管理工作的内容，流通致用则是最终目的。他也指出，"公共图书的责任，就是要一面保全人类祖先的经验，祖先的精神遗产，及现在的科学智识进步，一面的责任是宣传这种文化，裨益社会，使社会进步"④。

由于中国古代藏书楼基本上处于封闭管理状态，李小缘尤其注重现代图书馆的自由开放，他强调，"美国公共图书馆之根基与其生命原在使书籍开放流通，使人人多借图书馆之书""近代图书馆

---

① 参见李小缘《藏书楼与公共图书馆》，《图书馆学季刊》1926年第3期。
② 李小缘：《图书馆学》，第四中山大学，1927年，第4—16页。
③ 李小缘：《图书馆学》，第四中山大学，1927年，第22页。
④ 李小缘：《藏书楼与公共图书馆》，《图书馆学季刊》1926年第3期。

必以自由开放为图书馆之原则，之主要政策"。依照美国公共图书馆的管理经验，李小缘把现代图书馆的特色总结为："自由开放""金钱能力""图书馆广告术""公共舆论之扶助""巡回文库""成人教育运动"。① 鉴于这些特色，李小缘主张，现代图书馆需要努力的基本方向约有八点："有保障之自由开放""提高公共道德""以精神服务为广告""基金稳固""编制成人教育用书""鼓吹与促进成人教育运动及公民读书运动""图书馆新方法""任用有图书馆专门学识之人"。②

《藏书楼与公共图书馆》是李小缘的代表性文章，该文采用比较研究法，对古代藏书楼进行了强烈批判，为公共图书馆思想的传播奠定了理论基础。这些论述来自西方图书馆学体系，同时也体现出李小缘希望建设近代科学图书馆学的诉求。值得一提的是，李小缘还将世界文化所依赖的三大发明归结为印刷术、交通往来方法和"图书馆中书籍之自由开放"③。以今天的眼光来看，这固然过分夸大了图书馆的作用，但在当时也不失为宣传图书馆自由开放的有效途径。不过李小缘也意识到，图书馆的自由开放并非"宽容放纵，盖绝对宽容，非人人有公共道德心不可"。"提高公共道德"，是与自由开放相对应的。因此，他建议社会教育家提倡公共道德，以保障图书馆的自由开放。

李小缘以书籍功用为主要依据，将现代图书馆分为五大类型："（一）负保存责任之图书馆。（二）负教育责任之图书馆。（三）负

---

① 李小缘：《图书馆学》，第四中山大学，1927年，第28—41页。
② 李小缘：《图书馆学》，第四中山大学，1927年，第42—44页。
③ 李小缘：《图书馆学》，第四中山大学，1927年，第28—30页。

社会经济责任之图书馆。(四)专门图书馆。(五)负责研究之图书馆。"① 其中,国立图书馆与省立图书馆属于"负保存与永久不灭之责者",国立图书馆的功用在于"保存与供专门参考,为一国学术界领袖之研究机关",省立图书馆则是"一省文献萃集之处";专门大学图书馆与大学图书馆、中学图书馆、小学或儿童图书馆属于"负教育责任之图书馆";公共图书馆、盲人图书馆、医院图书馆、军营图书馆、海军图书馆属于"负社会经济责任之图书馆"。②

依照这个划分类型,李小缘在《全国图书馆计划书》(以下简称《计划书》)中构建了一个相对完善的图书馆事业发展体系。这个图书馆体系包含国立图书馆、省立图书馆、公立图书馆、学校图书馆(大学图书馆、中学图书馆及师范图书馆、小学图书馆或儿童图书馆),并制订了总纲、组织、经费、举办事业、流通等方面的具体规则。

根据《计划书》的设想,国立图书馆注重保存、发挥、创造;省立图书馆与公立图书馆重在参考流通,为成人教育机关;学校图书馆应补学校教育之不足。国立中山图书馆分立在南京、北京、武昌、广州、成都五处,其中,以南京馆为总馆,由国家最高立法机关颁行图书馆法令,通行全国。全国图书馆委员会委员应请有图书馆学识者担任,且由国民政府最高教育行政机关提名。国立图书馆在图书馆委员会和图书馆馆长之下,设博物院、国际图书交换局、图书馆立法部、图书馆学校、图书馆学研究部、文牍、会计庶务、工程员;在参考部主任下设立法参考部、流通部、目录指导股、版权登录股、选书股、购书股、分类股、标题股、编目股、特藏部、

---

① 李小缘:《现代图书馆之种类》,《金陵周刊》1927年第4期。
② 参见李小缘《现代图书馆之种类》,《金陵周刊》1927年第4期。

装订股、印刷股。省立图书馆的目的在于"以普及各省内图书馆事业，使人人有讯问参考书籍，及利用开放流通书库之机会，藉以促进民众教育，及推广该省图书事业"①。省立图书馆在图书馆委员会之下，有图书馆馆长与文牍、会计庶务、工程员、立法部、博物院，馆长之下设参考部主任，参考部主任下设流通部、目录指导股、选书股、购书股、分类股、标题股、编目股、装订股、印刷股、特藏部。公立图书馆"以流通普通有价值之书籍，并普及至各县各市区各乡村；并养成欣赏文学之能，为目的"②。省立图书馆偏重参考，公立图书馆偏重流通。

他说，《计划书》为全国图书馆组织系统，并非限于一国立图书馆、一省立图书馆、一公立图书馆或一学校图书馆，国立省立公立图书馆均包罗在内。他对中国图书馆事业的发展寄予厚望，并说道：

> 苟能一旦打破旧式思想之藏书楼，使能公开群众，无论男女老幼，无等第，无阶级，举凡学生、工人、农夫、行政家、商人、军人等，皆能识字读书，享受图书馆之利益。则方可谓图书馆之真正革命，之真正澈底改造，之真正澈底建设者也。是乃中国教育界之幸，中华民国人民之幸！③

《计划书》撰写于1927年国民革命时期。在当时政治环境的影响下，李小缘还列举了中国图书馆的革命标语：

---

① 李小缘：《全国图书馆计划书》，《图书馆学季刊》1928年第2期。
② 李小缘：《全国图书馆计划书》，《图书馆学季刊》1928年第2期。
③ 李小缘：《全国图书馆计划书》，《图书馆学季刊》1928年第2期。

流通有用的书籍及关于革命的书籍!

保存贵重的书籍!

图书馆是贯澈普及革命精神唯一的工具!

图书馆为吾人人生之必需品。

图书馆事业革命!

图书大开放!读书大运动!

男女阅书不分界限。贫富贵贱阅书不分阶级。

打倒贵族式的图书馆,建设民众的流通图书馆。

设立科学方法组织的图书馆。

教育界与图书馆界打成一片!

图书馆与成人民众教育,是一事的。

图书为人生知识生命的泉源!

借阅图书,是公民的权利。归还图书和爱护图书是公民的义务。

打倒偷书"雅贼"!防止书厄的发生!①

从这些标语中可以看出,李小缘强调图书馆对教育的重要性,这与他的"图书馆即是教育""辅佐学校教育之不及"观点相呼应。同时他也指出,政府在中国图书馆事业发展进程中负有重要职责,应在经济与人才、发展及提倡图书馆、思想信仰之自由、扩张推广人选等之事权与责任、转运交通事宜等方面给予大力支持,搜罗图书馆专门人才,以法律保障思想信仰,对馆际互借与巡回书库施以交通上的便利。他主张中国图书馆必须彻底改造,但也意识到,因经费与建筑等问题,《计划书》的实现并非一朝一夕便能速成。李

---

① 李小缘:《全国图书馆计划书》,《图书馆学季刊》1928年第2期。

小缘的图书馆事业发展观基本上与他在《图书馆学》一书中所阐述的理论思想相一致,即在中国国情的现实基础上,借鉴美国图书馆的发展理念与经验。

当时国内公共图书馆事业初步发展,东方图书馆、浙江省立图书馆、江南图书馆、北京图书馆等相继成立,李小缘对中国公共图书馆事业的发展颇具信心,并预言:"假令国中统一,以军费充为图书费,努力猛进,不五十年,或可超美国公共图书馆之成绩,此吾人当抱乐观者。"①

《计划书》发表以后,袁同礼评价其"将具体办法一一列出,可引起全国知识界对于图书馆之注意,实宣传上所必需者也"②。陈钟凡根据其中的内容写成《拟办国立中山图书馆之计划书》。1928年,全国教育会议在南京召开,其中的筹设国立中央图书馆一案获得了多数通过。1933年,筹建中央图书馆的提案正式获得国民政府批准。这充分证明李小缘的《计划书》在当时便有较大的影响力,并具备切实可行性。

李小缘为中国公共图书馆事业制订了相应的发展规划,强调"规模不必太大,惟计划不可不精"。他的公共图书馆发展计划共包含四个方面:"第一必有法律之根据及保障";"第二基金必须独立,以期其根本稳固";"第三必须有相当之创办费";"第四在得人"。"若此四者根基稳固。则图书馆发轫虽小,收成必大,可预言也"③。

公共图书馆立法是李小缘公共图书馆发展计划的第一步,也是

---

① 李小缘:《公共图书馆之组织》,《图书馆学季刊》1926年第4期。
② 和:《书评:中国图书馆计划书》,《中华图书馆协会会报》1928年第5期。
③ 李小缘:《图书馆职员》,载马先阵、倪波编《李小缘纪念文集》,南京大学出版社,1988年,第162—163页。

借鉴美国图书馆发展经验而提出的举措。他提到,"公共图书馆之设施,在美国亦如各大公司之组织,首必有法律上之根据,或受法律之许可"。从我国图书馆事业发展的现实出发,李小缘意识到了当时我国图书馆立法的困难性,"考诸吾国之正大光明典章法律。以图书一事无论或城或乡或省或国,皆无法律之根据,纵或有之,亦不过如曹锟提议办国家图书馆一样"。①

因此,在1929年的中华图书馆协会第一次年会上,李小缘提出《规定全国各省立各县立图书馆标准法令案》,建议在调查现有图书馆实况的基础上,集合全国图书馆学专家,研究标准图书馆组织,制定法令原则。② 这个提案在年会上获得了通过,表明图书馆立法是当时图书馆学学者的共识。2018年1月1日,《中华人民共和国公共图书馆法》正式施行,这是我国第一部针对图书馆的专门法,引起了图书馆同人的广泛关注,其第十三条为:"国家建立覆盖城乡、便捷实用的公共图书馆服务网络。公共图书馆服务网络建设坚持政府主导,鼓励社会参与。"而在20世纪20年代,李小缘便提出了图书馆立法问题,这与其《计划书》中建立全国图书馆体系的倡议不谋而合,反映了他的图书馆学思想的超前性。

1929年,中华图书馆协会第一次年会在金陵大学举办,李小缘是本次大会的组织者之一。在此次会议上,他所倡议的提案达29项之多,涉及人才培养、图书馆立法、标准规定、书目编制、图书馆宣传、善本文献保存等多个方向,为中国图书馆事业的发展提供战略规划。1936年,中华图书馆协会第三次年会在青岛召开。李

---

① 李小缘:《公共图书馆之组织》,《图书馆学季刊》1926年第4期。
② 参见李小缘《规定全国各省立各县立图书馆标准法令案》,载中华图书馆协会执行委员会编《中华图书馆协会第一次年会报告》,中华图书馆协会事务所,1929年,第99页。

小缘发表《中国图书馆事业十年来之进步》一文。在该文中,他指出,进步的意义是"(1)昔日无者,今日有之。(2)昔日不可能者今日已属可能。(3)其善者数目增强,其不善者日见减削,昔日方法劣者今日渐趋于优。(4)一般社会之认可。(5)有显著之事实,为吾人一望而知者"。他将中国图书馆事业的进步概括为以下几个方面:"社会乐用曾受训练者为职员""图书馆学专门人材增多""图书馆学书籍出版增多""图书馆新式建筑""行政效能增进""设备""装订""书籍购置""书籍选择""目录之编制""分类法之创立""编目条例""印行目录卡片""目录""目录学""索引""流通参考""出版事业",[①] 对民国时期图书馆事业的发展进行了相对全面的概述。

1952年,李小缘任职于南京大学图书馆,他的研究重点转至高校图书馆,撰写了《高等学校图书馆如何提高工作质量为科研和教学服务》《论参考工具书》《论馆际互借》《高等学校图书馆行政》《高等学校图书馆建筑》等文章。在李小缘的带领下,南京大学图书馆搜集东方学、考古学、地方志等资料,形成了自己的馆藏特色。他曾说:"大学图书馆员工作,要认清三个要素,为书刊、读者及自身的努力。书刊是物质,时有增加亦偶有淘汰。读者是用物质来做工作的对象,大学师生继续来馆时间老师比学生长,一般稳定性强,虽不如专门研究所固定,但远远超过普通公共图书馆,工作方向是肯定的。故工作人员乃是运输新知旧识的总发动机,能力愈大,运输成绩愈强,学术性愈显。"[②]

---

① 李小缘:《中国图书馆事业十年来之进步》,《图书馆学季刊》1936年第4期。
② 丁廷洎:《我所知的李小缘先生》,载南京大学信息管理系编《李小缘纪念文集》,南京大学信息管理系,2007年,第341页。

1956年，在高校图书馆工作会议上，李小缘提出，高校图书馆具有学术性和服务性。这一提议得到了参会专家的一致认可，"高等学校图书馆是为教学和科学研究服务的学术性机构"也被写入了《高等学校图书馆试行条例（草案）》。蒋一前先生也曾指出，"李先生对我国图书馆事业的贡献是多方面的，要说最主要的贡献可集中于两点：为中国推出公共图书馆的概念和设想，为高校推出学术图书馆"[①]。

四、图书馆管理思想

在图书馆的组织机构、图书选择、鉴别、购置、经费方面，李小缘在《图书馆学》一书与多篇文章中均有所提及。虽然李小缘赞同美国公共图书馆的精神，但从实际出发，他并没有盲目套用西方图书馆的管理方法，而是以中国古代藏书整理理念为主，以西方现代图书馆方法为辅，借鉴当时图书馆学学者们的普遍观点，总结出了适合中国近代图书馆的管理方法。尽管随着科学技术的发展，图书管理方法有所变化，但这些原则在今天依旧适用于现代图书馆管理工作。

在图书馆的组织机构上，李小缘按照西方公共图书馆的组织体系，建议图书馆的管理要有法律依据，在馆长之上设立图书馆委员会。图书馆委员会包括选书委员会、建筑委员会、经济委员会、管理委员会、公民委员会，由省长或市长担任委员会主席，馆长为委员会书记，委员会成员由精于管理、经济、美术及爱好读书者等担

---

① 蒋一前：《回忆李小缘先生》，载南京大学信息管理系编《李小缘纪念文集》，南京大学信息管理系，2007年，第334页。

任。图书馆可设立的部门有：参考部、流通部、选书部、购书部、分类部、编目部、装订部、特藏部。李小缘尤其重视参考部的作用，其次则是流通部，并将参考部视为"除馆长而外馆中重要之职务"①。

在图书选择方面，李小缘认为，随着时代的变迁，郑樵的"求书八法"已不够具体化。他认可顾颉刚采购中国书籍的范围，这个范围包含经史子集及丛书、档案、地方志、家族志、社会事件记载、个人生活记载、账簿、中国汉族以外各民族书籍、基督教出版书籍及译本书等类型。②参考以上观点，李小缘提出了详细的图书选择原则，他主张，选择的图书要能使人奋发、引导人生，要选择本地社会最有兴趣的事业书籍、社会上多数民众所需书籍、本地方志地图、有永久价值之书，以适合馆中经济状况与读者需要等。从本质上看，李小缘所认可与主张的图书选择工作主要考虑读者与经济两个因素，这两个因素一直以来也都是图书馆管理的基本要素。

据祁承㸁《澹生堂藏书约》所载，藏书训略可分为购书与鉴书两个方面。在研究图书鉴别策略的过程中，李小缘采纳祁承㸁的观点，将图书鉴别分为五个方面，分别是："审轻重""辨真伪""核名实""权缓急""别版本"。③其中，"审轻重"即评估图书的价值；"辨真伪"即分辨原书和版本的真伪；"核名实"是要核证著者、年代、刊地、底本、收藏者、同书异名、异名同书等细节；"权缓急"即要视图书馆的需求而权衡轻重缓急；"别版本"是要区别各时代各种类型的图书版本，包括官家本、经藏本、外国本、杂本等。

---

① 李小缘：《图书馆学》，第四中山大学，1927年，第70页。
② 参见李小缘《图书馆学》，第四中山大学，1927年，第175—178页。
③ 李小缘：《图书馆学》，第四中山大学，1927年，第203—219页。

对于图书购置，李小缘同样参考祁承㸁与郑樵的购书方法，认为郑樵的"求书八法"（"即类以求""旁类以求""因地以求""因家以求""求之公""求之私""因人以求""因代以求"）和祁承㸁的"外加三则"（"依引用之书而求之""依注以求""依序而求"）都有借鉴价值。但他也意识到藏书家与图书馆收藏图书的区别，结合图书馆藏书建设经验，李小缘提出的购书原则如下："价廉物美""手续灵敏""最经济的方法"。此外，他提出要采取多种方法添置图书，除购置以外，也要注重赠予、交换、保管等形式的收藏渠道。

五、图书馆教育思想

人才是李小缘公共图书馆计划中不可或缺的要素。李小缘重视馆长与图书馆管理员的作用，说"馆长之第一要素即其学问"，"第二要素即其办事之方法"。公共图书馆的管理员"普通需大学毕业。最低者亦须有中学毕业程度。能得图书馆学校之卒业生最佳。最次者亦需在馆中服务，富有经验。精于目录学，识数国文字，明白各种智识学术之范围，及其中各著名之著作。善评断，富常识。思想缜密周到，记录能精确无讹。关于服务方面，对人对读者，应具墨子摩顶放踵之精神"。①

李小缘非常重视图书馆人才的培养。他明确指出，"图书馆最重要之要素，非建筑，非书籍，乃董事与馆长耳"。②在图书馆管理人员的任命上，他说道："现代图书馆之发达非旧式目录学家之贡

---

① 李小缘：《公共图书馆之组织》，《图书馆学季刊》1926年第4期。
② 李小缘：《公共图书馆之组织》，《图书馆学季刊》1926年第4期。

献,乃新式有专门训练专门知识之人才。中学图书馆至少应用中学毕业而有图书馆训练之人。公立图书馆亦然。大学图书馆与专门图书馆则所需要更为重要。"① 因此,李小缘认为,"图书馆是比藏书楼意义方面要精些、特色要多些、方法要灵便些、管理员要多有训练些"。②

李小缘的图书馆学教育思想来源于自身的教育经历,在经过金陵大学图书馆的管理实践、美国图书馆学校的专业学习之后,他坚定了图书馆学发展要培养专门人才的观念。1929年中华图书馆协会第一次年会上,李小缘出了《呈请教育部从速培植图书馆专门人材案》,具体的建议措施有:"由教育部聘图书馆专家,设立图书馆专门学校,并附设图书馆函授学校","由教育部指定在国立大学筹设专科,得给予津贴","由教育部指定中央图书馆附设图书馆专门学校,及图书馆函授学校"等。③ 这个提案获得了图书馆教育组的通过。

在图书馆学教育的实践中,李小缘参与创办金陵大学图书馆学系,担任金陵大学图书馆学系主任兼教授,在中华图书馆协会举办的图书馆暑期学校和各社会教育讲习所讲授图书馆学课程,为中国图书馆事业的发展培养了诸多人才,如钱存训、卢震京、吴光清等图书馆学家。

---

① 李小缘:《现代图书馆之特色》,载马先阵、倪波编《李小缘纪念文集》,南京大学出版社,1988年,第102页。
② 李小缘:《藏书楼与公共图书馆》,《图书馆学季刊》1926年第3期。
③ 李小缘:《呈请教育部从速培植图书馆专门人材案》,载中华图书馆协会执行委员会编《中华图书馆协会第一次年会报告》,中华图书馆协会事务所,1929年,第176—177页。

六、图书分类与编目思想

李小缘认为,图书分类不同于知识分类。图书分类以学科知识为依据,偏重书籍的实用价值;知识分类重视论理关系。他将论理、地理、年代、语言、字母、体裁和版期视作书籍的分类依据,具体分类原理有:"书籍分类乃以同科目者为一类,其目的在致用""其科目之排列,必依事物之论理的系统与次序""完备而概括""号码简单易识""因时因地以致宜""分配均匀""繁简相称"等。①李小缘所总结的分类原理以知识分类为基础,突出致用原则。

在图书目录方面,李小缘不仅在理论上有所研究,还编撰了《云南书目》《西人论华书目》等颇具影响力的书目。他将目录学定义为"研究历史上目录之种类,条例及致用法"②的学科,并在1927年编印的《目录学大纲》中,把目录学研究体系归纳为目录学定义、目录学功用及使命、目录体例、中国目录学史、近代目录学趋势、目录种类及举例、总论中国目录学与中国目录学应解决之问题等方面。李小缘提出的目录学体系结合了中国古代与西方目录学的研究内容,既关注学科历史,也注重未来发展趋势。《目录学大纲》文末还附有《目录学选读单》,其中推荐的中文著作达38种、西文著作达17种,不乏现代目录学著作,是李小缘中西结合的目录学思想的体现。

李小缘认为,民国时期的目录学家可分为四个派别,分别是:(1)"考书目之历史者,研究目录之渊源历史或考证一书版刻之历

---

① 李小缘:《图书馆学》,第四中山大学,1927年,第248—249页。
② 李小缘:《图书馆学》,第四中山大学,1927年,第21页。

史者",即"史的目录学家",代表人物与作品有汪国垣《目录学研究》、刘咸炘《目录学》;(2)"精研一书之板刻异同得失,是为版本学家",即"版本目录学家",代表人物与作品有傅增湘《藏园群书题记》、赵万里《斐云群书题记》、钱基博《版本通义》;(3)"研究某一书籍与其他一书内容字句上之讹异,是谓校雠之学",即"校雠目录学家",代表人物与作品有蒋元卿《校雠学史》、胡朴安《校雠学》;(4)"界乎以前数者之间,自鸣新旧俱全者",代表人物与作品有杜定友《校雠新义》、姚名达《目录学》、马导源《书志学》。① 这个划分体系是对民国时期我国目录学家类型的高度概括,反映了这一时期我国目录学研究新旧派别并存的特点。李小缘的划分方法被许多学者所采纳。2004年,彭斐章在《20世纪中国目录学研究的回眸与思考》一文中,便直接采用了李小缘的这一目录学家分类方法。

  李小缘重视目录学的致用性。他不认可校雠学与版本学的实际效用,并指出:"校雠学与版本学之主要功用在供一般研求中国学术者,一辨别自择研题之能力与方法,使能自选每项书籍,可以鉴别有版本真伪讹误之处,以为其研究基础。及其辨别其所需要之材料而已,往往见虽号称通人者,穷数十年之光阴,改正一二误字之微,有时纵或有关键,固未可厚非,其功用影响,当然亦甚微薄。……与整个目录学,与中国学术之总成绩,并无多少裨益。若夫前段所论近来所编之学科书目,无论其残缺与否,则与读者一切实指导,或能引起普通读者专致力于一途径,其效用之广宏,影响之深刻,与校雠版刻之学,其轻重关系,不言而喻,无用吾人之断

---

① 参见李小缘《中国图书馆事业十年来之进步》,《图书馆学季刊》1936年第4期。

语也。"① 李小缘对校雠学、版本学的批判固然过于偏激,然而,从他的叙述中可以看出,他的这一观点是从读者利用图书馆目录的角度出发的。因此,从本质上来说,李小缘的目录学研究受到了现代图书馆观念的影响,更加关注目录学的实用价值。

致用性是李小缘图书馆学思想的核心观点,也是他编撰书目的指导思想。在国内求学时期,李小缘谨记指导教师的话:"国家的疆土在清晚期百年间丧失大片,这是民耻国辱,你能为国土不再丧失甚至收回(或公平合理划界)作贡献吗?"② 其子李永泰在《我所认识的父亲》一文中说道:"父亲一生可谓有三爱,即爱国、爱书(包含爱知识、爱人材)、爱图书馆(包含爱事业),还有些教授说他是爱书、爱图书馆、爱中国文化。"③

在爱国思想的指引下,1921 年至 1925 年,在美国国会图书馆实习期间,李小缘利用业余时间,编撰完成《西人论华书目》。该书目收集了有关中国问题的外文资料,所收录范围包括"古今自然科学,社会科学,旁及地理游记,风俗习惯,历史人物,举凡与中国有关之事,应有尽有,文化艺术书籍亦为重点"④。关于编撰该书目的原因,李小缘在序言中说道:"古人云'知己知彼,百战百胜',帝国主义过去对我国阴谋破坏,吾人言之切齿痛恨,但语焉不详,此目若能完成,将有关书籍能一一入藏,则窥测其根源,揭

---

① 李小缘:《中国图书馆事业十年来之进步》,《图书馆学季刊》1936 年第 4 期。
② 李永泰:《关于〈云南书目〉的一些情况》,《文教资料简报》1982 年第 3—4 期。
③ 李永泰:《我所认识的父亲》,载南京大学信息管理系编《李小缘纪念文集》,南京大学信息管理系,2007 年,第 347 页。
④ 李小缘:《〈西人论华书目〉自序》,载马先阵、倪波编《李小缘纪念文集》,南京大学出版社,1988 年,第 203 页。

发其底细，我们可以加以探索。"①

20世纪30年代，李小缘编订《云南书目》，并于1937年由金陵大学中国文化研究所出版。该书目是在英法两国争夺蚕食云南的背景下完成的。但受战争影响，该书目实际上并未排印完毕。1988年，《云南书目》由云南省社会科学院文献研究室校补，云南人民出版社出版发行。该书目刊载了自汉代至20世纪30年代，关于云南省的历史、地理、地质、矿产、动植物、政治、经济、文化、民族、军事、交通、民族、军务、边务、中缅关系史、滇缅界务史等方面的中外文专著、报刊、年谱、档案、政书、地图、图谱、通史、断代史、地方志、公报、会刊、丛书等资料，是我国近代学术史上重要的地方文献书目。

《云南书目》收录资料3 000多种，其中，英文资料300余种，法文资料近300种，此外还有日文、德文、意大利文、荷兰文等语种资料。②该书目采用分类与主题相结合的方式，分类为主，主题为辅，按照分类、小类、子目的编排方式，在大类之下细分小类，根据类目的具体情况，按照地区、年代或主题进行排列。例如，"历史"大类中，"明清之际"下分设"总论""永历入缅""三藩""吴三桂""陈圆圆""尚可喜"等类目；"民族"大类下分"总论""汉""唐""五代""宋""明""清""民国""日文书目""分论"等类目；"边务"大类下分"通论""西南边务""云南边务""英法与云南之关系""中缅关系史""滇缅界务史"等类目。

---

① 李小缘：《〈西人论华书目〉自序》，载马先阵、倪波编《李小缘纪念文集》，南京大学出版社，1988年，第203页。
② 参见李小缘编辑，云南省社会科学院文献研究室校补《云南书目》，云南人民出版社，1988年，"序"第1—3页。

在著录方式上，《云南书目》充分吸取我国古代目录的编撰体例，采用叙录、传录、辑录相结合的形式，著录书刊的书名、著者、出处、出版年、卷册数。同时，对于重要文献，李小缘还撰写了提要、书评，并介绍了版本、相关章节、著者生平等事项，以帮助读者更加全面地了解图书内容。虽然由于各种原因，该书目并没有为我们留下序言、凡例或后记，但是从书目的编排方法、著录方式和收录资料的情况来看，它为地方文献书目的编纂提供了范例，也体现了李小缘注重目录学实用价值的主张。

李小缘借鉴美国图书馆的编目经验，提倡字典式卡片目录，"中国目录为分类式之目录，每书各以类从，每名只入一次。美国普通图书馆有所谓字典式之卡片目录，每书可入目录数次，或著者或书名或标题片三种，每书至少入三次。故至少可有三种方法可以寻出。吾国分类目录只可寻一次。如分类失当，则无可寻之机会"[①]。他建议将书籍分类编制成卡片目录，"更用纸头编制成为小书目单"，以此作为广告，普及到读者手中。曾有学者评价，李小缘在金陵大学图书馆工作期间，"为西文图书引进了美国的先进图书分类法，采用标题法编制了系统的标题目录卡片与著者、书名及其他副片，开创了国内第一部字典型目录"[②]。

除了以上两个书目之外，李小缘所编制的书目还有《中法关系书目》《黔方志目》《日本书目》《帝国主义侵略中国书目》《中国边务书目》《蒙古书目》《新疆书目》《西藏书目》等。这些书目均编制于 20 世纪 20 年代至 40 年代，也是中国遭受帝国列强侵略、全

---

① 李小缘：《图书馆学》，第四中山大学，1927 年，第 79 页。
② 范毓周：《李小缘与〈云南书目〉》，载南京大学信息管理系编《李小缘纪念文集》，南京大学信息管理系，2007 年，第 409 页。

国人民奋起保家卫国之时。各边省书目的编制是李小缘根据时局而作，具有重要的现实意义。

七、学术贡献

20世纪二三十年代，李小缘率先从图书馆事业的全局出发，为中国图书馆事业的整体发展进行规划，提倡公共图书馆精神，号召建立有层次、有体系的中国图书馆事业体系，构建了中国图书馆事业的初步发展模式，具有相对超前性。《藏书楼与公共图书馆》《全国图书馆计划书》《公共图书馆之组织》等文章强烈抨击保守式藏书楼，宣传现代化图书馆，进一步充实了李小缘的公共图书馆思想体系。在《全国图书馆计划书》第一章中，李小缘表明设立图书馆的目的：

（一）保存中国之旧有文明，使所发明之思想学术，影响及于全世界……

（二）供全国学者对于所精细研究之问题，有相当之参考，以供专门之寻绎……

（三）使全国民众，无论男女老幼，皆有识字读书之机会……

（四）提倡并推广图书馆学术，与图书馆事业，以敦促教育之普及及进行。①

从这段叙述中可以看出，虽然李小缘提倡西方图书馆平民化、贵致用的精神，但是他更加注重中国传统文明的保存与普及。这在

---

① 李小缘：《全国图书馆计划书》，《图书馆学季刊》1928年第2期。

李小缘的《图书馆学》一书中体现得尤为明显。该书为李小缘在1927年于金陵大学图书馆学系任教时的讲义教材,后被《李小缘纪念文集》收录,从中我们可以全面了解这位图书馆学家的思想观点,以及他对古今中外图书馆学经典著作的研究功底。郑樵《校雠略》、祁承㸁《澹生堂藏书约》、孙从添《藏书纪要》、杨守敬《藏书绝句》等的观点都被李小缘运用于图书馆学的学术研究之中。同时,杜定友《图书馆通论》、杨昭悊《图书馆学》、顾实《图书馆学指南》、洪有丰《图书馆组织与管理》也都是李小缘在撰写该书时的参考资料。从这个意义上来说,李小缘的图书馆学思想并非纯粹的西方图书馆学思想,而是植根于中国古代藏书思想与近代图书馆实践,具有中西结合、重视致用、与时俱进等特征,更加适合于中国图书馆学的发展需求,为中国图书馆学的本土化提供了研究思路。

第六节 万国鼎

一、生平

万国鼎（1897—1963），字孟周，1897年12月26日出生于江苏省武进县（今常州市武进区）小新桥乡，1910年小学毕业后考入江苏省常州中学，1915年中学毕业后考入上海大同学院，后因战乱辍学。1916年，他考入金陵大学农科。1920年，万国鼎毕业后留校任钱天鹤先生的助教，协助蚕桑的研究与推广工作。1921年，他至上海生丝检验所担任技师一职。1922年，他任上海商务印书馆编译所编辑，负责农业图书的编辑与校订工作。1924年，他任金陵大学农业图书研究部主任与农经系讲师。1932年9月，金陵大学农业图书研究部改组为农经系农业历史研究组，万国鼎担任主任一职；同年11月，万国鼎任南京国民政府资源委员会委员兼专员，兼任金陵大学教授、农业历史研究组主任。后因资源委员会侧重方向发生变化，他于1937年改任为兼职专员。1932年至1938年间，万国鼎还在中央政治学校（后改名为国立政治大学）地政学院从事教学科研工作。① 1937年，抗日战争全面爆发，万国鼎随国立政治大学由南京来到重庆，兼任中国地政所地政研究员。1946年，他随国立政治大学返回南京。1949年，国立政治大学南迁广州，万国鼎决定留在南京，与部分师生一起坚持上课，直至南京解放。后来国立政治大学解散，他一度赋闲在家。1951年3月，经许德珩介绍，万国鼎来到北京，进入华北人民大学政治研究院学习。同年12月，万国鼎被分配至河南省人民政府农林厅。1953年，调任至河南农学院，任农学系教授。② 1954年，在金善宝的推荐下，万国鼎回到南京，任南京农学院（即后来的南京农业大学）农业经济系教授兼农业历史组主任，负责中国农业史资料的整理与研究。1955年，农业部和中国农业科学院筹备小组在北京召开"整理祖国农业遗产"座谈会，万国鼎参加此次会议，并与参会代表一起，建议成立整理农业遗产的专门机构，整理研究我国重要的古农书。同年7月，我国最早的农史专业研究机构——中国农业遗产研究室正式成立，受中国农业科学院与南京农学院双重领导。万国鼎被农业部任命为中国农业遗产研究室首任主任。万国鼎注重史料的发掘与研究，曾担任南京历史学会理事，南京市第一、二、三届政协委员和民革南京市委员，共出版了10部专著，撰写130多篇论文（正式发表的有78篇）。③ 在中国农业遗产研究室成立初期，他积极筹备，招纳贤才，广征资料，为研究室的发展制订战略蓝图。但不幸的是，万国鼎突发脑出血，于1963年11月25日病逝。

---

① 参见万光《缅怀父亲万国鼎》，载王思明等主编《万国鼎文集》，中国农业科学技术出版社，2005年，第387—390页。
② 参见叶依能《著名农史学家万国鼎教授》，《中国科技史杂志》1990年第1期。
③ 参见《南京农业大学发展史》编委会编《南京农业大学发展史·人物卷》，中国农业出版社，2012年，第546—552页。

二、学术论著

万国鼎在索引学、检字法等方面有着深入的研究,在图书馆学领域的学术论著有《汉字母笔排列法》(《东方杂志》1926年第23卷第2期)、《字典论略》(《图书馆学季刊》1926年第1卷第1期)、《修正汉字母笔排列法大纲》(《图书馆学季刊》1926年第1卷第2期)、《类书解题初稿》(《金陵周刊》1927年第4期,1928年第8、9期)、《索引与序列》(《图书馆学季刊》1928年第2卷第3期)、《各家新检字法述评》(《图书馆学季刊》1928年第2卷第4期)、《汉字排检问题》(《图书馆学季刊》1929年第3卷第1—2期)、《新桥字典》(上海:中华书局,1929年)、《金陵大学图书馆方志目》(与储瑞棠合编,南京:金陵大学图书馆,1933年)、《农业论文索引》(陈祖槃主编,万国鼎校订,南京:金陵大学图书馆,1933年)等,其中《索引与序列》《新桥字典》《农业论文索引》具有代表性。

《索引与序列》,于1928年发表在《图书馆学季刊》上,是万国鼎在金陵大学所授索引学课程讲义的导言部分,也是我国索引学史上的重要论文。在该文中,万国鼎论述了索引的定义、序列的定义、索引与序列的效用、排检法的概念以及欧美索引发展情况等索引学理论问题,并首次提出"索引运动"一词。

《新桥字典》,字典类工具书,1929年由中华书局出版。全书按照汉字母笔排列法排列,收字15 000个,引用索引排检法,提高了读者的检字效率,具有较高的实用价值。

《农业论文索引》,陈祖槃主编,万国鼎校订。该书的原本并未印行,仅供金陵大学师生使用,后因需求者甚多,由金陵大学图书馆编印出版。全书收录文献分为中西两部,所编中文索引30 000条、西文索引6 000余条,是民国时期重要的农业论文检索工具。

三、索引学说

民国以前,我国已有索引学的先觉。清代章学诚的《校雠通义》、汪辉祖的《史姓韵编》、阮元的《经籍籑诂》,虽未明确注明索引一词,但都被视作索引之滥觞。1917年,林语堂的《创设汉字索引制议》首次将索引一词引入中国。[①] 1923年,胡适在《国学季刊》的发刊宣言中呼吁"整理国故",强调对古籍进行系统整理,并总结了三种形式的整理方法,即"索引式的整理""结账式的整理""专史式的整理"。在胡适看来,索引的功用"在于节省学者的功力,使学者不疲于功力之细碎,而省出精力来做更有用的事业","索引式的整理"是"提倡国学的第一步"。[②] 1925年中华图书馆协会成立,其下设有索引委员会,洪业任书记。同年,何炳松提出编制中国古籍索引的方案。[③] 1926年,刘复发表《一个极笨极笨的索引法》一文。林语堂、袁同礼、万国鼎、杜定友、王重民等也纷纷发表自己对于索引编制的见解。

万国鼎对索引的定义如下:"索引者,分析图书内容,别为一表,指示某种事项或参考材料见于书中或其他刊物中之某处,藉便检查者也",并说,索引"给吾人以一种工具,俾节省时间,而增

---

① 参见王余光《索引运动的发生》,《出版发行研究》2003年第6期。
② 胡适:《发刊宣言》,《国学季刊》1923年第1期。
③ 参见何炳松《拟编中国旧籍索引例议》,《史地学报》1925年第8期。

加求学及治事之效率者也"。在《索引与序列》一文中，万国鼎认为，"盖中国索引运动，已在萌芽矣。他日成绩，惟视吾人如何努力耳",① 首次形象地提出"索引运动"一词，用以概括20世纪二三十年代中国索引事业的发展情况，这反映了他对中国索引事业发展的信心。他将当时中国索引事业发展过程中存在的问题归纳为汉字排检法、索引体例、编辑手续、排印款式、序列编制等多个方面，其中，排检法是最重要的问题，这也是民国时期索引学研究者的共识。

万国鼎将索引学理论与索引实践结合起来，高度概括了中国索引学的发展阶段，同时也明确了索引学的基本发展方向。在实际工作中，万国鼎致力于解决排检、索引等问题，编纂专业索引，研究汉字检字法，为我国索引学的理论研究提供了实践参考。

万国鼎于1924年接任金陵大学农业图书研究部主任后，便开始从事我国农学遗产的搜集与整理工作。除了重视编纂整理工作以外，他还致力于我国旧农书和地理图籍的收集工作，其中尤以方志的数量为大宗。1933年，万国鼎与储瑞棠合编了《金陵大学图书馆方志目》，该书共载录馆藏单行本方志2 104种22 056册，分别包含通志57种3 790册、府志242种4 557册、县志1 717种13 233册、市乡志49种233册、其他类39种243册。② 这些收录数量在当时来讲，已属蔚为壮观，仅次于国立北平图书馆（东方图书馆原列第二位，可惜于1932年被日军炸毁）。值得一提的是，《金陵大学图书馆方志目》还收录有元刻本1种、明刻本17种、抄本稿

---

① 万国鼎：《索引与序列》,《图书馆学季刊》1928年第3期。
② 参见万国鼎、储瑞棠编《金陵大学图书馆方志目》，金陵大学图书馆，1933年，"序言"第1—2页。

本 100 种和不少的清代罕见方志。

在索引编制方面，万国鼎参与编纂民国时期重要的农业文献索引——《农业论文索引》。该套索引的编纂出版工作始于 1924 年，止于 1935 年，历经 10 年左右的时间，由陈祖槼主编、万国鼎校订。在此书的序言中，万国鼎指出了编纂该索引的动因："方今学术日进，人事日繁，而精力有限，吾人不得不节省精力，善用时间，以读日多之书，治日繁之事。索引者，所以应此需要，给吾人以一种工具，俾节省时间，而增加求学及治事之效率者也。今欧美各国，莫不重视索引，种类繁多，编制完善。……返视吾国，则此种索引，尚付阙如。此本校所以有农业论文索引之编纂也。"①《农业论文索引》收录文献分为中西两部，其中，中文文献的收录时间自 1897 年至 1931 年底，包括杂志 320 种、丛刊 8 种；西文文献的收录时间自 1858 年至 1931 年底，这段时间在中国出版的西文杂志与丛刊约 36 种。

该书未用分类而依据字典式排列，这在我国当时属于独创之举。《农业论文索引》采用标题索引的方式，依据汉字母笔排列法进行排列。如遇标题之下数目较多时，则细分为小标题（即二级标题）；如标题之间互有关系则标注"参见""见"等字样。小标题和同标题下的各篇名均依字排列，另附标题首字笔数索引于书尾，以便利尚未习惯使用汉字母笔排列法的读者。为解决当时我国杂志计卷分期与记面不一致的情况，该索引采用以全卷面数为起讫、以每期为起讫和每期各栏自为起讫或每篇自为起讫的方式，如：

---

① 金陵大学农学院农业经济系农业历史组编，万国鼎校订：《农业论文索引（1858—1931）》，金陵大学图书馆，1933 年，"序"第 1 页。

5:180—6　即第五卷第一八〇至一八六面（全卷面数为起讫者用此法）

5（2）32—41　即第五卷第二期第三二至四一面（每期为起讫者用此法）

(126) 4—8　即第一二六期第四至八面（分期而不分卷者用此法）

1（4）讨 1—5　即第一卷第四期讨论栏第一至五面（每栏为起讫者用此法）

1（4）5 面　即第一卷第四期共五面（每篇自为起讫者用此法）①

为求收录的完整性，该索引编纂者不仅利用金陵大学图书馆所藏文献，也辗转于京沪各大图书馆，如中央大学、中华农学会、中央研究院、东方图书馆、英国皇家亚洲学会等图书馆。因此，在序言中，万国鼎有"举凡民国二十年以前者，大抵无遗"② 之说。

《农业论文索引续编》仅收录了 1932 年 1 月至 1934 年底的中西文文献，其中，国内出版的中文杂志 553 种、丛刊 6 种，英文杂志及丛刊 30 种，中文索引共计 13 872 条，西文索引 1 061 条。虽然只有三年的时间，但随着农业问题被广泛关注，该续编所搜集的材料，几乎为正编的一半之多。对于正编排列中的不足之处，续编进行了改进，如增加"地名系中国在前，各省次之，各国在后"的排列规则，避免了地名等级排列混乱的困惑；增加"一篇论文载于二种杂志以上者，归并于同一篇名之下，惟杂志名称及卷期日期均

---

① 金陵大学农学院农业经济系农业历史组编，万国鼎校订：《农业论文索引（1858—1931）》，金陵大学图书馆，1933 年，"凡例"第 1 页。
② 金陵大学农学院农业经济系农业历史组编，万国鼎校订：《农业论文索引（1858—1931）》，金陵大学图书馆，1933 年，"序"第 1 页。

各列入,以日期先后为序",以节省读者的检索时间。①

著名历史学家吴相湘在《农业论文索引》影印本的前言中说,中国自古较少有关于农学的书籍,《齐民要术》与《天工开物》又不受藏书家的重视,《农政全书》则是徐光启受到利玛窦的启示而编撰。《农业论文索引》正编和续编"是中国自传统农业逐渐转变到采取西洋农学长技,以适合中国环境的一项珍贵纪录","就时间和杂志数量说,用长远、宽广四字应该是不夸大的"。②

此外,万国鼎还首次公开开设"索引与序列"课程,《索引与序列》一文便是该课程的第一讲导言,这是我国索引事业的重大进展。

作为索引检字组的书记,万国鼎与杜定友、陈文、蒋一前等同人,在中华图书馆协会第一次年会索引检字组第一次会议上,将完善检字法的标准归纳为7个方面:自然、普及、简易、直接、准确、定序、便捷。后因直接与便捷、定序与准确这两组词语的意思相近,于是在第二次会议上,索引检字组以37票(出席者共49人)通过了"完善检字法之标准",具体包括:简易(普及、自然、简单),准确(一贯、有定序、无例外),便捷(迅速、直接、便当)。③在该次年会上,万国鼎共提出了两项议案,分别是《请中央研究院改革汉字案》和《通知书业于新出版图书统一标页数法及附加索引案》(与李小缘共同提出)。其中,《请中央研究院改革汉字案》是对上述检字法标准的进一步完善,体现了万国鼎对彻底改革

---

① 参见朱耀炳主编,金陵大学图书馆杂志小册部编《农业论文索引续编(1932—1934)》,金陵大学图书馆,1935年,"凡例"第1—2页。
② 《〈农业论文索引〉(影印本)前言——〈民国史料丛刊〉第八种》,载吴相湘著《民国史事》,东方出版社,2014年,第308—310页。
③ 参见万国鼎《索引检字组》,载中华图书馆协会执行委员会编《中华图书馆协会第一次年会报告》,中华图书馆协会事务所,1929年,第58—60页。

汉字与检字法的决心，这也是当时汉字发展的趋势。《通知书业于新出版图书统一标页数法及附加索引案》则是对新出版图书的统一规范，便利了读者对图书的索引与查阅。

在编纂《农业论文索引》时，万国鼎参阅大量的前代类书，撰写了《类书解题初稿》。在该文的导言中，他将书籍的种类分为两类：一是供一般阅读之类；二是供临时寻检之用，即参考书类。他指出，欧美各国的百科全书"每条专撰，首尾完具"，我国类书"概系钞辑群书依类相从而成者也。语其精赅，自不及百科全书，然欲综观前人对于某事某物之言论或记载，则类书便矣"，而《北堂书钞》则是现存最古的类书。①

作为现存规模最大的类书，《古今图书集成》一直备受学者们的关注。万国鼎从全书字数、部数特点、作者考证、各编详情等方面，对该类书进行了详细的评考。他根据殿版每页的行数、每行的字数、每卷的页数、全书的卷数情况，推测《古今图书集成》应有 10 000 万字，并评论道："汇编之长短，不在典之多寡。典之长短，亦不在部之多寡。"② 对于《古今图书集成》中的部类，万国鼎指出，如果从近代科学的角度去评价，则有较多缺点；"然以较之前代类书，已不无进步。每部之中，分汇考、总论、列传、艺文等项，亦属创例，列传尤为特色。而收罗宏富，便于比观，遑论我国今日尚无百科全书，为参考所必资，即他日有完备之百科全书时，欲综观前人对于某事某物之言论或记载，则此书亦不可废也。固稍大之图书馆所应备之普通参考书也"③。而在《古今图书集成》的作

---

① 参见万国鼎《类书解题初稿》，《金陵周刊》1927 年第 4 期。
② 万国鼎：《类书解题初稿：古今图书集成评考》，《金陵周刊》1928 年第 9 期。
③ 万国鼎：《类书解题初稿：古今图书集成评考》，《金陵周刊》1928 年第 9 期。

者问题上，万国鼎对蒋廷锡等奉敕撰的说法提出了质疑。通过考证，他得出结论：《古今图书集成》由陈梦雷编纂而成，蒋廷锡为校订之人。① 这个结论也与现代诸多学者的观点一致，反映出万国鼎敢于质疑传统和考证的严谨性。

四、检字法理论

对于排检法的效用，万国鼎的叙述为："字书，辞书，索引，书目等，治学之利器也。而此数事者，苟无适当之文字排列法以为之本，则无以神其用。故文字排列法者，尤利器中之利器也。"② 简而言之，排检法是对知识管理工具的科学利用。通过简单易操作的排检方法、索引等采用西方科学方法的学术工具可以更好地服务于读者。万国鼎将排检法概括为三个方面的要素，即"条例整理严谨，简单明白，易晓易忆"；"各字能有一定位次，不容易先后互易"；"可以一望而知其应在之处，无定部数画等周折"。③ 这是对排检法的理论概述，具有实际指导价值。

根据金陵大学农业图书馆的工作实践，万国鼎研究出了"汉字母笔排列法"，并将其应用于图书馆的索引工作中。汉字母笔排列法的正表共收字一万个，根据汉字的基本笔画，分为八种母笔，分别是横、竖、点、撇、斜、捺、弯、翘，其中撇又分为平撇、侧撇、直撇、反撇、钩。④ 具体的编制凡例包含以下几个方面：排列

---

① 参见万国鼎《类书解题初稿（续）：古今图书集成评考》，《金陵周刊》1928年第8期。
② 万国鼎：《汉字母笔排列法》，《东方杂志》1926年第2期。
③ 万国鼎：《修正汉字母笔排列法大纲》，《图书馆学季刊》1926年第2期。
④ 参见万国鼎《汉字母笔排列法》，《东方杂志》1926年第2期。

次第、例外情况、所用字体的注意事项、正表未收录的处理方法、标准字体、采纳字体、索引简表。在用法方面，万国鼎也作出了详细的解释，例如："初用时，细阅凡例，参看索引简表，即可明了本法大意"；"遇有字体歧异或写法不同，在正表中不能检得时，检阅页之上下两端所附各字，即可检得"；"排比目录片时，先于表中检得首字之号码，书诸片角或其他相当地方……然后按照号码排列，绝无游移莫决之弊。较之旧法，事半功倍"。①

在汉字母笔排列法的编纂过程中，万国鼎七易其稿。他对自己创制的排列法颇有自信，说"欲求一望而知所检之字，应在何处，则舍此别无他法"，并将汉字母笔排列法的优点总结为8个方面：

（一）各字皆有一定位次。（二）简易明白，人人易晓，且易记忆。（三）可以一望而知其应在之处，无定部数画等周折，节省时间不少。（四）一切因部首画数而起之困难，可以免除。（五）即字体或书法有不同时，亦易检得，无旧法展转难检之弊。（六）遇编纂详备之字典或百科全书，须分订数册或数十百册时，可于书脊或书根注明自某字至某字，并附以号码，检查时可以一望而知所需者在某册内，直接求诸该册。目录片之分装数匣或数十百匣者，亦可利用此法，在匣外注明。（七）于排比书目索引等，有号码及索引简表以为之助，更属简便省时。（八）无论详备之字典辞典，或极简短之人名单、电话簿等，此法皆可适用。②

汉字母笔排列法首先在金陵大学图书馆试用，在中华图书馆协

---

① 万国鼎：《汉字母笔排列法》，《东方杂志》1926年第2期。
② 万国鼎：《汉字母笔排列法》，《东方杂志》1926年第2期。

会第一次年会索引检字组第二次会议上,汪兆荣报告,试用此法以后,"每半小时可排插目录片六十张"。陈长伟指出,"学生立刻需书,一时找不到则以为方法不好,温和者先习方法,寻检则无问题"。① 在《东方杂志》第 23 卷第 2 期中,王云五对汉字母笔排列法进行了评价。他首先肯定该排列法"体例精详,较前此诸家发表之母笔法,确有进步",但也批判其"关于笔顺之难题,并未解决。仅以'笔画之谁先谁后什九亦有一定,凡稍能读书写字者,类能辨之'数语敷衍过去。鄙意不敢赞同"。对于万国鼎所称赞的检查便捷、节省时间等优点,王云五也提出了质疑:"因每笔既须比较其种类,又须研究其关系,遇有笔画较多之字,费时亦正不少。"②

针对这些建议,在后来撰写的《修正汉字母笔排列法大纲》一文中,万国鼎将这八种母笔修改为横、直、点、趯、撇、捺、弯、翘。对于此次修改,万国鼎也进行了详细的解释。他认为原来排列法中的撇又分为 5 种类型,这实际上是 12 种母笔。在修改版的汉字母笔检字法中,他认同王云五的观点,指出笔画种类的繁多是母笔法试验失败的原因。为此,他规定:"以无锐折为原则,将有锐折者破开计算。并将钩笔除外不论",即把反撇命名为趯,取消钩笔,合并平侧直撇,把原来的斜笔并入撇。由此,排列法中的母笔由实际上的 12 种减少至 8 种,达到了简单易记的效果。③ 此外,修改版的排列法还增设了笔顺规定,取消例外情况。这些排列方法的修改都是建立在图书馆实验结果的基础上的。

---

① 万国鼎:《索引检字组》,载中华图书馆协会执行委员会编《中华图书馆协会第一次年会报告》,中华图书馆协会事务所,1929 年,第 62 页。
② 万国鼎:《汉字母笔排列法》,《东方杂志》1926 年第 2 期。
③ 参见万国鼎《修正汉字母笔排列法大纲》,《图书馆学季刊》1926 年第 2 期。

汉字母笔排列法基本上遵循了条例严谨、简单易记、准确省时的原则，并在金陵大学图书馆的管理中得以应用，充分体现了其可操作性与实用性。虽然这一排列法并未在全国范围内大规模使用，但正如姚名达在《中国目录学史》中所说，这是民国时期"检字引得之进步"①。

除了发明汉字母笔排列法，万国鼎对其他检字法也有所研究。万国鼎把民国以来的约 40 种新检字法分为两大类别：据音分类和据形分类。其中，据音分类的有 5 种，据形分类的有 35 种，据形分类的排检法又可划分为母笔法（10 种）、部首法（8 种）、计数法（10 种）、号码法（7 种）。他将完善排列法的标准概括为"简易、准确、便捷"，并扩展为 4 个方面："（一）条例整齐严密，简单明白，易晓易忆，不可有例外；（二）各字有一定位次，即在二字之小范围内，亦须绝对不能先后易位，否则在排检辞语上即发生不少困难；（三）无论何字，须能一望而知其所在之处，不可有推敲部首、计算画数、或先查附表、或先算号码等周折，盖一经周折，即费若干时间，减低排检便捷之程度；（四）不可根据于面、角、笔顺等不固定的基础，盖基础不固定，则疑似难定或不规则之弊将随之而生矣。"②依照这四点，万国鼎对当时流行的各大检字法进行评价。

万国鼎指出，号码法不能避免同号码之字、先注明全号码再排检的方法耗费时间、占据篇幅太多等缺点。关于王云五的四角号码检字法，他认为该法较之前王云五的号码检字法有不少的进步，熟练该法以后可以便捷排检，但在第五角上仍不能免除同号码的弊端，排检词语耗时与非固定基础四角而产生的误会都是其不便之

---

① 姚名达：《中国目录学史》，商务印书馆，1957 年，第 168 页。
② 万国鼎：《各家新检字法述评》，《图书馆学季刊》1928 年第 4 期。

处。不过万国鼎从客观实践的角度出发,充分肯定了四角号码检字法的意义:"王先生此法,已达相当便捷,尚非澈底办法。字典可以采用,在书目索引等,即感不便。"①

鉴于检字法中出现的字体不一致的情况,万国鼎建议改革汉字,且提出改革汉字过程中需要注意做到易识、易写、容易排检、容易印刷及打字,而改革的方法包括:"改用简笔字以为过渡";"创造新字以垂永久";"新字须以汉语为基本,并须力求符合现今汉字之性质"。②他的这些提议顺应了历史发展的需求,现今简体字的普及、新华字典等一批新字典的编制无不印证了万国鼎先生改革汉字的主张。

在当时已有的字典之中,万国鼎力推《中华大字典》和《实用大字典》。而对于力求简易的读者,他推荐使用商务印书馆的《学生字典》《实用学生字典》《国音学生字汇》和中华书局的《新式学生字典》。在编纂字典的工作上,万国鼎主张采用牛津大字典集全国专才进行统一编纂的方式,"以结数千年字学之总账",而具体的编纂原则包括辨形、注音、字源、训诂四个方面。③

依照汉字母笔排列法,万国鼎编纂了《新桥字典》一书。在该字典的自序中,万国鼎表示,《康熙字典》"体例欠善",其注释与音读字义不易辨别,民国出版的《中华大字典》与《国音学生字汇》远胜于《康熙字典》,但其排列之法未改,仍存在检阅困难的问题。他将汉字排列法分为三类:"训诂(如《尔雅》《释名》等)主义,韵书(如《切韵》《广韵》等)主声,字书(如《说文解字》

---

① 万国鼎:《各家新检字法述评》,《图书馆学季刊》1928 年第 4 期。
② 万国鼎:《汉字排检问题》,《图书馆学季刊》1929 年第 1—2 期。
③ 参见万国鼎《字典论略》,《图书馆学季刊》1926 年第 1 期。

《康熙字典》等）则侧重于形者也。"① 同时，他也指出了各类排检法的特点，例如，"以义为部者，即部以求同类诸字，便矣。然一字动函数义，欲执一以分之，势有不能"；"据韵编次者，在昔诗赋盛行之时，固便于检阅。今则能利用之者，盖已鲜矣。且文字之声，因时与地而异，标准难定"；依字形编排的方法"虽称较便，其弊仍多。同画数之部首，无所准以为次第。同部同画数之字，亦无所准以为先后"。鉴于上述已有字典之弊端与实际工作的需要，万国鼎完成了《新桥字典》的编纂工作。②

对于《新桥字典》的名字，万国鼎解释为："新"的意思是别于旧书，"桥"有通彼此之义，故"新桥"的意思为"用此新排列法，使检字便捷，如涉水架桥，易达彼岸也"。③ 此外，新桥也是万国鼎的故乡地名。

《新桥字典》的特点有：（1）采用多种注音方式。该字典首注为国语注音字母，次注为英文拼音，末注为旧法注明音切四声。多种注音方式的使用可以更方便不同类型读者的检索与使用。（2）释义浅显通俗。该字典在对字进行释义时力求浅显通俗，引证时首重成语，次引古籍。（3）区别字体排印。对于比较常用之字，该书采用三号字排印，生僻字和异体字用五号字，注释采用六号字。字体以通行之字为主，如遇异体字则别出互注，遇楷书与宋板字不同时亦别出互注，以达到注释清楚的效果。（4）采用序号方法排序。对于字典中的每一个字，万国鼎都编有相应的序号，并在每页正文的页眉之处标记了该页的收录起止字码，如第 1 页页眉处右上角标有

---

① 万国鼎编：《新桥字典》，中华书局，1929 年，"自序"第 1 页。
② 参见万国鼎编《新桥字典》，中华书局，1929 年，"自序"第 1—7 页。
③ 万国鼎编：《新桥字典》，中华书局，1929 年，"自序"第 6 页。

"1—16"字样,这既是索引序号法的借鉴,也便利了收录字数的统计工作。(5)坐标检字表的创立。在《新桥字典》中,万国鼎创新性地采用坐标式表格的方法,使得用户的检索更加便捷省时。①

五、学术贡献

万国鼎毕业于金陵大学农科,常年致力于农业图书的编纂与整理工作。因此,他的图书馆学研究偏向于索引学、检字法等与文献检索相关的学科领域。在《索引与序列》一文中,万国鼎首次提出"索引运动"一词,抽象概括了中国索引学的发展历程。他将索引定义为"分析图书内容,别为一表,指示某种事项或参考材料见于书中或其他刊物中之某处,藉便检查者也",并将排检法视为中国索引事业发展过程中存在的最重要问题。为此,他根据工作实践,研究出了"汉字母笔排列法",并将其应用于图书馆的索引工作中。在万国鼎的带领下,金陵大学编纂了民国时期重要的农业文献索引——《农业论文索引》和《农业论文索引续编》,实现了图书馆学与农学的跨学科合作,为我国古农书的规范整理作出了重大贡献。无论是在索引学还是检字法方面,万国鼎都致力于服务图书整理的学术研究。他编纂索引、字典等工具类图书,更是证明了其图书馆学思想的实际指导意义。

---

① 参见万国鼎编《新桥字典》,中华书局,1929年,"例言"第9—11页。

第七节　杜定友

一、生平

杜定友（1898—1967），祖籍广东省南海县西樵乡（今佛山市南海区西樵镇）大果村，1898年1月7日生于上海。八岁读私塾，后转入上海敬业学堂、上海广肇公学。因家境贫寒，他时常辍学，后举家搬迁至汉口。十四岁时，他就读于汉口兴智学堂，是年考入上海工业专门学校附属小学（前身为南洋公学）。小学毕业后，杜定友升入中学继续读书，在校期间撰文发稿，并参与组织英语学会。1918年，他以优异的成绩从中学毕业，被破格保送至菲律宾大学留学，攻读图书馆学专业。在菲律宾大学求学期间，杜定友勤学苦读，时任图书馆学系主任的包玛丽教授给予其百分的成绩，并对他说："你是将来中国图书馆事业的创导者，我愿意把全部所知道的教给你。"[①] 1920年，杜定友获菲律宾大学文学学士学位，次年获图书馆学学士、教育学学士学位。1921年5月，杜定友回国，经时任广州市教育局局长许崇清邀请，至广州市民大学任义务教

[①] 钱亚新：《〈慈父杜定友回忆录〉序》，《黑龙江图书馆》1988年第1期。

授，后任广州市立师范学校校长。在任职广州市立师范学校校长期间，杜定友开设图书馆学课程，出版《图书馆与市民教育》一书。1922年，杜定友兼任广东省立图书馆馆长，创办广东图书馆管理人员养成所，并撰写《世界图书分类法》一书，致力于现代图书馆管理法的推广。同年，他参加中华教育改进社第一次年会，提交《统一图书馆管理法》《推广全国图书馆计划》两个提案，倡导在全国范围内采取现代图书馆管理法，促进图书馆事业的建设推广。次年，杜定友担任上海复旦大学教授兼图书馆主任，后因李登辉校长辞职而离开复旦。1924年，上海图书馆协会成立，杜定友任委员长一职。1925年，杜定友参与筹备中华图书馆协会，并任协会执行部副部长。同年9月，他担任上海国民大学图书馆学系主任。1927年，杜定友回到广州担任中山大学图书馆主任。1929年，杜定友来到上海交通大学，担任图书馆主任，直至1936年。在此期间，杜定友收集史料与特藏，设计新书库，为上海交大图书馆的发展倾注心力。1936年，杜定友再次担任中山大学图书馆主任一职，参与筹备图书馆的建设工作，后因抗战爆发而停止。抗战期间，杜定友带领全馆职工与馆藏图书西迁，后迁至广东坪石。1941年，广东省立图书馆在粤北复馆，杜定友兼任馆长一职。1945年抗战胜利后，杜定友回到广州，致力于中山大学图书馆的复原与广东省立图书馆的馆藏扩充工作。1947年，杜定友被推选为广东省图书馆协会理事长。中华人民共和国成立以后，他担任广东人民图书馆馆长，参与编制中小型图书分类法，后因病辞职，于1953年任广东省文史馆馆员。1956年，杜定友任广东省政协委员，参与筹建广东科学馆图书馆。1967年，杜定友因病在广州逝世。

二、学术论著

杜定友是我国著名的图书馆学家、图书馆事业家、图书馆学教育家，在图书馆学基础理论、图书分类、图书编目、图书馆教育、检字法等多个领域均有深入研究，著述颇丰，撰写有《图书馆与市民教育》（广州：广州市民大学，1921年），《世界图书分类法》（广州：广东全省教育委员会，1922年），《学校教育指导法》（上海：中华书局，1925年），《图书分类法》（上海：上海图书馆协会，1925年），《图书馆通论》（上海：商务印书馆，1925年），《著者号码编制法》（上海：上海图书馆协会，1925年），《图书目录学》（上海：商务印书馆，1926年），《图书馆学的内容和方法》（《教育杂志》1926年第18卷第9—10期），《图书选择法》（上海：商务印书馆，1926年），《图书馆学概论》（上海：商务印书馆，1927年），《学校图书馆学》（上海：商务印书馆，1928年），《校雠新义》（上海：中华书局，1930年），《中国检字问题》（自刊本，1931年），《汉字形位排检法》（上海：中华书局，1932年），《图书管理学》（上海：中华书局，1932年），《杜氏著者号码表》（上海：中国图书馆服务社，1933年），《杜氏图书分类法》（上海：中国图书馆服务社，1936年），《明见式编目法》（上海：中国图书馆服务社，1936年），《图书馆》（上海：商务印书馆，1940年），《三民主义中心图书分类法》（广州：国立中山大学图书馆，1948年）等，其中《图书馆学的内容和方法》《世界图书分类法》《校雠新义》具有代表性。

《图书馆学的内容和方法》，载于《教育杂志》1926年第18卷第9—10期，包含的内容有："图书馆学的意义""图书馆的历史和需要""图书馆学校的宗旨、种类和组织""图书馆学校入学资格与试验""图书馆学校的课程""图书馆学的方法""图书馆学在学术上之贡献"。① 在该文中，杜定友结合我国图书馆事业发展实践与西方图书馆学校课程设置，系统构建了图书馆学的教育机制和学科体系。这一体系是我国图书馆学学人对图书馆学本土化的探索，也是上海国民大学图书馆学系的经验总结，为我国图书馆学教育的发展提供了理论指导。

《世界图书分类法》，由杜定友于1921年在广州市民大学演讲中提出，1922年由广东全省教育委员会发表。1925年其作为上海图书馆协会丛书之一印行，书名改为《图书分类法》。该分类法将中外图书进行统一分类，兼顾外文书籍与我国传统经籍的特点，是贯彻世界主义、提倡科学精神的体现。在该分类体系中，杜定友将"宗教"归入"哲学"，增设"教育"大类，顺应了当时我国的社会教育思潮。

《校雠新义》，1930年由中华书局排印出版。该书阐述图书分类法的学术缘起、类例凡目、四库源流、校雠方法等问题，概述我国古典目录学的特点与不足，以期构建现代目录学的理论体系。在该书中，杜定友提出"中国无分类法"的主张，对中国传统分类方法进行了批判。

---

① 杜定友：《图书馆学的内容和方法》，《教育杂志》1926年第9期；杜定友：《图书馆学的内容和方法（续）》，《教育杂志》1926年第10期。

三、图书馆学基础理论学说

1921年,从菲律宾大学回国以后,杜定友在广州市民大学演讲《图书馆与市民教育》,从图书馆利益、市民图书馆组织、图书馆管理法三方面宣传近代图书馆。杜定友在演讲中说道:"图书馆乃一新名词也,为藏书楼、书院之脱胎,其实现于中国者,已数千年矣,但以其用意之不同,管理之各异,遂有新旧之分。"① 在古今图书馆的区别上,他认为"我国素以文称,书籍之多,亦为世界各国之冠。故藏书之家,颇不乏人,但多个人私藏,传子代孙;或宫中秘本,作为珍玩,少有为公用者。今之图书馆,则为公共之机关,为市民之产物。盖书籍,天下之公器也,自当公诸同好,为社会公众求利益。此则图书馆新旧之不同也",也就是说,新旧图书馆的区别主要在于是否为公用、向公众开放。② 关于图书馆的性质,杜定友指出:"盖图书馆,乃一教育化及社会化之机关。"③

因听众是广州市民,所以杜定友特意就公共图书馆与市民的关系作了详细论述。他在演讲中说,"图书馆为市民修养之中心点","图书馆为市民游乐之中心点","图书馆为市民之继续学校","图书馆实为商人之兵工厂,工人之试验场,工商之询问部,经济家之

---

① 杜定友:《图书馆与市民教育》,载杜定友著,广东省立中山图书馆、中山大学图书馆编:《杜定友文集》(第一册),广东教育出版社,2012年,第4页。
② 参见杜定友《图书馆与市民教育》,载杜定友著,广东省立中山图书馆、中山大学图书馆编:《杜定友文集》(第一册),广东教育出版社,2012年,第4—5页。
③ 杜定友:《图书馆与市民教育》,载杜定友著,广东省立中山图书馆、中山大学图书馆编:《杜定友文集》(第一册),广东教育出版社,2012年,第5页。

参考室,各界之俱乐部"。① 关于设立市民图书馆的条件,杜定友认为,"设立市民图书馆之手续,除金钱外,以人才、书籍、房屋三者为最重要。而三者之中,犹以人才为最重"②。

在1925年的《图书馆通论》中,杜定友对图书馆的性质作了进一步的阐释:"能保全图籍,用一定之科学方法,以处理之,一也;能运用图籍,使之流通,任何人士,皆有享阅之利益,二也。"③ 1927年,杜定友在《图书馆学概论》一书中有言:"图书馆是一个文化机关,利用书籍以发扬文化,是现代新进事业之一……图书馆的设立,有三大要素:(一)要能够积极的保存;(二)要有科学的方法,以处理之;(三)要能够活用图书馆,以增进人民的智识和修养。图书馆能够办到这三件事,方能称为完善。"④ 这虽然是借鉴美国的图书馆理念,但与《图书馆与市民教育》中的观点相比,杜定友对图书馆的理解已经不局限于旧式藏书楼与新式图书馆的区别,而是从图书馆的本质出发,强调图书馆对社会与民众的重要作用。

20世纪20年代,中国社会已有了初步的近代图书馆觉悟。图书馆条例的颁布、图书馆协会的成立、图书馆学校的兴起、图书馆讲习班的举办都为新式图书馆的发展创造了条件。因此,杜定友对图书馆的宣传也转移到学科本质上来,注重图书馆的本质属性与社会责任。他提出:"图书馆的任务,可以从文化、学术和社会三方

---

① 杜定友:《图书馆与市民教育》,载杜定友著,广东省立中山图书馆、中山大学图书馆编:《杜定友文集》(第一册),广东教育出版社,2012年,第7—13页。
② 杜定友:《图书馆与市民教育》,载杜定友著,广东省立中山图书馆、中山大学图书馆编:《杜定友文集》(第一册),广东教育出版社,2012年,第17页。
③ 杜定友:《图书馆通论》,商务印书馆,1925年,第39页。
④ 杜定友:《图书馆学概论》,商务印书馆,1927年,第1页。

面说。"① 具体来讲，在文化方面，"图书馆是保存图书的唯一机关，所以间接就是保存文化的机关"；"图书馆除流通图书之外，还有各种推广事业，可以补助文化的普及"；"图书馆保存和流通各国各时代的图书，可以增高人民的思想，扩大人民的眼界。因此可以调和文化"；"图书馆书籍的选择和其他方法，又可以增高人民的智识，促进学术的发展，提高文化的程度"。② 在学术方面，"学者研究学术，首赖图书。但个人设备，必感不足。有图书馆，然后可以博览群书，参考引证。所以图书馆不啻是学者的养成所"；"学术的发扬，全靠图书的流通。图书馆的书籍，无处不到。学术也同时普及"；"图书馆与教育，有密切的关系。可以补助学校，家庭，和社会教育之不足"。③ 在社会方面，"图书馆是国民修养的中心点"；"图书馆是国民游乐的中心点"；"图书馆是普及教育的中心点"。④ 由此，杜定友全面概括了图书馆的职能，为图书馆学科存在的合理性提供了社会基础。

杜定友曾在《图书馆通论》中提出了图书馆事业发展的四个要素，分别是人才、书籍、财力、时势。⑤ 相比《图书馆与市民教育》中设立市民图书馆的条件（人才、书籍、房屋、金钱），杜定友在这一基础上去掉房屋要素，增加了时势，也反映出他对图书馆的认识在实践中逐步深化、发展。

1932 年，在《图书馆管理法上之新观点》一文中，杜定友指

---

① 杜定友：《图书馆学概论》，商务印书馆，1927 年，第 1 页。
② 杜定友：《图书馆学概论》，商务印书馆，1927 年，第 2—3 页。
③ 杜定友：《图书馆学概论》，商务印书馆，1927 年，第 3 页。
④ 杜定友：《图书馆学概论》，商务印书馆，1927 年，第 4 页。
⑤ 参见杜定友《图书馆通论》，商务印书馆，1925 年，第 40—42 页。

出:"整个图书馆事业,其理论基础实可称为'三位一体'。三位者,一为'书',包括图与书等一切文化记载;次为'人',即阅览者;三为'法',图书馆之一切设备及管理方法管理人才是也。三者相合,乃成整个之图书馆。此理论成立甚早;惟因理论与事业随时变迁,故此理论中心乃亦有转移。"他将理论中心的变迁分为三个时期:"第一时期以书为最注重";"第二时期中,'书'乃不见十分重要,而以'法'为重";第三时期"特别应注意于'人'——阅者——的问题",如图 2.2 所示。

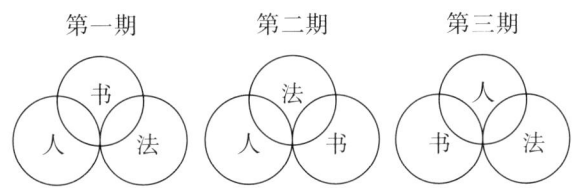

图 2.2 杜定友的"三位一体"学说[①]

虽然以上三个时期各有偏重,但是杜定友明确指出,"上述三时期中,于'三位'之道,虽各有所偏重,然权衡利弊,则吾人固应采取人的新观点",其原因在于,"若以人为目标而办理图书馆,则图书馆事业始能生动而切合实际,且有继续进化作深潜研究之余地"。因此,他提议:"依照吾所谓新的观点,无论于图书或管理法,皆应以民众为目标而出发,此又合乎民治精神者也。夫民众有图书馆之需要,乃有图书馆之设立,明乎此,即可知'人'的观点之重要,应为今后办理图书馆者一切设施之依据也。"[②]

以上即为杜定友著名的"三要素"说。从最初的"四要素"到"三要素",杜定友更加强调"人"在图书馆事业中的作用。不同的

[①] 杜定友:《图书馆管理法上之新观点》,《浙江省立图书馆月刊》1932年第9期。
[②] 杜定友:《图书馆管理法上之新观点》,《浙江省立图书馆月刊》1932年第9期。

是,"四要素"中的"人"指的是"人才","三要素"中的"人"指的是读者。实质上,这是从图书馆管理者到图书馆服务对象的转变,也是杜定友的图书馆观念的变化,即更加关注读者的需求,重视图书馆的教育功能。

杜定友认为,设立专门学科,需要具备两个最主要的条件——原理和应用。"在图书馆学内,我们所谓编目分类的方法,就是和教授法、管理法一般,是图书馆学中的应用方面,不能说图书馆学尽在于此。我们还要根据种种原理,研究种种方法,去利用图书馆内的书籍和各种设备,使图书馆成为教育化、社会化、科学化。那末,这种事业,方才有研究的价值,有研究的必要。因此,图书馆学方才成为专门的科学。"①

图书馆学既为一种专门科学,杜定友认为其范围包括四个方面,并于1925年在《图书馆通论》中阐述如下:图书馆学专门学识、图书馆学辅助学识。其中,专门学识包含理论方面(图书馆学之种种原理、图书馆学及图书馆史)和实用方面(关于行政管理诸手续、关于处理书籍诸手续、关于指导阅书诸手续、关于教育联络诸手续),辅助学识包含专门科学(印刷术、装订法、统计学、新闻学、博物院管理法)和普通科学(文学、哲学、教育学、社会学、心理学、演讲术、广告学、论理学、外国语三四种)。② 这个课程体系基本上做到了理论与应用并重、图书馆学与其关联学科相互结合。

民国初期,我国图书馆事业虽然有一定的进步,但是还不甚发达。杜定友将图书馆学不发达的原因归结为两个方面:一是"一般

---

① 杜定友:《图书馆学的内容和方法》,《教育杂志》1926年第9期。
② 参见杜定友《图书馆通论》,商务印书馆,1925年,第42—44页。

人以为现在图书馆还没有发达",二是"一般人根本反对图书馆学,以为我们现在只有藏书楼,没有图书馆"。① 1926年,在《图书馆的内容和方法》一文中,杜定友根据上海国民大学的教学实践,再次阐述了图书馆学的课程范围,主要包括图书馆概论、图书馆原理大纲、图书馆行政学、图书馆实习、图书选择法、图书分类学、图书目录学、图书参考法、学术研究法。②

可以看出,在原有的基础上,杜定友对图书馆学学科的认识更加具体化,并能够根据中国图书馆事业发展的实际情况来思考中国图书馆学专业的学科建设。例如,增加了图书选择法、图书分类学、图书目录学、图书参考法等偏重实践的科目,关注学术研究方法,以期完善中国图书馆学学科体系。

杜定友很早就关注中国图书馆学的本土化发展,他在菲律宾大学的毕业论文中就曾说道:"没有一所外国图书馆学校能够养成完成的图书馆学者,以应中国图书馆用的。"③ 他赞同梁启超的"中国的图书馆学"的提议,并指出,中国图书馆学在学术上的贡献可分为五个方面,即"介绍中国参考书""编印各科书目""编印书籍索引""研究版目学""编印书籍",并建议:"我们研究图书馆学的人,要从大处着想,不可孜孜于内部的管理,天天讲书籍怎样分类,怎样编目那些机械的事。"④

在图书馆学研究方法上,杜定友说:"读图书馆学者,要有读书的习惯,有读书的兴味,和服务的识意。所以在图书馆界的人,

---

① 杜定友:《图书馆学的内容和方法》,《教育杂志》1926年第9期。
② 参见杜定友《图书馆学的内容和方法(续)》,《教育杂志》1926年第10期。
③ 杜定友:《图书馆学的内容和方法》,《教育杂志》1926年第9期。
④ 杜定友:《图书馆学的内容和方法(续)》,《教育杂志》1926年第10期。

学问贵博而不贵精，不过对于自身的学问，是要精益求精的。"[1] 他提出图书馆学研究的四种方法：普通研究、专门研究、片面研究和分系研究。普通研究就是普通图书馆学，内容包括如何选择书籍、如何利用参考书与图书馆各种目录等；专门研究的目的在于培养图书馆学专门人才，需要兼顾图书馆学理论与实用的内容；片面研究因分工制度而起，适合大规模图书馆；分系研究是针对图书馆学科某部分内容的研究。此外，杜定友还特意提到，校雠学也是我国图书馆学学者所必须关注的内容，并需要以世界的科学的眼光来研究。不同于一般的学科研究法，杜定友的图书馆学研究法结合了图书馆管理实践，更加关注图书馆学研究过程中的具体方法，具有更强的针对性与实用性。

四、图书分类思想

图书分类一直是民国时期我国图书馆学学者关注的重点。20世纪20年代至40年代，杜定友根据工作与时势需要，先后编纂《世界图书分类法》（1922年）、《革命文库分类法》（1927年）、《铁道图书分类法》（1935年）、《杜氏图书分类法》（1936年）、《三民主义化图书分类法》（1943年）、《三民主义中心图书分类法》（1948年）等分类法，同时也发表《类例论》（1928年）、《校雠新义》（1930年）等著述，对图书分类学理论方面也有所研究。

1925年11月，杜定友所著《图书分类法》一书由上海图书馆协会出版发行，该书是对杜定友的图书馆分类思想的系统阐述。全

---

[1] 杜定友：《图书馆学之研究》，《图书馆杂志》1925年创刊号。

书共三编,上编为"说明",评析中外图书分类法,并详述分类原理、分类方法、分类法应用、分类法实施问题等,初步构建了中国图书分类学的理论体系;中编为"分类表";下编为"索引"。他指出,图书分类要以科学为标准,同时也要兼顾实用价值;图书的分类原则包含论理、地理、年代、方言、标记、经济六个方面,分类法的应用不仅限于图书馆,更有研究学术、整理书籍、保存文件、金石分类、账目登记、调查报告等广泛应用之处。

1928年,杜定友在《图书馆学季刊》上发表《类例论》一文,分别从"类例之要论""学术源流论""类例条别论""部居次第论""类例凡目论""分类宜详论"等方面,叙述中国自古以来图书分类理论的发展历史,以及图书分类的编制理论。杜定友认为,"中国无分类法",具体原因为:"目录之书,代有传留,但欲求离书而独立成表,部次详明,有标记、有组织、能伸缩、便增减,而与典藏出纳为表里者,不可得也,故曰中国无分类法。"[①] 杜定友的这一观点可以说是对中国传统分类法的全盘否定,在当时产生了不小的影响,但也表明了杜定友建立中国现代图书分类学的决心。在他所构建的图书馆学学科与图书馆学课程体系中,图书分类一直都是其中必不可少的组成部分。

在批判古代图书分类法的基础上,杜定友提出了图书分类原则与分类标准,强调现代图书分类的原则在于应用,分类要求为:"类例门目必以学术为经,以书籍为纬";"立类在成一系统,以括已有、未有之书";"类例之法不独总括群书,抑亦总括群学";"类例之法非独部类中文,犹需兼及西学";"类例之法不可不以书之内

---

① 杜定友:《校雠新义》(上),中华书局,1930年,第13页。

容为据";类目"贵有条理","各类有属,各属有次"。①

他指出,图书分类标准主要包括"体"(体裁)、"义"(内容)、时次、地次、人次、名次等方面,强调分类体系要采用同一标准,"分类表目必先定大纲,妥为组织,有伸缩之余地,有增减之可能"②。《类例论》后被收入《校雠新义》一书中,该文较为系统地阐述了中国现代图书分类的基本理论,为20世纪20年代我国图书分类法的编制提供了理论依据,在中国图书分类学发展史上有着重要地位。

杜定友提倡图书分类的中外统一,他认为,"图书馆应负汇通中西文化,提倡世界大同之责。中外图书统一分类,可聚中西贤哲于一堂,汇古今文化于一室,有利于陶冶读者","分类法极应体现当代科学精神,不以四库主义或其他陈规为束缚,中外图书相并陈列可与世界各国并驾齐驱,以资比较。帮助读者因类求学,培养其科学精神"。③ 1920年,杜定友在自己的毕业论文中提出了修改十进分类法的意见。1925年,杜定友所编纂的《世界图书分类法》由上海图书馆协会印行,书名为《图书分类法》。在此书中,杜定友说道:"因急于教授,将该稿译成中文,草率付梓;俾所员毕业后,得以从事实验。时著者兼任广东省图书馆长,遂得将斯法切实试验。一年以来,经诸同事及同学之磋商研究,觉遗漏颇多。1923年解职回沪,重修旧稿。阅二年,方得告竣,以公诸世。"④ 十年以后,该分类法由中国图书馆服务社出版,书名改为《杜氏图书分类

---

① 杜定友:《校雠新义》(上),中华书局,1930年,第5—12页。
② 杜定友:《校雠新义》(上),中华书局,1930年,第12页。
③ 王子舟:《杜定友和中国图书馆学》,北京图书馆出版社,2002年,第69页。
④ 杜定友:《图书分类法》,上海图书馆协会,1925年,第39页。

法》。《世界图书分类法》共分为十个大类，分别是：000 总记，100 哲理科学，200 教育科学，300 社会科学，400 艺术，500 自然科学，600 应用科学，700 语言学，800 文学，900 史地。

从大类的设置来看，该分类法基本上沿用了杜威十进分类法的结构。杜定友将中西文图书进行统一分类，将此分类法命名为《世界图书分类法》，缘由就在于"乃欲贯澈世界主义。冶世界古今中外之学术图籍于一炉。提倡科学之精神，会通中西文化。故本分类法之惟一主义，即以中西书籍，合并庋藏，而归纳于同一分类之下"①。

世界图书分类法分为纲目、类表、总表、索引四部分，其中，索引部分将总表中的各类各科各部之名目，依照笔画次序排列，以便检查，这可称为是索引法在图书分类法中的创新应用。在具体类目的设置方面，世界图书分类法将杜威十进分类法中的"宗教"改为"教育科学"；将中国传统的经部归入总记类，为 020 中国经籍；增加 120 中国哲学、420 中国字画等类，以便利我国各图书馆查阅使用。

《图书分类法》出版以后，在当时便受到了学者的诸多讨论，杜定友特意撰写《图书分类法出版以后之讨论》一文，对新旧图书统一分类、中西书籍装订都进行了详细解答。②刘国钧称赞说，"近来著作中最可表明此趋势者，当推杜定友之《世界图书分类法》"③。戴志骞曾说，"自来中西学者编制书目，只重分类，未尝示人以分类方法之步骤，无怪用之者仅知其所当然，而不知其所以

---

① 杜定友：《图书分类法》，上海图书馆协会，1925 年，第 45 页。
② 参见杜定友《图书分类法出版以后之讨论》，《图书馆学季刊》1926 年第 2 期。
③ 刘国钧：《现时中文图书馆学书籍评》，《图书馆学季刊》1926 年第 2 期。

然也。杜君之《世界图书分类法》，前半部十二章，共一百三十页。所述欧美及中国图书分类法，分类原理，世界图书分类法之编制，助记法，扩充方法，分类方法，分类法之应用及实施问题等，颇为详晰"，"该著简括而切实用，诚非普通著作所可企及"。① 蒋元卿高度赞扬其创制中外图书统一分类之功，"中外统一制之创始，首推杜定友氏"②。在今天看来，中外图书统一分类已是平常之事，但在百年前的图书馆界，这是一个开创性的举动，也体现了杜定友在图书分类研究上的超前性与科学性。

1948 年，杜定友编撰出版《三民主义中心图书分类法》，对图书分类理论有所改进与调整。该法被称为"一本真正意义上的中国的图书分类法"③。在此书中，杜定友详细解释了图书分类中专有术语的含义，其中，直接术语包括类、分类、分类法、图书分类法、分类系统、类目、类次、分类标记等，间接术语包含目录、编目法、字顺目录、检字法、类名、排架法、排架目录等。杜定友再次强调统一图书分类的重要性，并提出三民主义应为图书分类法的中心思想。虽然以三民主义为中心思想的主张已不再适应现代图书分类法的发展，但在当时来看，抗战胜利以后，国内时局不稳，急需一种统一的思想来统领图书分类工作。杜定友的《三民主义中心图书分类法》既是应时局所作，也体现了他在图书分类统一方面所作的努力。

为了进一步完善图书分类体系，杜定友于 1925 年编制出版

---

① 杜定友著：《图书分类法》，上海图书馆协会，1925 年，"戴序"第 16—19 页。
② 蒋元卿：《中国图书分类之沿革》，中华书局，1937 年，第 236 页。
③ 范凡：《民国时期图书馆学著作出版与学术传承》，国家图书馆出版社，2011 年，第 175 页。

《著者号码编制法》，首次系统论述著者号码的意义、方法、原则等，为同一分类号下不同著者所作图书的排列提供了参考准则。该法以姓氏加数字的方式，开创了民国时期著者号码的编制之风，丰富了杜定友图书分类体系的内容。自杜定友以后，钱亚新、陈子彝等先后对著者号码的编制进行了理论与实践方面的研究。

中华人民共和国成立以后，杜定友积极学习马克思列宁主义、毛泽东思想，以适应我国图书馆事业发展的新形势。杜定友高度重视图书分类工作，他指出，"图书分类法是图书馆藏书组织的根本大法，百年大计"，"新图书分类表一方面要有稳定性，一方面要有灵活性。有稳定性才可以成为根本大法，有灵活性才可以成为百年大计"。[①] 这一时期，他发表了大量图书分类法方面的论文，探索图书分类学在新时期的发展特点与趋势。

杜定友提出，在新图书分类法编制的过程中，需要确定以下四个原则：

一是"依靠真理，确定路向"，要依据马列主义，按照自然科学、社会科学、哲学的顺序进行分类。[②] 他把中国图书分为五个部分，即"五分法"，这五类分别是马克思列宁主义、哲学、自然科学、社会科学、综合性图书。在五大类的基础上，杜定友对社会科学和自然科学类进行了扩充，由此组成 20 个基本大类。这一图书分类体系的划分基本上与当时我国正在编制的《中小型图书馆图书分类表草案》的类目一致。在内容范围方面，杜定友提出，要遵循全面、详尽、完整、时代、国家、统一的标准；在类目方面，他强

[①] 杜定友：《图书分类主词目录的建议》，《学术研究》1962 年第 3 期。
[②] 参见杜定友《新图书分类法刍议》，《文物参考资料》1950 年第 8 期。

调,"系统性、等级性是分类法的组织基础"①;在标记制度方面,他认为基本要求在于简短,具有简明性、经济性和助记性。

二是"统一分类是必要的",统一分类法的编制需要集合多数专家,由固定机构组织,有计划有步骤地推行。② 在具体的实施办法方面,杜定友提倡,"新的图书分类法,应以小型图书馆为对象",因为"所有的大图书馆都是由小图书馆发展而来的。小图书馆的分类基础打得好,将来发展,就不会有困难"。③ 作为图书馆学专家,杜定友参与了《中小型图书馆图书分类表草案》(简称《中小型表》)的编辑工作。《中小型表》正是贯彻了杜定友的统一分类观念,也为《中图法》的编制奠定了坚实基础。

三是"理论与实际结合",将自然科学与应用科学相结合。④ 在新分类法的编制过程中,杜定友创立自然应用科学类目,打破了过去将自然科学与应用科学一分为二的局面。这一分类名称应用于杜定友在1950年所编制的《新图书分类法草案》。⑤

四是"活用十进法",主张在技术上仍然采用十进法。⑥ 杜定友提出,四库分类法是封建主义的产物,违反了分类原则,因此必须打破四库法体系,但必须熟悉四库法的类目,以便更好地处理古书分类问题。杜定友并非完全否定十进制,他说,"杜威的《十进分类法》和十进制是两回事","我们坚决反对杜威的《十进分类法》

---

① 杜定友:《分类原则与分类问题》,载钱亚新、白国应编《杜定友图书馆学论文选集》,书目文献出版社,1988年,第122页。
② 参见杜定友《新图书分类法刍议》,《文物参考资料》1950年第8期。
③ 杜定友:《图书分类法意见》,《文物》1951年第2期。
④ 参见杜定友《新图书分类法刍议》,《文物参考资料》1950年第8期。
⑤ 参见杜定友《新图书分类法刍议》,《文物参考资料》1950年第8期。
⑥ 参见杜定友《新图书分类法刍议》,《文物参考资料》1950年第8期。

以及一切资产阶级唯心主义的分类法，但不是十进制"。① 十进制具备普遍性、等级性、伸缩性等特点，因此，突破十进制的说法在逻辑上是不成立的，十进制是否合理在于能否灵活应用。

20世纪50年代至60年代，杜定友根据时代形势，对图书馆学的发展进行了诸多探索。1957年，杜定友作为中国图书馆工作者代表团成员之一赴苏联、德国参观访问，进一步加深了他改进中国图书馆学与图书馆事业的意识。这一时期，杜定友公开发表了《新图书分类法刍议》（1950年）、《图书分类法的理论体系》（1951年）、《集中与分散》（1953年）、《分类原则与分类问题》（1957年）、《图书分类法史略》（1957年）、《图书分类法的路向》（1962年）、《新图书分类法的远景》（1964年）等论文，阐述他对图书分类法发展的期望，提出分类二元论、分类有限论、分类字顺制、主词标题制等图书分类学理论，为图书分类表的实际编制工作提供了重要指导意见。

第一是分类简化理论。杜定友意识到，"图书分类法的问题不在应否采取系统序列的形式，而在系统序列的深入程度和实用价值"。因此，他主张分类表的细分要有一定限度，分类法的编制必须简化，"在一定范围内充分利用字顺排列法，走向新型的分类主题目录的发展道路"。② 这也是他对分类主题一体化的发展预测。第二是分类组配理论。杜定友将类的成分归纳为类质与类素，类号分为基本号与配合号，类目编排分为系统序列与字顺序列，藏书与目录组织分为排架从简与排卡从详，这就是杜定友的"分类二元论"。

---

① 杜定友：《分类原则与分类问题》，载钱亚新、白国应编《杜定友图书馆学论文选集》，书目文献出版社，1988年，第171页。
② 杜定友：《图书分类法的路向》，《图书馆》1962年第2期。

在此理论基础之上,他建议,"类质与类素的配合,不尽同于一般复分表,而采取'组配'的形式,这是国际的趋势"①。他提议采用组配式分类法,在此基础上,他编制了《图书资料分类法》,分为类质表与类素表两个部分。由此,杜定友建立起了相对完善的组配式分类表,这是我国分类法在20世纪60年代的重要进步,对20世纪70年代编制的《中图法》有诸多借鉴意义。

五、图书编目思想

1926年,杜定友的《图书目录学》一书由商务印书馆出版。在该书中,杜定友分别就目录学的基本概念、中国图书目录发展史、编目方法与规则进行了阐述,构建了相对完整的图书编目学体系。本书也是我国第一本专门论述图书编目法的学术著作。杜定友认为,"目录者,图书馆之锁钥也,为阅者与书籍之联络机关"②,目录意在解决以下问题:

1. 馆内有某人所著之书否?
2. 馆内有某书否?
3. 馆内有某种类之某书否?
4. 馆内有某种书否?
5. 馆内有对于某问题之参考书否?
6. 某书在何处?

---

① 杜定友:《新图书分类法的远景》,载钱亚新、白国应编《杜定友图书馆学论文选集》,书目文献出版社,1988年,第287页。
② 杜定友:《图书目录学》,商务印书馆,1926年,第1页。

7.某书之内容大概如何?[①]

杜定友指出,中国历代图书目录偏重校雠辩证,将分类与编目混为一体,各类书籍无固定排列方法,目录无页码且格式不一致,只有分类目录而无其他种类目录,编目的宗旨在于珍藏而不在于利用。同民国时期诸多学者的观点一致,杜定友提倡卡片式目录,反对旧有之书本式目录。他将图书目录简要分为著者目录、书名目录、种类目录、分类目录、字典式目录。在实际编目工作中,杜定友认为,目录卡可分为著者卡、书名卡、种类卡,目录卡的事项分为正目与副目两种,图书必须先分类后编目,编目的详略程度可依各图书馆性质而定;编目者应当注意整洁,确保目录格式的整齐。

此外,杜定友还编写了《图书馆编目用简字标准字表》(1934年)、《明见式编目法》(1936年),主张采用明见式的字顺目录或分类目录,规范图书编目标准,对图书编目学体系进行了初步研究,为当时的学者提供了编目学的研究范式。例如,金敏甫的《图书编目学》、何多源的《图书编目法》均借鉴了杜定友的图书编目学体系。

在为金敏甫的《图书编目学》所作的序中,杜定友进一步明确了编目学的基本研究内容:"图书馆藏书之有图书目录,犹商店出品之有货物目录,故编目学乃簿计之学,其对象为图书,其目的在致用,如何便利阅者之检查,乃图书编目之要旨。"[②]

20世纪50年代,在新的社会形势下,杜定友的图书编目思想得到进一步完善。首先,他对分类与编目的特点进行了概括,如

[①] 杜定友:《图书目录学》,商务印书馆,1926年,第1—2页。
[②] 金敏甫编著:《图书编目学》,正中书局,1946年,"杜序"第1页。

表2.2所示：

表2.2 分类与编目的区别①

分类	编目
重内容	重形式
主观的	客观的
集中的	分散的
固定的	机动的
间接的	直接的
答一问	答三问

注：答一问即回答一个问题，分类目录回答的问题是："图书馆有某一类的书没有？"答三问即回答三个问题，字顺目录回答的三个问题是："图书馆有某人所作的书没有？""图书馆有没有一本叫做某某名的书？""图书馆有没有关于某一论题的书？"②

其次是目录体系的研究。杜定友强调，编制图书目录必须要有整个体系，以及"明确的内容，有机的联系，和统一的名词"，适应读者需求、图书性质和图书馆具体情况的要求。③ 对于目录的体系，杜定友的定义是："图书馆各种类型目录的序列并表明其内容和彼此的相互关系。"④ 他将目录体系分为组织形式、著录形式、卡

---

① 杜定友：《分类与编目》，载钱亚新、白国应编《杜定友图书馆学论文选集》，书目文献出版社，1988年，第314—316页。
② 杜定友：《分类与编目》，载钱亚新、白国应编《杜定友图书馆学论文选集》，书目文献出版社，1988年，第316页。
③ 参见杜定友《目录的改造》，载钱亚新、白国应编《杜定友图书馆学论文选集》，书目文献出版社，1988年，第327页。
④ 杜定友：《目录的体系》，载钱亚新、白国应编《杜定友图书馆学论文选集》，书目文献出版社，1988年，第328页。

片形式、序列形式、装备形式五个部分。其中，组织形式分为典藏目录和公用目录，著录形式包含标题与记录，卡片形式有卡式、卡类、卡种，序列形式有分类式和字顺式，装备形式含书本式、活叶式、卡片式、明见式。

再次是专题书目与书目提要。杜定友指出，除了编制入藏的图书目录，专题书目与书目提要的编制也是很重要的工作。他提出专题书目要讲求"全"，书目提要讲求"精"。[①] 图书馆要及时编制专题图书目录，以便读者掌握充足的资料开展深入研究。书目提要的编制要与选购、阅览、借书工作紧密联系，做到目的统一、步骤统一。

通过以上研究，杜定友的图书编目观念得到逐步改进与完善。随着技术进步，虽然卡片目录、书本式目录、活叶式目录等不再应用于现代图书馆的编目工作，但从本质上看，著者目录、书名目录、分类目录、种类目录（即主题目录）依然是图书编目工作的核心内容。

杜定友曾在《百城生活》中说道："我对于编目法，并无特殊心得。所编《图书目录学》极为肤浅，为回国初期的作品，其他各家著述，胜我多矣！"[②] 他提到，编目应该兼顾繁简问题和体制问题，"字顺目录宜略，以便目检快检。分类目录宜详，以便指检慢检。详细的著录，还应从实际出发"[③]。杜定友的这一叙述含有自谦

---

① 参见杜定友《书目与提要》，载钱亚新、白国应编《杜定友图书馆学论文选集》，书目文献出版社，1988年，第336页。
② 杜定友：《百城生活》（馆刊连载），载杜定友著，广东省立中山图书馆、中山大学图书馆编《杜定友文集》（第18册），广东教育出版社，2012年，第183页。
③ 杜定友：《百城生活》（馆刊连载），载杜定友著，广东省立中山图书馆、中山大学图书馆编《杜定友文集》（第18册），广东教育出版社，2012年，第184页。

之意，也表达了他主张与时俱进、结合实际的发展理念。

由此可见，杜定友的图书编目思想也在不断地扩充与完善。相比其他研究领域，虽然杜定友在图书编目学方面的学术成果不多，但他的研究基本建立在中西方编目理论和编目实践之上，为民国时期图书编目学的发展提供了理论依据。

六、图书馆教育思想

图书馆教育包含图书馆社会教育与图书馆学专业教育。在杜定友看来，图书馆社会教育的价值功效不亚于学校教育、家庭教育。他将图书馆教育的目的分为两个方面：一是养成图书馆管理专门人才，二是养成一般读者。在《图书馆学概论》一书中，杜定友将图书馆教育分为广义与狭义两个方面，广义是指，"图书馆教育，是人人所当受的。因为图书馆事业，和其他社会事业，教育事业，和各方面的人民，都有关系"；狭义是指，"养成图书馆专门人才，以办理专门的事业"。[①] 关于图书馆教育的方法，他归纳为三个方面：一是"设立图书馆学校，专授图书馆科学，以养成图书馆管理人材"；二是"在学校内添设图书馆学科目，使一般学生明了图书馆之用法及各种重要参考书之内容，以谋学识之进步"；三是"请有图书馆学识者，演讲关于图书馆教育之种种问题"。[②] 在杜定友看来，中国图书馆学校的使命有："提倡图书馆专门学术""养成图书馆专门人才""研究欧美图书馆管理方法""发挥中国图书馆学术""培养图书馆服务精神""图谋图

---

① 杜定友：《图书馆学概论》，商务印书馆，1927年，第60页。
② 杜定友：《图书馆通论》，商务印书馆，1925年，第8页。

馆事业之发展"。①

杜定友终其一生都在为图书馆教育而努力。1921年从菲律宾大学毕业回国以后，他就在广州市民大学演讲《图书馆与市民教育》。同年担任广州市立师范学校校长，首创图书馆学一科，作为市立师范学校的必修科。次年，他在广州创办广东图书馆管理员养成所，为"我国短期图书馆学校之先河"②。1925年，杜定友与章太炎、许世英等创办国民大学，设立图书馆学系。虽然该系存在时间较短，仅一年便停办，但它培养了钱亚新、金敏甫等大批图书馆学人才。金敏甫曾专门撰文《上海国民大学图书馆学系概况》，详细介绍该系的课程体系与招生状况。1936年，杜定友计划在中山大学设立图书馆学系，但因抗战爆发，该计划未能如愿。20世纪20年代至50年代，杜定友举办与参加的图书馆学短期训练班达十次之多，听讲者有千余人。③

七、检字法理论

杜定友很早便对检字问题有所关注。在《愚者一得》一文中，他详述了自己对检字法的研究缘起与研究经过。1910年，杜定友投考南洋公学，因发榜名单按照考分名次排列，难于查找，便觉名单排列不合理。④1918年，他在菲律宾大学图书馆实习，进一步了

---

① 杜定友：《图书馆学的内容和方法》，《教育杂志》1926年第9期。
② 杜定友遗稿，钱亚新等整理：《我与图书馆学教育（〈治书生活〉之三）》，《山东图书馆季刊》1985年第4期。
③ 参见杜定友遗稿，钱亚新等整理《我与图书馆学教育（〈治书生活〉之三）》，《山东图书馆季刊》1985年第4期。
④ 参见杜定友《愚者一得》，《广东图书馆学刊》1981年第4期。

解到目录卡片排列规则。次年,杜定友将检字问题作为毕业论文的一部分进行研究。1921年,杜定友回国,在广州市立师范学校发榜之时,首次采用姓名笔画法进行排列,同年,在市民大学的讲演中提及"笔画笔法"检字法。1922年,他创办广东图书馆管理员养成所,并撰写《排字法》一书,推行笔画笔法排列法。该书后由上海图书馆协会在1925年出版,名为《汉字排字法》。但杜定友并未满足于此法,他对笔画法产生了质疑。在此之后,他不断探索研究新的检字法。

杜定友认为,汉字排检法应包含排与检两方面,并说道:"我认为'排字法'或'检字法'的名称是不够全面的。对于汉字的序列,应有'排'与'检'二方面。检要便,排要细,二方面的要求不同,排检规则应详略各异。排检法好比是'收音机',检的方面要'一开就行',排的方面即内部线路,是非常细密的。"[1] 通过这个叙述,他明确了排检法的研究对象与研究内容,也为当时排检法的基本理论研究指明了方向。1929年,在中华图书馆协会第一次年会上,杜定友提交了《检字排字法编纂原则案》。经过讨论,索引检字组将汉字排检法原则归纳为:(甲)简易。内分"简单""自然""普及"。(乙)准确。内分"一贯""有定序""无例外"。(丙)便捷。内分"便当""直接""迅速"。[2] 20世纪60年代,杜定友再次提及检字法的要求:"看得见,排得顺,指得定,标得明。"[3] 这些原则既是杜定友编制排检法所遵循的原则,也是他总结的实践经验。

---

[1] 杜定友:《百城生活》(馆刊连载),载杜定友著,广东省立中山图书馆、中山大学图书馆编《杜定友文集》(第18册),广东教育出版社,2012年,第184—185页。
[2] 《图书馆协会年会 各组分组会议纪要》,《申报》1929年1月31日第6版。
[3] 杜定友:《查字法问题的基本认识》,《光明日报》1961年5月31日。

在检字法的实践中，杜定友创立了两种检字法：笔画笔法检字法和汉字形位排检法。笔画笔法检字法以汉字笔画为次序，同笔画之字按"永字八法"排列，笔画笔法皆相同者，再依画短者在前、画长者在后的顺序排列。笔画笔法检字法将笔画作为主要依据，与当时检字法研究的方向相符合。20世纪20年代，黄希声《汉字检字和排叠法》、桂质柏《中文著者姓氏号码表》等检字法，都采用笔画法作为检字法的主要依据。杜定友的笔画笔法检字法无疑顺应了当时学界的发展潮流。

但杜定友也意识到，笔画法使用不便，因此他也一直在不断探索新的检字方法。他对中国检字问题进行了思考，并说，"排检汉字，应从汉字本身着想，不能假借其他符号，如号码、字母等，以定其次序"，"我国部首方法，有数千年之历史习惯。虽其中有一部份难检难排，但我辈不能因噎废食。现照研究结果，汉字中有百分之八十，其部首甚显明者。如'氵讠木亻彳宀艹竹广疒'等等。故吾人可致力研究百分之二十之改良，而不应全部推翻，此为我辈应取之态度"。① 此番言论既是杜定友对盲目采用笔画法、摒弃部首法的否定，也是他对编撰新检字法的思考。

1932年，《汉字形位排检法》由中华书局出版发行。该法将汉字分为纵、横、斜、载、覆、角、方、整，共八种字形顺序，为各种字形之字指定左部、上部等地位为部首，同部首之字再以部尾起笔为次序。为使汉字形位排检法具有实践性，杜定友还向社会发放800多张调查表，分别采用四角号码法、汉字形位排检法、笔画法将31个字进行排列。最终收回100份调查表，调查结果如下：赞

---

① 杜定友：《中国检字问题》，自刊本，1931年，第34页。

成汉字形位排检法者，占 68%，其中有 99 人认为形位排检法"简便"，41 人认为"合理"，27 人认为"合习惯"，24 人认为"整齐"。[①] 从问卷的发放数量与收回数量来看，此次调查方法不尽科学。但可以肯定的是，汉字形位排检法确实具有简便、合理等特点。

《汉字形位排检法》发表以后，社会各界人士对其进行了评价与修正。结合这些意见与自身实践，杜定友在 1935 年发表《汉字形位排检法修正商榷》一文，将纵、横、斜、载、覆、角、方、整八种字形改为纵、横、斜、角、覆、载、方、整，分纵横、斜角、覆载、方整四组，以便记忆，并扩大整形字范围，修订若干字的辨形规则。经过这些改动之后，1936 年，《汉字形位排检法》由中国图书馆服务社重新印刷发行。1953 年，作为广东人民图书馆辅导参考资料之六《检字法》再次出版，并为当时部分医院、邮局、银行所用。

此外，在《汉字形位排检法》一书中，杜定友提出了字根的概念，并说道："字根是各字组织的根本。凡是中国字，都是用几笔组成字根，由一个或数个字根，组织成字。"[②] 通过研究，他将汉字分为若干字根，编制成表，形成检索体系，并附在《汉字形位排检法》之后。1961 年，杜定友发表《字根研究》一文，阐述字根学说。他认为，字根是汉字组织的基础和最小单位，是客观存在的，并将汉字的字根分为三种形式：一笔独立的、几笔并列的、几笔交接的。通过研究汉字结构，他指出，"全体汉字约有 250 种组合形式"，这些组合形式大体分为四种形式，分别为单体字、左右字、上下字、杂式字，而从字根角度入手，可使汉字的认识与书写达到

---

① 参见杜定友《中国检字问题》，自刊本，1931 年，第 12—22 页。
② 杜定友：《汉字形位排检法》，中华书局，1932 年，第 67 页。

事半功倍的效果。① 据杜定友的初步统计，"8 075 个普通字（不包括简化字）是由 504 个字根组成的"②。因此，他指出，掌握这 504 个字根就会便于 8 075 个普通字的学习。在《字根研究》一文中，他还附上了字根表，以方便读者的学习与汉字的简化工作。字根学说是杜定友对汉字排检法的深化研究，突破了部首法、笔画法的约束，是汉字排检理论的重要进步，也为汉字简化工作提供了理论依据。20 世纪 80 年代以后，随着电脑的普及，汉字编码成为一大难题。五笔字型输入法等中文输入法的兴起，将汉字字根的理论研究再次推向高潮。然而在 20 年前，杜定友就已经对汉字字根有着深入的研究，这是杜定友对汉字排检法作出的不可磨灭的贡献。

八、学术贡献

按照王子舟的说法，杜定友的图书馆学学术生涯可分为五个时期，分别是"接受图书馆学教育期（1918 年至 1921 年上半年）""图书馆学思想宣传成长期（1921 年下半年至 1925 年上半年）""图书馆学思想成熟期（1925 年下半年至 1928 年）""图书馆学思想发展期（1929 年至 1949 年）""图书馆学思想调整期（1950 年至 1967 年）"。③ 这一时期划分法结合了杜定友的学术著述出版时间与学术实践活动时间，也是笔者比较认可的观点。

早在菲律宾大学求学之时，杜定友便开始了他的图书馆学研究。回国以后，他投身于中国图书馆事业的发展实践，宣传免费平

---

① 参见杜定友《字根研究》，《文字改革》1961 年第 2 期。
② 杜定友：《字根研究》，《文字改革》1961 年第 2 期。
③ 王子舟：《杜定友和中国图书馆学》，北京图书馆出版社，2002 年，第 10—13 页。

等的服务理念,为现代图书馆的建立奔走呐喊。他曾说:"与其说我是图书馆学家,不如说我是图书馆宣传家或行政家。"① 杜定友先生不仅是图书馆活动家,也是图书馆学理论家。据张世泰先生统计,杜定友一生编著图书 86 种,撰写论文 512 篇,共 600 余万字。② 杜定友认为,"在图书馆学内,我们所谓编目分类的方法,就是和教授法、管理法一般,是图书馆学中的应用方面,不能说图书馆学尽在于此。我们还要根据种种原理,研究种种方法,去利用图书馆内的书籍和各种设备"③,这为我国图书馆学指明了基本研究路径。

杜定友在图书馆学基础理论、图书分类与编目、图书馆教育、检字法领域都有所研究与创新,是极为难得的全面型高产学者。在图书馆学理论方面,尤其是在图书馆学的缘起、学科体系等问题上,杜定友有着系统的论述。杜定友在《图书馆学的内容和方法》一文中指出:"图书馆学所以能成为科学,是因为图书馆现在已成为一种活的教育机关。"④ 通过这一论述,杜定友明确了图书馆与图书馆学的密切联系,以及图书馆的教育属性和图书馆学的存在基础。从设立市民图书馆的"人才、书籍、房屋"到整个图书馆事业"书""人""法"的"三位一体",杜定友对图书馆的认识在不断地抽象与深化,构成了要素学说的基础流派,凸显了我国图书馆学家的理论创新。参照教育学科体系,杜定友提出,图书馆学科既应包

---

① 杜定友:《我与图书馆学》,载钱亚新等整编《杜定友先生遗稿文选(初集)》,江苏图书馆学会,1987 年,第 46 页。
② 参见张世泰《图书馆学家杜定友先生》,载黄俊贵主编《广东省中山图书馆同人文选》,广东省中山图书馆,1992 年,第 310—311 页。
③ 杜定友:《图书馆学的内容和方法》,《教育杂志》1926 年第 9 期。
④ 杜定友:《图书馆学的内容和方法》,《教育杂志》1926 年第 9 期。

含原理和应用两个方面，也要兼顾专门学识和辅助学识。这一论述厘清了图书馆学的主要内容，将图书馆学与其他学科关联起来，既有着西方图书馆学理论特征，同时也具备中国图书馆学的本土化创新。

杜定友的学术贡献不仅在于图书馆学基础理论体系的构建，更在于图书馆学应用领域的开拓创新。自《校雠新义》《世界图书分类法》至《图书目录学》《明见式编目法》，杜定友致力于研究符合中国图书的分类法与编目法。在此过程中，杜定友强调现代图书分类的应用性、标准性与伸缩性原则，对分类编目的基本概念、原则、标准、方法、应用等进行系统探索，拓宽了图书分类学与编目学的理论领域。

第八节　金步瀛

一、生平

金步瀛（1898—1966），又名天游，字仙哉（裁），号孤鸿子，1898年出生于浙江省兰溪市芝堰乡桐山后金村，1922年从浙江省立甲种蚕业学校毕业，1925年7月至1937年11月供职于浙江图书馆。^① 抗日战争期间，他曾任职于浙江大学龙泉分校图书馆、英士大学图书馆。1941年2月，他重回浙江图书馆工作直至1966年去世，曾历任浙江图书馆掌书、编纂、编目主任和采编部主任等职，积累了丰富的图书采编经验。^② 在浙江图书馆工作期间，金步瀛与杨立诚、陈训慈、章箴等学者共事，潜心研究图书馆学和目录学，为浙江图书馆事业的发展作出了巨大贡献。中华人民共和国成立后，他曾任浙江省政协委员。

二、学术论著

金步瀛撰写的图书馆学论著有《中国藏书家考略》（与杨立诚合编，杭州：浙江杭州大方伯省立图书馆四库目略发行处，1929年），《对于王云五中外图书统一分类法之修正》（《浙江省立图书馆月刊》1932年第1卷第3—6、9—10期），《中国藏书家考略之补充与改正》（《浙江省立图书馆馆刊》1933年第2卷第2期），《图书之分类》（杭州：浙江省立图书馆，1936年），《图书分类之原则与标准》（《商务印刷所图书馆部图书馆通讯》1936年第3期），《类分图书与知书》（《浙江教育》1936年第1卷第10期）等，其中《图书之分类》《中国藏书家考略》具有代表性。

《图书之分类》，1936年由浙江省立图书馆出版发行。全书共分为四部分："总论""中外图书分类法概说""浙江省立图书馆十进分类法概说""余论"，系由若干篇论文汇编而成，包含图书分类

---

① 参见申畅等编《中国目录学家辞典》，河南人民出版社，1988年，第414—415页。
② 参见《浙江图书馆志》编纂委员会编《浙江图书馆志》，中华书局，2000年，第190页。

的理论与实践两个方面。① 在"总论"部分，金步瀛探讨了图书分类的基本问题，强调图书分类要做到"明义为先，辨体为次，而以致用为归宿"。在该书中，金步瀛着重介绍了《浙江省立图书馆十进分类法》，为图书分类的实际工作提供了借鉴样本。

《中国藏书家考略》，由杨立诚和金步瀛合编，初版于1929年由浙江杭州大方伯省立图书馆四库且略发行处出版发行，收录的藏书家"上起秦汉，下迄清末，凡生平确有藏书事迹的，甄录七百四十一人"②，是《藏书纪事诗》之后出版较早、收录藏书家人数较多、影响广泛的一部私人藏书专著。③ 1971年，台北文海出版社出版了图书的影印本；1978年，台北新文丰出版社再版，将图书名改为《中国文学藏书家考略》；1987年，俞运之对该书进行了校订，"增添了一百三十四人，订正了二百多处"④，由上海古籍出版社重新出版发行。《中国藏书家考略》以藏书家的姓名笔画为排列顺序，介绍了自秦至清的藏书家的史事与书籍聚散的基本线索，弥补了叶昌炽《藏书纪事诗》收录的不足，可以与叶书相互补充，以使读者更全面地了解中国藏书史。

三、图书分类思想

1928年，浙江省立图书馆统一采用王云五的《中外图书统一

---

① 参见金天游编著《图书之分类》，浙江省立图书馆，1936年。
② 郑逸梅：《人物和集藏》，黑龙江人民出版社，1989年，第339页。
③ 参见苏全有主编《图书馆史沉思录》，中州古籍出版社，2015年，第240页。
④ 杨立诚、金步瀛合编：《中国藏书家考略》，上海古籍出版社，1987年，"前言"第3页。

分类法》，但出现了部分图书不适用于该分类法的情况。1933年，图书馆编撰完成了《浙江省立图书馆中日文图书分类大纲》，将所有图书分为十大类，每类之下各含九个二级子目，该大纲也在实践中不断修改与完善。[①]金步瀛并非图书馆学专业学校的科班生，但他凭借着勤奋好学的精神，结合浙江省立图书馆的分类编目工作实践，对图书分类提出了自己的建议，并撰写了相关著作和文章，推动着浙江省立图书馆工作的不断完善与创新。1934年，他对分类大纲进行了较大的修改，完成了《古今图书统一分类表》，但在当时未能得到实际运用。20世纪50年代初期，浙江图书馆沿用金先生的《浙江省立图书馆中日文图书分类表》。随着社会形势的发展和科技水平的进步，旧的分类法难以适应时代发展，浙江图书馆在1951年对分类方法进行了修改，由金先生担任主编，参考国内和苏联的分类方法，强调马列主义的重要作用，将其单独成类，完成了《浙江图书馆图书分类新表》的编制工作。此分类表由浙江图书馆用来类分中文新书，一直沿用到1977年。[②]

根据以上分类法的编纂经验，金步瀛总结出了一套适用于中国图书的分类法理论体系，对图书分类的原则和标准有着创新研究。他指出，"图书分类者，明义为先，辨体为次，而以致用为归宿"，"然后以互著之法以济其穷"，强调"明义""辨体""致用""互著"的方法。[③]从内容、形式、实用价值、标注方式四个方面阐述了图

---

① 参见《浙江图书馆志》编纂委员会编《浙江图书馆志》，中华书局，2000年，第99页。
② 参见《浙江图书馆志》编纂委员会编《浙江图书馆志》，中华书局，2000年，第101页。
③ 参见金天游《图书分类之原则与标准》，《商务印刷所图书馆部图书馆通讯》1936年第3期。

书分类的基本内容。这一分类体系是金步瀛根据浙江省立图书馆的大量实践所得,"致用"是其图书分类学思想的核心理念。

金步瀛认为,分类人员要明白图书所属的学术系统、著述的体裁和效用的大小,才能将图书归入学者所需要的类别。学术系统与体裁是"互为经纬"的关系,图书的事、情、理三部分应该各自为类,不可并列;学术系统和体裁清晰却仍不能分类的,需要按照图书的具体效用来分类;"义""体""用"三者均明确的情况则可按互著方法进行分类。"义"是图书的学术系统,"体"是图书的体裁。类分图书首先要辨别学术的分野,做到"知书"。关于"知书"的重要性,金步瀛指出,"图书分类,为一种技术……'技术'易于学习,'知书'难期深造","知书必多读书,多读书在知书,知书然后能分类"。[①] 明白了图书的学术系统后,才能将图书归纳于同一个系统之下,以此添加图书体裁的号码。比如哲学类辞典,是"以辞典为体裁之哲学著作",应归于哲学系统之下,不可归属于普通辞典类别之中,因此该书的分类号是103,"1"表示哲学,"03"表示著述的体裁为辞典。[②] 但如果是文学,则需要根据其体裁进行分类,历史类书籍需根据时代进行划分,地理类图书要按照地域分类,这三种图书均没有明义的必要。善本、抄本、特别版本等需要在分类中格外列出一处,专门供某一特定阶级阅读的图书,如儿童读物和盲哑图书更没有明义的必要。

金步瀛提出的具体分类细分原则如下。

1. 在著者目的和图书主要题旨的审定方面,分类人员需要思考两个问题:著者为何要写作此书?此书写了什么内容?著者引入其

---

① 金天游:《类分图书与知书》,《浙江教育》1936 年第 10 期。
② 参见金天游编著《图书之分类》,浙江省立图书馆,1936 年,第 77 页。

他学者的观点,并不能反映其思想,应以作者的目的和主旨为依据。

2.内容复杂的图书的类分方针。主要包含四个方面的情况:一是图书论及两个类别或者是同一类别中的两个部分,如有轻重多少之分,可按影响较重者和叙述较多者分类;二是图书论及两个类别或者同一类别中的两个部分,没有轻重多少之分时,可按前者归类;三是图书论及两个类别或者同一类别中的两个部分,有此影响彼的情况,按被影响者类分;四是图书论及三类或者同类中的三个部分,应将该书归入能够涵盖全部内容的类别之中。

3."致用之倾向"[1]。类分图书的归宿是致用,因此要根据图书应用的轻重缓急来对其进行分类。应用此原则需要注意所在图书馆的性质与阅览者的需要。如筑路书目和公共图书馆法律两本书,对目录学者和律师未必适用,不如归入道路工程和图书馆学类别,以供筑路工程师和图书馆员参考之用。此方法适用于普通图书馆。若在目录学的专科学校,筑路书目要归入目录学类别,公共图书馆法律要归入法律类别。有些书目在分类表中囊括两个类别,如动物心理学,既可入动物学又可入心理学,具体归入哪个类别应取决于图书馆实际的致用倾向。

关于互著的分类方法,金步瀛指出,"互著者,一书既入此类,复互著于他类,所以通其类,广其用耳"[2]。通过图书的相互参照,涉及多方面类别内容的书籍能够得到充分利用。除了单行本图书,全集或者选集中的单篇著作、丛书的子目、多卷图书的单个分册、图书独立性质的附录、汇编书与合订图书、内容复杂的书籍都可以

---

[1] 金天游编著:《图书之分类》,浙江省立图书馆,1936年,第81页。
[2] 金天游编著:《图书之分类》,浙江省立图书馆,1936年,第82页。

采用互著的方法,以达到"广其用"的效果。为了更好地标注图书,金步瀛设计了三种"互著"和"参照"的标记符号,分别用两种方式的单箭头和一种双箭头来表示"见""参见""互见"。从1951年到1977年,这种形象生动的互著标注方式被浙江图书馆使用了20多年,[①]充分体现了金先生的服务于图书馆实践的分类理念。

关于四部分类法和杜威十进分类法,金步瀛指出,十进分类法多按义分类,四部分类法以体分,体分因各国情况不同而有所差别,是"一国之私",义分则适用于大部分国家,是"天下之公",因此十进分类法比四部分类法的适用性更强。但由于中国与欧美学术体系不同,在具体的古籍分类上,四部分类法优于十进分类法。

在图书分类法的标准问题上,金步瀛提出,选择图书分类方法需要考虑四个方面的因素:一是类目要丰富,组织完善严密,可收录任何书籍,不存在批评和褒贬的意思,要对所有图书一视同仁,图书的类别具有伸缩性,含义清晰,符号明了,具备适当的索引;二是要视图书的具体情况而定,普通图书可采用各类别平均的分类法,专门性质的书籍适合采用专门的学科分类方法;三是需了解图书馆的范围,根据图书馆的大小来决定分类表的详细或简略;四是注重图书馆的环境和服务对象,以此决定分类表的详略。

通过分析中外新旧图书分类方法,金步瀛采用了杜威十进分类法作为图书分类的基础,并改进其短处,采纳国内各家分类法的优点,触类旁通,以弥补杜威十进分类法的不足。浙江省立图书馆十进分类法将中西图书分为九大类,分别用阿拉伯数字1—9来表示

[①] 参见黄景行《金天游先生对图书分类法的贡献及其分类思想——纪念金先生诞辰九十周年》,《图书馆研究与工作》1989年第1期。

顺序，属于九类之外的内容复杂的普通书籍，则用0来代表，因此共有十个大类。这十大类分别是："0总类、1哲学、2宗教、3社会科学、4语言学、5自然科学、6应用科学、7美术、8文学、9史地"①。每类之下又分为九个小类，在每个小类中将普通图书归于之前，因此每类又细分为十个小类。每一小类之下分为九个条目，由于普通图书归于各条目之前，故每小类之下分为十个条目。

因此，浙江省立图书馆采用了三级分类层级体系，将普通书单列出来自成一类，在杜威十进分类法的基础上又有所创新。在每个条目之下，又分细目，将小数点加在三位数字之后，图书的分类号码可成四位或者五位数字。小类表依据图书体裁、语别和国别、中国区域表和中国时代表进行复分。其中，中国区域表分为中部、东部、东北部、北部、中北部、西北部和西部，包含了30个地区或省份；中国时代表分为太古及上古、中古、近古、近世（清代）、现代（中华民国）。

1928年，在馆长杨立诚的主张下，由陈友松负责，浙江省立图书馆的中文新版图书采用王云五中外图书统一分类法，后逐渐扩展至东西文和中文线装图书。陈友松去职以后，张英敏和金步瀛主管分类工作，继续采用王云五的分类方法。在三年的实践之中，张英敏和金步瀛根据实际工作的需要，对王氏分类法进行了修正和完善，应用于浙江省立图书馆的分类实务之中。对此，金步瀛在《浙江省立图书馆月刊》上发表了《对于王云五中外图书统一分类法之修正》的文章。在王云五分类法的基础上，金步瀛增加了适用于图书馆馆藏与中国社会现状的类目，对含义相近或表述含糊的类目进

---

① 金天游编著：《图书之分类》，浙江省立图书馆，1936年，第41—42页。

行重新定义或删除。① 这一做法适应了浙江省立图书馆的分类工作，是金步瀛图书分类思想的进一步扩充。

伴随着"整理国故"运动对"索引式整理"方法的提倡，图书馆界兴起了编制图书馆书目索引的潮流。金步瀛的《丛书子目索引》就是在这一时期编纂的，并由浙江省立图书馆于1931年5月出版发行。全书以浙江省立图书馆所藏的丛书为基础，以丛书子目书名的首字笔画为排列依据，在每一书名后面注明编撰的作者和被收录的丛书名，使读者能够进一步了解浙江省立图书馆的馆藏情况。《国立北平图书馆馆刊》在1931年第5卷第3期的"新书介绍"中对《丛书子目索引》进行了专门的评价，认为通过该索引可以知晓某本书收录于多种具体的丛书之中，但是也难免存在遗漏之处。

1935年，金步瀛在原索引的基础上，编撰了《增订丛书子目索引》一书，由开明书店于同年9月发行。该书由当时任职于河南大学的李笠先生撰写序言，李先生强调编辑丛书子目索引能够方便读者从书籍中查找材料或问题，是使书籍尽其所用的重要途径。在凡例中，金步瀛说明了《增订丛书子目索引》的排列方式、收录来源和具体的著录事宜，在原索引部分条目的基础上进行了补充说明，并标示"增补""重订"等字样注释。在凡例与正文之间，按照笔画排列法，列举了该索引所收录的全部丛书书目，使读者一目了然。《丛书子目索引》和《增订丛书子目索引》共收录约400种丛书，包含了12 000余条子目书名，② 基本上涵盖了浙江省立图书

---

① 参见金步瀛《对于王云五中外图书统一分类法之修正（续）》，《浙江省立图书馆月刊》1932年第3期。

② 参见阙勋吾主编《简明历史辞典》，河南人民出版社，1983年，第1000页。

馆当时所有的已编目丛书,为读者了解民国时期浙江省立图书馆的丛书馆藏情况提供了重要的依据。除此之外,金步瀛还编纂了《别集索引》和《汉译西文书目索引》,对浙江省立图书馆所藏的别集和汉译西文图书分别编制了相应的索引,以供图书馆的编目人员进行查找,同时也方便读者快速检索相关书籍,弥补了卡片目录翻阅耗时的不足。

四、图书馆管理思想

中华人民共和国成立以后,图书馆的性质和服务对象等发生了变化,图书馆专业人才的缺乏和图书馆员培训问题亟待解决。金步瀛的《图书馆基本工作简本》一书正是在这种环境下应运而生的。结合在浙江省立图书馆多年的实践经验,金步瀛依据图书馆工作的实际方法,编纂了此书。全书共分为采购、整理、使用、图表卡片四个方面,叙述图书馆管理的基本原则与工作方法。

金步瀛参照新民主主义文化内容,主张采用"选购、征求、寄存、交换、传钞、登记"[①]的方法,图书采购要以"大众的方向、科学的内容、民族的形式"三方面为标准,依据图书馆的任务和读者需要,适当地选择一些具有普及文化知识功能的图书。[②]金步瀛曾任浙江省立图书馆采编部主任,在图书编目方面积累了丰富的实践经验,他认为图书馆在编目之时要考虑图书馆的性质、范围与读者需求三方面的因素。普通的规模较大的公共图书馆或者专科、大学的图书馆要同时具备字典式目录、分类目录和书架目录,而规模

---

① 金天游编著:《图书馆基本工作简本》,浙江省立图书馆,1950年,第3—11页。
② 参见金天游编著《图书馆基本工作简本》,浙江省立图书馆,1950年,第3—4页。

较小的公共图书馆或者中学图书馆需要具有书名目录、分类目录和书架目录。如果新旧图书都有收藏，特别是旧书较多，适合将新旧书籍放在一处分类排架，以辨明学术源流与演变历史，亦可为新文化图书额外制作一份目录卡片。图书馆的编目需要达到的目的有：一是表明国内有某本书、某著者的著作和某个种类的图书，二是使检阅人员知晓图书的书名、著者或者主题名称，三是使检阅人员能够了解图书的出版地、出版时间、出版者、页数、册数或者图书的号码。完善的图书目录必须包含图书的书名、著者和主题款目，编目的主要款目则需记载说明以下事项：出版事项（出版时间、出版地、出版者、版刻、版次），图书的信息（册数、页数、行款、图表、装订大小、丛书注），附注和号码。在具体的事项方面，图书馆的编目则包括起稿、制卡、标目和校对。[①]

虽然金步瀛所提倡的图书采编方法已不适用于今天的图书馆实际工作，但在图书馆由古代藏书楼向近代图书馆过渡的民国时期却大有裨益，对各图书馆采用新型的编目方法、促进图书馆的图书采访和编目提供了较好的借鉴价值。

五、学术贡献

金步瀛并非图书馆学专业出身，也没有海外留学经历。他的图书馆学思想更多地来源于其多年的实践经验，是他对自己图书馆管理工作的理论提升与实践总结。在40多年的图书馆实践中，金步瀛根据图书馆工作的实际情况，编制图书分类体系和工作指导手

---

① 参见金天游编著《图书馆基本工作简本》，浙江省立图书馆，1950年，第27—37页。

册，在图书采访、编目、分类、索引等领域都有所研究，主要著述有《图书之分类》《丛书子目索引》《中国藏书家考略》等。在图书分类方面，他总结出了"明义""辨体""致用""互著"的分类方法和"义""体""用"的分类原则，从图书的内容、体裁、效用方面去判定不同类型图书的分类方法。这些分类理论由金步瀛的图书馆分类工作经验所得，并由浙江图书馆的实践所证实。除此之外，金步瀛在图书学方面的贡献也不可忽视。《中国藏书家考略》以古代藏书家的事迹为主线，实则是对我国图书史的研究，丰富了图书馆学史的研究内容，成为研究我国藏书文化的重要参考资料。

第三章

民国图书馆学学者（三）

第一节 蒋复璁

一、生平

蒋复璁（1898—1990），字美如，号慰堂，生于光绪二十四年农历九月二十九日（公历 1898 年 11 月 12 日），浙江海宁硖石镇人。海宁硖石蒋氏是藏书世家，蒋复璁的曾祖是江南著名藏书家蒋光煦；父亲蒋方夔是岁贡生，著有《抱阙斋诗词稿》；叔叔蒋百里是著名的军事学家。蒋复璁自幼由父亲启蒙教育,六岁上传统小学,诵读《千字文》《论语》《孟子》等经典。1910年,蒋复璁考入杭州钱塘高等小学堂。1913年,他就读于中德合办的青岛特别高等专门学校。次年,蒋复璁跟随二哥前往天津,进入德国侨民所办的德华中学读书。1917年,他考入北京大学预科德文班,预科毕业后就读于北大哲学系,跟随胡适、梁漱溟等人学习。1919年,因叔叔蒋百里负责办理松坡图书馆事宜,蒋复璁便到松坡图书馆协助做图书编目工作。1923年2月,他接任松坡图书馆的编辑,负责所有图书的征集、采购等工作,参加北京图书馆协会,并于当年夏季从北京大学毕业。[①] 1924年,经同乡徐志摩介绍,蒋复璁进入北京清华学校教书,之后转任北大预科执教。在清华教书期间,蒋复璁仍旧每周去照料松坡图书馆,并学习图书馆学相关知识。1925年,中华图书馆协会在北京召开成立大会,蒋复璁任执行部干事。1926年,北平图书馆成立,蒋复璁担任编纂兼中文编目组组长,草拟《图书大辞典》计划书。同年,他应中华教育改进社之邀,编纂并发表《论语集目》《孟子集目》《四书集目》。

1930年7月,在德国洪博基金会奖学金的支持下,蒋复璁赴德留学。在德国留学期间,蒋复璁接受高级图书馆员(即学术图书馆员)的训练,曾在柏林大学和普鲁士图书馆合办的图书馆学院上课,并连续两年在德国普鲁士邦立图书馆实习并担任客座馆员。[②] 1932年11月,蒋复璁回国,在国立编译馆任编审一职。1933年,

---

① 参见蒋复璁等口述,黄克武编撰《蒋复璁口述回忆录》,台北"中央研究院"近代史研究所,1990年,第41—43页。
② 参见蒋复璁等口述,黄克武编撰《蒋复璁口述回忆录》,台北"中央研究院"近代史研究所,1990年,第35—38页。

蒋复璁参与国立中央图书馆的筹备工作,任筹备处主任。在各方的努力下,1936年9月1日,筹备处正式开放阅览。1937年8月15日,日军袭击南京,筹备处停止开放阅览并随教育部西迁,于次年2月到达重庆。1940年8月,国立中央图书馆正式成立,蒋复璁随后被任命为首任中央图书馆馆长。抗战期间,蒋复璁代表中央图书馆,致力于善本书籍的收购工作。1945年8月,中央图书馆迁回南京,蒋复璁被任命为京沪区特派员,负责接收沦陷区的教育事宜,并参与开办《中央图书馆馆刊》。1948年8月,蒋复璁奉命前往美国考察图书馆事业,出席联合国文教组织会议,后因国内形势变化,于当年10月份提前回国。1950年,蒋复璁在香港珠海书院担任教职工作。1951年5月,他受聘任台湾大学教授,讲习国文。1954年7月,复任台北"中央图书馆"馆长,主导"中央图书馆"在台湾的建馆工作。1965年,蒋复璁受聘担任台北故宫博物院的首任院长,负责编目整理、文物修缮、人才培养、出版宣传等工作。1983年,蒋复璁任期届满退休,被授以二等景星勋章。① 1990年,蒋复璁在台湾逝世。

二、学术论著

蒋复璁在图书馆管理、图书分类、图书编目等方面均有所研究,撰写的学术论著有《中国图书分类问题之商榷》(《图书馆学季刊》1929年第3卷第1—2期),《国立中央图书馆筹备之经过及现在进行概况》(《中华图书馆协会会报》1934年第9卷第4期),《民

---

① 参见蒋复璁等口述,黄克武编撰《蒋复璁口述回忆录》,台北"中央研究院"近代史研究所,1990年,第69—77页。

众教育馆的图书教育》[《教育通讯（汉口）》1939年第2卷第40—41期]，《中等学校图书馆问题》（《中等教育季刊》1940年第1卷第2期），《图书室管理法》（南京：正中书局，1941年），《图书馆》（南京：正中书局，1941年），《国立中央图书馆概况》[《社会教育季刊（重庆）》1943年第1卷第4期]，《最近中国图书馆事业之发展》[《社会教育季刊（重庆）》1943年创刊号]等，其中《中国图书分类问题之商榷》《图书室管理法》《图书馆》具有代表性。

《中国图书分类问题之商榷》，是蒋复璁在中华图书馆协会第一次年会上所提交的论文，载于1929年的《图书馆学季刊》。全文分为导言、中国分类之起源、过去之旧分类、现行之新分类、吾所希望之分类、结论五个部分，概括分类的定义、起源、我国图书分类法的两大派别（班志派、四部派），分析当时新分类法的产生原因及所属类别，并提出了具体的图书分类原则与工作方法。

《图书室管理法》，1941年由正中书局出版发行。全书按照图书馆工作的一般流程分成五个章节，即"布置与设备""征购与登录""分类与编目""典藏与阅览""宣传和推广"，在每章结束后列有讨论问题和主要参考资料，"特别注重具体方法之提示，实际问题之研讨，竭力避免不必要之理论与批评"，具有较强的实际指导价值和可操作性，是民众教育馆工作人员的参考用书。[①]

《图书馆》，1941年由正中书局出版发行。作为教育部社会教育辅导丛书之一，《图书馆》是社会教育实施机关（民众教育馆、民众学校等）的参考用书。该书分为九个章节，分别是"创立与发

---

① 参见蒋复璁编著《图书室管理法》，正中书局，1941年，"编辑凡例"第1页。

展""方针与目标""组织与人员""行政与经费""建筑与设备""选购与登记""分类与编目""出纳与指导""推广事业",附录部分为"重要法令"和"参考书目"。① 相比《图书室管理法》,《图书馆》一书更加侧重于理论和法令法规角度的分析。

三、图书馆管理思想

在参考刘国钧、杜定友、金敏甫等学人观点的基础上,蒋复璁将图书馆的发展趋势概括为四点:"一、由保存而趋于使用""二、由贵族而趋于平民""三、由简单而趋于复杂""四、由散漫而趋于联络"。② 他从文化、学术与社会三个方面考察近代图书馆的功能,把图书馆事业看作"比较具体富有永久性与独立性之一种社会教育",强调图书馆的社会教育作用。③ 在任职国立中央图书馆期间,蒋复璁遵循扩充馆藏、服务读者的办馆理念,为我国图书馆事业的发展作出了巨大贡献。

1933年,蒋复璁接受时任交通部部长朱家骅的建议,担任国立中央图书馆筹备处委员,后担任筹备处主任,负责图书馆的筹建事宜。作为国家图书馆,国立中央图书馆承担着集藏全国文献的重要使命,其采购任务异常艰巨。自筹备处成立以来,国立中央图书馆便着手图书的征集与采购事项。蒋复璁根据自己的管理经验,从社会、教育与经济三方面考察馆藏体系,强调图书馆要为社会服务,尽其教育上之效能,兼顾实用与经济方面的价值,即"以最少

---

① 蒋复璁编著:《图书馆》,正中书局,1941年。
② 蒋复璁编著:《图书馆》,正中书局,1941年,第2页。
③ 参见蒋复璁编著《图书馆》,正中书局,1941年,第5—7页。

数之金钱,备最多数极有用之书籍,供最多数之读者"。① 因此,实用性与以读者为中心是蒋复璁图书馆管理思想的核心部分。他建议图书馆既要发挥应有的教育职能,也应考虑经费情况,尽力采购读者所需图书。在民众教育馆图书室的藏书标准上,蒋复璁主张,要综合考虑读者、经济、保藏三个方面的因素,在经费预算范围内,发挥图书馆在教育方面的作用,并肩负起收藏地方文献的任务。② 虽然蒋复璁所阐述的两个藏书标准略有不同,但基本上都围绕着实用性与读者两个方面,以发挥图书馆教育功用为目的,同时也兼顾图书馆的实际经济状况。

在负责国立中央图书馆的筹备工作之后,蒋复璁受教育部之命,前往北平接收清朝学部和北洋政府教育部的所有档案和图书。其中,档案移交教育部,图书归图书馆所有。这批图书共4万多册,包括清代金陵官书局的藏书和雕版的板片,以及明初内府刻本《仁孝皇后勤善书》。但这些藏书显然不足以支撑国立中央图书馆的地位,扩充藏书成为蒋复璁面临的重要任务。在恩师胡适的建议下,蒋复璁开始收集政府机构出版的各种公报和官文书。经过两年时间,筹备处收集了中外文官书共2 400种,曾编过两次官书目录,并于1934年6月在内部铅印出版。1934年,国立中央图书馆购得天津孟氏所藏金石拓片1 500种。③

为更广泛地增加馆藏,蒋复璁积极参与推动《新书呈缴规程》的修正工作。作为教育部代表,他出席修改出版法审查会议。在蒋

---

① 蒋复璁编著:《图书馆》,正中书局,1941年,第23—35页。
② 参见蒋复璁编著《图书室管理法》,正中书局,1941年,第5—17页。
③ 参见蒋复璁等口述,黄克武编撰《蒋复璁口述回忆录》,台北"中央研究院"近代史研究所,1990年,第45—55页。

复璁的争取下，出版法规定新出版书刊需送缴中央图书馆。1934年，国立中央图书馆正式接管出版品的国际交换处事务。由于缺乏经费，交换处无力采购昂贵的外国图书。为此，蒋复璁建议利用文渊阁《四库全书》南迁之便，影印《四库全书》与国外图书馆交换，以节省经费开支。他的这个提议得到了时任交通部部长朱家骅、教育部部长王世杰等人的支持。纵使当时有诸多联名反对信函和前四次失败的影印经历，蒋复璁依然坚持自己的观点，他的提案也获得了教育部行政院会议的通过。此次《四库全书》的影印由教育部组织委员会特意聘请15位专家，商定所要选印目录，"以未刊辑虽有明刊而流传不广者为原则，一律影印，选印两百卅一种，一千九百六十册，名曰《四库珍本初集》"。① 在多种采购措施的作用下，国立中央图书馆的馆藏有了可观的数量，截至1937年5月份，馆藏中文书籍89 882册，西文书籍11 361册，日文书籍1 041册，满蒙藏文书籍102册，杂志21 182册，小册11 143册，舆图1 087册，金石拓片4 943册，乐谱29册。②

抗日战争爆发后，社会动荡不安，江南一带的部分善本图书毁于战火。为了维持生计，不少书业经营者将所藏古籍出售，珍本流于海外。针对这种情况，蒋复璁发表《旧籍当前之厄运》一文，号召守护古籍，建议各教育文化机关大量收购古籍，保存中华民族的优秀文化遗产。③ 为此，蒋复璁利用中英庚款，奉命于1940年从重庆出发前往上海，致力于珍贵图书的收购工作。此次收购堪称抗战

---

① 蒋复璁：《四库全书的性质与编纂及影印的经过》，载蒋祖怡编著《蒋复璁先生传》，台湾思行文化传播有限公司，2015年，第317页。
② 参见蒋复璁《国立中央图书馆概况》，《社会教育季刊（重庆）》1943年第4期。
③ 参见蒋复璁《旧籍当前之厄运》，《读书通讯》1948年第154期。

时期国民政府规模最大的一次抢救，前后耗资 300 万法币，从 1940 年 4 月至 1941 年 6 月，耗时一年多，共收购善本书 4 864 部，48 000 多册。这些善本书籍包括江宁邓氏群碧楼、嘉兴沈氏海日楼、常熟瞿氏铁琴铜剑楼等珍贵图书。① 1946 年，蒋复璁被任命为京沪区特派员，负责沦陷区教育事宜的接收工作。在这期间，中央图书馆收购了伪政府考试院院长陈群的《泽存文库》、上海东亚同文书院图书馆的图书、南京书棚本《江湖群贤小集》、元代《金刚经》朱墨印本、敦煌卷子、金文拓本等，极大地扩充了中央图书馆的馆藏古籍数量。②

1926 年筹备建馆之时，国立中央图书馆就已对民众开放阅览，抗战前的阅览人数达到了 70 108 人，图书出纳共计 54 437 册。1938 年，国立中央图书馆迁至重庆，经短暂的重整之后便恢复了开放阅览。③ 在图书出版方面，国立中央图书馆奉令接办国学书局，承接交通部移赠印刷所全部机器，并将该书局更名为筹备处木印部。④ 国立中央图书馆制订了详细的出版计划，包括图书馆工作辅导书籍、应时务需要编印的参考书目和善本书的复印。奉教育部之令，国立中央图书馆还负责图书馆事业的辅导工作，如整理四川板片、视察与计划文渊阁《四库全书》的安置、办理图书馆辅导学校、代四川省筹设四川省立图书馆等。⑤

---

① 参见蒋祖怡编著《蒋复璁先生传记——中华瑰宝的守护神》，台湾思行文化传播有限公司，2012 年，第 62—63 页。
② 参见蒋复璁等口述，黄克武编撰《蒋复璁口述回忆录》，台北"中央研究院"近代史研究所，1990 年，第 60—61 页。
③ 参见蒋复璁《国立中央图书馆概况》，《社会教育季刊（重庆）》1943 年第 4 期。
④ 参见蒋复璁《国立中央图书馆筹备之经过及现在进行概况》，《中华图书馆协会会报》1934 年第 4 期。
⑤ 参见蒋复璁《国立中央图书馆概况》，《社会教育季刊（重庆）》1943 年第 4 期。

1933年，国立中央图书馆筹备处制定了《国立中央图书馆筹备处暂行组织大纲》。根据组织大纲，图书馆设有总务和图书两组。其中，总务组下设文书、出纳、人事、庶务，图书组下设采访、编目、阅览三股。1940年图书馆正式成立以后，《国立中央图书馆组织条例》颁布，规定国立中央图书馆管理"关于图书之搜集、编藏、考订、展览及全国图书馆事业之辅导事宜"。① 依据组织条例，图书馆设馆长1人，下分总务、采访、编目、阅览、特藏5组，每组设主任1人，下分编纂、干事、书记。另外，中央图书馆还设立了图书馆事业辅导委员会，负责调查、商讨、改进图书馆事业。因需办理图书交换事宜，图书馆还设有教育部出版品国际交换处。② 可以看出，在蒋复璁的带领下，国立中央图书馆的组织结构日趋完善，为完成国家图书馆的使命奠定了良好的组织基础。

在任职国立中央图书馆之前，蒋复璁曾留学德国，考察欧洲各国图书馆事业，并译有《英国图书馆》一书，撰写完成《五十年来之德意志图书馆事业》《波兰之图书馆事业》《留德研究图书馆学工作报告》等文章，发表《英法德三国国立图书馆印象记》等演讲。反观当时中国的现实状况，他认为中国图书馆事业发展的不足之处是："国内图书馆人材之缺乏""整齐编目之企图""循环书目之编制"，并从人才培养、统一编目方面表达了对中国图书馆事业的期望。③

自德国回国以后，蒋复璁时刻关注中国图书馆事业的发展情

---

① 《国立中央图书馆组织条例》，《教育通讯（汉口）》1940年第49期。
② 参见《国立中央图书馆组织条例》，《教育通讯（汉口）》1940年第49期。
③ 参见蒋复璁《英法德三国国立图书馆印象记》，《浙江省立图书馆月刊》1932年第10期。

况。他痛惜日本侵略对中国图书馆事业的严重摧残，称赞清末以来所颁布的图书馆法规，强调图书馆作为社会教育中心的重要地位。他将清政府颁布的《京师及各省图书馆通行章程》看作"我国近代图书馆立法之始"，将1915年教育部公布的《通俗图书馆规程》中的"通俗图书馆"视为"今日民众图书馆的前身"。[①] 他尤其强调1939年《修正图书馆规程》《图书馆工作大纲》和1940年《国立中央图书馆组织条例》的重要价值，并将这几条法规的意义概括为："第一，使中国图书馆事业之发展的传统精神具体化，并指示其将来发展之路向；第二，明白规定图书馆在国家政制之地位；第三，规定各级图书馆相互间之纵的隶属关系，横的辅导关系。"[②] 从图书馆实践经验的角度出发，蒋复璁认为，1939年的《修正图书馆规程》较1930年的《图书馆规程》有显著进步。例如，《修正图书馆规程》中各级图书馆馆长、主任和馆员地位与资格的确立可以促进图书馆事业的发展；各级图书馆的分组办事与工作大纲的制定是《修正图书馆规程》的最大特点；《修正图书馆规程》中县、市立图书馆推广组的设置能够帮助开拓社会教育事业。

身为国立中央图书馆首任馆长，蒋复璁强调图书馆规范管理的重要性。以《国立中央图书馆组织条例》为例，他说道："是故吾国之图书馆事业本为欧美所称道，而此次中央图书馆条例之公布，尤可大书特书者也。"[③] 随着《普及全国图书馆教育办法》的颁布，

---

① 蒋复璁：《珍帚斋文集》（卷二）《图书与图书馆》（上），台湾商务印书馆，1985年，第482—489页。
② 蒋复璁：《珍帚斋文集》（卷二）《图书与图书馆》（上），台湾商务印书馆，1985年，第475—481页。
③ 蒋复璁：《珍帚斋文集》（卷二）《图书与图书馆》（上），台湾商务印书馆，1985年，第475—481页。

蒋复璁指出，图书馆事业的发展有赖于图书馆从业者的努力。当时各省立图书馆已经普遍设立，县、市立图书馆事业是应该着重充实与推广的对象。1943年，蒋复璁发表《最近中国图书馆事业之发展》一文，对当时中国图书馆事业的发展情况进行总结，将其概括为三个方面：一是"制度的确定"，二是"图书之收集"，三是"人员的养成"，并得出结论："中国图书馆事业最近的发展，是突飞猛进，是无可讳言。固然由于制度的确定，时势的需要。重大的原因，还是大家认识了图书馆教育的重要性，所谓图书馆教育并不专是养成图书馆员的学校教育，可是另外一个涵义，便是社会教育中对于民众用图书来施行的一种教育。"①

由此可以看出，蒋复璁将图书馆看作民众教育的重要公共机关，图书馆事业的发展有赖于民众图书馆意识的提升。他的这个观点也与中国图书馆事业发展的实际情况相符合。

蒋复璁曾担任国立中央图书馆筹备委员会主任，在图书馆的建设方面积累了丰富的实践经验。他建议，图书馆在建筑初期"应先请专家预为科学化之设计，然后再召工程师依照专家所建议"。为此，他提出了图书馆建筑的五大原则："适用""坚固""美观""善应变""能扩张"。② 关于图书馆的选址与设计标准，他建议"以接近民众为第一要义"，"全视民众之需要而定"，体现了他的以读者为中心的思想观念。③

1941年，国立中央图书馆获中英庚款董事会补助，在重庆两浮支路（今长江路）建立了与现代图书馆规模相当的馆舍。蒋复璁

---

① 蒋复璁：《最近中国图书馆事业之发展》，《社会教育季刊（重庆）》1943年创刊号。
② 蒋复璁编著：《图书馆》，正中书局，1941年，第18—19页。
③ 参见蒋复璁编著《图书馆》，正中书局，1941年，第18—23页。

将这个战时所建的图书馆命名为国立中央图书馆重庆分馆，原打算作为中央图书馆的分馆，后改名为国立罗斯福图书馆。1954年，蒋复璁出任台北"中央图书馆"馆长，建馆问题是他上任以后的首要大事。在建馆初期，图书馆借用南海路国语推行委员会的办公处所。此处前面有较大的宽阔空地，蒋复璁便向台湾"内政事务主管部门"申请建筑许可。但因后来在此处先后建造了科学馆、艺术馆和历史博物馆，图书馆只得在狭窄的土地上建造，并在将近十年的时间里不断改建和扩充，这也是导致蒋复璁心情郁闷的原因之一。1960年，在图书馆新馆舍落成典礼上，蒋复璁亲自撰写楹联：

百万册辛勤搜集，多付秦灰。今屈指数来，珍存汉简唐钞，宋刻明椠，皆琅嬛秘籍，历劫不磨。努力好古敏求，堪喜斯文犹在。

十余年惨淡经营，尽成陈迹。又从头作起，粗备欧美典籍，东西舆图，是知识宝藏，开卷有益。效法知难行易，必教失土重光。①

1964年9月，蒋复璁被任命为台北故宫博物院院长，从此开始了他长达18年的博物院院长职业生涯，直至1982年退休。在蒋复璁接任之初，台北故宫博物院仅有古物、书画和出版室三个业务单位。随着业务量的增加，这个简单的部门组织系统已经不能够适应工作的需要。蒋复璁从图书馆学的专业角度出发，增设图书文献、展览、登记三个业务单位，并开设图书馆，征集中西艺术史图书，同时公开博物馆收藏的丰富档案和善本书籍，以供阅览和研究。第二次扩建完成以后，台北故宫博物院增设科学技术保存室，负责文

---

① 顾敏：《蒋复璁先生纪念座谈会》，载蒋祖怡编著《蒋复璁先生传》，台湾思行文化传播有限公司，2015年，第39—40页。

物的修补维护工作，至此，台北故宫博物院的组织机构雏形初步形成。①

四、图书分类与编目思想

关于图书分类与编目，蒋复璁指出："分类与编目之目的，在如何使图书馆之所收藏得尽用而便利。"②他提倡分类法的实用性，并认为，"分类之功用，在别同异，核名实。分类之目的，在得组织之系统，全体之认识"，"图书之分类，本以图书之数量及阅者之需要为转移。贵在通变，贵在实用"。③通过考察时代背景与书籍的发展情况，蒋复璁把班固《汉书·艺文志》的优点归纳为四个方面，即"分类能适应著作""分类各从其义""类名之明晰""分类子目之细密"，并强调，"六略固佳，而今日载籍之不能复适者，即今日著作已逾其范围，不能适应之故。由此可知，一时代之分类，适应一时代之著作，班志即能适应其时代之著作者也"。④他强烈批判四库分类法，认为"四库之分类，固完全为主观的，为帝皇作装饰，非真有意于条别源流，以有补于学术也。即不言学术，以其体例，核其所归，参差抵牾之处，不可胜计"⑤。《四库全书》未收录丛书，也是其诟病之处，后人对此进行了补充。因此，蒋复璁认为张之洞《书目答问》的重大意义便在于此。

---

① 参见蒋复璁等口述，黄克武编撰《蒋复璁口述回忆录》，台北"中央研究院"近代史研究所，1990年，第71—72页。
② 蒋复璁编著：《图书馆》，正中书局，1941年，第35页。
③ 蒋复璁：《中国图书分类问题之商榷》，《图书馆学季刊》1929年第1—2期。
④ 蒋复璁：《中国图书分类问题之商榷》，《图书馆学季刊》1929年第1—2期。
⑤ 蒋复璁：《中国图书分类问题之商榷》，《图书馆学季刊》1929年第1—2期。

对于民国早期的两部分类法:《古越藏书楼书目》和《南洋中学藏书目》,蒋复璁分别给予了评价。他指出,《古越藏书楼书目》的优点是"能打破四部""子目较四库细密",缺点是"类名不明晰""类别之不当";《南洋中学藏书目》的优点在于"彻底打破四部"和"分类平均",缺点是"类目之不妥""归类之不妥""类别不细"。① 在对沈祖荣、胡庆生《仿杜威十进分类法》和查修《杜威书目十类法补编》的评价上,蒋复璁批判前者"虽为中籍用,而能为中籍用者极少,似有中籍凑合西籍之嫌",后者"在中籍,则补充实属多事"。② 他推崇杜定友的《世界图书分类法》,称赞其创立了时代助记表等,但也指出杜氏分类法在经部保留与否问题上的前后矛盾之处。

在《中国图书分类问题之商榷》和《关于中文编目之通讯》两篇文章中,蒋复璁均提及了他所倡导的图书分类方法,并从旧籍、新籍、全体三个方面进行了详细阐述。在旧籍方面,他建议"改正自来谬误之分类""重加精密之分析""非废四库之名而有其实";在新籍方面,他指出,"分类之细密,当与欧美之分类等""分类法虽为中籍用,但可包一切西籍""非因袭杜威法等成法者";全体方面,他认为"须冶新旧于一炉而无碍""须用论理方法,能谨严,以谨严为主""号码须明析简短""于地理,年代,均有明显固定之号码""于地理,除本国应特重外,余者应平均支配""须有伸缩性,以便新分类之增加"。③ 在具体的工作方法上,他提议应首先彻底摒弃从前的一切分类法,调查中国存书数量,以此确定详细的大

---

① 蒋复璁:《中国图书分类问题之商榷》,《图书馆学季刊》1929年第1—2期。
② 蒋复璁:《中国图书分类问题之商榷》,《图书馆学季刊》1929年第1—2期。
③ 蒋复璁:《中国图书分类问题之商榷》,《图书馆学季刊》1929年第1—2期。

类和小类。他肯定通力合作的重要性,并强调,"欲编一完善之分类法。当先彻底改革原有之中籍分类,使旧学者无所藉口,但彻底改革,非个人所可为,应通力合作,群策群力,乃克有济,吾图书馆界同人职责所在,应如何努力,以奏此肤功"。① 从图书分类法的评价到图书分类编纂原则的确立,蒋复璁以我国传统分类为基础,借鉴西方图书分类理论,从实际调查的角度出发,关注科学性与严谨性,尝试构建适用于图书馆工作的本土化分类方法,为我国图书分类学的发展提供了切实可行的指导思路。

在蒋复璁分类编目观念的影响下,国立中央图书馆坚持"凡入藏图书均编制卡片目录"的原则,编制分类卡片、书名片、著者片、标题片等,以供自用及各图书馆购置需要,后因抗战影响仅印制自用卡片。在卡片目录的基础上,国立中央图书馆也编制了诸多书本目录,如馆藏善本目录、呈缴书目、馆藏期刊目录、金石拓片目录、战时国民智识书目、西南问题联合书目等。② 此外,国立中央图书馆还编订了中文图书编目规则、中文图书分类表、馆藏善本书志,抗战西迁后更是担负起了全国图书总目的编撰工作。

五、图书馆教育思想

图书馆推广是实现图书馆教育的主要途径。蒋复璁认为,图书馆推广事业是"图书馆尽力于社会教育最前进之方法",由此可以实现图书馆促进教育、服务社会的终极目标。③ 他把推广图书馆事

---

① 蒋复璁:《中国图书分类问题之商榷》,《图书馆学季刊》1929年第1—2期。
② 参见蒋复璁《国立中央图书馆概况》,《社会教育季刊(重庆)》1943年第4期。
③ 参见蒋复璁编著《图书馆》,正中书局,1941年,第48页。

业的方式归纳为分馆、图书站、代办处、巡回文库、通信借书、馆际借书、阅者之养成及招徕（包括馆内布置、展览、广告制作等）、图书相并之设施（包括幻灯片、电影片、讲演等）、与读书相并之教育（包括座谈会、读书会等）、社会服务（包括政治宣传、期刊、壁报、函授学校等）等方面。[1] 1945 年修正的《国立中央图书馆组织条例》中，第一条即为"国立中央图书馆隶属于教育部，掌理关于图书之搜集、编藏、考订、展览及全国图书馆事业之辅导事宜"[2]。图书展览是国立中央图书馆文化推广的主要工作方法。除了 1941 年的两次展览外，国立中央图书馆还举办过多种内容的展览。1943 年 9 月 24 日至 25 日，国立中央图书馆白沙分馆举办了钱币展览。[3] 1945 年 4 月 22 日至 24 日，为纪念成立十二周年，国立中央图书馆展览部分善本书籍及金石拓片。[4]

在筹备、发展国立中央图书馆的过程中，蒋复璁重视图书馆人才的聘任与培养。他曾聘请中央研究院史语所的屈翼鹏担任特藏部主任，敦煌艺术研究所的苏景坡从事拓本整理工作，钱锺书负责英文季刊的出版事宜，西南联大尹石公教授主持史籍考的编纂工作。[5] 对于服务成绩优良的职员，蒋复璁量其所长，派他们去外国大图书馆实习考察，如 1937 年 7 月派陆华深赴德意志图书馆实习，1939 年 9 月派于震寰前往美国哈佛大学图书馆实习并研究西洋目录学。[6]

---

[1] 参见蒋复璁编著《图书馆》，正中书局，1941 年，第 48—52 页。
[2] 《国立中央图书馆组织条例》，《教育通讯（汉口）》1940 年第 49 期。
[3] 参见《国立中央图书馆钱币展览》，《图书月刊》1943 年第 7 期。
[4] 参见《中央图书馆展览善本书》，《中华图书馆协会会报》1945 年第 1—3 期。
[5] 参见昌彼得《蒋慰堂先生与国立中央图书馆》，载蒋祖怡编著《蒋复璁先生传记——中华瑰宝的守护神》，台湾思行文化传播有限公司，2012 年，第 142—147 页。
[6] 参见蒋复璁《国立中央图书馆概况》，《社会教育季刊（重庆）》1943 年第 4 期。

1947年的《国立中央图书馆聘任人员遴聘规则》规定了聘任人员的细化制度。1957年到1960年，台北"中央图书馆"与台湾师范大学国文研究所合作，招收了6名图书馆学专业人才。他们上午在台湾师范大学上课，下午到图书馆实习，学习期限三年，毕业后授予硕士学位。蒋复璁对图书馆的实习尤为重视，他根据每人的学科背景和兴趣、性格布置相应的实习内容，要求每天下午都要上班，还给学生发放每月300元的实习补助费。蒋复璁注重图书馆的教育职能，并亲自参与教育培训工作。1944年，他受沈刚伯之邀，在中山大学历史系兼授史部目录学。20世纪50年代，蒋复璁再次受沈刚伯邀请，在台湾大学教授国文课程。1956年，他受聘于台湾师范大学国文研究所，教授目录版本学，编写包含目录学、书目举要、版本学知识的讲义，并指导研究生撰写学位论文。为了使民众对台北"中央图书馆"的善本书有更深层次的了解，1989年3月至5月，他在台北"中央图书馆"开设目录学专题讲座，一共讲课13次。每次讲座的时间为两小时，主要介绍目录学的基本知识和台北"中央图书馆"的善本书，每次讲课之前特请特藏组提取当天要讲的善本书，以供学员传阅比较。蒋复璁原计划将讲座再持续两三年，可惜8月份从德国回来后身体不适，直至1990年去世，目录学专题讲座从此成为绝响。[①]

六、学术贡献

从国立中央图书馆到台北故宫博物院，蒋复璁一生都在为中国

---

① 参见辜瑞兰《慰堂先生未完成的课程》，载蒋祖怡编著《蒋复璁先生传记——中华瑰宝的守护神》，台湾思行文化传播有限公司，2012年，第190—195页。

文化事业的发展而奋斗,并对图书馆学基本理论、图书分类、编目、图书馆管理等方面都有所研究。他的图书馆学思想参考了杜定友、刘国钧等诸多图书馆学学人的观念,也是对国立中央图书馆的管理经验的总结。在图书分类方面,蒋复璁对中国图书分类的缘起、发展历程、学术派别进行全面梳理,考察分类与图书、社会的相互关系,追溯图书分类学发展史,展望图书分类的未来趋势。以此为基础,蒋复璁注重图书馆管理方法的实用性,指导国立中央图书馆的筹备工作,并撰写《图书室管理法》《图书馆》等学术著作,探索可供参考的图书馆管理模式。

第二节　刘国钧

一、生平

刘国钧(1899—1980),字衡如,1899年11月15日出生于江苏南京,1915年入金陵大学读书,1920年毕业后留校,任职于金陵大学图书馆。1922年,他赴美留学,就读于威斯康星大学图书馆学院、哲学系,最终获得哲学博士学位。1925年,刘国钧回国,担任金陵大学图书馆中文部主任一职,兼任教授,讲授哲学课程。同年,中华图书馆协会在上海成立,刘国钧被任命为出版委员会主任。1926年,《图书馆学季刊》创刊,刘国钧担任编辑部主任。次年,刘国钧任金陵大学图书馆馆长,兼中华图书馆协会执行部副部长。1928年,他任金陵大学文理科科长,金陵大学图书馆馆长一职由李小缘接任。1929年,他担任北平图书馆编纂部主任,兼职授课于北平师范大学。1930年秋,他回到金陵大学,任文学院教授,讲授中国哲学、目录学课程,并担任金陵大学中国文化研究所执行委员会委员兼研究员。次年,他再次担任金陵大学图书馆馆长一职。1934年,他任金陵大学文学院院长。1937年,因抗战全面爆发,他随金陵大学西迁。1940年,金陵大学开设图书馆专修科,设在文学院,刘国钧担任科主任一职。

1943年2月,刘国钧出任国立西北图书馆筹备委员会主任,并于同年6月任国立西北图书馆馆长。经过一年的筹备,次年7月,国立西北图书馆正式开放。1945年,国立西北图书馆暂时停办,刘国钧出任国立西北师范学院教授。次年,国立西北图书馆复馆,他担任馆长一职。1947年,国立西北图书馆更名为国立兰州图书馆。1949年,国立兰州图书馆与甘肃省立兰州图书馆合并,名为兰州人民图书馆,由刘国钧担任副馆长、陆泰安任馆长。

1951年,刘国钧任北京大学图书馆学系教授,兼任北京图书馆顾问。在北京大学图书馆学系任职期间,刘国钧讲授"图书分类法""图书馆目录""中国书史"等课程,并出版了《可爱的中国书》《中国书的故事》《中国书史简编》等书籍,参与《中国书史》《图书馆目录》等教材的编写工作。1979年,中国图书馆学会成立,刘国钧当选为名誉理事。1980年,刘国钧因病在北京逝世。

二、学术论著

刘国钧是我国著名的图书馆学家、图书馆事业家、图书馆学教育家，在图书馆学基础理论、图书分类、图书编目、图书史等领域都有着系统深入的研究，撰写的学术论著有《近代图书馆之性质》（《世界教育新思潮》1919 年第 32 期）、《现时中文图书馆学书籍评》（《图书馆学季刊》1926 年第 1 卷第 2 期）、《四库分类法之研究》（《图书馆学季刊》1926 年第 1 卷第 3 期）、《中国现在图书分类法之问题》（《图书馆学季刊》1927 年第 2 卷第 1 期）、《图书目录略说》（《图书馆学季刊》1928 年第 2 卷第 2 期）、《图书分类的初步》（《民众教育》1928 年第 1 卷第 2 期）、《中国图书分类法》（南京：金陵大学图书馆，1929 年）、《中文图书编目条例草案》（《图书馆学季刊》1929 年第 3 卷第 4 期）、《图书馆馆员应有之素养》（《浙江省立图书馆月刊》1932 年第 1 卷第 9 期）、《图书馆学要旨》（上海：中华书局，1934 年）、《中国书史简编》（北京：高等教育出版社，1958 年）等，其中《近代图书馆之性质》《中国图书分类法》《图书馆学要旨》《中国书史简编》具有代表性。

《近代图书馆之性质》，1919 年首次发表于《世界教育新思潮》，1923 年经修改后再次发表于《浙江公立图书馆年报》，更名为《近代图书馆之性质及功用》。该书从阅览管理、合作程度、宣传推广等方面对近代图书馆的特征进行了全面概括，肯定近代图书馆在教育、修养、社会、经济方面的价值。以此为基础，刘国钧确定了图书馆学研究的基本逻辑，为近代中国图书馆事业的发展提供了理论依据。

《中国图书分类法》，1929 年由金陵大学图书馆出版发行。该法是刘国钧于 1925 年为金陵大学图书馆中文图书所编制的分类法，也是其贯彻中外图书统一分类主张的体现。《中国图书分类法》结合杜威十进分类法与中文图书的特点，以阿拉伯数字作为分类号，采用等级分类体系，但并不拘泥于每类十个的标记方法，具有实践可行性。

《图书馆学要旨》，1934年由中华书局出版发行。全书包含八个章节，分别是"图书馆学的意义与范围""参考部与参考书""图书的阅览与推广""图书的分类""图书的编目""选购与登录""建筑与设备""图书馆行政"。《图书馆学要旨》侧重于图书馆学原理的系统阐述，并在每章之后附有问题与参考书，书后附有中文名词索引与西文名词索引。该书是刘国钧图书馆学理论的概括，也是20世纪我国图书馆学基础理论的代表作之一。

《中国书史简编》，1958年由高等教育出版社出版发行。该书以丰富的史料为基础，从历史发展的角度出发，运用历史唯物主义方法，揭示了我国图书的发展规律及其对社会的影响。全书共八章，第一章为"图书的社会意义"，其余章节按照历史发展阶段阐述了自文字发生以来，中国书的形式、书籍制度、出版事业、社会政治意义等方面的内容。

三、图书馆学基础理论学说

1919年，在金陵大学求学期间，刘国钧便对近代图书馆有所思考，发表了《近代图书馆之性质》一文。1923年，刘国钧在原文基础上进行修改，并在《浙江公立图书馆年报》上发表《近代图书馆之性质及功用》一文。在该文中，他将近代图书馆的特征总结为八个方面：

（一）公立；（二）自由阅览；（三）自由出入书库；（四）儿童阅

览部之特设;(五)与学校协作;(六)支部与巡回图书馆之设立;(七)科学的管理;(八)推广之运动。①

由以上八点,刘国钧把近代图书馆的性质概括为"自动""社会化""平民化"②。关于近代图书馆的价值,刘国钧在该文中分别就教育、修养、社会、经济四个方面进行论述。

在1934年出版的《图书馆学要旨》一书中,刘国钧对图书馆的定义如下:"图书馆乃是以搜罗人类一切思想与活动之纪(记)载为目的,用最科学最经济的方法保存它们,整理它们,以便利社会上一切人使用的机关。"③他指出,"图书馆是自古就有的一种制度,但它成为一种教育的利器,社会的动力,却是近几十年来的事"④,并把现代图书馆的特殊设施类型总结为八种:

(1)用地方或国家的经费设立;(2)自由阅览不限任何的资格,不纳任何的使费;(3)阅览人可以自由出入书库,或书库的一部;(4)附设儿童图书馆以培养儿童的用书习惯;(5)与各级学校合作,订立特别阅览办法,或供给学校所用之参考书;(6)设立成人教育部,指导年长失学的人读书程序,介绍相当的图书;(7)设立参考部或问讯处,代阅览人搜集材料,以便解答疑难的问题;(8)设立分馆,支部代办所,巡回文库等以推广图书馆的功用。⑤

---

① 刘衡如:《近代图书馆之性质及功用》,《浙江公立图书馆年报》1923年第8期。
② 刘衡如:《近代图书馆之性质及功用》,《浙江公立图书馆年报》1923年第8期。
③ 刘国钧编:《图书馆学要旨》,中华书局,1934年,第5页。
④ 刘国钧编:《图书馆学要旨》,中华书局,1934年,第2页。
⑤ 刘国钧编:《图书馆学要旨》,中华书局,1934年,第5—6页。

据此，刘国钧认为，"现代图书馆是自动的而非被动的，使用的而非保存的，民众的而非贵族的，社会化的而非个人的"①。在该书中，刘国钧对图书馆的价值也有所论述，分别从教育、修养、社会三个方面进行了阐述。

由以上叙述可知，随着图书馆实践经验与理论知识的积累，在对近代图书馆的认知上，刘国钧更加注重图书馆的教育与参考功能。在图书馆性质方面，他对"自动、社会化、平民化"三个方面作了深层次的解释，强调儿童图书馆、学校合作和成人教育部的作用，重视图书馆的使用价值。教育、修养和社会是他对近代图书馆功用的期望，也是他对欧美图书馆精神的概括。1922年，刘国钧赴美攻读图书馆学专业。留学期间，刘国钧曾在寒假时对美国图书馆进行过一次考察，参观威斯康星州东南部各图书馆的流通服务、目录排检法等工作，以更好地熟悉美国图书馆的业务。②他曾于1923年撰写《美国公共图书馆之精神》一文，称赞美国公共图书馆在公共教育中所发挥的作用，并且指出，美国公共图书馆为"一直接之教育机关，而与学校相辅相成者也"③。

因此，刘国钧认为，"近代图书馆以用书为目的，以诱导为方法，以养成社会上人人读书之习惯为指归。所谓公共图书馆者，即近代图书馆运动最著之产物也"④。1924年，刘国钧在芝加哥大学图书馆选修暑期课程，参观芝加哥地区图书馆，了解美国各类型图

---

① 刘国钧编：《图书馆学要旨》，中华书局，1934年，第6页。
② 参见路易斯·S. 罗宾斯《"我们永远忘不了你：刘国钧和威斯康星图书馆学院》，载北京大学信息管理系等编《一代宗师——纪念刘国钧先生百年诞辰学术论文集》，北京图书馆出版社，1999年，第41—50页。
③ 刘国钧：《刘国钧图书馆学论文选集》，书目文献出版社，1983年，第11页。
④ 刘国钧：《刘国钧图书馆学论文选集》，书目文献出版社，1983年，第12—13页。

书馆的管理工作。这些经历都对他的图书馆理论体系构建有着指导价值,并坚定了其将所学知识运用到中国图书馆事业发展上的信心。在近代图书馆的教育功用上,他强调图书馆对在校学生、教师、学术专家、一般平民等不同类型读者的作用,这实际上是借鉴了当时美国图书馆事业的发展经验。刘国钧关于图书馆性质的总结,对图书馆学学人的研究有着深远影响。在1929年的《中国现代图书馆概况》中,金敏甫对刘国钧的图书馆性质学说进行了扩展,将图书馆的发展趋势概括为:"由保存的趋于使用的""由贵族的趋于平民的""由深奥的趋于实用的""由主观的趋于客观的""由形式的趋于精神的""由机械的趋于专门的"。[①] 严文郁在《中国图书馆发展史:自清末至抗战胜利》一书中也说,民国元年(1912)至民国二十五年(1936),图书馆发展的主要趋势可归为以下几个方面:"图书馆收藏的目的,由保存趋于使用""由少数人的专利趋于大众所共有""经营方法由简单趋于复杂""图书馆学由机械性趋于专门,由技术性趋于学术性""图书馆间相互的关系,由散漫趋于联系"。[②]

1922年,在《儿童图书馆和儿童文学》一文中,刘国钧说道:"完善的儿童图书馆实在是国民教育所不可少的利器。但是一个完善的儿童图书馆必定要有三种要素:合法的设备,适宜的管理员,和正当的书籍。"[③] 在1934年出版的《图书馆学要旨》中,刘国钧提出图书馆成立的四要素,即图书、人员、设备、方法。四要素的

---

① 金敏甫编:《中国现代图书馆概况》,广州图书馆协会,1929年,第7—9页。
② 严文郁:《中国图书馆发展史:自清末至抗战胜利》,台湾枫城出版社,1983年,第45—47页。
③ 刘衡如:《儿童图书馆和儿童文学》,《中华教育界》1922年第6期。

关系为："图书是原料；人员是整理和保存这原料的；设备包括房屋在内，乃是储藏原料、人员、工作和使用图书的场所；而方法乃是图书所以能与人发生关系的媒介，是将图书、人员和设备打成一片的联络针，分别研究这四种要素便成为各种专门学问。"① 这就是刘国钧的四要素说。四要素说以图书为中心，图书馆的一切事务皆以保存图书、使用图书为首要目标。

在刘国钧之前，陶述先《图书馆广告学》（1929年）和杜定友《图书馆管理法上之新观点》（1932年）都对图书馆的要素有着相关的论述。陶述先认为，现代新式图书馆的三要素为书籍、馆员、读者。杜定友认为，整个图书馆事业的理论基础可称为是"三位一体"，"三位者，一为'书'，包括图与书等一切文化记载；次为'人'，即阅览者；三为'法'，图书馆之一切设备及管理方法管理人才是也。三者相合，乃成整个之图书馆"②。可以看出，图书、人员和设备是民国时期图书馆学学人们关注的重点。不同的是，刘国钧指出，方法也是图书馆成立的重要因素，并将其视为图书、人员、设备的联络媒介。民国时期，我国近代图书馆事业发展迅速，但也出现了因循守旧、故步自封的情况。刘国钧强调管理方法的重要性，既是对传统藏书楼式图书馆的否定，也引发了学人们对近代新型图书馆管理模式的思考。

在1957年发表的《什么是图书馆学》一文中，刘国钧认为，"研究图书馆在人类历史的作用，研究它的发展过程，分析它的要素，掌握它们的规律，从而使它能更好地为人们生活服务是图书馆学的第一个课题"，并指出，"图书馆事业有五项组成要素：（1）图

---

① 刘国钧编：《图书馆学要旨》，中华书局，1934年，第11—12页。
② 杜定友：《图书馆管理法上之新观点》，《浙江省立图书馆月刊》1932年第9期。

书,(2)读者,(3)领导和干部,(4)建筑与设备,(5)工作方法"。① 此即刘国钧的图书馆事业五要素说。他说,"图书是图书馆事业的基础。图书馆工作者必须能懂得书","读者是图书馆的服务对象;图书馆是为了读者的利益而存在的。所以必须研究读者","干部是使图书和读者发生关系的枢纽,是图书能不能发生应有作用的关键",房屋和设备"是图书馆工作效率的重要的物质基础","方法是做好图书馆工作的主要手段"。②

从四要素说到五要素说,刘国钧的阐述对象发生了变化:四要素说的研究对象是图书馆成立的因素,五要素说的研究对象是图书馆事业。在五要素说中,图书是首要因素,人员分为两类:读者、领导和干部,设备扩展为建筑与设备。五要素说对人员要素的细分,不仅仅是对图书馆人员的简单划分,更体现了刘国钧更加注重读者服务的观念。要素说观点的变化,是刘国钧对图书馆研究从微观到宏观、从个体到一般的深化,也是他对图书馆理论体系研究的进一步完善。随着中华人民共和国成立以后我国图书馆事业的快速发展,刘国钧意识到,我国图书馆事业的发展不应局限于某一图书馆的管理,而应着眼于全国图书馆事业的整体发展,这也是图书馆领导和干部需要思考的问题。但五要素说在当时受到了诸多批判,批判者认为其与四要素说没有本质上的差别,这实际上是缺乏考证分析的表现。20世纪80年代,刘国钧的五要素说得到了肯定。黄宗忠指出,《什么是图书馆学》"揭开了新中国图书馆学理论研究的序幕"③。倪波等认为,"滥觞于本世纪二十年代后期,到五十年代

---

① 刘国钧:《什么是图书馆学》,《中国科学院图书馆通讯》1957年第1期。
② 刘国钧:《什么是图书馆学》,《中国科学院图书馆通讯》1957年第1期。
③ 黄宗忠编著:《图书馆学导论》,武汉大学出版社,1988年,第116页。

中期为刘国钧所完善的图书馆学'要素说',是中国最早形成的图书馆学体系"①。

但四要素说和五要素说的描述对象并不是图书馆学,而是图书馆成立和图书馆事业的组成要素。刘国钧在《图书馆学要旨》中说,"图书馆学便是研究图书馆的组织法、管理法和使用法的学科"②。而在《什么是图书馆学》中,他指出,"总起来说,图书馆学就是关于图书馆的科学。也就是研究图书馆事业的性质和规律及其各个组成要素的性质和规律的科学。它的主要组成部分是(1)关于整个图书馆事业的研究——图书馆事业史、图书馆建设原理、各类型图书馆的专门研究等;(2)关于图书的研究——目录学、版本学、校勘学、图书史、图书生产技术等;(3)关于读者的研究;(4)关于领导和干部的研究;(5)关于建筑与设备的研究;(6)关于工作方法的研究——图书馆方法学(图书管理学)"③。刘国钧的图书馆学观念是伴随着中国图书馆事业的发展而不断深化的。20世纪30年代,中国近代图书馆处于发展的初级阶段,图书馆学学者的研究重点在于具体图书馆的创建、管理与发展。因此,刘国钧将图书馆学定义为研究图书馆组织法、管理法和使用法的学科,强调个体图书馆的管理。随着中华人民共和国的成立,20世纪50年代,我国各高校图书馆、省市级图书馆、科学院系统图书馆等类型图书馆多有设立,图书馆学学者关注的不再是某一图书馆的管理,而是全国图书馆事业的整体发展。刘国钧对图书馆学研究

---

① 南开大学图书馆学系等编:《理论图书馆学教程》,南开大学出版社,1981年,第119页。
② 刘国钧编:《图书馆学要旨》,中华书局,1934年,第2页。
③ 刘国钧:《什么是图书馆学》,《中国科学院图书馆通讯》1957年第1期。

对象的阐述也从图书馆扩展至图书馆事业上来,关注整个图书馆事业的发展,重视图书馆事业史、图书馆建设原理、各类型图书馆的研究,将全国图书馆的发展整合起来,注意总结图书馆事业的发展规律与理论建设。这也是刘国钧根据具体情况进行具体分析的体现。

1926年,刘国钧在《图书馆学季刊》发表《现时中文图书馆学书籍评》一文,对当时的几部图书馆学著作进行了点评。这些图书馆学著作分别是:顾实的《图书馆指南》,戴志骞的《图书馆学术讲稿》,杨昭悊的《图书馆学》,蔡莹的《图书馆简说》,高尔松、高尔柏合编的《阅书室概论》,杜定友的《图书分类法》。通过点评图书馆学著作,刘国钧对中国近代图书馆学的发展史做了一个大致的总结。1917年,日本图书馆协会所编《图书馆小识》一书由北京通俗图书馆翻译出版。刘国钧将此书看作"我国近代图书馆运动之第一时期","而顾氏之《图书馆指南》实可谓为此时期思想之代表也"。[①] 1921年,戴志骞在北京高等师范学校发表讲演,宣扬美国的图书馆学思想,此时也正是新图书馆运动开展时期。对此,刘国钧指出,"日本之近代图书馆知识实由美国而来,推本穷源,则图书馆界之渐转其眼光于美国亦固其所。戴君志骞,在北京高师之讲演,实此潮流之滥觞"。[②] 刘国钧的论述将我国近代图书馆运动划分为两个时期,实际上是对中国图书馆事业发展史分期的研究,分别是学习日本阶段与学习美国阶段。这一观点也被金敏甫所采纳,在此基础上,金敏甫将民国以来的中国图书馆学术分为两个时期:东西洋图书馆学术流入时期和中国图书馆学术发轫时期。2014年,

---

① 刘国钧:《现时中文图书馆学书籍评》,《图书馆学季刊》1926年第2期。
② 刘国钧:《现时中文图书馆学书籍评》,《图书馆学季刊》1926年第2期。

中国图书馆学会编著的《中国图书馆学学科史》一书也指出，1918年前后，中国近代图书馆学术思想经历了"以日为师"和"以美为师"的阶段。①

四、图书分类思想

1925年，刘国钧回国以后，开始思考中国图书分类法的编制问题。他相继发表《四库分类法之研究》《中国现在图书分类法之问题》《图书分类的初步》等文章，探索中国图书分类法的出路。

关于四库分类法，刘国钧指出，四库分类次序的思想基础是"由六朝时遗传来之卫道观念。申言之则曰尊儒重道"。从这个理论依据出发，他指出，四库法"易陷入主观，足以淆乱是非"，四库法的弊端"在于原理不明，分类根据不确定"，"图书馆之目的，在供人之用，不能有所批评其方法，在搜罗一切文献，不能有所遗漏，而四库之类目既寓褒贬，复多甄别"。② 因此，刘国钧不赞同新旧并行制，而是主张采用统一制来类分所有图书，并提出，图书内容、体裁、语言、地理、年代、字顺都可以作为图书分类标准，但不能在同一步骤采用一种以上的标准。在他看来，完善之图书分类法的特点有："（1）分类必须合于论理；（2）所用标准，在每类的每一阶段中，必须简明和前后一致；（3）分类系统必须详细，而每类名的意义尤其要清晰，不可含混；（4）须有随时扩充的可能，否则不能随学术的发展而进步；（5）须有简易明了的符号；（6）须有

---

① 参见中国科学技术协会主编，中国图书馆学会编著《中国图书馆学学科史》，中国科学技术出版社，2014年，第138—139页。
② 刘国钧：《四库分类法之研究》，《图书馆学季刊》1926年第3期。

适当的索引。"①

1925年9月，刘国钧遵循新旧图书统一的原则，开始编制中国图书分类法，将图书分为总部、哲学部、宗教部、自然科学部、应用科学部、社会科学部、史地部、语文部、美术部九大类。当时国内仅有孟芳图书馆、清华学校图书馆、文华公书林采用统一分类法，杜定友的《世界图书分类法》也未见公布。在《中国图书分类法》一书的导言中，刘国钧指出，图书分类的原则有："宜便于伸缩""宜以学科分类为准""以详为贵""须求事实上之便利"等。②在编制中国图书分类法的过程中，刘国钧参考了《汉书·艺文志》《通志·艺文略》《文献通考·经籍典》《国史经籍志》《书目答问》《四库全书总目》，以及美国国会图书馆分类法、杜威十进分类法、杜定友图书分类法、孟芳图书馆分类法等诸多古今中外分类书籍，采纳可取之处，为后人编纂图书分类法提供了有益经验。

《中国图书分类法》顺应了民国时期编制"仿杜"分类法的潮流，但并非盲目照搬，而是在杜威十进分类法的基础上有所创新。正如该书自序中所述："本法骤视之有若杜威之十进分类法，然有不同者。杜威以十进为主，每类几皆十分，其弊流于强类目以就数字，而成机械的分类。今虽仍以数字为号码，且用层累之原则，然每类不必十分，而同等序之数字亦不必用以表同等序之类目。"③自1929年初版以来，《中国图书分类法》于1936年和1957年在中国大陆再版，1964年、1968年、1981年、1989年分别在中国台湾地

---

① 刘国钧编：《图书馆学要旨》，中华书局，1934年，第80页。
② 刘国钧编：《中国图书分类法》，金陵大学图书馆，1929年，"导言"第1—2页。
③ 刘国钧编：《中国图书分类法》，金陵大学图书馆，1929年，"自序"第2页。

区进行了修订,且在 1973 年、1976 年、1977 年三次重印。① 据统计,1949 年以前,我国采用此法的图书馆有 200 余所。截至 1999 年,香港市政局和区域市政局的图书馆还在沿用此法,足见其广泛的适用范围。在《中国图书分类法的发展》一文中,刘国钧将《中国图书分类法》归纳为:"根据杜威法的原则但不用他的体系,而自创一种体系以统一中文新旧书的分类。"② 姚名达对《中国图书分类法》划分的派别是"仿杜威用三位数字作分类号码之意而另创部类不用十分法者",并评价道:"其设立类目也,每视中国书之有无多寡而定,故于中国书之庋藏颇有较便于他法者。"③ 吴仲强也对《中国图书分类法》评价道:"自出版以来,全国曾有二三百家图书馆先后采用它,直到 1957 年北京图书馆还将它修订出版,可称是我国现代图书分类学史上影响最大的一部分类法。"④

20 世纪 50 年代至 60 年代,刘国钧的图书分类思想发生了变化,主要体现在吸取马克思列宁主义、毛泽东思想的哲学观点,并借鉴了苏联图书馆发展的有益经验。这一时期,刘国钧任教于北京大学图书馆学系,参与《中小型图书馆图书分类表草案》等的编制工作,发表了《关于新中国图书分类法的一个基本问题》《图书怎样分类》《图书分类浅说》等多篇图书分类方面的文章,在理论与实践上都有所突破。

在 20 世纪 50 年代的《图书馆员基本业务知识讲话》中,刘国

---

① 参见胡述兆、吴祖善《图书馆学导论》,台湾汉美图书有限公司,1989 年,第 234—236 页。
② 刘国钧:《中国图书分类法的发展》,《图书馆学通讯》1981 年第 2 期。
③ 姚名达:《中国目录学史》,商务印书馆,1957 年,第 157、159 页。
④ 吴仲强等:《中国图书馆学史》,湖南出版社,1991 年,第 176 页。

钧就图书分类的研究说道："图书分类是图书馆学、目录学中主要问题之一。关于这个问题可以从理论和实践两方面来进行研究，理论的研究包括着图书分类原理，怎样根据原理来建立图书分类体系，图书分类的历史和各种分类体系的分析和评价，各个门类的意义、范围及其在图书分类史上的变化和发展等等一系列的问题。实践的研究指的是如何运用图书分类法来处理图书，即图书怎样分类的问题。"① 而在1934年出版的《图书馆学要旨》中，他指出，研究图书分类包含四个问题："一、图书分类的标准和原理是什么？二、根据这原理产生的分类系统是什么？三、某种系统如何应用到图书上去？四、运用这系统的人有无错误？前两问题是理论的；后两问题是实际的。"② 从研究内容的变化中可以看出，除了图书分类基本原理，刘国钧也开始关注图书分类史的研究。

　　白国应先生将刘国钧图书分类思想的发展归纳为三个时期：第一个时期是1915年至1949年。这一时期，刘国钧开始研究图书分类问题，并提出了"图书分类标准以学科分类为主"等主张。第二个时期是1949年至1961年。该时期的特点是"刘国钧先生努力学习马克思列宁主义、毛泽东思想，学习苏联图书馆的经验，并积极修正自己原有观点，认真探索编制社会主义图书分类法的问题和系统阐述图书分类的理论"。第三个时期是1962年至1980年。刘国钧先生在这一时期注重"探索图书分类法的发展趋势和当前图书分类工作的重大问题"。③ 这是对刘国钧图书分类思想的阶段概括，也

---

① 刘国钧：《刘国钧图书馆学论文选集》，书目文献出版社，1983年，第107页。
② 刘国钧编：《图书馆学要旨》，中华书局，1934年，第75—76页。
③ 白国应：《刘国钧图书分类思想的发展》，载北京大学信息管理系等编《一代宗师——纪念刘国钧先生百年诞辰学术论文集》，北京图书馆出版社，1999年，第250—268页。

反映了刘国钧审时度势、注重跟随时代变化的研究特点。

作为两种重要的图书检索方法，分类法和标题法是学者们在研究时所关注的话题。刘国钧曾于1962年、1964年分别撰文《分类、标题和目录》和《分类法与标题法在检索工作中的作用》，探讨分类法与标题法的关系。他把分类法和标题法看作"组织资料检索工具的两种传统方法"和"揭示图书内容的方式"，二者的不同之处是："标题法只注意于揭示书中论述的问题、研究的对象。分类法则还要揭示出书中所论述的问题、所研究的对象属于什么科学门类，同其它的问题和对象有什么关系等等。直接性是标题法的主要特征；系统性是分类法的主要特征。"① 在这个前提下，他指出，"分类法的基本原则是知识的系统性"，"标题法的基本原则是知识的特指性，就是特别指明文献所论述、研究的对象"。② 因此，在刘国钧看来，分类法和标题法是两种不同的检索资料方法，不同的是，前者从知识之间的关系出发，后者从事物本身出发。但是由于分类法的单线性质和标题法的主题孤立特点，这两种方法在实践中都有无法解决的困难。

20世纪60年代初期，刘国钧在北京大学讲授"现代西方主要图书分类法评述"课程。他认为，图书分类法在发展过程中受到社会性质、学术发展和图书本身发展等因素的影响，"世界观是图书类目体系的根本组织原则，或者说指导思想；学术门类提供类目组织的材料；图书本身的发展，是图书分类法实践不得不考虑的条件"③。"哲学上的知识体系、教育上学科的划分和发展以及过去时

---

① 刘国钧：《刘国钧图书馆学论文选集》，书目文献出版社，1983年，第297、275页。
② 刘国钧：《刘国钧图书馆学论文选集》，书目文献出版社，1983年，第301—302页。
③ 刘国钧：《现代西方主要图书分类法评述》，吉林人民出版社，1980年，第9页。

代的图书分类体系,构成任何时期图书分类法的实际环境,是任何时期图书分类法的材料来源。"① 由此可见,刘国钧对分类法的研究与他的哲学学科背景有着很大关系,他从哲学角度思考图书分类法的理论依据、影响因素等,为分类法的评价提供了相对客观的标准。

五、图书编目思想

在刘国钧看来,以记录书籍为目的之目录才能称为目录。他指出,书目、书志与著述史,三者目的不同,性质也有所差异。班固《汉书·艺文志》的宗旨在于说明学术源流,实质上属于著述史;郑樵《通志·艺文略》则"以条别源流为目录之唯一目的者,实混书志于著述史";《八千卷楼书目》《文渊阁书目》《世善堂书目》是所谓的书目。② 通过类别的划分,刘国钧将我国传统的目录与现代图书馆目录区分开来,对传统的目录学思想进行了归纳总结。

20世纪20年代,图书馆界曾出现了忽视编目工作,视编目为机械、容易之事的观点。刘国钧为此在1928年发表的《图书目录略说》一文中专门纠正了这个观点,说道:"图书馆中之编目,其目的固在于便检查,其范围亦以所藏者为限,其详略则以图书馆之性质为衡。然其所遇之难点,初不下于编书志或著述史者。"③ 鉴于当时没有公认的编目条例,刘国钧借鉴宋元以来公私著录通例、西方编目理论,耗时5年,于1929年编制完成了《中文图书编目条

---

① 刘国钧:《现代西方主要图书分类法评述》,吉林人民出版社,1980年,第11页。
② 参见刘国钧《刘国钧图书馆学论文选集》,书目文献出版社,1983年,第39—41页。
③ 刘国钧:《刘国钧图书馆学论文选集》,书目文献出版社,1983年,第46页。

例草案》。该条例草案被当时的北平图书馆和部分大专院校图书馆采用，为中文图书的编目工作提供了指导性意见。

傅椿徽在《图书馆文献编目》中评价道："这时（五四运动以后）虽然还没有一个全国统一的图书编目条例，但刘国钧的《中文编目条例草案》和《国立中央图书馆中文图书编目规则》，实际上是各馆制定中文编目规则的重要依据。"① 30年后，在1956年发表的《图书馆员的基本业务知识讲话》中，刘国钧再次提及图书馆的目录编制工作，在苏联图书馆学家安巴祖勉的图书馆目录观点的基础上，解释了图书馆目录的作用："图书馆目录就成为揭示图书馆藏书、宣传图书、指导阅读的工具，反映出图书馆的藏书是图书馆目录不同于其它图书目录的主要之点。"② 在编制原则上，刘国钧强调必须遵循的原则是："高度的政治思想性，精密的计划性和明显的形象性。"③

中华人民共和国成立以来，我国图书馆事业不断发展壮大，图书目录的编制工作受到重视。这一时期，刘国钧借鉴苏联的图书馆学理论与教学方法，将分类法与编目法两门课程合并为一门，讲授"图书馆各种目录的性质、作用和编制方法。包括着著录方法、分类方法、标题方法和组织方法"④。在该课程中，刘国钧把分类法看作"编目和排列书籍的一种手段"，既讲授图书馆目录，也讲解图书分类原理与方法，这在其讲稿《图书馆目录》中有着充分体现。⑤

在全国图书馆目录发展的大环境下，刘国钧提出，要建成一个

---

① 傅椿徽主编：《图书馆文献编目》，武汉大学出版社，1989年，第18页。
② 刘国钧：《刘国钧图书馆学论文选集》，书目文献出版社，1983年，第117页。
③ 刘国钧：《刘国钧图书馆学论文选集》，书目文献出版社，1983年，第119页。
④ 刘国钧等编：《图书馆目录》，高等教育出版社，1957年，第1页。
⑤ 参见刘国钧等编《图书馆目录》，高等教育出版社，1957年，"前记"第1—2页。

完整的图书馆目录体系，以更好地揭示馆藏图书，指导读者阅读图书，完成图书馆的任务。他认为，"图书馆应该具备的目录的种类是目录体系的根本问题"，图书馆编制目录必须与本馆主要读者群的需要相适应。图书馆目录体系的中心问题是，"图书馆应该具备的目录的种类与职能（作用）问题和各种目录之间的关系与联系问题"。① 而要使图书馆的各种目录组织成为一个有机联系的整体，就必须坚持以下原则："（一）实现分类目录是主导目录的原则；（二）建立各种目录的联系，消灭重复结构；（三）建立各种文字目录的联系；（四）充分利用各种书目参考工具。"②

除了关注国内图书馆理论与实践研究的最新进展，刘国钧还放眼世界，积极学习世界图书馆学发展的有益经验并首次将"MARC"（机读目录）引入中国，为我国图书馆书目工作的自动化提供了理论依据。但同时刘国钧也指出："电算机只能根据已输入的素材（或数据）和指令进行工作，不能输出没有输入的素材；只有输入的素材越多，电算机的威力才越大；决定物事用途的最初和最终的力量是人而不是电子计算机。"③ 这表明，刘国钧并非盲目肯定计算机的作用，而是更加强调人在自动化过程中的作用，突出人的主导因素，体现了他对计算机自动化时代图书馆员职能的思考。

对于电子计算机的应用，刘国钧有着深入的思考。结合当时我国图书馆工作自动化的实践，他指出了当时利用电子计算机编制图书目录的几个问题，分别是："输入、输出全部汉字的问题""机读

---

① 刘国钧：《图书馆目录体系问题的探讨》，《图书馆》1961 年第 2 期。
② 刘国钧：《图书馆目录体系问题的探讨》，《图书馆》1961 年第 2 期。
③ 刘国钧：《"马尔克"计划简介——兼论图书馆引进电子计算机问题》，《图书馆工作》1975 年试刊。

目录的著录项目（或著录要素）和组织方式""拟定计算机本身所要求的种种指示"。以今天科技的发展进步而言，这些问题都已解决。但在当时的技术条件下，刘国钧所提出的问题是我国推行机读目录亟待处理的难题，也为机读目录的普及提供了指导意见。值得欣慰的是，20 世纪 80 年代至 90 年代，《信息交换用汉字编码字符集（基本集）》（GB 2312—80，1980 年）、《文献目录信息交换用磁带格式》（GB 2901—82，1982 年）、《中国机读目录通讯格式》（1992 年）基本上解决了刘国钧所提出的技术难题。

六、图书史思想

按照周文骏先生的说法，书史的研究范围包括三个方面：书的形式、书的内容和书的社会作用。[①] 我国图书发展的历史悠久，但早期的书史研究侧重于图书的形式，很少有对图书的内容与社会作用的研究。20 世纪初，学者们逐渐开始运用系统的观点考察图书的发展历史，叶德辉的《书林清话》、孙毓修的《中国雕板源流考》、马衡的《中国书籍制度变迁之研究》都是书史研究方面的重要著作。1931 年，陈彬龢、查猛济合著的《中国书史》第一次以"书史"命名，记载了我国各个时期的图书发展与版刻情况。

20 世纪 50 年代，我国图书史研究进入一个新阶段，研究著作数量增加，研究范围更加广泛与深入。王利器的《中国书史》（1950—1951 年）、皮高品的《中国图书史讲义》（1956 年），刘国钧的《可爱的中国书》（1952 年）、《中国书的故事》（1955 年）、

---

① 参见周文骏《书史研究浅议》，《图书馆杂志》1983 年第 4 期。

《中国书史简编》（1958年）是这一时期的代表性著作。其中，王著和皮著均为内部油印本，分别为北京大学和武汉大学"中国书史"课程的讲义；刘国钧的《中国书史简编》于1958年由高等教育出版社公开出版，是1949年以后国内第一部公开出版的有关书史的大学教科书，其影响也较为深远，曾被翻译为日文在日本出版。①

在《中国书史简编》一书中，刘国钧根据我国图书发展的过程，将中国书史划分为四个时期："（1）从远古到公元一世纪末（远古到东汉初年）纸未发明前的时期；（2）从公元二世纪到八世纪（东汉初期到唐代中叶）印刷术未发明前的写本卷轴时期；（3）从九世纪到十九世纪中叶（唐代末叶到清代鸦片战争）印刷术发明后手工业印刷术时期，这个时期又可分为前后两个时期，即（一）印刷术发生和逐渐普及时期（从唐代中叶到南宋末）和（二）手工业印刷术的发展时期（从元初到鸦片战争）；（4）从十九世纪中叶（鸦片战争以后）到现在机械化印刷术时期。最后这个时期又可以分为三个时期：（一）十九世纪中叶到'五四运动'（旧民主主义革命）时期；（二）从'五四运动'到中华人民共和国成立（新民主主义革命）时期；（三）中华人民共和国成立以后（社会主义建设）时期。"② 从阶段名称和时间节点上可知，刘国钧的中国书史分期是按照图书的物质形式来划分的。

图书是人类文明发展到一定阶段的产物，因此也与社会的发展息息相关。20世纪50年代的书史研究重点已经从图书个体扩展至

---

① 参见侯汉清、王荣授主编《图书馆分类工作手册》，中国科学技术出版社，1992年，第194—196页。
② 刘国钧：《中国书史简编》，高等教育出版社，1958年，第9—10页。

图书与社会的宏观层面，以及社会思想方面的研究。刘国钧指出，书史研究的首要任务是"了解图书在各个历史时期的社会政治意义，及其对社会发展所起的重大作用，从而树立批判地对待文化遗产的观点"①。在这种思想的指引下，刘国钧以社会背景为基本前提，系统分析图书产生的文化因素、出版技术因素及其社会影响，为书史研究提供了唯物主义史观的研究方法。

七、学术贡献

刘国钧和杜定友有"北刘南杜"之称。在图书馆学理论研究方面，二人都有开创性贡献。刘国钧具备哲学专业的学习经历，深受罗素哲学思想与杜威教育学说的影响，在探究图书馆与图书馆学性质的问题上，能够从事物的普遍共性角度出发，思考学科本质。他把图书馆的特征概括为"自动、社会化、平民化"，突出图书馆的开放服务与主动服务，强调图书馆是"便利社会上一切人使用的机关""一种教育的利器"，概述图书馆的独特属性与设立本质。刘国钧提出图书馆成立的四要素（图书、人员、设备、方法）和图书馆事业的五要素（图书、读者、领导和干部、建筑与设备、工作方法），从哲学中的部分观与整体观来分析图书馆的性质，这也是对杜定友三要素说的扩展与延伸，进一步完善了图书馆学的理论学说。以要素学说为基础，刘国钧构建了相对完整的图书馆学科体系，并在教育实践中得以落实。他重视图书馆员素质的培养，指出图书馆员应具有"服务精神"，"盖有服务精神，始能吃苦，能做

---

① 刘国钧著，郑如斯订补：《中国书史简编》，书目文献出版社，1982年，第5页。

事，能为阅者多方设法而无怨"。① 他提出，馆员应注意七点事项："明了图书馆本馆之内容""调查图书馆所在地之社会状况""自知短长""对阅者应持和蔼态度""馆员须有丰富常识""馆员尤须有耐苦之心""研究图书馆学之基本智识"。② 这些注意事项基本上都不局限于图书馆学的专门知识，而是突出综合素质的培养，体现了刘国钧对中国图书馆学人才培养模式的思考，也可作为图书馆学专业教育的培养方向和课程依据。

　　刘国钧的另一贡献是对图书馆学史的理论总结。《现时中文图书馆学书籍评》不仅是民国时期图书馆学专业的书评文章，也是阐述图书馆学史分期的理论著作。通过对比各书内容，刘国钧对我国近代图书馆学的发展脉络进行梳理，划分了图书馆学发展的不同阶段，明确美国的图书馆学理论对我国图书馆学发展的影响。这一结论为图书馆学史的研究提供了理论支撑，至今仍为图书馆学界所采纳。《中国现在图书分类法之问题》是刘国钧对1927年及以前我国所用图书分类法的归纳。他将这一时期的分类法分为四个类别，分别是："沿用四库之旧制而稍迁就之""将书籍分为新旧二大部""修改之杜威十类分法""另创一种类表"。③ 刘国钧对图书分类法的概括总结与姚名达、蒋元卿的论述基本一致。但《中国现在图书分类法之问题》发表于1927年，姚名达的《中国目录学史》、蒋元卿的《中国图书分类之沿革》分别出版于1936年和1937年。虽然图书的出版周期要长于论文，但可以肯定的是，刘国钧对图书分类法的归纳符合当时学界的主流观点，并指出了我国分类法对杜威十进

---

① 刘国钧：《图书馆馆员应有之素养》，《浙江省立图书馆月刊》1932年第9期。
② 刘国钧：《图书馆馆员应有之素养》，《浙江省立图书馆月刊》1932年第9期。
③ 刘国钧：《中国现在图书分类法之问题》，《图书馆学季刊》1927年第1期。

分类法的借鉴。在此分类理论的指导下，刘国钧研究适用于中国图书的分类方法与编目标准，并编制出《中国图书分类法》和《中文编目条例》，这些方法和标准被国立北平图书馆、中央图书馆等图书馆采用，影响深远。

第三节 桂质柏

一、生平

桂质柏（1900—1979），曾用名桂竹安，1900年出生于湖北江夏（今属武汉市），祖籍江西。他天资聪颖，4岁入私塾，7岁便接触中学课程，熟读"四书五经"和唐诗。1918年，他考入文华大学。1920年，文华大学图书科开班，并在大二、大三学生中挑选优质生源。桂质柏同裘开明、查修等6人入选，自诩为"快乐六君子"。1922年，桂质柏从文华大学毕业，获得文学学士和图书馆学士双学位证书。毕业以后，经韦棣华女士介绍，桂质柏进入北京协和医院图书馆工作与学习。1923年至1925年，桂质柏在山东齐鲁大学图书馆工作。1925年，中华图书馆协会在上海成立，桂质柏出任理事和济南图书馆协会会长。1926年，他前往美国哥伦比亚大学留学，在校期间负责美国收藏的中国方志等的研究工作，同时担任纽约《中国学生月报》总编辑一职。1928年，桂质柏获得哥伦比亚大学图书馆学硕士学位。此后，他赴加拿大麦吉尔大学，进行图书馆学和图书馆分类学的研究与授课工作。1929年，桂质柏入美国芝加哥大学攻读图书馆学博士学位，并于1931年顺利毕业，被授予博士学位，成为中国第一个图书馆学博士。

在爱国之心的驱使下，桂质柏于1931年博士毕业当年便返回中国。经中华图书馆协会介绍，他接受当时东北大学校长张学良的邀请，担任东北大学图书馆馆长兼外国文学系教授的职务。1932年8月，桂质柏接受时任南京中央大学校长罗家伦的邀请，担任中央大学图书馆馆长一职。1935年，桂质柏任中华图书馆协会执行委员会执行委员。同年8月，桂质柏接受四川大学校长任鸿隽的邀请，担任四川大学教务处主任和图书馆馆长的职务。1938年，他被委任为川军抗战史料收集整理委员会委员。1940年，桂质柏接受武汉大学（此时在四川乐山）校长王星拱的邀请，任武汉大学图书馆馆长兼文学院教授。

1956年，桂质柏接受中国科学院中南分院院长谢文生的邀请，担任中国科学院武汉分院图书馆馆长，直至退休。在此期间，桂质柏还曾担任过湖北省图书馆学会理事，中国民主促进会武汉市委候补委员，湖北省政协第二、三届委员会委员。1979年，桂质柏先生因病逝世。

二、学术论著

桂质柏有着丰富的图书馆管理经验，在图书分类、图书编目、图书馆管理等方面多有研究，所撰写的学术论著有《杜威书目十类法》（济南：齐鲁大学图书馆，1925年），《中文图书经营法》（北京：北京导报出版社出版，1931年），《国立中央大学图书馆概况》（南京：国立中央大学图书馆，1933年），《大学图书馆之标准》（《图书馆学季刊》1932年第6卷第1期），《国立中央大学图书馆中文图书编目规则》（南京：国立中央大学图书馆，1933年），《大学图书馆之经费问题》（《国立中央大学教育丛刊》1934年第1卷第2期），《国立中央大学图书馆分类大全》（南京：国立中央大学图书馆，1935年），《教育图书之选购问题》（《国立中央大学日刊》1935年第1 435—1 436期），《中文图书编目规则》（南京：国立中央大学图书馆，1936年），《大学图书馆使用法》（成都：国立四川大学图书馆，1936年）等，其中《中文图书经营法》《国立中央大学图书馆分类大全》《中文图书编目规则》具有代表性。

《中文图书经营法》，英文名为 *Bibliographical and Administrative Problems Arising from the Incorporation of Chinese Books in American Libraries*，是桂质柏在芝加哥大学读书期间的博士论文，该文于1931年由北京导报出版社出版，后由台北成文出版社于1971年再版发行。① 文章共分为八个章节，探讨中文图书的特点、编目和分类、图书装订和加标、汉字的排序与检索问题等，并就美国图书馆馆藏中文书籍得出了两种处理方法：（1）依汉字结构，将中文图书单独归类；（2）根据中文图书的主题，将它们与西文图书混合分类。

《国立中央大学图书馆分类大全》，1935年由国立中央大学图书馆出版，是桂质柏在国立中央大学图书馆任职期间所作。在该书

---

① 参见齐君《论桂质柏图书馆学思想的构建——以其博士论文为中心的考察》，《图书馆工作与研究》2016年第3期。

中,桂质柏依据图书分类实践,共撰写了三方面的内容,即"本馆中日文图书分类法""中文著者号码表""西文著者号码表",囊括中外文图书,对当时的中国图书馆分类工作有着实际的指导意义。

《中文图书编目规则》,1936年由国立中央大学图书馆印行。该书规范了编目工作的基本要求和书名目录、著者目录、标题目录等的具体实施细则,是民国时期我国中文图书编目工作的指导手册。

三、图书分类与编目思想

自1910年孙毓修引进杜威十进分类法以来,中国学者就开始了对图书分类法的探索。在新图书馆运动的浪潮下,中国的学者们以杜威十进分类法为基础,掀起了"仿杜""补杜""改杜"的分类法改革。

1925年,在济南齐鲁大学任职期间,桂质柏完成了他的第一本图书馆学专著——《杜威书目十类法》。此分类法将中外图书分为十类,在杜威十进分类法的基础上有所扩充,以容纳中国传统典籍。该书是桂质柏对图书分类法的初步研究,也是民国学人增补杜威十进分类法的代表作之一。桂质柏指出,分类法的目的在于,"不外分别书籍,依一定之次序排列"。他清楚地意识到,中国古代的四部分类法已经不适合现有的书籍分类,而杜威十进分类法虽适用于欧美图书,但不适用于中文书籍。"我国图书馆,分中西书籍,多采两种相异之十类法。此种办法,易生错误。"[①] 考虑到这种情

---

① 桂质柏编:《杜威书目十类法》,齐鲁大学图书馆,1925年,"序"第1页。

况,桂质柏在杜威十进分类法的基础上,采取了"补杜"的方法。他把分类表扩充到了四到五级,将古今中外书籍分为十大类,每类之下分十部,每部之下分十项,每项之下再分十小项,每小项之下又可再分。这十大类分别是:000 普通图书,100 哲学,200 宗教,300 社会,400 语言学,500 自然科学,600 应用科学,700 美术,800 文学,900 历史。

从大类上看,桂质柏基本上沿袭了杜威十进分类法的目录体系。在具体的分类明细表中,他将子部归 181 中国哲学之中,集部归 895.1 中国文学,史部归 951 中国历史,经部归 181.1 中国哲学中的儒家,地理归 915.1 中国游记,丛书归 895.1 中国文学。这种图书分类法被山东师范大学图书馆古籍部沿用至今。① 桂质柏的《杜威书目十类法》与查修的《杜威书目十进法补编》有相似之处,二者都是对杜威十进分类法的补充,沿用杜威十进分类法的十大部类体系,并增加相应的类目以容纳中国书籍。所不同的是,查修将丛书归 080;经部中有学科属性的归入相应的类别,如乐类归音乐 780,小学归中国语言学 495.1;其他的则归 000 总论之下,如经部 000,易 001,书 002,诗 003,礼 004,春秋 005,孝经 006,四书 007。

1929 年至 1931 年在芝加哥大学攻读博士学位期间,桂质柏继续关注图书分类的问题。在他的博士论文《中文图书经营法》的第五章"编目与分类"中,桂质柏专门阐述了中国自古以来的图书分类方法。

桂质柏首先对四部分类法进行了阐释,并提出四部分类法对中

---

① 参见马继业《齐鲁大学图书馆史考略》,《山东图书馆学刊》2015 年第 3 期。

国学科分类法具有不确定性的影响。他肯定《四库全书》分类方法在古代的实用价值，但是也对四部分类法进行质疑：一是分类方法过于简化，二是部分主标题被降级为小标题，三是没有类别记号。对于当时中国学者对分类法的修改与探索，他将其概括为三种趋势：一是杜威十进分类法的细节补充；二是分类法的区别使用（即古代书籍采用四部分类法，现代书籍采用杜威十进分类法）；三是在杜威十进分类法的基础上，制定自己的图书分类法。

在作者分类问题上，杜定友采取汉字笔画数和汉字常用八种笔画种类的方法编排作者姓名。桂质柏认为，图书按照作者名字来排序的方法归功于杜定友，充分认可了杜定友此种排序方法的使用价值。对于另外一种方法——裘开明的汉和分类法，桂质柏也进行了介绍和评价。他指出汉和分类法最显著的特点便是：引进了一种使用"相同符号"复制标签的系统，在几乎没有文书帮助的情况下，任何作品所需要的标签都可以从一种手写或打印的样式中复制出来，只需要向其中插入一些特定的条目，比如科目，或者题目，或者编辑，或者编排人，这节省了大量的时间和资金。①

回国以后，桂质柏任职于国立中央大学图书馆。据姚名达所述，"质柏在齐鲁大学图书馆时原有严守杜法之意，后因职业关系，故改从有丰之法耳"②。在此期间，桂质柏编写的《国立中央大学图书馆分类大全》（以下简称《分类大全》）一书于1935年出版。在序言中，桂质柏说道：

---

① KUEI CHIH-BER, *Bibliographical and Administrative Problems Arising from the Incorporation of Chinese Books in American Libraries*, Beijing: Leader Press, 1931, pp. 88—95.
② 姚名达：《中国目录学史》，商务印书馆，1957年，第158页。

我国自海通以来，学术之范围扩大，印刷之出品日多，向来目录家所奉为圭臬之四库分类法不足以部勒新书，于是我国各图书馆对于图书分类，有于四库外另置新部者，有完全引用杜威十进分类法者，亦有自创新法者。本馆创办以来已二十余年，于兹庋藏书籍亦近十四万余册，历史不可谓不久，藏书亦不可谓不丰，惟对于图书分类，向取中西之分，划然为两，浸成习惯，故本馆之中日文图书分类法乃沿东南大学之旧，以四库为本，而另增新部仿杜威之十进分类法。但此分类法创始之时，图书不多，亦未详细分析。嗣后图书渐增，自二十一年改组后，罗家伦校长莅任，尤极注意图书馆之搜集，原有分类号码，不敷应用。余承乏此间，勉于困难之中，率同馆员，根据原分类法，再为分析，以容纳各项图书。①

在桂质柏之前，洪有丰担任南京高师图书馆（国立中央大学图书馆前身）主任一职。桂质柏所编写的《分类大全》是对洪有丰图书分类方法的修改与补充。他将图书分为十大类：000 总类，100 经类，200 史地类，300 哲学宗教类，400 文学类，500 社会科学类，600 自然科学类，700 应用科学类，800 艺术类，900 革命文库。在洪有丰所编图书分类法的基础上，桂质柏将 000 丛类改为 000 总类，同时增加了 900 革命文库。在总类之中，他特意标出 001—008 为本校特藏，专为国立中央大学之用，其中，具体的详细类目如下：001 总类，002 学校行政，003 各院研究刊物，004 各教授著作，005 各同学著作，006 各学会刊物，007 研究院刊物，008 传状纪念。

---

① 桂质柏：《国立中央大学图书馆分类大全》，国立中央大学图书馆，1935 年，"序言"第 1 页。

《分类大全》中的类目相比杜威十进分类法有着较大的改动。经类不再归于杜威十进分类法的某个具体类目，而是单独分立出来，成为一级类目，易、书、诗经、礼等均在此类目之下。作为一个新的类目，900革命文库则是根据中国现实情况而新增的一级类目，包括孙文主义、中国国民党、党化教育、国民政府、中国革命问题、世界革命问题、反革命运动等。由这两本图书分类法著作可以看出，桂质柏一直都在探索最适合中国书籍发展规律的图书分类方法。在经历了补充杜威十进分类法和仿照杜威十进分类法的道路之后，他总结出了适合中国社会发展形势的图书分类法。虽然以现有眼光来看，《分类大全》仍存在诸多不足之处，但它做到了中西图书统一分类，适用于当时高校图书馆的普遍发展特点。

桂质柏将图书目录的功用简单地概括为"便于检查"，图书目录应解决的事项有："馆中有某著者之某书否""馆中有某著者所著之各种书否""馆中有某书否""馆中有关于某类之书否""某书之内容如何，如版本、插画、表格等类""某丛书之内容如何""某书在书库之位置"。[①] 他认为目录中应该记载的事项有：著者、书名、版次、版本、出版地、出版人、出版时间、书形、附注、索书号码。对于编目条例，他总结出了以下几个方面："（一）关于著者方面，须用著者正式姓名；（二）关于书名方面，以本书卷首书名页之所题为标准；（三）关于版次或版本方面，须考核无误时始可填入；（四）关于书形方面，须将面数册数及图表等注明；（五）关于注译人等须查出记明并作副卡片；（六）关于附记方面，凡书之特点如细目附录等均应酌量记。"[②] 这些编目条例对当时各大图书馆的

---

① 桂质柏：《图书馆学讲义》，"内部讲义"，第10页。
② 桂质柏：《图书馆学讲义》，"内部讲义"，第12页。

编目工作作出了一个详细的规范，是桂质柏对民国时期编目理论的归纳，与何多源《图书编目法》中的编目原则基本一致。

在"便于检查"的指导思想下，桂质柏编制了诸多具有实用价值的图书馆编目条例。1932年，罗家伦任国立中央大学校长以后，不遗余力地为图书馆购置书籍，而现有目录并不能适应当时图书馆的发展需求。为此，桂质柏为国立中央大学图书馆制定《中文图书编目规则》，以期对中文图书的编目工作有所指导。此外，桂质柏还在1958年写有《西文图书编目条例》一书。该书是桂质柏在中国科学院武汉分院图书馆任职期间，为适应中国科学院各分院图书馆和各研究所图书室工作人员需要而编写的西文编目指导用书。全书共有16章70多个条例，包括编目工作一般注意事项和著者、书名、主题、参照、编者、辑者、译者、合著者、丛书著录、附注项、细目项、新增版本、附件、团体名称著录方面的内容。对于此书，白国应评价为"我国解放后编制较早的一本西文图书编目条例"[①]。

四、图书馆管理思想

桂质柏先后在齐鲁大学、国立中央大学、四川大学、武汉大学和中国科学院武汉分院的图书馆工作过，有着丰富的图书馆管理经验，并注意国内外图书馆管理的有益经验，在图书采购、参考咨询、图书馆使用法等方面多有实践，为图书馆管理学提供了可以参考的研究思路。

---

① 白国应：《中国第一个图书馆学博士——桂质柏先生》，《图书情报论坛》2001年第4期。

在图书馆财政方面，桂质柏认为可以采取的整顿方法有："图书馆之经费，须列入全校经费预算表中，且确定占全校经费中之百分数""图书馆之经费，每学员每年平均多少""图书馆之经费中，应以百分之多少购买书籍""图书馆之经费中，应以百分之多少作为薪金""图书馆之经费中，应以百分之多少作为杂用"。① 在对国内各大学图书馆的调研中，桂质柏发现，国内多数大学的图书费用划归在普通行政费或各院系的预算之中。他就此指出，大学图书费用应当独立划分，我国图书费用内的购书费与管理费比例可为七比三，并可根据实际情况增减各项占比。②

桂质柏以当时美国五大学府（加州大学、哥伦比亚大学、康奈尔大学、伊利诺伊大学、耶鲁大学）1900—1925 年的学生数与图书馆藏为例，提议教育部应颁布图书馆最低书籍数量，以促进中国大学的发展，从"每年借书总数""每年借书人数""每日开馆之时间""每星期开馆之日数""每学年开馆之日数"五个方面去分析图书流通的相关事项与发展趋势。③ 桂质柏注重图书馆的组织与管理工作，善于根据实际情况制定适合图书馆发展的管理策略。在国立中央大学图书馆任职期间，他重视新书订购工作，限期延长图书的借阅期限，同时加长图书馆的开馆阅览时间。在工作期间，他规定馆员谈话按例只限五分钟，自己则以身作则，努力工作。为此，沈祖荣在《中国图书馆及图书馆教育调查报告》中说，"办公室内，只见各馆员挟书来往，工作不稍停顿。馆长往来于各工作处所监督

---

① 桂质柏：《大学图书馆之标准》，《图书馆学季刊》1931 年第 1 期。
② 参见桂质柏《大学图书馆之经费问题》，《国立中央大学教育丛刊》1934 年第 2 期。
③ 参见桂质柏《大学图书馆之标准》，《图书馆学季刊》1931 年第 1 期。

指示各馆员工作"①。在他担任四川大学图书馆馆长以前，该馆的图书由各校汇合而成，各个学校的分类、编目方法各不相同。桂质柏任职馆长以后，便对四川大学图书馆进行了一系列改革。他按照国立中央大学图书馆的分类方法，将川大图书馆的中文新旧图书进行一贯制排列，西文图书则采用美国国会图书馆分类法，同时编制著者、书名、类名等片目的卡片式目录。②

近代以来，我国印刷业和图书出版事业迅速发展，图书馆如何选择合适的书籍也成为图书馆管理者关注的问题。正如杜定友在《图书选择法》一书中所说："古人读书难于购买，今人读书难于选择。盖近日学术昌明，印务发达。市井出版物，汗牛充栋，美不胜收。但其中滥竽充数者，亦属不少。故学者偶一选择不慎，即受其害。故图书之选择，亦为教育上一大问题也。"③ 早在1923年，杨昭悊在《图书馆学》中也提到了选择图书的标准，他将这个标准分为一般的和特殊的两种。其中，一般的包括外表的和内容的，外表指装订和印刷形式，内容则指图书的文法和条理。特殊的分为主观的和客观的，主观方面的因素有图书馆经费、图书馆性质，客观方面包含阅览人程度和阅览人种类。④ 1935年，在国立中央大学教育系干事会上，桂质柏作了题为《教育图书之选购问题》的演讲，详细阐述了他的图书选购观念。在选择图书的态度方面，桂质柏认为选购图书必须要爱书、读书和多通晓几国文字。在具体的图书搜集

---

① 丁道凡搜集编注：《中国图书馆界先驱沈祖荣先生文集》，杭州大学出版社，1991年，第173页。
② 参见孙心磐《国立四川大学图书馆概况》，《中华图书馆协会会报》1942年第1—2期。
③ 杜定友：《图书选择法》，商务印书馆，1928年，第1页。
④ 参见杨昭悊编著《图书馆学》，商务印书馆，1923年，第225页。

方法上，桂质柏推崇历史学家的搜集法，即采用历史的眼光搜集图书，不计较资料的类型与价值，以保证采购图书的客观性，并达到范围广的效果。

在选购策略上，桂质柏主张通过辞书类书、刊物杂志和参考图书三种途径去搜集。这一观点与民国时期多数图书馆学学者的观点相似。吕绍虞曾说，广告与书评是新书消息的重要来源，对于图书选择有重要的参考价值。① 此外，桂质柏还指出，选购图书需要注意的事项有：（1）著作者的学识、资望和编写贡献；（2）图书的范围或性质；（3）图书的出版日期与所包括的时代；（4）图书内容，如材料来源等；（5）图书的体裁；（6）出版机构；（7）图书的外表，包括纸张、印刷、装订、形式等方面。② 这些选购策略也是当时图书馆采购书籍所公认的基本原则。钱亚新在《图书馆订购图书时对于版本的选择及注意》中说，图书采购人员应关注图书的著者或编辑者、大小和册数、排印的活字、书的纸料、书的墨色、书的装订、书的价格。③ 陈颂在《图书馆之书籍选择法》中，提出了图书馆选择书籍的三个注意事项："社会和环境的需求""书籍之价值及其对于阅者的影响""图书馆的经费状况"。在"社会和环境的需求"方面，他强调分类目录、学者意见和每周书目、著者名、书名、出版者、书评的参考作用，这与桂质柏的观点基本上是一致的。④

---

① 参见吕绍虞《图书的选购（待续）》，《职业与修养》1940 年第 9 期。
② 参见桂质柏《教育图书之选购问题（续）》，《国立中央大学日刊》1935 年第 1 436 期。
③ 参见钱亚新《图书馆订购图书时对于版本的选择及注意》，《图书馆报》1929 年第 4 期。
④ 参见陈颂《图书馆之书籍选择法》，《武昌文华图书科季刊》1929 年第 2 期。

由以上叙述可以看出，学者们在图书馆的图书采购问题方面基本上达成了一致，所不同的是，各个学者研究的侧重点各有差异。由于所在图书馆的教育属性，桂质柏的研究侧重于教育图书的选购，这与民众图书馆、儿童图书馆的采购策略是有明显差别的。桂质柏建议采用历史学家的搜集方法，这也是针对教育图书而言的，能够有效地确保选购图书的全面性与客观性。

中国近代图书馆与古代传统的藏书楼有着很大的不同，桂质柏认为，保存文化和利用书籍是图书馆的使命，"以最少数之金钱，购买最大多数书籍，供最大多数人利用"则是图书馆的最大目的。[①]至于如何利用图书馆，桂质柏则强调要充分利用图书馆目录，同时也要合理利用百科全书、字典、辞典、索引、年鉴和书籍本身的特点，采用多种方法查找所需资源。1935年，在担任四川大学图书馆馆长期间，桂质柏著有《大学图书馆使用法》一书，在理论方面精辟地阐述了大学生在利用图书馆时应采取的方法和注意事项。在图书馆目录方面，桂质柏将其分为卡片式目录和书本式目录，而卡片式目录又分为著者目录、书名目录、标题目录、丛书目录、期刊目录。著者目录的查找方法是："中文书籍，多先以著者姓名第一字之笔画，后以第二字之笔法为序。西文书籍悉以英文字母为序。"[②] 至于如何鉴定类书（即百科全书），他提出了七个方面的注意事项，包括著作人或编辑人、专门范围或普通范围、体裁、内容的通俗或高深、出版时期、图书外表形式、图书版本。

图书馆使用法也是民国时期图书馆学学者们关注的热点话题。在桂质柏出版《大学图书馆使用法》的翌年，即1937年，这一年

---

① 参见桂质柏《怎样利用图书馆》，《国立四川大学周刊》1935年第16期。
② 桂质柏：《大学图书馆使用法》，国立四川大学图书馆，1936年，第3页。

是我国图书馆界的"中文参考书年",邓衍林、邓嗣禹、何多源等学者分别撰写了中文参考书方面的图书。在具体的使用方法与原理上,学者们的研究结构大致相似,但详略不同,各有特点。在1938年出版的《怎样利用图书馆》一书中,吕绍虞指出,"图书馆是搜藏古今中外图籍,以最敏捷简易的方法,供给读者便利使用的机关"①。他论述了图书分类法、图书目录、字典、辞典、类书百科全书、参考书、期刊和日报索引的使用方法,并列举诸多参考资料,如《中华大字典》《汉英大辞典》《综合英汉大辞典》《辞源》《辞通》《辞海》《古今图书集成》。在1946年出版的同名图书《怎样利用图书馆》中,洪焕椿就图书结构、书籍分类、图书馆目录、索引、字典与辞典方面进行了详细阐述。尽管《大学图书馆使用法》一书的目标对象只是大学师生群体,从该书的字数上看也更像是针对四川大学师生的宣传册,但是不可否认的是,桂质柏从大学生的角度出发,简洁扼要地标明了图书馆的合理使用方法,这可以说是他的独特研究视角。

五、学术贡献

作为中国第一个图书馆学博士,桂质柏在求学时期便开始关注中西分类法,探索中国图书分类的发展前景。桂质柏的图书馆学理论思想集中体现在他的博士论文《中文图书经营法》中,该文参考西方图书馆学体系,对图书馆管理中的分类、编目、排序、装订等方面进行了理论研究。回国以后,桂质柏的研究重点转向高校图书

---

① 吕绍虞:《怎样利用图书馆》,中国图书服务社,1938年,第1页。

馆管理实践，在齐鲁大学和国立中央大学任职期间，桂质柏对分类法进行了改良，分别编制了《杜威书目十类法》和《国立中央大学图书馆分类大全》。这两种分类法更加关注图书本身的特征，堪称改编杜威十进分类法的典型代表，是我国图书分类史上两部重要的分类法。此外，桂质柏还对中外文图书的编目规则进行了详细研究，撰写了《中文图书编目规则》《西文图书编目条例》等著作。这些著作是桂质柏在图书馆管理工作中的理论总结，为我国图书编目的发展提供了借鉴依据。从著作和论文的发表情况可以看出，桂质柏能够根据实际工作情况，审时度势，研究图书馆学理论，更重要的是，这些著作与论文对图书馆的实践工作有着较高的指导价值。

第四节　皮高品

一、生平

皮高品（1900—1998），出生于光绪二十六年农历九月九日（公元1900年10月31日），湖北省嘉鱼县簰洲湾镇人。他六岁开始读私塾，后因家贫于1912年转入簰洲圣公会所创办的一所免费小学读书。1914年，他由簰洲圣公会保送至武昌文华中学（后改为圣约瑟中学）读书。1921年，他由文华中学保送至文华大学，从第二年起兼读图书科。毕业以后，他至天津南开学校担任图书馆主任兼英文教员。1926年，他任济南齐鲁大学图书馆主任。1928年，他离开齐鲁大学，任燕京大学图书馆编目主任。1930年，他至国立青岛大学，任图书馆主任。①

1932年，应私立武昌文华图书馆学专科学校校长沈祖荣之邀，皮高品来到学校整理所编制图书分类法——中国十进分类法。1933年，皮高品受聘到国立武汉大学任图书馆主任一职，并开始负责全部馆藏的整改工作。1938年，他随武大迁至四川乐山。1940年，他到重庆公路管理局担任图书室主任。3个月后，他到重庆文华图书馆学专科学校担任教授一职。1945年，受国立浙江大学校长竺可桢之邀，他到遵义任浙江大学图书馆馆长兼教授。抗战胜利以后，他随浙大来到杭州。1947年，他受国立英士大学之邀任该校图书馆馆长兼教授，教授哲学史和逻辑学两门课程。1949年，英士大学解散，他回到故乡讲授簿记。

1949年以后，私立文华图书馆学专科学校被接管。受副校长甘莲笙之邀，皮高品于1951年11月到文华图专参加土改工作，1952年回校教授图书分类学。1953年，文华图专被合并入武汉大学，成立图书馆学系，他担任图书分类法和中国图书史的教学工作。1956年，他任文化部和北京图书馆举办的《中小型图书馆图书分类法》编制讨论会第三小组组长。1979年，武汉大学请皮高品在家培养图书分类法研究生，他同意了这个提议。② 1979年起，皮

---

① 参见程焕文《著名图书馆学家皮高品教授》，《黑龙江图书馆》1988年第6期。
② 参见皮高品《皮高品自传》，载北京图书馆《文献》丛刊编辑部、吉林省图书馆学会会刊编辑部编《中国当代社会科学家》（第6辑），书目文献出版社，1983年，第79—88页。

高品被聘为中国图书馆学会名誉理事和《中国图书馆图书分类法》编辑委员会顾问。1998年3月1日,皮高品因病在哈尔滨去世。

二、学术论著

皮高品在图书分类、图书史等领域有着深入研究,撰写的学术论著有《中国十进分类法及索引》(武昌:武昌文华图书馆学专科学校,1934年),《经书分类的研究》(《说文月刊》1944年第4卷),《中国语言文字学书籍分类的研究》(《图书馆学报》1945年第1期),《中国图书史纲》(长春:吉林省图书馆学会,1986年),《图书分类法评论选集》(成都:四川省中心图书馆委员会,1983年)等,其中《中国十进分类法及索引》《图书分类法评论选集》《中国图书史纲》具有代表性。

《中国十进分类法及索引》,1934年由武昌文华图书馆学专科学校出版,为中英文对照版,包括分类表、索引和附录两大部分。该分类法在民国时期我国图书分类法的发展史上有重要地位,得到了学者们的高度认可,武汉大学图书馆、北京大学图书馆、重庆大学图书馆、北洋大学图书馆都曾采用此法,是民国时期的四大分类法之一。[①]

《图书分类法评论选集》,1983年由四川省中心图书馆委员会出版,收录皮高品所写图书分类领域的研究论文20篇,后被《武汉大学百年名典》(2013年)丛书收录。在该书中,皮高品着重对我国影响力较大的《中国人民大学图书馆图书分类法》(以下简称

[①] 参见程焕文《图书馆的价值与使命》,上海科学技术文献出版社,2014年,第27—28页。

《人图法》)、《中国科学院图书馆图书分类法》(以下简称《科图法》)、《中国图书馆图书分类法》(以下简称《中图法》)进行了深入探讨。

《中国图书史纲》,原为皮高品在武汉大学教授"中国书史"课程的讲义,由武汉大学于 1956 年内部油印,后由吉林省图书馆学会于 1986 年出版。此书从文字的产生与发展说起,叙述了不同阶段中国图书的发展情况,是 20 世纪 50 年代我国书史研究的代表性著作之一。

三、图书分类思想

1925 年,皮高品被分配到天津南开学校图书馆后,首先遇到的问题就是中文图书分类,尤其是线装书的分类问题。当时南开学校图书馆普遍采用的是杜威十进分类法,但这种方法对于中文图书并不适用。于是,皮高品决定编制一种适合中国图书馆采用的分类方法。他利用闲暇时间看书、搜集资料,经常工作至晚上十一二点。后来他历任各大高校图书馆主任一职,继续坚持图书分类法的研究与编制工作,广泛征求查修、沈祖荣、闻一多等专家的意见,先后五次修改类目。1934 年,这部《中国十进分类法及索引》最终得以出版。对于其中的艰辛,沈祖荣在序言中说道:

> 编纂这部书他是费了很长的时间的,他从民国十五年,在齐鲁大学图书馆服务的时候就动手,以后他在燕京大学图书馆、青岛大学图书馆,也是在继续地编。前后八年之间,才编成这五百余面的一部图书馆应用工具的书籍,该是多么不容易!……皮君于前年离青岛大学

图书馆主任的职务，回到自己的家里，预备在那极幽静的乡市，一心一意地完成这种工作。不过这当中有种困难，就是没有应用的参考书。①

在参考了大量的图书分类法以后，皮高品认为四库分类法和杜威十进分类法都不适合当时中国图书分类的发展需求。在《中国十进分类法及索引》的序言中，他说，分类法要"有体系，类有纲，纲分目，目之下更立细目，然后一一加以符号，方切实用"，四库分类法显然不符合细分类目的要求；杜威十进分类法虽然使用方便，但它适合西文图书，而不适用于中文书籍，并且"类目陈旧错列，繁省失均，径以总贯中西载籍，其穷屈不适用，比夫《七略》《四库》，一何以异"。②对于"补杜""增杜"或"仿杜"的做法，他认为同样不可取，"采杜补杜固有不然，至若仿杜，而独比附偏模，率尔就简，亦未见其可也。盖我国之学术，自有其特性，不容偏废苟简。世之作者，必悉加纂录，详制类目，使适中外文籍，庶云有济"③。

从已出版的情况来看，中国十进分类法的十大类为：000 总类，100 哲学，200 宗教，300 社会科学，400 语言文字学，500 自然科学，600 实业工艺，700 美术，800 文学，900 历史。这十大类基本上仿照的是杜威十进分类法。但对于这个分类，皮高品是不满

---

① 沈祖荣：《〈中国十进分类法及索引〉序》，载《沈祖荣文集》，武汉大学出版社，2013年，第266页。
② 皮高品：《〈中国十进分类法及索引〉自序》，载皮高品著、周荣等整理《皮高品集》，武汉大学出版社，2017年，第9页。
③ 皮高品：《〈中国十进分类法及索引〉自序》，载皮高品著、周荣等整理《皮高品集》，武汉大学出版社，2017年，第9页。

意的。他在多篇文章中都表示，中国十进分类法的十大类和英国布朗主题分类法的十大类是类似的。

布朗主题分类法的十大类为：A 总类，B—D 自然科学，E—F 生物科学，G—H 人类科学和医学科学，I 应用生物学，J—K 哲学和宗教，L 社会和政治科学，M 语言文字和文学，N 文艺作品，O—W 历史和地理。皮高品认为，主题分类法按照物质、生命、精神、文献的顺序，符合进化论的观点，比杜威十进分类法理论性更强。但他也不完全同意布朗分类法的次序，他将中国十进分类法的十大类设计为：0 总类，1 哲学，2 宗教，3 社会科学，4 历史，5 语言文字学，6 文学，7 艺术，8 自然科学，9 应用科学。①

但是《中国十进分类法及索引》的出版者要求他将这十大类改为与杜威十进分类法的十大类一致，皮高品对此感到非常沉痛，却只能在该书的序言中写道："斯篇之作，窃取刍荛之谊，遑敢言他。"② 因此，皮高品在担任图书分类法教学工作时，从来没教过他的这个分类法。1936 年，当《大公报》记者和一些图书馆工作者要求皮高品再版时，他秉着对学问负责任的态度，不愿再版，情愿"一出版就让它死去"。③

中国十进分类法共有一万多个类目，部门类目可展开至七到八级，包括说明、分类表、注释、附录和索引，采用复分、仿分、互见、参见之法，中英文全面对照，且附有中英文相关索引，"成为

---

① 参见白国应《皮高品先生的生平活动和杰出贡献——纪念皮高品先生诞辰 100 周年》，《江苏图书馆学报》2000 年第 3 期。
② 皮高品：《〈中国十进分类法及索引〉自序》，载皮高品著、周荣等整理《皮高品集》，武汉大学出版社，2017 年，第 9 页。
③ 皮高品：《图书分类法评论选集》，武汉大学出版社，2013 年，第 245 页。

我国当时最详细的图书分类法"①。在具体类目的设置上，中国十进分类法有意识地突出中国特色，例如在附表部分有形式细分表、莎士比亚文库分类表、中国历代帝王表、中国县名表，分类法中国家的排列是：(1) 中国，(2) 亚洲其他各国，(3) 欧洲各国，(4) 美洲各国，(5) 非洲、大洋洲各国。为补充说明，皮高品还专门撰写了《经书分类的研究》(《说文月刊》1944年第4卷) 和《中国语言文字学书籍分类的研究》(《图书馆学报》1945年第1期) 两篇文章，提出"经书不可拆散论"和中国语言文字学的分类原则，由此丰富了中国十进分类法的分类体系。

蒋元卿在《中国图书分类之沿革》中，将皮高品的中国十进分类法、刘国钧的图书分类法、安徽省立图书馆图书分类法、何日章与袁涌进的中国图书十进分类法，看作增改杜威派的杰作。② 姚名达在《中国目录学史》中将皮高品的中国十进分类法归入"保存杜威之十部及大多数类目而增加及变动许多类目者"，"其增改最少而细目最详，可备一般图书馆员参考者，允推皮高品之《中国图书十进分类法及索引》"。③ 刘国钧在《中国图书分类法的发展》一文中说，从1840年至1949年，"这时期内所出各种分类法相当多……在上述分类法中比较有影响的，有杜定友、刘国钧、皮高品三家。直到解放后还有图书馆沿用它们"④。

中国十进分类法是皮高品在研究图书分类理论与实践上的有益

---

① 白国应：《皮高品图书分类思想的发展》，载马费成主编《世代相传的智慧与服务精神——文华图专八十周年纪念文集》，北京图书馆出版社，2001年，第60页。
② 参见蒋元卿《中国图书分类之沿革》，中华书局，1937年，第208—214页。
③ 姚名达：《中国目录学史》，商务印书馆，1957年，第157—158页。
④ 刘国钧：《刘国钧图书馆学论文选集》，书目文献出版社，1983年，第399页。

尝试。正如皮高品所言，该分类法既未采用传统的四库分类法，也没有盲从杜威十进分类法，而是吸纳中外分类法的有益经验，独创了自成一套的分类体系。中国十进分类法是皮高品图书分类思想的首次实践，是民国学人在分类法编制方面的大胆创新。

20世纪50年代，皮高品回到文华图专讲授图书分类法课程。在这期间，他开始学习马克思主义经典著作，运用马克思主义观点去研究图书分类法，在分类思想上有了明显的变化。皮高品编写了《图书分类法讲稿》《新中国图书分类法简表》《图书分类法讲义》等著述，并强调，"解放前我们编的图书分类法'和《杜威法》一样是为实际便利而写的，没有学术体系做根据，不能为新中国图书馆之用'。社会主义图书分类法的体系是以辩证的原理做基础，即以马克思列宁主义毛泽东思想做基础"①。在对图书分类法的认识上，皮高品从宏观层面指出了编制图书分类法的指导思想和重要作用。他指出，"分类体系是图书分类法的一个最根本问题。唯有这个问题获得解决，我们才有可能达到我们图书馆为广大人民，为科学研究工作服务的目的。要建立这样一个分类体系，学习毛主席和恩格斯对于分类的科学原理会使我们得到解决这个问题的道路"②。由此，他认为，依照学术体系和从总到分、从一般到个别的原则，新中国图书馆的分类体系要以哲学、自然科学和社会科学这三类为基本序列，加上综合性图书类，一共是四个大类，这就是皮高品著名的"四分法"。

---

① 皮高品：《皮高品自传》，载北京图书馆《文献》丛刊编辑部、吉林省图书馆学会会刊编辑部编《中国当代社会科学家》（第6辑），书目文献出版社，1983年，第82—83页。
② 皮高品：《图书分类法评论选集》，武汉大学出版社，2013年，第2页。

在编制图书分类法的人员问题上，皮高品指出，这是一项具有学术性的工作。因涉及所有的科学，所以需要各领域专家学者和分类法专家们共同研究，不能再像从前一样由个别人或三五个人编制。就此，他曾以刘国钧分类法增订稿中原子物理学分类，以及中小型图书馆分类法中汉语、中国语言文字学分类为例，说明个人编撰的不足之处。他强调，"今日的问题：必是结合各方面的力量，才能编出一个完善的相关索引。也只有结合各方面（图书馆工作者，科学家，学者）的力量，在各方面所积累的经验基础上，才能编出合乎科学理论的分类法，才能解决今天实际的需要"①。这个观点也被后来《中国图书馆图书分类法》的实际编制工作所印证。

皮高品将分类法的组织原则概括为"阶级性，国家性，科学性，连续性和统一性；总括地说就是：思想性和技术性"，并说，分类表的"中心问题不在于罗列一切的图书，而在于：用科学的理论作基础把各种图书依照图书的内容和图书特有的形式组成一种体系"。② 在分类号码的使用方面，皮高品建议采用一种序级符号来代替类目，但他并没有固定具体的序级符号方法，而是认为，"分类号类愈单纯愈简化，工作效率就愈高是确定不移的道理"，各家分类法可根据实际需要选择形式细分表、国别细分表、时代细分表、地理细分表等辅助表，这体现了他注重实践、灵活变通的研究方法。③

相比中国十进分类法，皮高品的图书分类研究在这一时期有了明确的指导思想，更加趋于成熟。他的"四分法"理论适应了当时

---

① 皮高品：《图书分类法评论选集》，武汉大学出版社，2013年，第27页。
② 皮高品：《图书分类法评论选集》，武汉大学出版社，2013年，第16—17页。
③ 参见皮高品《图书分类法评论选集》，武汉大学出版社，2013年，第21—27页。

我国图书馆的发展需求，联合分类法的建议更是大势所趋，反映了皮高品注意结合时势、重视分类法实用性的研究特点。

四、图书史思想

皮高品认为，图书史就是研究图书产生和发展的历史。① 他运用历史唯物主义观点，从图书的社会作用和图书在生产斗争和阶级斗争中的作用两方面，探究图书的产生和发展与某一时代的内在联系。在社会作用方面，一方面，图书揭露社会各方面的发展面貌，是人类智慧的积累；另一方面，图书也反映着社会的意识形态和各时代所积累总结的知识，这对研究我国历史发展进程、经济和文化建设状况有着重要价值。皮高品较早地提出了中国图书史分期问题，并以社会历史发展和图书本身发展的情况为准则，将 1952 年以前的中国图书史分为以下几个阶段：图书产生前文字的发生和发展、中国图书的产生和发展、纸的发明到雕版印刷发明时期、雕版印刷发明到铅印输入时期、旧民主主义革命时期、新民主主义革命时期、解放后国民经济恢复时期、第一个五年计划时期的图书和出版事业。②

皮高品的图书史分期综合考虑了社会发展规律和图书自身的发展特点，突破了以往只关注图书形态和图书本身的局限，从宏观视角综合考虑图书产生的社会基础、图书发展的社会影响。皮高品与刘国钧不同，刘国钧从图书内容和形式的角度，阐述中国图书的发展过程与社会作用，皮高品则注重图书产生和发展的历史环境与社

---

① 参见皮高品《中国图书史纲》，吉林省图书馆学会，1986 年，"序言"第 1 页。
② 参见皮高品《中国图书史纲》，吉林省图书馆学会，1986 年，第 11—12 页。

会政治意义。

五、学术贡献

皮高品对图书馆学的最大贡献在于图书分类法的编制与图书分类学的研究。20世纪中国图书分类学家有"北刘（刘国钧）南杜（杜定友）中皮（皮高品）"的说法。在"补杜""改杜""仿杜"的背景下，皮高品对与图书分类相关的基本概念、分类法的编制思想和基本体系进行辨析，通过分析中国图书的特点，另辟蹊径，参考布朗的主题分类法，采用等级制分类法，编制了中国十进分类法。中国十进分类法是中国近代比较有影响的分类法，初步构建了图书分类学的理论体系，推动了我国应用图书馆学的建立与发展。

第五节　陈训慈

一、生平

陈训慈（1901—1991），字叔谅，1901年7月5日出生于浙江慈溪县官桥村（今属余姚市三七市镇）。祖上世代务农，直到陈训慈祖父克介公这一代，因为精通数学，又勤于理财，转行经商，家境逐年变丰裕。1907年，陈训慈就读于鸡山初等小学。1912年，陈训慈考入慈溪县立高等小学，接受新式教育。1918年，陈训慈从宁波效实中学毕业后报考南京高等师范学校，即今日之东南大学，跟从著名史学家、图书馆学家柳诒徵深造。1924年1月，陈训慈从东南大学毕业。毕业以后，他先是在商务印书馆编译所从事编译工作，后执教于国立中央大学历史学系和国立浙江大学历史地理系。1932年1月，陈训慈出任浙江省立图书馆馆长。1938年，浙江大学西迁至广西宜山，陈训慈随同前往。1938年4月，陈训慈应浙江大学聘请，赴任史地学系教授，讲授中国近代史等课程。1939年，受竺可桢校长委派，他回浙江龙泉创办分校。1940年，他帮助陈布雷搜集写文告等所需的各种参考资料，协助处理图书报刊及与文化教育界人员之联络。中华人民共和国成立后，他历任第一至六届浙江省政协委员，民盟浙江省委顾问，浙江省文物管理委员会主任委员，浙江省博物馆图书资料室主任，浙江省历史学会理事、顾问，浙江省地方志学会顾问等职。1990年，在九十寿辰之时，陈训慈将《丁丑日记》手稿及148封各界名人信札捐赠给浙江图书馆。1991年，陈训慈逝世于杭州。

二、学术论著

陈训慈有着丰富的图书馆管理经验，在图书馆学基础理论、图书馆管理等领域均有研究，所撰写的学术论著有《最近中国图书馆事业之进展》(《浙江省立图书馆月刊》1932年第1卷第9期)，《浙江图书馆之回顾与展望》(《浙江省立图书馆馆刊》1933年第2卷第1期、第3期)，《浙江省立图书馆小史》(杭州：浙江省立图书馆，

1933年)、《中国全国省立图书馆现状鸟瞰》(杭州：浙江省立图书馆，1935年)、《图书与图书馆：兼谈本刊的使命与范围(代发刊词)》(《图书展望》1935年第1期)、《浙江省立图书馆图书总目弁言》(《浙江省立图书馆馆刊》1935年第4卷第2期)、《图书之分类弁言》(《图书展望》1936年第1卷第9期)、《民众图书馆改进的管见》(《浙江省图书馆协会会刊》1936年第1期)、《中国之图书馆事业》(《图书馆学季刊》1936年第10卷第4期)等，其中《中国之图书馆事业》《民众图书馆改进的管见》具有代表性。

《中国之图书馆事业》，首次刊载于1935年的《申报年鉴》，后经调查补编，载于《图书馆学季刊》1936年第4期上，是陈训慈对中国图书馆事业的调查与反思。该文是陈训慈受申报年鉴社之委托，经过长时间的实际调查所作，包含国立图书馆、省市立图书馆、大学图书馆、民众图书馆的基本统计数据，对中国现代图书馆事业的发展时期、各类型图书馆的统计、图书馆协会、图书馆事业进步等方面都有所论述，为考察民国时期的中国图书馆事业提供了珍贵史料。

《民众图书馆改进的管见》，刊载于1936年《浙江省图书馆协会会刊》创刊号上，阐述了民众图书馆的使命、浙江省民众图书馆的现状以及改进建议。在该文中，陈训慈将现代图书馆视为"一切教育的重心"，并对民众图书馆提出了"推广功能""慎重征购""吸引阅览""整理庋藏""改善设备""指导阅览""服务精神""进修智能"等方面的改进意见。①

---

① 参见陈训慈《民众图书馆改进的管见》，《浙江省图书馆协会会刊》1936年第1期。

三、图书馆学基础理论学说

在《图书展望》的发刊词中,陈训慈开宗明义地提出:"图书是文化的利器,读书是人类承先启后推进文化的一种主要方式。"[①]他认为,当时中国的衰弱是由于知识的落后,普及教育是增进民族智力的一种方式,应养成社会"乐于读书"和"勇于求知"的精神,而"图书馆是现代一种最广大而有效的储藏智识供给求知的教育重心,其教育的效能决不在学校或其他教育机关之下"[②]。图书馆应促成读书运动,成为发展教育文化的原动力。

光绪二十二年(1896),李瑞棻请设藏书楼于京师及各省市会,于是全国各省开始设立藏书楼。这被陈训慈看作"现代图书馆事业之导始"[③]。他将 1935 年以前中国的现代图书馆事业分为三个时期,分别是:发轫时期[光绪末年(1908)至民国成立前],这一时期京师及各省图书馆的成立为现代图书馆事业的发展奠定了基础;推进时期[民国成立至民国十六年(1927)国民政府定都南京],社会教育司的成立、《图书馆规程》的颁布、武昌文华大学图书科与中华图书馆协会的成立是这一时期的重大事件;发皇时期[民国十六年(1927 年)以后],这一时期《图书馆条例》颁布、北平图书馆规模扩大、各省市立及大学图书馆多有改进,图书馆的数量与效

---

① 陈训慈:《图书与图书馆:兼谈本刊的使命与范围(代发刊词)》,《图书展望》1935 年第 1 期。
② 陈训慈:《图书与图书馆:兼谈本刊的使命与范围(代发刊词)》,《图书展望》1935 年第 1 期。
③ 陈训慈:《中国之图书馆事业》,《图书馆学季刊》1936 年第 4 期。

能与日俱进。陈训慈对图书馆事业发展时期的划分基本上是以政治事件为依据的,他还对我国现代图书馆事业发展的特点进行了总结,客观上反映了时局和政策对中国图书馆事业的深远影响。

民众图书馆和省立图书馆是陈训慈关注的重点类型。他曾在多篇文章和演讲中强调这两种图书馆的社会使命,以及在国民教育与文化发展中的作用。

民众图书馆是民国时期图书馆事业发展的特殊类型。关于民众图书馆的定义,学者们有着不同的理解。骆·约翰·亚当在《民众图书馆的行政》中说道:"民众图书馆根本是一种美国的制度;根据民主政治的基本原则,它是一个与其他为全民谋福利的社会组织合作的利器。"① 徐旭在《民众图书馆实际问题》中说道:"真正的'民众图书馆'是因人、因地、因时、因事,以图书为出发、为进行、为归宿的教育途径,来实施以图书为中心的民众教育机关。"② 陈训慈对民众图书馆的定义如下:"所谓民众图书馆,是指一切通俗性的县市区立或私立图书馆以及民众教育馆的图书部,也可以包括民众俱乐部之图书部及通俗书报处等在内。(机关附设图书馆和学校内的图书馆,应用限于内部,私家藏书楼,性质多是不公开的,藏书也较高深,皆不与其列)"③ 陈训慈从服务范围和服务对象两个方面,将民众图书馆与国立、省立图书馆进行了区分。相比骆·约翰·亚当与徐旭的观点,陈训慈对民众图书馆的研究更为具体明确。

---

① 骆·约翰·亚当著,章新民译:《民众图书馆的行政》,武昌文华图书馆学专科学校,1934年,第125页。
② 徐旭:《民众图书馆实际问题》,中华书局,1935年,第5页。
③ 陈训慈:《民众图书馆改进的管见》,《浙江省图书馆协会会刊》1936年第1期。

陈训慈指出，"现代图书馆是一切教育的重心，其重要已日益为社会所认识。而语其效力之普及，则自以通俗的公共图书馆（或称民众图书馆）为最"①。他将民众图书馆的特点概括为："民众图书馆不是静的储书之所，而是动的流通图书的中心；不是被动的应人之需，而是自动的设施教育；不是一部分智识较高者的消闲之所，而是广大的社会全民的受教育场所。"② 这个特点的归纳借鉴了李小缘的观点，不同的是，陈训慈的概括相对简略，更加强调民众图书馆的流通性和平民性。为此，陈训慈提出改进民众图书馆的意见：图书馆推广方面，"在谋流通阅览之外，应设法组织读书会，扩充巡回文库或阅报处，编印通俗小册或画报，举行指导读书的讲演"，以使图书馆能够深入社会，为民众所接受并需要；图书征购方面，"应以'最少的经济，得着最大的效用'为原则"，讲求经济实用，审慎选择，在保存古书之外适当增加新书，促进民众教育；吸引阅览方面，要做好"向外的宣导工作"和"向内的整理工作"，让一般民众了解图书馆的重要性与图书的利益，采取报纸宣传、张贴布告、分送书目、举行图书展览或纪念会、编印读书刊物等方法吸引读者来馆阅览；整理馆藏方面，应力求图书的有序整理，保持书库与馆藏图书的系统与整洁性；设备方面，应力求美术化与自由化，保持幽美的环境，使图书馆成为愉快的场所；指导阅览方面，应"不拘一端，相机制宜，以使读者达到以经济的时间而获得图书多量利益之目的"，竭尽所能帮助读者；服务精神方面，"热忱，负责，愉快，勤奋，耐劳，是一个图书馆成功的要素，（其关系之重大远过于经费与设备的增加）也是一切服务、一切事业成功的必要

---

① 陈训慈：《民众图书馆改进的管见》，《浙江省图书馆协会会刊》1936年第1期。
② 陈训慈：《民众图书馆改进的管见》，《浙江省图书馆协会会刊》1936年第1期。

条件",图书馆员应有"如宗教家一般的虔诚,如慈母一样的和爱,如学生一般的勤慎,如赤子一样的热忱,如战士一样的牺牲精神";进修智能方面,图书馆员应具备"普通工具与各学科的基本常识"和"图书馆学术与技术方面的智能"。①

关于省立图书馆的性质与使命,陈训慈曾在多篇文章中强调,省立图书馆应负有教育与学术的双重职责。他指出,"省立图书馆为一省储集图书整理文献推进教育之一中心,在各省教育乃至全国文化上均负有重大之使命","省立图书馆在一国之学术教育上,实占极重要之地位,不但保存图籍文物,抑且辅益各种教育与社会事业,负提高学术领导风气之使命"。② 同时,他也建议,"省立图书馆之性质与使命,应多顾及学术图书馆之意义,故于储集图书推广阅览以外,对于阐扬地方文献提高学术,亦应与国立图书馆分工并进"③。自任职浙江省立图书馆馆长以来,陈训慈致力于推进图书馆的流通阅览工作,以期将浙江省立图书馆发展成为浙江省教育文化的一个重心。

教育性是陈训慈对图书馆共有属性的概括。对于当时轰轰烈烈的识字运动,陈训慈认为,教育当局在推行识字教育的同时,也应注意教化民众,"中国之大患,不仅在人民无知识,尤不仅在识字者之少",仅仅提倡识字而不讲求教化,不足以尽教育之使命。④ 1932年,中国社会教育社第一届年会在浙江省立图书馆召开。作为该社成员和年会筹委会委员,陈训慈发表《对于中国社会教育社

---

① 陈训慈:《民众图书馆改进的管见》,《浙江省图书馆协会会刊》1936年第1期。
② 陈训慈:《全国省立图书馆现状之鸟瞰》,《浙江省立图书馆馆刊》1935年第3期。
③ 陈训慈:《全国省立图书馆现状之鸟瞰》,《浙江省立图书馆馆刊》1935年第3期。
④ 参见训慈《识字与教化》,《浙江省立图书馆月刊》1932年第3期。

年会之献辞》一文，表明社会教育的重要性，提倡社会教育不仅要教育民众识字，也要使他们能够利用知识，培养健全的人格。① 陈训慈重视图书馆在社会教育中的作用，他曾说，"我们要提高中国民族地位，首应谋其全民智能的提高与普及，而图书馆实为牖民救国之利器"②。民众图书馆与省立图书馆都有着社会教育的功能，二者并不冲突。在陈训慈看来，"民众教育馆为吾国新兴事业，衡其使命之广，则在其智能教育之设施中自应包有图书部；然他方面则省立图书馆又别有其保存文献图籍提高学术研究之责任，与民教馆之图书部之多顾及通俗事业，原可并行不悖，决不宜裁并为一"③。这一论述是陈训慈对其在浙江省立图书馆工作经验的总结，反映了我国近代教育思潮对图书馆学术研究的影响。

陈训慈曾于1935年对中国各类型图书馆进行了详细调查。在此基础上，他对我国图书馆事业的发展有了更加深刻的体会。他将中国图书馆事业的进步归纳为以下几个方面：一是"重要图书馆之增设"，二是"民众图书馆之普及"，三是"各种图书馆之改进"，此外还有图书馆之间的联络合作、图书馆与图书馆学的研究。④ 由此出发，陈训慈提出，"惟图书馆进步之条件甚多，如藏书，如设备，如经费，如人力，盖皆缺一不可，而根本上尤有赖于政府社会之重视与协助"⑤。

对于中华图书馆协会，陈训慈"希望注重实际工作，转移社会

---

① 参见陈训慈《对于中国社会教育社年会之献辞》，《浙江省立图书馆月刊》1932年，第5—6期。
② 陈训慈：《民众图书馆改进的管见》，《浙江省图书馆协会会刊》1936年第1期。
③ 陈训慈：《全国省立图书馆现状之鸟瞰》，《浙江省立图书馆馆刊》1935年第3期。
④ 参见陈训慈《中国之图书馆事业》，《图书馆学季刊》1936年第4期。
⑤ 陈训慈：《全国省立图书馆现状之鸟瞰》，《浙江省立图书馆馆刊》1935年第3期。

观念，提高学术地位，促成民族复兴"①。具体来讲，实际工作方面，他希望各方的提案不必太多，而是应该注意提案的切实可行性，协会对于提案要精密审查，时机未熟者不予通过，通过以后当全力赴之；转移社会观念方面，他建议图书馆应尽最大努力，转变社会轻视图书馆的观念，吸引社会阅览，服务民众，提高图书馆的社会地位；提高学术地位方面，他希望图书馆在进行通俗教育之外，也应储存地方文献资料，提高学术，发扬学风；促进民族复兴方面，他建议图书馆应投身"疗愚益智增厚民力之教育事业"中。②同时，陈训慈也指出，省立图书馆印行馆藏珍本、编印专著、发行期刊是其应负之责任。他以浙江省立图书馆为实践对象，鼓励图书馆学术研究和学会建设，倡导撰写馆史、创办馆刊、积极组织图书馆协会，为学术界树立了良好的榜样。

图书馆史的撰写是图书馆事业进步的基石。图书馆史有利于民众加强对图书馆的全面认识，有利于后学厘清图书馆的重要历史定位与作用，更有利于传承图书馆在教化民众方面的引领作用。历史学家柳诒徵开创了馆史撰写的先河，他的《国立中央大学国学图书馆小史》开创了省立图书馆编撰馆史的范例。柳门毕业的陈训慈，继承了恩师在馆史编撰过程中"详述建置、购藏、编制及种种旧事，不但于创始人事迹功业，本末具详，且于馆址有关之掌故，如全椒薛慰农（时雨）先生主持惜阴书院等事，引证群书、搜考始

---

① 训慈：《祝中华图书馆协会二届年会》，《浙江省立图书馆馆刊》1933年第4期。
② 训慈：《祝中华图书馆协会二届年会》，《浙江省立图书馆馆刊》1933年第4期。

末，几若方志中之一种专志"①的史学思想来治理图书馆。在对浙江省立图书馆进行了一系列改革之后，陈训慈仿照恩师之例，编撰《浙江省立图书馆小史》，"举本馆渊源变革之大事，略述为篇，以彰往绩，而谂当世"②。陈训慈有感于柳诒徵创作《国立中央大学国学图书馆小史》时"既以当时馆务中弛，发奋为之重振，更为表扬前徽"的初衷，"亦学步考撰《浙江图书馆小史》（先生在馆刊中发表，后分印单本），然内容限于自一九〇三年浙江藏书楼初创以后各时期之规制、人事及主要设施等（于文澜阁则仅略及阁书，其后由张慕骞同学考撰成一详史，载之《文澜学报》创刊号，师亦称许之）"。③《浙江省立图书馆小史》是浙江图书馆的第一部馆史论著，继承并发扬了柳诒徵为图书馆撰写馆史的创举。对于陈训慈撰写馆史的行为，柳诒徵亦称赞其"吾曹所到之地，凡求学或工作之所在，可说俱能撰留其史事以贻后人矣"④。

为了促进工作进步、学术交流以及民众阅读，陈训慈创办馆刊以明确图书馆工作要求，浓厚学术氛围，普及社会教育。针对馆员、学者、民众三种不同的阅读对象，陈训慈先后创办了《文澜学报》《浙江省立图书馆馆刊》《图书展望》《读书周报》等多种刊物

---

① 陈训慈：《劬师从游賸记》，载中国人民政治协商会议、江苏省镇江市委员会文史资料研究委员会编《镇江文史资料》（第十一辑）《柳翼谋先生纪念文集》，江苏省镇江市委员会文史资料研究委员会，1986年，第113页。
② 陈训慈：《浙江省立图书馆小史》，《浙江省立图书馆馆刊》1933年第6期。
③ 陈训慈：《劬师从游賸记》，载中国人民政治协商会议、江苏省镇江市委员会文史资料研究委员会编《镇江文史资料》（第十一辑）《柳翼谋先生纪念文集》，江苏省镇江市委员会文史资料研究委员会，1986年，第113—114页。
④ 陈训慈：《劬师从游賸记》，载中国人民政治协商会议、江苏省镇江市委员会文史资料研究委员会编《镇江文史资料》（第十一辑）《柳翼谋先生纪念文集》，江苏省镇江市委员会文史资料研究委员会，1986年，第114页。

以满足不同读者群体的阅读需求。《浙江省立图书馆馆刊》主要介绍本馆情况，使得民众了解图书馆的具体职能，使得馆员对自己的工作有一个系统明确的认知，使得图书馆间增进了解，互通有无，彼此促进，共同提高。《文澜学报》主要针对以知识分子为主体的专家学者，探讨中国学术，阐扬浙江文献，促进文化进步。该学报不仅促进了中国社会彼时极其缺乏的学术氛围的形成，也从侧面奠定了浙江图书馆的学术地位。《图书展望》与《读书周报》则是图书馆面向广大民众推出的通俗性读物，目的是普及基础知识，增加读书兴趣，倡导读书风气并指导读者如何利用工具书、如何合理使用图书馆。

陈训慈十分重视图书馆间的交流，多次派人到省外图书馆学习交流。"去年六月间，阅览组主任王鞠侯君曾出发考察京沪苏锡各图书馆，七月李絜非君北上，考察北平各大图书馆八处，归为报告，以供馆中各设施之借镜。"[①] 为了加强全省图书馆间的联络和协作，陈训慈于1936年组织浙江省图书馆协会，探讨图书馆运营中遇到的种种学术及实际问题。身为浙江省立图书馆的馆长，陈训慈认为他有责任帮助地方图书馆共同发展。陈训慈多次派人到省内各地图书馆开展调研活动，摸清省内各图书馆的实际情况，有针对性地对其加以辅导。"二十年五月六月之间，由推广组主任刘涤非君与组员许雪昆君先后视导本省一、四、五、六、七、八、九、十各省学区各图书馆民教馆，视导（其中四学区为他人前往）历二十四县境，参观所至凡四十六馆，（以民教馆图书部为多）"[②]，以此加强与本省各图书馆的联系，开展与地方图书馆间的馆际互助，推动

---

① 陈训慈：《浙江图书馆之回顾与展望》，《浙江省立图书馆馆刊》1933年第1期。
② 陈训慈：《浙江图书馆之回顾与展望》，《浙江省立图书馆馆刊》1933年第1期。

多馆协同发展,共同进步。为此,陈训慈出版《浙江全省图书馆概览》《全国图书馆汇录》,肯定各地方图书馆的重要作用;并设立辅导委员会,编印《图书之选购》等专业性辅导资料以辐射全省图书馆。这种互通有无、借鉴学习的精神,不仅有利于本馆自身的发展,更能在交流中共同进步,带动馆际之间的协作,对我国图书馆事业的发展具有重要意义。

四、图书馆管理思想

陈训慈曾说,近代图书馆有四大要素,分别是:"一曰物质设备(建筑为主体,其他为辅属),二曰图书,三曰经费,四曰才力。"[①] 在这一观念的指导下,陈训慈注重加强图书馆资源建设,致力于扩充馆藏、保护藏书、分类编目以及培养馆员,为图书馆的持续健康发展提供充足的图书保障和后备力量。

在任职浙江省立图书馆馆长期间,陈训慈不遗余力地扩充馆藏。首先,他大量搜罗善本图书,征购古籍善本,除了正常的购书、捐书途径外,还通过向私人旧书店购买、从废纸收购站挑选等方式获得大量珍藏。其次,他十分重视地方文献的搜集和保存。无论是各县的旧县志,还是民国之后的新县志,陈训慈都广泛发函征访,逐一收罗,渐次补充收购。再次,他十分留心收录征集清刻的浙江省各郡丛书以及乡贤遗著,每每见到必要收藏起来。对于刊刻图书所用的书版,陈训慈亦是尽心尽力收集。在他的努力之下,浙江省立图书馆的馆藏书版达 14 万之多。此外,他对补全并传承中

---

① 陈训慈:《浙江图书馆之回顾与展望》,《浙江省立图书馆馆刊》1933 年第 3 期。

国重要的经典文献十分重视,组织人员补全《四库全书》和传抄《永乐大典》。晚年更是移送十余批总计5 000余册古籍给浙江图书馆,并于九十寿诞时将其珍藏的《丁丑日记》3册和近现代名人信札148件尽数捐赠给浙江图书馆,以扩充馆藏,使得浙江图书馆成为东南地区当之无愧的文化文物聚集地。

《四库全书》是由乾隆皇帝主持,纪晓岚等多位学者共同编撰的中国古代图书汇编,是我国重要的文化典籍。它规模宏大,囊括3 500多个种类,7.9万卷,共计8亿字。乾隆命人手抄七部藏于全国多地,其对于中华文化传承的重要意义自是不言而喻。抗日战争全面爆发后,侵略者步步紧逼,不仅大片国土沦陷,优秀的文化典籍也岌岌可危。陈训慈意识到藏书对于中华文明传承的重要意义。为了使我国的重要文化典籍得以传承,陈训慈多方奔走。他先是向省教育厅争取资金,但其意见没有得到重视,失望而归。于是他不得不自筹款项,变卖祖上田产,向亲友借贷,用以支付运输《四库全书》以及馆藏善本所用船只、挑工之费用。浙江省立图书馆的大量线装书以及外文书籍在他的坚持之下得以幸存。

值得一提的是,陈训慈对藏书的保护并不仅仅拘泥于对自家省立图书馆藏书的保护,他怀有满腔对中国文化热爱的心,痛惜文化的丧失、书籍的流失。宁波天一阁是我国现存的历史最为久远的私人藏书楼,初建始于明代兵部侍郎范钦,藏有各种古籍善本7万余卷,文化传承意义十分重大。早在1924年,刚从东南大学毕业的陈训慈就曾探访慕名已久的天一阁。1934年,陈训慈第二次参观天一阁。1937年抗日战争全面爆发后,为保护范氏天一阁藏书,陈训慈曾派人直接劝导范氏,又借助重修天一阁委员会、国民政府教育部部长陈立夫等人间接督促。陈训慈认为"浙东虽暂安定,但鄞县地处海滨，时局变化莫测"①，劝导范氏后人转移书籍，终得保其藏书不致毁于战火。

陈训慈的图书馆资源建设思想深受恩师柳诒徵的影响。柳诒徵在任国学图书馆馆长期间，主持编写了 44 卷的《江苏省立国学图书馆图书总目》。该书目是中国近代公共图书馆创设以来第一部大型公共图书馆馆藏全部图书的总目。陈训慈深知图书总目对于图书馆的重要意义，对馆藏建设十分重视，客观上使得浙江省立图书馆迅速获得大量的珍贵图书。随着藏书的增多，问题也相应而至，新购图书、捐赠图书、馆内旧有藏书卷帙繁复、混乱不堪，往往想找一书却遍寻不到，这给读者阅读带来了极大的不便。为了改善阅读环境，为馆内图书分类编目成为浙江图书馆的当务之急。陈训慈决定，除善本与线装书等传统古籍仍以四部分类法分类外，采用王云五中外统一分类法处理新出的平装书，西文图书则采用杜威十进分类法编目，并专门设立编目组，以解决编目人员少、工作量大的问题。编目组双管齐下，一面将新购之中外图书即时编目，一面统筹旧有平装书的编目，终于在 1935 年编成《浙江省立图书馆图书总目》，真正做到了"每书著录书名、著者、出版年、出版者等，并一一注明每种书分类号、册数、复本数及收藏处（总馆或分馆），具有馆藏目录和读者目录双重功能"②。图书总目的编成，极大地方便了读者，省去了翻检卡片目录的麻烦。

人才对图书馆长期发展具有重要意义。拥有高水平专业素养的馆员，不仅能促进图书馆学的专业学术发展，更能为民众起到良好

---

① 沈炳尧：《陈训慈保护宁波天一阁藏书的呈文稿和信稿》，载浙江图书馆编《陈训慈百年诞辰纪念文集》，北京图书馆出版社，2006 年，第 724 页。
② 《浙江图书馆志》编纂委员会编：《浙江图书馆志》，中华书局，2000 年，第 101 页。

的指导作用,所以提高馆内工作人员的专业素养,成为图书馆软实力的重要保障。而演讲是传播文化、习得知识的重要途径,故而在馆内开设讲座刻不容缓。为此,陈训慈多次敦请当时著名的图书馆学家杜定友讲"图书馆管理法之新观点",刘国钧讲"图书馆员之修养",蒋复璁讲"英、法、德三国国立图书馆印象记",洪有丰讲"图书馆之建筑问题",并邀请藏书家王修为馆员讲解版本、目录等方面的知识,以提升本馆馆员的图书馆学专业素养。为了馆员业务参考学习的需要和图书馆学研究的便利,陈训慈特地在馆内设立"图书馆学术参考室",陈列图书馆学图书、各图书馆刊物及辞书书目等一般性参考书,以供馆员参考研究。

陈训慈在《图书之典藏》弁言中指出:"现代图书馆之特性,自在畅图书之流通,广社会之阅览。"① 在浙江省立图书馆任职期间,陈训慈曾明确地阐释过他的办馆宗旨:"近代图书馆已不能'坐而论道'被动的待人请教;而当自动的深入社会以为推动一切事业之主力。"② 在这一宗旨的指导下,陈训慈在浙江省立图书馆推行改革总分馆制度,协同服务;图书馆日夜开放,简化借阅手续,极大地方便了读者到馆阅读;完善图书馆服务,举办展会、服务民众,深化图书馆文化职能,充分践行了图书馆为读者服务的社会教育职责。

1932年,大学路新馆刚刚建成,陈训慈详细考察了三个分馆的阅读环境,并进行统筹分配。"惟自大学路新馆舍落成以后,审察地位与环境之宜,将本馆三部分分配如次:(一)总馆在大学路,为全馆藏书与一切设施之中心,置藏中外普通图书杂志;(二)孤

---

① 陈训慈:《〈图书之典藏〉弁言》,《浙江省立图书馆馆刊》1935年第4期。
② 训慈:《祝中华图书馆协会二届年会》,《浙江省立图书馆馆刊》1933年第4期。

山分馆（前外西湖总馆改）专藏《四库全书》与其他善本书；（三）新民分馆（新民路）为一通俗性图书馆，（外国文书古书及较专精之书悉置总馆）仍特设一儿童阅览室。（附设印行所别见后述）如是分配，行之半年，至今已渐为社会所熟知。"① 大学路图书馆为新建之近代图书馆，书桌崭新，阅读环境幽雅，适宜作为主馆来吸引民众阅读。而孤山路图书馆清雅安静，适于安心阅读，但地理位置欠佳，远离市区且交通不便，不利于大量读者的往来借阅，故收藏《四库全书》等珍贵善本典籍。新民路图书馆综合性位于二者之间，故设为通俗性图书馆。相比于同时代的其他图书馆学家，陈训慈具有丰富的实践经验，他的思想是从实践中孕育，又反过来指导实践的。他开创的以大学路馆舍为总馆、以孤山馆舍和新民路馆舍为分馆的总分馆服务体系，开创了图书馆总分馆体系联合服务的先河，为图书馆联合服务的管理体系打下了良好的基础。

陈训慈就任浙江图书馆馆长之后，发现来馆阅读的读者稀少。针对这种惨淡的阅读状况，他开始在管理制度上进行调整，以适应群众需求，吸引读者来馆阅读。其中，尤有代表性的一项变革就是改变阅览时间。陈训慈将大学路总馆阅览时间进行重新设定，实行通年日夜连续开放制度。大学路总馆除纪念日外，全年皆可阅览借书，开馆时间持续到夜晚 9 时，日夜皆可借阅。这种不间断的对外开放模式，极大地鼓励和吸引了大量读者来馆阅读。全年开放的全新模式保证了图书的持续稳定供给，为读者长期阅读进步提供了制度保障。此后，这种图书开放借阅模式得到了广泛认可与应用，江苏、福建等地图书馆纷纷效法其"通年日夜开放"的做法。

---

① 陈训慈：《浙江图书馆之回顾与展望》，《浙江省立图书馆馆刊》1933 年第 1 期。

中国传统的图书馆在很大程度上保留了藏书楼的性质，以藏书为主，却忽略了阅读与流通的重要意义。比如著名的藏书楼天一阁，对入阁读书提出了诸多的限制条件。这虽然在客观上有助于善本图书的保存和流传，却于知识的流通大打折扣。陈训慈大刀阔斧地进行改革，改变以往重收藏、轻实用的状况，把图书馆真正打造成社会上好学之士研读学习的重要场所。例如，"本市公立机关人员、学校教职员、学生有主任人员之盖章负责，乃至住居本市之民众，有认可之商铺个人负责保证者，得凭愿书领借书证，凭证长年借书"①，并新增阅览券、借书单、发书券、预定券等新型借书方式来吸引读者，一改过去阅书手续烦琐、借书需保证金等客观条件的限制，让广大市民广泛参与到读书学习的行列当中。为了最大限度地给读者提供便利，针对外地或无法到馆借阅的读者，陈训慈创造性地开展省内通讯借书、市内专递借书、市内团体借书等服务。考虑到读者的多样化阅读需求，陈训慈扩大开架借阅，开放杂志出借，最大限度地为读者阅读提供便利条件。此外，为了方便读者随时随地阅读，陈训慈以开创性思维设立流动借书点。在市内设图书流通部三处、民众书报阅览部五处、轮船图书部一处，还设立一个流动书库，定点巡回，并派流通车定点巡回各区，便利民众读书阅报，真正做到推广文化于普通民众。

陈训慈认为，图书馆对于沟通学术、普及知识、交流文化负有义不容辞的责任，而举办展览会则是各界共同交流学习的重要平台。在举办过几次小规模展会之后，经过三年的筹备与策划，陈训慈于1936年在杭州主办大型"浙江文献展览会"。展期18天，会

---

① 陈训慈：《浙江图书馆之回顾与展望》，《浙江省立图书馆馆刊》1933年第1期。

上一共展出6 000余种、2万余件文物，其中包括乡贤遗书、藏书文献、浙江方志、乡贤字画、革命文献、钟鼎金石等多重文化要素，观众人数一度达到8万。人们以极大的热情前来参观，感受浙江的地方文化，可谓是一次盛况空前的文化活动。自此，"越来越多的读者走进了浙图大门，1934年到1936年的年均阅借人数比1933年猛增了一点五倍，达到二十四五万人次，而此时的杭州市人口总共为三十六万；同样，这几年中的年阅借册次为五十五至五十九万之间，而当时的馆藏总量是二十七至三十一万册，这两个数字在30年代的中国图书馆界同样也找不到相应的记录"[①]。

五、学术贡献

陈训慈生长在浙江，服务于浙江省立图书馆，对浙江的本土文献、浙东学风有着深入的研究。他曾撰写《浙江学风与浙江大学》《近代东南学风与民族精神》《晚近浙江文献概述》《浙江之县志与省志问题》等多篇文章，阐述浙江学风与浙江文献的历史价值与社会意义。民族主义是陈训慈对浙东学风的归纳。他具有强烈的民族自尊心，提倡读书要讲求致用，以挽救民族劫运。在实际工作中，他大力弘扬与发掘浙江省地方文献，为文化传承作出了突出贡献；摸索出适合本省乃至全国公共图书馆发展的经验，为全国图书馆界作了大胆的尝试和良好示范，更为保护祖国珍贵善本典籍作出了积极表率。他不仅继承了恩师柳诒徵的馆史撰写、分类编目的馆藏资源建设思想，更开创性地完善图书馆管理制度，采用总分馆联合服

---

① 王效良：《近代图书馆事业的耕耘者——陈训慈先生》，载浙江图书馆编《陈训慈百年诞辰纪念文集》，北京图书馆出版社，2006年，第634页。

务、相互配合的形式,满足不同读者的阅读需求。在图书馆资源建设方面,陈训慈重视书籍的重要地位,尽量扩充善本馆藏,一方面收集珍贵善本藏书,另一方面完善地方文献。在国难当头之际不忘中华文明的薪火相传,转移藏书,保存文化的火种。在图书馆学术研究和学会建设方面,陈训慈注重学术交流,通过创办馆刊、开办展会、组织图书馆协会的形式来促进学术交流与文化传播,并用讲座的形式,培养馆内工作人员,提高其专业素养。在图书馆服务方面,日夜开放图书馆,降低借阅门槛,简化借阅手续,提供多样性借阅形式,用分层阅读来满足不同读者需求,并有针对性地开展参考咨询,帮助读者学习进步。凡此种种,他的图书馆实践与思想影响深远,为图书馆的现代化作出了表率。

第六节 钱亚新

一、生平

钱亚新(1903—1990),字维东,号东山,笔名千一、志新、练佳、金戈等,1903年12月23日出生于江苏宜兴。他六岁入私塾,后进入家乡的西街初等小学、东坡高等小学读书。小学毕业后,他考入苏州师范学校。毕业以后,钱亚新考取上海大同大学,主修数理专修科。后因身体衰弱与经济困难，他只好暂时停学。病愈之后，钱亚新被介绍到闸北的一所小学教书。1925年，国民大学在上海成立。9月初，钱亚新进入国民大学，学习图书馆学。1926年10月，钱亚新考入武昌华中大学文华图书科，跟随胡庆生、沈祖荣两位第一批留美的图书馆学家学习分类法、编目法、参考工具书等课程。1928年8月，经杜定友推荐，钱亚新从文华图书科毕业以后，进入中山大学图书馆期刊组，专门管理外文期刊。后担任上海交通大学图书馆总编目，并在1930年被聘为中华图书馆学会第一次年会索引委员会委员。① 1930年8月至1932年7月，钱亚新到私立武昌文华图书馆学专科学校任教。1932年，钱亚新任职于上海大夏大学图书馆。1933年8月，钱亚新任河北省立女子师范学院图书馆主任。后因天津形势危急，在沈祖荣的介绍下，钱亚新到湖南大学任图书馆主任一职，并在文学院兼授图书馆学课程。1938年4月，湖南大学图书馆被日军炸毁，学校被迫停课，钱亚新和湖大师生一同搬到深山丛林之中。1942年5月，钱亚新在蓝田学院获聘为教育系讲师，教授图书馆学课程，后改任图书馆主任一职。1946年8月中旬，钱亚新应邀到国立社会教育学院图书博物系任教，讲授"图书分类法""图书馆经营法""汉字排检法"三门课程。②

1950年，钱亚新到南京图书馆工作，历任外编部主任、阅览部主任、编目部主任、辅导部主任、代理馆长等职，曾参加《中小型图书馆图书分类表草案》编辑小组，组织编辑《图书馆学论文索引》第二辑，担任图书馆工作人员培训班教员。1978年，钱亚新

---

① 参见钱亚新《我的回忆录（4）》，《图书馆杂志》1989年第6期。
② 参见钱亚新《我的回忆录（9）》，《图书馆杂志》1990年第5期。

还为南京大学图书馆的研究生开设"中国古籍目录学"课程。[①] 1979年,他被聘为中国图书馆学会学术委员会委员、江苏省图书馆学会理事与编辑委员会主任。20世纪80年代,钱亚新被聘为安徽大学和南京大学兼职教授。1990年1月17日,钱亚新因病逝世于南京。[②]

二、学术论著

钱亚新在图书馆学领域的著述颇丰,涉及领域广泛,在索引学、检字法、图书分类、图书编目等方面均有着深入的研究,撰写的学术论著有《拼音著者号码编制法》(武昌:武昌文华公书林,1928年),《从索引法去谈谈排字法和检字法》(《图书馆学季刊》1929年第3卷第1—2期),《杂志和索引》(《武昌文华图书科季刊》1929年第1卷第2期),《索引和索引法》(上海:商务印书馆,1930年),《排检法的原理》(《文华图书馆学专科学校季刊》1932年第4卷第1期),《类分图书的要诀》(《图书馆学季刊》1933年第7卷第3期),《类名标题目录》(《女师学院期刊》1934年第2卷第2期),《太平御览索引》(上海:商务印书馆,1934年),《河北省立女子师范学院图书馆指南》(天津:河北省立女子师范学院,1934年),《汉字排检法概论》(天津:河北省立女子师范学院,1936年),《中国索引论著汇编初稿》(《文华图书馆学专科学校季

[①] 参见钱亚新《我的自传(代前言)》,载钱亚新著、谢欢整理《钱亚新别集》,南京大学出版社,2013年,第1—3页。
[②] 参见《著名图书馆学家、目录学家钱亚新教授逝世》,《江苏图书馆学报》1990年第1期。

刊》1937年第9卷第2期)、《图书分类法》(开利著,钱亚新译,贵阳:文通书局,1942年)、《图书馆学讲义》(长沙:湖南蓝田国立师范学院,1942年)、《图书馆的新动向》(《上海市立图书馆馆刊》1947年创刊号)、《郑樵校雠略研究》(上海:商务印书馆,1948年)等,其中《拼音著者号码编制法》《索引和索引法》《郑樵校雠略研究》具有代表性。

《拼音著者号码编制法》,1928年由武昌文华公书林出版。在该书中,钱亚新对著者号码的概念、功用、编制原则、各家著者号码法、拼音著者号码编制法进行了详细的阐述,这是他在文华公书林求学期间的学术研究成果。此法原本是为解决文华公书林的著者号码问题的(当时采用的是部首笔画法),也是我国首个拼音著者号码编制法。

《索引和索引法》,1930年由商务印书馆出版发行,但此书实际的完稿日期是1928年,钱亚新从文华图书科毕业之前。该书的内容主要有:"索引和索引法的定义和范围""索引的功用""索引的种类""索引法"(即索引编制方法)。该书是我国第一部索引学专著,初步建立了我国索引学研究的理论基础。杜定友高度评价此书:"这一本书,非但足以供我们的浏览与参考,而且是我国关于索引和索引法底第一部著作。我希望阅者,不要等闲视之。"[1]

《郑樵校雠略研究》,1948年由商务印书馆出版。全书共10章,分别为"引论""儒学""焚书""求书""官守""类例""编目""辨难""影响""评议",对郑樵《校雠略》的观点、文献价值进行了深入系统的论述,是研究郑樵《校雠略》的参考著作。[2]

---

[1] 钱亚新:《索引和索引法》,商务印书馆,1930年,"杜序"第2页。
[2] 参见钱亚新《郑樵校雠略研究》,商务印书馆,1948年。

三、索引学说

关于索引，民国时期《辞源》的定义为："将书的内容，别为目录，以便检索者，谓之索引。"《世纪大字典》(The Century Dictionary)定义为："一本书或一套书中所论及一个详细的人名，地名，标题等，并照字母次序排列的表，同时表中载着每条索引，在书中的确切位置。"① 在综合考虑中外索引定义的基础上，钱亚新将索引定义为："将一种书报或一套书报中讨论所及的人名，物名，事名，地名，时名，书名或篇名等分析而组合，用一定的方法排列它们的次序，并表明它们在书报中所在地位的表，叫做索引。换言之，索引是一种检查指定范围内的书报所有特项知识的工具。"② 钱亚新将索引看作一种工具，索引的目的是检索指定范围内的资源。这个概念全面概括了索引的目的和属性，既补充了洪业"学术工具"的观点，也结合了万国鼎"藉便检查"的主张。

通过考察索引在普通书籍、字典、百科全书、书目、杂志、报纸中的作用，他强调索引的重要功能，并对索引的种类进行了划分。他从报纸、杂志、书籍三个方面出发，分别在内容和形式上总结概括了索引的种类，如图3.1和图3.2所示。

---

① 钱亚新：《索引和索引法》，商务印书馆，1935年，第6页。
② 钱亚新：《索引和索引法》，商务印书馆，1935年，第6—7页。

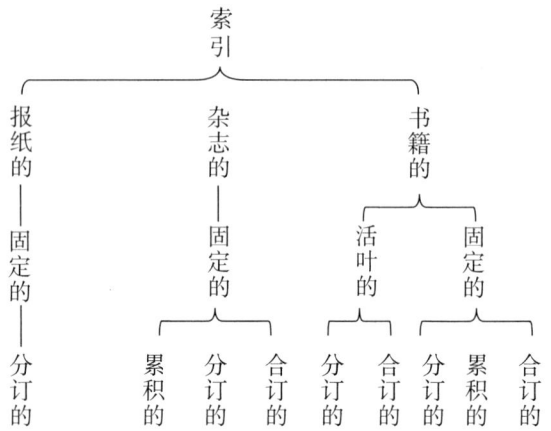

图 3.1 索引种类的划分（依形式）①

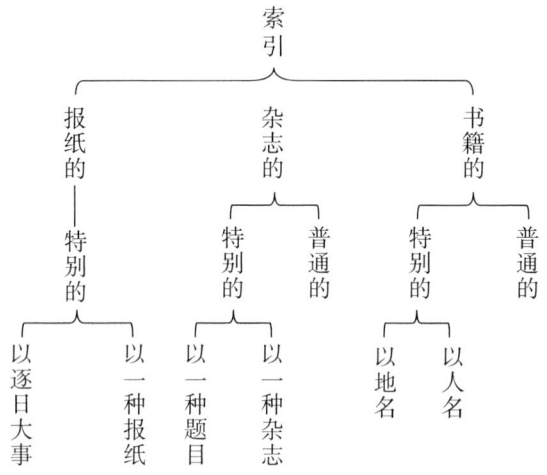

图 3.2 索引种类的划分（依内容）②

在编制索引过程中，钱亚新总结出了一个完整的流程，包括"预备""起草""整理""排版""校对""重排"六个部分。关于索引的重要性，钱亚新分别就著者、读者、出版者、官厅四个方面进

---

① 钱亚新：《索引和索引法》，商务印书馆，1935 年，第 18 页。
② 钱亚新：《索引和索引法》，商务印书馆，1935 年，第 27 页。

行了研究。他指出：著者方面，一书如有索引，将书的内容表现出来，可使读者鉴赏作者的文字、同情作者的感想或采用著者所用的方法；读者方面，书报索引是"帮助读者记忆不逮的工具"和"探寻知识的利器"；出版者方面，出版书报索引是其义不容辞的责任；官厅方面，提倡索引有助于我国文化事业的发扬。[1] 同时，他也提到，书报索引的编制需要著者、读者、出版者、教育界的互助合作，如此，索引会对国人的治学和教育的成效有莫大帮助。

1929年，钱亚新发表《杂志和索引》《从索引法去谈谈排字法和检字法》等文章，进一步论述索引的功用。他从三个方面阐释杂志要有索引的理由："杂志索引是表现被索引杂志内容的唯一工具""便于检查""为研究学术的一种锁钥"，[2] 提出"规则简单""次第森严""排检敏捷"三条索引编制标准[3]。他痛惜中国当时没有专门的杂志索引或杂志文字的读者指南，但并未完全悲观，而是说，"但是好在中国杂志的历史，时间尚为短促，发行的数量，也不十分过多。现在精密的计划努力的工作，则'亡羊补牢，未为晚也'"[4]。钱亚新曾计划写一部《中国索引发展史》，后未能写成，但撰写了《中国索引论著汇编初稿》一文，于1937年发表在《文华图书馆学专科学校季刊》第2期上。在该文中，钱亚新对中国1936年以前的各种索引著述与所编制的索引进行了详细的总结和评论，收集条目300多个，且登记了每篇文章或每本论著的出版发行信息，是研究民国时期我国索引学发展的重要参考资料。

---

[1] 参见钱亚新《索引和索引法》，商务印书馆，1935年，第94—97页。
[2] 钱亚新：《杂志和索引》，《武昌文华图书科季刊》1929年第2期。
[3] 参见钱亚新《从索引法去谈谈排字法和检字法》，《图书馆学季刊》1929年第1—2期。
[4] 钱亚新：《杂志和索引》，《武昌文华图书科季刊》1929年第2期。

在索引史的研究上，钱亚新对章学诚的索引学贡献进行了概括。他指出，章学诚对我国索引工作的贡献主要有三个方面：一是"促进索引工作向前发展"，"创议编制诸史列传人名的综合索引，却以章氏为首，编制群书中名目的综合索引，也当推章氏为滥觞"；二是"建立索引工作的理论基础"，章氏关于索引功能、索引编制的看法，为读者的检索提供了便利，提高了索引工作的学术地位；三是"创立索引工作的科学方法"，章氏在索引范围、著录凡例、条目排列方面的方法，合乎科学发展的规律。[1] 钱亚新对章学诚索引学贡献的总结为研究章学诚思想开辟了新的视角，体现了他善于发掘史料的钻研精神。

此外，钱亚新还撰写了《图书馆学论文索引》《怎样编制书目的索引》《〈两汉书姓名韵〉的索引》《〈宋元行格表〉索引》《〈古今书刻〉索引》《〈万有文库〉简编目录及其书名索引》《〈图书馆学、目录学书目索引〉评误》《〈图书馆学书籍内容主题索引〉述评》《〈图书馆学论文索引〉述评》等著述或文章，并于1951年至1960年参加南京图书馆《书刊评介资料索引》的编辑工作，对诸多索引进行了评价。1959年，钱亚新组织南京图书馆辅导部的同事们，完成《图书馆学论文索引》一书。该书收录自1949年10月中华人民共和国成立至1957年12月的论文，共计2 000多条，按类排列，对著录项目进行了详尽的索引，并在文末附有著者辅助索引。[2]《图书馆学论文索引》是中华人民共和国成立以后，查找我国图书馆学论文的重要参考工具书，反映了这一时期我国图书馆学研究的发展情况，是研究我国图书馆学史不可或缺的资料。

---

[1] 参见钱亚新《略论章学诚对我国索引工作的贡献》，《图书馆》1962年第3期。
[2] 参见南京图书馆编《图书馆学论文索引》（第二辑），商务印书馆，1959年。

四、检字法理论

民国以前，我国公私藏书目录仅有类目而无著者号码。民国以来，始有著者号码理论与实践的研究。杜定友《著者号码编制法》、张凤《形数检字法》、钱亚新《拼音著者号码编制法》、王云五《中外著者统一排列法》、陈子彝《著者号码编制法》等的问世为著者号码的编制提供了借鉴典范。在1925年出版的《著者号码编制法》中，杜定友对著者号码的用途、编制方法、编制原则与规则作了初步探索。他认为，著者号码的用途在于：可以使同类书籍按一定次序排列在书架上，同类同作者所著之书放于一处，能够方便检查与研究。在编制原则上，他强调要遵循次序与固定两个原则，即同类图书要依据著者姓氏的次序排列，著者号码要有相对固定性。[①] 如杜定友所述，他编制著者号码法是为了完善图书馆管理方法。因此，在《著者号码编制法》一书中，杜定友研究的重点在于著者号码方法的具体实施细则，理论阐述相对较为简略。

1928年，钱亚新的《拼音著者号码编制法》出版发行。在该书中，钱亚新以杜定友的理论研究为基础，构建了著者号码的基本体系，为拼音著者号码的编制提供了理论依据。钱亚新对著者号码的定义如下：

将许多可以作为著者的字聚集一起，照一定的方法，排列它们的次第，每个字再给以相当的号码，这种号码，就是著者号码。简单的

---

① 参见杜定友《著者号码编制法》，上海图书馆协会，1925年，第2—6页。

说，著者号码，就是一种制定的数码，代表著者姓氏的符号。①

钱亚新在该定义中阐述了著者号码的排列对象与排列方式，明确了著者号码的基本研究对象。他从图书馆管理者与读者的角度出发，指出著者号码的功用在于：区分同类图书，使图书排列具备一定次序，以便于检查；聚集同类同著者和异类同著者所著图书，以供参考。钱亚新相对准确地概括了著者号码的基本性质与含义，他对著者号码的定义也得到了图书馆学学者的认可。卢震京在《图书学大辞典》中对著者号码的解释为："用于每种书上，使各类之书，在书架上之次序，依著者姓氏之字顺为先后。著者号码为书码之一种。"② 刘国钧等在 1957 年出版的《图书馆目录》中，将著者号码定义为："代表图书著作人姓名顺序的号码。"③ 由以上可知，卢震京与刘国钧等对著者号码的论述与钱亚新提出的定义基本相似，从而也证明了钱亚新在著者号码理论研究上的突出贡献。

在分析当时国内外著者号码的特点以后，钱亚新提出编制中国著者号码的四个原则，分别是："著者号码表中，须能包括一切中国姓氏及其他可作为著者的字"；"选入表中诸字的排列，必须有条不紊，便于检查"；"首字相异的著者，他们的号码，绝对的不应相同"；"首字相同的著者，他们的号码，相对的可以差异"。④ 相比于杜定友著者号码编制的次序与固定的原则，钱亚新在其基础上有所扩展与创新。他对次序原则作了首字相异和首字相同的补充，扩展

---

① 钱亚新：《拼音著者号码编制法》，武昌文华公书林，1928 年，第 1 页。
② 卢震京：《图书学大辞典》，台湾商务印书馆股份有限公司，1971 年，第 427 页。
③ 刘国钧等编：《图书馆目录》，高等教育出版社，1957 年，第 291 页。
④ 钱亚新：《拼音著者号码编制法》，武昌文华公书林，1928 年，第 2—5 页。

了著者号码的应用范围，明确著者号码必须要有条不紊地排列。

据钱亚新回忆，在研究拼音著者号码编制法之时，他先是采取音韵、笔画、号码三者并用的音韵笔画法进行试点，后经文华图书科师生的讨论，把注音字母改为国语罗马字母，规定拼音分段，以区别同姓异名和同字异码，同时在文华公书林进行实验试用。[①] 该法是我国首个拼音著者号码编制法，问世以后，文华公书林第一个采用它。同时，文华图书科毕业的同学也大多倾向于采用此法，如曾任职河北省立女子师范学院图书馆的陆秀。在序言中，沈祖荣说，此法的优点是"凡一切姓氏及其他可作为著者的字尽收编了，而又决没有异字同号的情事。因为一切姓氏及其他可作为著者的字尽收编了，故不但适用于现在，而且适用于将来；不特适用于汉字书，而且适用于和文书"[②]。沈祖荣也指出，此法的缺点是"审音不易""定号太难""打字不便"，"但此等问题，皆仅图书馆员本身问题，于阅者毫无关涉。且同字的异码虽多，然馆员只须稍一研究，就知道他的用法。而用否又各视图书馆情形而定，是有伸缩性的，实不足为大累"。[③]

为了使读者更加清楚地了解索引法、排字法、检字法三者之间的关系，钱亚新特意撰写了《从索引法去谈谈排字法和检字法》，于1929年发表在《图书馆学季刊》上。在该文中，钱亚新形象地叙述了排字法与检字法之间的关系：排字法"是将杂乱无章的材料排成系统"，检字法"是从有次第的材料内，去摘出任何一个字或

---

① 参见钱亚新《我是怎样研究拼音著者号码编制法的》，《山东图书馆季刊》1987年第4期。
② 钱亚新：《拼音著者号码编制法》，武昌文华公书林，1928年，第3页。
③ 钱亚新：《拼音著者号码编制法》，武昌文华公书林，1928年，"沈序"第3—4页。

一团字来","仿佛检字法是排字法的还原,而排字法是检字法的重组"。在二者优劣影响关系方面,钱亚新总结出了优劣函数规律:"1.排字法优,检字法亦优。这个形式是正比例。2.排字法优,但检字法劣。这个形式是反比例。3.排字法劣,但检字法优。这个形式是反比例。4.排字法劣,检字法亦劣。这个形式是正比例。"而在索引法与排字法、检字法的关系上,他指出,"排字法和检字法仅着重于外表而索引法则注重于内容"。①但他也意识到,索引法、排字法、检字法仅仅只是一种工具而已,"从索引法的立场上说,我们应注意的,并不完全在乎排字法和检字法,而该著重编制索引的全部手续,及各种特殊索引的特殊阶段"②。

根据检字工作经验,钱亚新提出了排检法的原理:"条例简易""次第森严""排检敏捷"。③1957年,钱亚新为江苏省学校图书馆工作人员讲授《汉字排检法》,再次论及排字法和检字法的关系:"排字法是检字法的手段,而检字法是排字法的目的",排检法的要求则包括"条例简易""次第严密""排检迅速"三条原则。④虽然只是字词的调整,但可以明显地看出,钱亚新对检字法、排字法和索引法有了更加深入的了解与阐释,更加关注检字方法的逻辑性,重视检字方法在读者中的应用效果。

20世纪80年代,随着电子计算机在检索中的应用,汉字排检法成为学者们的研究课题。虽然已是耄耋之年,钱亚新依旧关注汉字排检法的问题,撰写《试论汉字排检法的标准化问题》《试论汉

---

① 钱亚新:《从索引法去谈谈排字法和检字法》,《图书馆学季刊》1929年第1—2期。
② 钱亚新:《从索引法去谈谈排字法和检字法》,《图书馆学季刊》1929年第1—2期。
③ 钱亚新:《排检法的原理》,《文华图书馆学专科学校季刊》1932年第1期。
④ 参见钱亚新《汉字排检法》,载《钱亚新集》编辑组编《钱亚新集》,江苏教育出版社,1991年,第259—295页。

字笔形排检法标准化的问题》《试论汉字笔画排检法的标准化问题》《试论汉字部首排检法的标准化问题》《试论汉字单笔/复笔多维排检法标准化问题》《试论汉字拼音字母排检法的标准化问题》《〈笔形顺序法〉条例探索》《试论汉字声纽、韵目排检法标准化问题》等文章,并发明"八方十位笔形排检法",按照东南西北、中心点、外周圆,将汉字分为 10 种基本笔形,细分为 35 种笔形,以解决笔形排检法的标准化问题。

五、图书分类与编目思想

钱亚新曾翻译美国开利(G. O. Kelley)女士的博士论文《图书分类法》(*The Classification of Books*),对杜定友的《世界图书分类法》、王云五的《中外图书统一分类法》有着相关的评论研究,发表《类分图书的要诀》《类名标题目录》《分类目录》等文章,探讨图书分类的原则、类名标题的种类与著录、分类目录的组织、著录与排列等问题。钱亚新注重分类法的实用性,并说,"一个满意的分类法是一件事,一个满意的分类者又是一件事",指出"我们所注重的不是分类法的本身,而是怎样去类分图书,使之适合于任何采用的分类法",并将"著者的目的""严格的归类""混合的内容""致用的倾向""权宜的办法""根据的理由"作为类分图书的六个要诀。[①] 他批判《四库全书分类法》思想落后,类目的广度与深度不够,未能做到"提纲列目"与"条理分明",不符合科学规律。但他认为不应将其毁灭而是要加以利用,发挥其作为《四库全

[①] 参见钱亚新《类分图书的要诀》,《图书馆学季刊》1933 年第 3 期。

书》指引和《四库全书总目提要》目次应有的作用。①

作为目前我国应用范围最广的图书分类法,《中国图书馆图书分类法》(简称《中图法》)初版于1975年刊行,第二版的刊行时间是1980年。截至2010年,《中图法》已修订发行到第五版。从第一版《中图法》问世起,钱亚新就对其进行了详细的研究,并提出了自己的修订意见。

在与张厚生合写的《论〈中图法〉图书馆学分类表的修订》②一文中,钱亚新肯定"图书馆学、图书馆事业""新闻学、新闻事业""档案学、档案事业"等作为"文化事业"的分类,但否定了"图书馆学、目录学、图书馆事业"作为一个类组的做法,建议将"图书馆学、图书馆事业"与"目录学、目录事业"并列起来,把"图书学"和"目录学"囊括在"目录学、目录事业"之中。钱亚新强调,编制图书分类法要坚持"实事求是,照顾大局"的原则,从实际出发,脚踏实地,在增订类目之时注意上下左右各类目之间的关系,力求精益求精。③

根据当时分类法论著的理论与实践分析,钱亚新与张厚生共同编制了《新编图书馆学类表》,于1984年发表在《广东图书馆学刊》上,为《中图法》的修订提供参考。在这个图书馆学类表中,钱亚新将类目增加至229个(《中图法》原有94个),注释增至69处(《中图法》原有31处),调整和扩充《中图法》的原有体系,

---

① 参见钱亚新《〈四库全书分类法〉的述评》,载钱亚新著、谢欢整理《钱亚新别集》,南京大学出版社,2013年,第136—145页。
② 参见钱亚新、张厚生《论〈中图法〉图书馆学分类表的修订》,《河南图书馆学刊》1988年第1期。
③ 参见钱亚新《修订〈中图法〉图书馆学类表结构初探》,《江苏图书馆学报》1984年第1期。

在 G25 图书馆学类目下，下分 G250 图书馆学理论、G251 图书馆管理学、G252 藏书建设学、G253 图书分类学、G254 图书主题法、G255 图书编目学、G256 特种书刊管理学、G257 读者服务学、G258 各类型图书馆、G259 世界各国图书馆事业，按照《中图法》体系的组配法进行编号，具有较强的适用性，为我国各类图书馆所藏的图书馆学文献提供了详细的分类参考依据。①

钱亚新认为，目录学的定义会因时、因地、因人、因科学文化的发展而有所变化，因此，目录学的定义并非一成不变的，而是在不断变更中，但毫无疑问的是，"目录学是一门科学"，"如其真正要从事目录学，首先要有一种旷观宇宙，纵览古今的修养"。②

在目录学的内容方面，钱亚新提出了著名的"五论"观点。"五论"即"目的论""本体论""关系论""方法论""发展论"。③"目的论"中，他补充章学诚的观点，将目录学的目的概括为"辨章学术，考镜源流""以学知人，由人论世"；"本体论"中，他将目录学的发展过程描述为"露苗→生长→建立→茁壮→成熟→分化"，目录学的结构过程是"体（即本体）→用→史→论"到"论→体→用→史"的循环过程；"关系论"中，他指出，目录学与其他学科有着血缘或结构的关系，有血缘关系的学科包括图书学、校勘学、版本学、音韵学、排检法、索引、图书馆学、考据学，有结构关系的学科是目录学（第一层关系——核心层次）、哲学（第二层关系——体用关系）、文献检索与利用（第三层关系）；"方法论"中，他概括了目录学的方法是"学习→实践→讲授→著述"与

---

① 参见钱亚新、张厚生《新编图书馆学类表》，《广东图书馆学刊》1984 年第 4 期。
② 钱亚新：《目录学论要》，《云南图书馆》1988 年第 2—3 期。
③ 钱亚新：《目录学讲话》，《图书馆杂志》1988 年第 3 期。

"著述→讲授→实践→学习"的循环;"发展论"中,他主张要加强目录学理论研究、发展国家书目、发展出版书目、提倡自学书目与推荐书目、加强联合目录工作的开展、实施机械化、建立目录学机构。①

"目录学五论"是钱亚新对目录学目的、结构、发展规律、相关学科,以及未来趋势等方面的高度概括。钱亚新的这一观点抽象地论述了目录学的变化规律,梳理了我国目录学自古至今的发展脉络,为我国现代目录学的未来道路指明了方向。

1957年,全国联合目录编辑组成立,其目的是为科学研究服务。在第一届全国省市图书馆工作人员进修班上,钱亚新讲授联合目录学课程,并编写《联合目录》讲义。讲义草稿完成以后,钱亚新曾虚心向杜定友请教。经过杜定友的指导,钱亚新最终才确定了讲义的最终版本。《联合目录》也被杜定友称为"条理清楚,论点正确,论证充分,更重要的是其中有不少开拓性的意见。这正如你(此处指钱亚新)从前写的《索引和索引法》那书一样"②。该讲义后被《图书馆学目录学资料汇编》一书收录。

在编写《联合目录》讲义之前,钱亚新收集了30多种中外联合目录和若干种参考书,研究其外形体制和内容实质。③ 钱亚新将联合目录定义为:"联合目录就是选定两个以上图书馆所藏书刊综合编成的目录",强调书刊的"选定",并且参与图书馆需为"两个以上"。④ 联合目录可作为馆际互借的工具,为参考工作提供资料,

---

① 参见钱亚新《目录学讲话》,《图书馆杂志》1988年第3期。
② 钱亚新:《我是怎样研究联合目录的?》,《黑龙江图书馆》1987年第4期。
③ 参见钱亚新《我是怎样研究联合目录的?》,《黑龙江图书馆》1987年第4期。
④ 钱亚新:《联合目录》,载南京图书馆编《钱亚新文集》,南京大学出版社,2007年,第163—200页。

促进全国图书馆事业的合作，提升目录工作的质量。这个定义与1958年出版的《图书馆学辞典》中"联合目录"的定义基本一致，反映出钱亚新对于"联合目录"的定义得到了学界的认可。

根据地区、书刊内容和出版物类型，钱亚新把联合目录划分为18种类型，将联合目录的特点概括为四个方面：目的要求方面，"通过馆际互借，获得本馆所无而为他馆所有之书，以满足读者或专家的需要"；选书标准方面，"不是选择全部有关的图书，而是选择具有科学的、应用的和艺术价值的图书"；著录范围方面，"只论馆藏，并必须指出所藏各馆"；编制方法方面，"着重汇总工作"。[①]钱亚新在联合目录的实际编制工作方面有着详细的指导意见，对联合目录的发展充满信心，并提议"必须建立全国性的联合目录网"，"必须建立联合目录网中心馆的联合目录部"，"必须确定和改进编制联合目录的方式方法并加以宣传和推广"。[②]为此，他按照时代发展的顺序，制定了一个《编制中文图书联合目录初步计划表》，由北京图书馆、南京图书馆、上海图书馆、文化部出版事业管理局等单位主编，标注各个阶段的完成日期，预估存书种数。这与1982年北京地区各图书馆的《西文图书联合目录》、《全国西文连续出版物联合目录（1978—1984）》、现在的CALIS联合目录有相似之处，反映了钱亚新对联合目录编制的前瞻性见解。

钱亚新对郑樵和章学诚的研究始于为蓝田师范学院编写讲义之时。在编写图书馆学课程教材时，他感慨书中材料来源多为舶来

---

① 钱亚新：《联合目录》，载南京图书馆编《钱亚新文集》，南京大学出版社，2007年，第163—200页。
② 钱亚新：《联合目录》，载南京图书馆编《钱亚新文集》，南京大学出版社，2007年，第163—200页。

品，于是便开始重新阅读古籍，以探寻中国古代是否有图书馆学。在大量阅读古籍的基础上，他指出，郑樵和章学诚的校雠学与近代的图书馆学有相似之处，"郑章二氏的校雠学说及其种种方法，与当时图书馆学中的理论和方法相比，实在是毫无逊色"，孙庆增的《藏书纪要》则是"我国图书馆工作的经验谈"。[1]

在《通志总序》中，郑樵说道："册府之藏，不患无书，校雠之司，未闻其法。欲三馆无素餐之人，四库无蠹鱼之简，千章万卷，日见流通，故作《校雠略》。"[2] 根据这段序言，钱亚新指出，郑樵既阐述了《校雠略》的意图，也提出了图书购求、典藏、整理、使用四个方面的图书馆学基本内容，"这是我国图书馆学和目录学上的先进思想，同时也是郑氏之所以成为我国图书馆学奠基人的主要原因"[3]。郑樵将整理图书的工作划分为校雠、分类和编目三个阶段，强调类例的作用，编制详细的分类体系，主张扩大目录的收录范围，要求北宋时期的国家图书馆"日见流通"。这些观点被钱亚新看作图书馆学基本内容的实践、理论与批评的交织，因此他认为，郑樵是"真正懂得图书馆学的基本内容"第一人，是"我国图书馆学的奠基人"。[4] 这种观点不失为目录学与图书馆学研究相结合的大胆创新。

钱亚新十分推崇郑樵的创新精神，并指出，"会通""求是"是两种可贵精神，郑樵继承了司马迁和刘知几的史学传统却未受其约

---

[1] 钱亚新：《我是怎样研究郑樵和章学诚的》，《图书馆杂志》1987年第3期。
[2] 郑樵：《通志略》，上海古籍出版社，1990年，"通志总序"第5页。
[3] 钱亚新：《我国图书馆学的奠基人——郑樵》，《安徽大学学报》（哲学社会科学版）1980年第3期。
[4] 钱亚新：《我国图书馆学的奠基人——郑樵》，《安徽大学学报》（哲学社会科学版）1980年第3期。

束，在校雠学方面的观点具有独到之处，关于类例的主张至今仍有现实意义。① 从总体上来讲，钱亚新对郑樵的评价是"眼光远大""态度客观""批评严格""方法可以实验""原理合乎定律"，并高度赞扬了郑樵的《校雠略》，指出郑樵的《校雠略》"不仅为我国校雠学专书的滥觞，而且是建立这门学问的先锋"。② 但钱亚新并未完全同意郑樵的观点，而是参考大量目录学文献，提出了不同的意见。例如，郑樵批评刘向、刘歆"章句之儒，胸中元无伦类"，钱亚新在参考孙德谦《刘向校雠学纂微》后，指出刘向父子的校雠是有条理的；郑樵批评班固"初无独断之学，惟依缘他人，以成门户"，钱亚新在参考章学诚的《校雠通义》后，认为郑樵的批评为过贬之辞。③

关于章学诚的目录学理论，钱亚新也曾专门撰文评价。他认为章氏的思想具有进化的理念，章氏在图书搜集、校勘、索引、编目、分类等工作上都有独创之处，"辨章学术，考镜源流"是我国校雠学的优良传统之一，却具有浓厚的封建色彩，因此我们要扩大研究的对象范围，批判地继承，为社会主义建设服务。④ 他将"贯通""存真""自得"看作章学诚批判精神的特点，并说，章学诚的《校雠通义》和《文史通义》中的思想观点值得我们去继承和发扬。⑤

---

① 参见钱亚新《论郑樵的博学多闻和创新精神》，《南京大学学报》（哲学·人文·社会科学版）1987年第3期。
② 钱亚新：《郑樵校雠略研究》，商务印书馆，1948年，第117页。
③ 参见钱亚新《我是怎样研究郑樵和章学诚的》，《图书馆杂志》1987年第3期。
④ 参见钱亚新《辨章学术 考镜源流——试论章学诚校雠学说的中心思想》，载南京图书馆编《钱亚新文集》，南京大学出版社，2007年，第244—253页。
⑤ 参见钱亚新《章学诚对郑樵批判精神的发扬》，《文教资料简报》1984年第5期。

六、学术贡献

钱亚新曾先后求学于上海国民大学与文华图书科，在图书馆学多个领域均有深入研究，并能够根据社会时势调整研究方向，以适应社会发展需要，是我国本土化图书馆学教育培养的具有代表性的图书馆学学人之一。他师承著名图书馆学家杜定友，既继承了留学一代图书馆界前辈的学术思想，也在此基础上有所创新。正如钱亚新在《图书馆学及其著述之推荐》中所说，"理论的研究，是图书馆学的中心；建设，管理，辅导的三种研究，是其台柱；而历史的研究是其外围"①。在实际的研究工作中，他围绕理论、建设、管理、辅导、历史几个方面进行了不同程度的探索。

钱亚新的《索引和索引法》对索引的定义、功用、种类、编制方法等均有所研究，初步建立了我国索引学研究的理论框架，是我国首部关于索引和索引法的学术专著，规范了索引工作的基本准则。《拼音著者号码编制法》明确了著者号码的定义、研究对象、功用、编制原则等基础事项。《从索引法去谈谈排字法和检字法》《排检法的规则》《排检法的原理》阐释了排检法的含义和标准，进一步完善了检字法理论。在图书馆管理与辅导方面，钱亚新对图书馆使用法、图书分类法进行了以图书馆工作为基础的研究。例如，《御书术》《河北省立女子师范学院图书馆指南》均为钱亚新在河北省立女子师范学院图书馆工作期间的经验所得。《郑樵校雠略研究》是钱亚新对古代图书馆学史的回顾，由此对目录学的本质、内容、

---

① 钱亚新：《图书馆学及其著述之推荐》，《读书通讯》1948年第160期。

目的、结构等方面进行研究,提出了目录学的"五论"观点,并与推荐书目、联合书目、出版书目相结合,探索目录学的古为今用之路。

第七节 卢震京

一、生平

卢震京(1906—1968),江苏南京人,生于1906年。毕业于私立金陵大学,师从刘国钧、李小缘等学习图书馆学专业,获文学学士学位。他曾先后担任国立中央大学农学院图书馆主任、立法院统计处编目主任、国民政府文官处图书馆主任、行政院图书馆专员等。[①] 1949年以后,他供职于中国科学院图书馆。1968年,卢震京病逝于南京。

二、学术论著

卢震京在图书馆学领域的学术论著有《小学图书馆概论》(上海:商务印书馆,1936年),《图书学大辞典》(上海:商务印书

---

① 参见申畅等编《中国目录学家辞典》,河南人民出版社,1988年,第456—457页。

馆，1940年），《图书馆学辞典》（北京：商务印书馆，1958年）等，其中《图书学大辞典》《图书馆学辞典》最具代表性。

《图书学大辞典》，由卢震京与印国钰、叶章和、俞宝书合作完成，1940年由商务印书馆出版，是"我国第一部图书学工具书"[①]。该书专门名词均按笔画顺序排列，书末附有四角号码检字法。全书分上、下两册，上册为正编，下册为附录部分。上册收录词条2 056条，共90余万字，包含图书馆方法、图书馆行政、校雠学、书史学、版本学、目录学、印刷、装订等图书馆学研究领域，注明资料来源，并对应有英文注释。下册共有24种附表，收录书目表、调查表、期刊表、索引等，以方便读者检索。刘国钧称赞该书在当时的价值为"这是我国在图书馆学、目录学词典方面唯一的著作"[②]。20世纪70年代，台湾地区曾3次再版该书，并进行适量缩减，充分表明了该书的重要实用价值。

《图书馆学辞典》，1958年由商务印书馆出版，是"我国当代最早的图书馆学辞典"，也是卢震京对《图书学大辞典》的修订与补充。[③] 此次修订的主要目的是为了适应社会形势变化，增加了1949年以后新出材料、苏联图书馆学等条目。

三、图书馆学基础理论学说

《图书学大辞典》和《图书馆学辞典》是卢震京最重要的两部

[①] 荣方超：《卢震京生平及其图书馆学著作考述》，《山东图书馆学刊》2010年第3期。
[②] 刘国钧：《校后记》，载卢震京编《图书馆学辞典》，商务印书馆，1958年，第896页。
[③] 参见荣方超《卢震京生平及其图书馆学著作考述》，《山东图书馆学刊》2010年第3期。

学术著作。在这两本书中，卢震京对图书馆学科体系中的学术名词、应有成果等都有着规范定义和详细解释，为我国图书馆学的规范化建设提供了参考指南。

《图书学大辞典》侧重于专门条目的诠释，详细罗列当时关于图书的专门名词，以便于读者阅览，并收录我国图书事项、历代藏书史料、国内图书馆沿革史料、中外图书分类法、图书馆建筑、图书馆印刷术与装订术、图书馆表格与用品等项。李小缘、沈祖荣、洪有丰、刘国钧等分别为之作序，戴志骞称赞该书为"图书馆界之光"，肯定其在我国图书学发展中的重要地位。相比于梁启超的《图书大辞典簿录之部》、杨家骆的《中国图书大辞典》，卢震京的《图书学大辞典》涵盖了图书馆学、目录学、校雠学、印刷、版本、藏书楼、检字法等领域的术语、名词、理论、方法，关注中外著名图书馆、历史源流与人物传记等事项，更加侧重于图书馆学理论层面的阐述。因此，滕固在序言中指出，该书"洋洋乎可谓图书学之图书馆也"[①]。王文山说，"图书学辞典之成，不仅为治书之学辟一新径，亦且晰智识于理微，聚学术为大观，是此书当见重于世也"[②]。李小缘说，"夫辞典之制，包罗万象，应有尽有，所以供检讨，备翻阅也。近世科学进步，学问之途径范围日见限制狭窄，而内容日趋精深，资料日趋丰富，故各种学问，无不有其专科辞典。……此诚推广图书馆学知识必备之参考也"，肯定其重要的参考价值。[③] 蒋复璁认为其"有裨于实用"，"卢君用力勤劬，成斯宏

---

① 卢震京：《图书学大辞典》，商务印书馆，1940年，"滕序"第1页。
② 卢震京：《图书学大辞典》，商务印书馆，1940年，"王序"第1页。
③ 参见卢震京《图书学大辞典》，商务印书馆，1940年，"李序"第1—2页。

著，其有裨益于图书馆界，良非浅鲜，故乐为之序"。[1]

正如陈长伟在序言中所说，自古以来，我国图书学即为目录学，《图书学大辞典》囊括了校雠学、书史、版本、目录等诸多内容，故将其归为图书学较为合适。关于编辑该辞典的原因，卢震京在编辑大意中说，"本书编辑目的：在节述各种图书学说；并提示图书馆所用之术语；摘叙中外图书制度之概要；旁征博引，详为参证，以供图书馆及学者之参考"[2]，即为供图书馆参考工作之用。

《图书学大辞典》囊括了古今以来的治书方法，涵盖古代目录学内容和现代图书馆学原理与方法，是对民国时期图书馆学科术语的系统整理，为进一步发挥图书馆教育职能、推动图书馆学现代化提供了重要的参考。专业辞典的出现通常意味着学科的相对规范化。《图书学大辞典》将我国近代图书馆学出现的各种名词和实践方法进行了详细收录，既有具体的图书馆史料，也有图书馆学的专业知识，厘清了中国现代图书馆学发展初级阶段的学科术语。

1958年，在《图书学大辞典》的基础上，卢震京编辑的《图书馆学辞典》一书由商务印书馆出版。根据当时的社会需要，卢震京删掉失去时效的材料，增加苏联图书馆学、目录学的内容，补充之前编纂遗漏的材料与1949年以后新出的材料，对具体条目作了相应扩充。由于辞典材料与篇幅的增加，卢震京原本计划编辑三部专书形式的辞典，分别是《图书馆学辞典》《目录学辞典》《书史学辞典》，合起来仍为图书学辞典。但因各种原因，后两种辞典未见

---

[1] 卢震京：《图书学大辞典》，商务印书馆，1940年，"蒋序"第1—2页。
[2] 卢震京：《图书学大辞典》，商务印书馆，1940年，"编辑大意"第1页。

于世，仅知卢震京曾撰写完成《中国古籍书目解题》的手稿。① 由此可以看出，卢震京已经意识到，随着学科的发展，治书之学已经细化为图书馆学、目录学、书史学三个学科分科，因此亟须编纂符合学科情况的新辞典。

《图书馆学辞典》的编辑目的是"提供图书馆所用术语，摘叙中外图书馆各项制度概要，将图书馆学原理、图书馆方法——图书采购、藏书组织、图书分类、图书编目、图书阅览与参考、图书装订、图书馆建筑与设备以及图书馆群众工作等项的专门名词，征引来源，详为叙述，以供图书馆及学者的参考"②。《图书学大辞典》的体裁仿照的是"阿美利加百科全书（Encyclopedia Americana），大英百科全书（Encyclopedia Britannica），教育大辞典（Cyclopedia of Education）"③ 等的体例，《图书馆学辞典》仿照的是苏联等国的大辞典体例。对于图书馆沿革史料，《图书学大辞典》以庄文亚所编《全国文化机关一览》为基础，"凡图书馆之有悠久之历史，特殊之建筑与设备，及固定之经费，并藏书数量超逾二万册以上者，皆辑入正文；其余凡藏书在一万册以上者，则另归附录，以资参证"④；《图书馆学辞典》则"因图书馆情况时有变更，不易及时掌握，仅能做些综合的报导；其它私家藏书史料，并入书史学辞典中，不列入本书叙述范围以内"⑤。此外，《图书馆学辞典》增加了

---

① 参见荣方超《卢震京生平及其图书馆学著作考述》，《山东图书馆学刊》2010 年第 3 期。
② 卢震京编：《图书馆学辞典》，商务印书馆，1958 年，"编辑图书馆学辞典的几项说明"第 1 页。
③ 卢震京：《图书学大辞典》，商务印书馆，1940 年，"编辑大意"第 1 页。
④ 卢震京：《图书学大辞典》，商务印书馆，1940 年，"编辑大意"第 2 页。
⑤ 卢震京编：《图书馆学辞典》，商务印书馆，1958 年，"编辑图书馆学辞典的几项说明"第 1 页。

词条之间的参照互见,在书末还附有俄、中、英、德、法、拉丁文字的图书馆学名词对照表,及英、中、俄图书馆学名词对照表,以便读者检索。

从《图书学大辞典》到《图书馆学辞典》,辞典名称的变化体现了我国图书馆学科逐渐细化的发展趋势。《图书学大辞典》将目录学、图书馆学和书史学结合起来,符合20世纪初期我国图书馆学科初步建立的现状,也是图书馆管理者对参考工具书的迫切需要。因此,沈祖荣在序言中说,"于是我国人借镜攻错,乃于教育革新之际,设法开放图书,而先后都市省会之现代图书馆应运而生矣。尝思当时最大之困难,不在图书之罗致,而在缺乏工具书籍,无所凭藉,此图书馆界同仁所深知,而群起急谋编纂之事功也"①。

20世纪50年代,我国图书馆事业快速发展,社会掀起学习苏联的热潮,图书馆学研究日益深入。卢震京根据时势的发展,综合苏联图书馆学与我国图书馆学的思想观点,将图书馆学科独立出来,编成《图书馆学辞典》,虽然其中不乏对苏联图书馆事业的过分肯定,但不失为一部极具价值的参考工具书。虽然由于社会政治原因,该辞典在问世之时,曾被扣上"大毒草"的帽子,遭到了无情的批判,但杨威理在《一本好辞典——重评卢震京编〈图书馆学辞典〉》一文中,充分肯定其学术价值,并说道:"总起来说,这部辞典反映了58年当时的中国图书馆学的水平。我们否定了它,等于否定了我们自己已达到的水平。当时的中国图书馆事业是新老图书馆工作者长期共同努力的产物。这部辞典可以说是集几十年来

---

① 卢震京:《图书学大辞典》,商务印书馆,1940年,"沈序"第2页。

中国图书馆事业的有关资料的大成。"①

在1958年的《图书馆学辞典》中，卢震京收录1956年北京大学图书馆学教研室所编《图书馆学讲义》中的"图书馆学"定义："一门研究图书馆的组织及其工作内容与方法的科学"，且图书馆学由六个部分组成，分别是"图书馆事业史""图书馆建设原理""读书指导与图书宣传""藏书的补充与组织""藏书的编目与分类""图书馆房屋的建筑与图书馆设备诸问题"。②

在《图书学大辞典》一书中，卢震京参考各图书馆学家的主张，将图书馆视为社会教育机关，并引用金敏甫的《图书馆术语集》中的叙述，将图书馆的定义概括为："集合古今中外有益之书籍及各种印刷品置于一定之地方或建筑之馆舍。利用科学方法管理之，保存之，并以适合于经济之原则，供应阅者之自由参考，而收活用之效果者，即谓之图书馆。"③而1958年的《图书馆学辞典》中的图书馆定义为："图书馆系依据其特定的需要，搜集一切或一些人类文化在科学、技术、艺术及文学各方面所创造的精华记载，用科学的经济的方法，整理保存，以便利广大人民使用，并进而帮助其接受马列主义为完成社会主义建设事业所必须的知识的文化中心。"④从图书馆定义叙述的变化中可以看出，卢震京对图书馆的理解随着时代的发展而变化。20世纪30年代，我国图书馆事业初步发展，图书馆学者的研究关注图书馆个体的发展，包括图书馆管理、设备与建筑的内容，强调图书馆的社会教育功用。20世纪50

---

① 杨威理：《一本好辞典——重评卢震京编〈图书馆学辞典〉》，《吉林省图书馆学会会刊》1980年第2期。
② 卢震京编：《图书馆学辞典》，商务印书馆，1958年，第613页。
③ 卢震京：《图书学大辞典》，台湾商务印书馆股份有限公司，1971年，第433页。
④ 卢震京编：《图书馆学辞典》，商务印书馆，1958年，第596页。

年代，我国图书馆事业在政府的领导下迅速发展，教育体系逐步完善，图书馆成为我国文化事业发展的重要组成部分，图书馆学者突破了图书馆个体的研究范围，更加注重图书馆在社会主义文化建设中所发挥的作用。

除了图书馆学科的规范化研究，卢震京还在儿童图书馆学领域有所成就。1936年，卢震京所著《小学图书馆概论》由商务印书馆出版。在例言中，他表明写作此书的目的为："阐明小学图书馆的重要及其实际的方法。"①卢震京注重"小学生和教职员个性与群性的平衡"，并希望通过此书，使"一般小学教职员或师范学校的学生，无论曾否受过普通图书馆训练的，对于小学图书馆更可以增加一番认识"。②因此，每个章节之后，都附有相应的问题与参考书，以方便读者的进一步研究。

卢震京认为，设立小学图书馆的必要性在于："（一）学校组织所必需；（二）小学生的利用；（三）教师的参考和指导。"③这一阐述出于教育学的基本立场。在参考李文褀的《小学校与图书馆》一文的基础上，卢震京强调小学生图书馆对于"个性的发展""自学读书习惯的养成""优美性情的陶冶"的重要性，并补充了"办事能力的训练""补助学校教授的不足"方面的功用。④

他指出，小学图书馆的性质包括三个方面的注意事项："小学图书馆须适应小学教学之原则与中学大学图书馆的性质不同"，"小学图书馆须采用简单便利的方法与专门图书馆的性质不同"，"小学

---

① 卢震京：《小学图书馆概论》，商务印书馆，1936年，"例言"第1页。
② 卢震京：《小学图书馆概论》，商务印书馆，1936年，"例言"第1页。
③ 卢震京：《小学图书馆概论》，商务印书馆，1936年，第1页。
④ 参见卢震京《小学图书馆概论》，商务印书馆，1936年，第2—4页。

图书馆须迎合儿童心理的趋向与成人图书馆的性质不同"。① 这一观点基本上沿袭了蒋镜寰的《小学图书馆实施法纲要》一文的主张。所不同的是,卢震京对每一注意事项进行了详细的解释。例如,小学图书馆应注意训练儿童的事项有:"(一)图书馆内藏书大概的性质,(二)图书分类的方法,(三)一切标准参考,如辞典、地图等的用法,(四)一切应用杂志名称及利用法,(五)问题的研究如何编成参考的资料,(六)养成搜集各种问题参考的习惯。"简单便利方法应注意以下几点:"(一)设备简单合用而美术化,(二)分类编目宜简括合理,(三)出纳手续极简便,(四)阅览指导的方法,宜侧重于儿童的兴趣。"② 可见,卢震京主要从教育、心理、图书馆三个方面对小学图书馆的性质进行研究。

卢震京重视儿童读物在小学图书馆中的作用。他采纳王人路的《儿童读物的分类与选择》中的观点,将儿童读物定义为:"成人读物以外,凡是一切供给儿童书籍的,不论他是图画或是诗歌,或童话,或故事,都可以说他是儿童读物。"③ 他指出,"现代图书馆的精神,不仅是在利用科学方法,管理图书。而尤在能以适合于经济的原则上,实现社会化教育最大的功能。在这种目标以下,来办理小学图书馆,我们应当深切注意到儿童读物的选择问题"④。

在《小学图书馆概论》一书中,他专门撰写《儿童读物的研究》《儿童读物的选择》两章内容,讨论儿童读物的价值、类别、选择等问题。他认为,儿童读物的价值有"(1)满足精神的活动,

---

① 卢震京:《小学图书馆概论》,商务印书馆,1936年,第8—11页。
② 卢震京:《小学图书馆概论》,商务印书馆,1936年,第9—10页。
③ 卢震京:《小学图书馆概论》,商务印书馆,1936年,第51页。
④ 卢震京:《小学图书馆概论》,商务印书馆,1936年,第100页。

(2)启发社会情绪,(3)调剂现实生活"。①出于启发思想、增加知识等社会教育视角的考虑,卢震京主张,图书馆应从社会需求、儿童的生理与心理、书本内容与形式三个方面来选择儿童读物。具体来讲,社会因素包括社会现状、职业状况、社会旨趣、儿童多寡;儿童因素包括心理、生理、伦理、生活方面的特性与要求;书本因素包含图书材料、辞句、字体、插图、编排、纸张等。20多年后,在《图书馆学辞典》一书中,卢震京引用1956年北京大学图书馆学教研组编的《图书馆学讲义》,再次提及儿童读物的重要意义,并说,"儿童读物是教育儿童的强大武器之一,优秀的儿童读物能使儿童教育成一正直、诚实、勇敢、坚强、爱好劳动的人,一个生气勃勃、热爱祖国、相信共产主义事业必然建成的人……儿童时期读过的图书,将长远留在记忆当中,这在对一个人的习性的形成与职业的选择上都有着很大的影响"②。

四、图书分类与编目思想

出于读者参考需求,在《图书学大辞典》中,卢震京对杜威十进分类法、中外图书统一分类法、中国十进分类法、中外一贯实用图书分类法、仿杜威书目十类法等各图书分类法进行了详细的概括。例如,卢震京引用朱家治的《杜威及其十进分类法》所言:杜威十进分类法的优点是"简明易于领会记忆,运用有伸缩处;记号简单,根据实际学科而作,举凡文字作品,即小如残篇便录,均可应用;有助记号,可以普遍推行,图书馆采用者颇多,有特佳之连

---

① 卢震京:《小学图书馆概论》,商务印书馆,1936年,第47页。
② 卢震京编:《图书馆学辞典》,商务印书馆,1958年,第8页。

属索引";缺点是"过于机械,门类次序不合理论","科目分配不匀,不足及过剩处太显","十进记号含混不清,分类号码有时太长,太偏于美国而不多为别国留余地,故于中国应用颇难适合"。[①]而《图书馆学辞典》中说道:"杜威十进分类法虽在其早年曾经有过推动图书馆事业的作用,虽在号码编制的技术上有相当的成就,但完全不能适用于社会主义社会的图书分类。"[②] 由此可见,卢震京认同杜威十进分类法的实用方便、易记易学、简明性与伸缩性等优点,但更强调其唯心主义观点和资产阶级立场问题。

事实上,在编写《图书馆学辞典》之前,卢震京就已经注意到了图书分类法问题。他与郑振铎先生在信函中,就"新的图书分类法"问题进行了探讨。他建议,"新的分类法应该包括'资料分类'在内,而是一个标准的合于时代需要的'新的图书资料分类法',而不是仅能适合于图书分类的"[③]。因此,他认为,"所谓'图书资料分类问题',在理论方面自然还必须要顾及沟通中西学术源流,和兼采取新旧方法的地方","新的图书资料分类法的制定应该不仅是容纳过去,适应现在,更需要罗致未来"。[④]

卢震京主张制定编制方针,集中各领域专家进行分类工作。他指出,"分类表在编制方针确定后,细目的完备与概括也不是仅仅搞图书资料工作的人所能承拓的。在内容方面,各个专门学术,必须要请各专家去鉴定,只有在编排号位上似可由各图书资料专门人员多方研讨,循着一定的目标,再做通盘有计划的决定"[⑤],这也与

---

① 卢震京:《图书学大辞典》,台湾商务印书馆股份有限公司,1971年,第8页。
② 卢震京编:《图书馆学辞典》,商务印书馆,1958年,第109页。
③ 《讨论图书分类法问题——卢震京先生来函》,《文物》1951年第2期。
④ 《讨论图书分类法问题——卢震京先生来函》,《文物》1951年第2期。
⑤ 《讨论图书分类法问题——卢震京先生来函》,《文物》1951年第2期。

当时《中小型图书馆图书分类表草案》的实际编制工作方法相一致，体现了卢震京图书馆学思想的实用性特点。

图书分类排列对图书馆的发展至关重要，小学图书馆也不例外。卢震京为图书分类制订了相应的原则："（一）分类要有一定的计划和方法。（二）类别要清楚而合理。（三）类别要有标记或号码，以便核查。（四）分类号码要简单而易伸缩。（五）要适合于教师和儿童的利用。"[1] 他把小学图书归纳为九个类别，分别是："〇〇总类""一〇自然科学""二〇应用技术""三〇教育""四〇社会科学""五〇语言""六〇文学""七〇历史""八〇地理""九〇艺术"。[2] 他认为，"西洋的分类既不适于中国的国情，中国的分类又多未及于儿童特殊的需要"[3]。

与杜威十进分类法相比，卢震京的《小学图书分类法大纲表》去掉了"哲学""宗教"两个大类，将杜威十进分类法中的"艺术、美术和装饰艺术"类简化为"艺术"，"地理、历史及辅助学科"类拆分为"地理""历史"两个大类，"自然科学和数学"类改为"自然科学"。每个大类下分九个小类，重点突出儿童图书的性质。例如，"总类"下分"图书馆学""读书法""类书""百科全书""丛书""普通演讲报告""新闻纸类""杂志年鉴""其他"。其中"图书馆学"类目包含"小学图书馆、儿童图书馆、图书馆规程、儿童书目、检字法等"。

卢震京的小学图书分类法以陈独醒的《儿童图书分类法的初拟》中的分类体系为基础。陈独醒所拟分类法大纲体系为：000 总

---

[1] 卢震京：《小学图书馆概论》，商务印书馆，1936年，第128页。
[2] 卢震京：《小学图书馆概论》，商务印书馆，1936年，第129—137页。
[3] 卢震京：《小学图书馆概论》，商务印书馆，1936年，第129页。

类、100 教育类、200 社会科学、300 自然科学、400 应用技术、500 艺术类、600 历史类、700 地理类、800 文学类、900 语言类。① 二者大类体系的类名基本一致。所不同的是，卢震京将陈法中的自然科学与应用技术放置于教育类之前，调换语言、文学、历史、地理、艺术类的先后顺序，更加强调自然科学与应用技术、艺术与历史等类别，突出图书馆在增进儿童知识、培养全面素养方面的功用。

卢震京强调目录对于图书馆的重要作用，他指出，"小学图书馆所藏的书籍，必须要有简单明白的目录。这个目的有三：（1）为教师之应用，（2）便于管理人员之检查，（3）为儿童本身之便利"②。这与曾宪文《儿童图书之分类与编目》③的观点基本一致。他主张编目手续要清楚有条理，建议采用卡片式与书本式目录相结合的方法，以卡片式目录为主，以定期书本式目录为副本。

在《图书馆学辞典》中，卢震京采用刘国钧的观点，对儿童图书馆的目录的解释为："儿童图书馆目录有其儿童本身的特殊任务，不仅需要向儿童们揭示自己藏书内容，且须成为儿童们独立选择图书的工具。此系富有巨大的教育意义的任务。"④ 由此可以看出，相比于1936年《小学图书馆概论》中的观点，卢震京依旧提倡儿童图书馆目录的重要性。所不同的是，他建议编制不同年龄阶段儿童的图书目录，对儿童图书馆的研究更加细化，这也是他的图书馆学思想的重要变化。

---

① 参见陈独醒《儿童图书分类法的初拟》，《中国出版月刊》1933年第2—3期。
② 卢震京：《小学图书馆概论》，商务印书馆，1936年，第147页。
③ 参见曾宪文《儿童图书之分类与编目》，《武昌文华图书科季刊》1929年第4期。
④ 卢震京编：《图书馆学辞典》，商务印书馆，1958年，第10页。

五、学术贡献

卢震京深受刘国钧、李小缘等人的影响,他的重要贡献在于规范了图书馆学专业术语,完善了图书馆学研究体系。卢震京以坚强的毅力和对图书馆学的热情,完成了《图书学大辞典》和《图书馆学辞典》这两部重要的图书馆学参考著作,其图书馆学观念也随着社会形势的变化而作了相应的调整。刘国钧曾称赞道:"(《图书学大辞典》)材料之甄选,内容之审查,体例之拟定,编制之进行,均非仓卒所能收效。今卢君纠集同志,不畏艰巨,以从业之余暇,作利人之伟业,其热心毅力诚足有令人生敬者。"[①]

第八节 金敏甫

一、生平

金敏甫(1907—1968),原名善培,字敏甫,[②] 江苏省青浦县

[①] 卢震京编著:《图书学大辞典》,台湾商务印书馆股份有限公司,1971年,"刘序"第2页。

[②] 参见宋景祁等编《中国图书馆名人录》,上海图书馆协会,1930年,第46页。

(今上海市青浦区)人。金敏甫先生早年毕业于县师范学校。[①] 1925年秋,他考入上海国民大学图书馆学系,跟从杜定友和胡朴安两位教授,以及孙心磐、陈伯奎助教与多位临时讲师学习图书馆学专业知识。[②] 1926年从上海国民大学图书馆学系毕业后,[③] 金敏甫进入上海暨南大学洪年图书馆工作,一度任至图书馆编目股主任一职,并兼任中华图书馆协会编目委员会及索引委员会委员、上海图书馆协会执行委员。1930年,金敏甫到浙江大学图书馆短暂工作一段时间,随后供职于南京铁道部图书馆。1937年抗日战争全面爆发,金敏甫跟随南京铁道部图书馆迁往重庆,并时刻关注图书馆学的发展情况。随后,南京交通部图书馆暂时停开,铁道部图书馆继续开放,之后铁道部并入交通部,金敏甫继续在交通部从事图书馆的相关工作。[④] 1947年,交通部图书馆迁回南京,金敏甫仅在那里工作一年,便转入上海铁路局任编审委员,之后在上海崇贤小学任代课教员。

1949年以后,金敏甫曾在杭州铁路小学任小学教员、总务主任,后担任广州铁路局下属幼儿园事务主任,之后又在广州铁路局技术馆承担一般办事员工作。1956年11月,广东省立中山图书馆馆长叶得春先生将金敏甫调入广东省图书馆担任辅导部主任,从事图书馆业务辅导工作。1957年,广州市图书馆工作者联谊会成立,

---

① 参见高炳礼《回忆金敏甫先生在我馆工作的最后二十年》,载广东省立中山图书馆编《情书——致中山图书馆》,广东教育出版社,2012年,第290—292页。
② 参见金敏甫《上海国民大学图书馆学系概况》,《图书馆学季刊》1926年第1期。
③ 参见朱庆祚主编《上海图书馆事业志》,上海社会科学院出版社,1996年,第537页。
④ 参见金敏甫《抗战建国时期一个政府机关图书馆的实例:交通部图书馆概述》,《中华图书馆协会会报》1940年第4期。

杜定友当选为主席，金敏甫被选为委员。1963年，广东省图书馆学会正式成立，金敏甫是筹备委员之一。① 1968年，金敏甫因肺癌病逝于广州。

二、学术论著

金敏甫在图书馆学基础理论、图书分类、图书编目等方面多有研究，撰写的学术论著有《中国图书馆学术史》（《中山大学图书馆周刊》1928年第2卷第2期），《中国现代图书馆概况》（广州：广州图书馆协会，1929年），《评王云五的中外图书统一分类法》（《图书馆学季刊》1929年第3卷第1—2期），《标题目录概述》（《上海图书馆协会会报》1929年冬季学术讲演专号、1930年新年特刊），《中西文编目连贯论》（《上海图书馆协会会报》1930年2月），《图书馆及其利用法》（《学生杂志》1930年第17卷第7期），《编目方法：条例与决定》（《图书馆学季刊》1932年第6卷第3期），《现代图书馆编目法》（俾沙普著，金敏甫译，上海：商务印书馆，1937年），《图书编目学》（南京：正中书局，1946年）等，其中《中国现代图书馆概况》《图书编目学》具有代表性。

《中国现代图书馆概况》，1929年由广州图书馆协会出版发行。该书的初稿由金敏甫于1927年6月在暨南大学洪年图书馆写成，系统地介绍了1912年至1927年中国图书馆事业的发展历程，后续的附录成稿于1928年12月。金敏甫从理论知识和实际形势出发，对当时中国的图书馆事业抱有十分乐观的心态。他在书中说道：

---

① 参见金敏甫《广东图书馆界向科学进军消息》，《图书馆学通讯》1957年第C1期。

"民国以来，十五年间，图书馆事业之发展情形，尚堪自豪，预期再十五年，或可步欧美之后。"① 全书共有十七个章节和两个附录，全面系统地记述了民国时期中国现代图书馆的发展情况。该作既是对金敏甫图书馆学思想的阐述，也是对民国时期我国图书馆学发展史的简要概括。

《图书编目学》，1946年由南京正中书局出版，实际成稿日期为1936年12月。考虑到当时国内各图书馆编制新式目录的不足，以及图书编目相关书籍的欠缺，金敏甫开始重点关注图书编目学的有关工作，翻译俾沙普的《现代图书馆编目法》一书，并结合自己多年的编目实践经验写成此书。该书是金敏甫多年编目工作经验的总结，被杜定友誉为"现行编目法中最完善之本"②。

三、图书馆学基础理论学说

作为20世纪20年代左右兴起的一门新学科，图书馆学的产生时间和产生原因是民国时期图书馆学学人们探索的重要话题。近代图书馆学学科体系主要是借鉴西方和日本的图书馆学知识而逐渐确立起来的。③

金敏甫将图书馆学的产生归结于图书馆用途的改变，即"于保存之外，更注意于使用之途"，由使用功能的改变而引发的图书馆管理方法改革是图书馆学产生的直接动力，这一观点与当时的众多

---

① 金敏甫编：《中国现代图书馆概况》，广州图书馆协会，1929年，第72页。
② 金敏甫编著：《图书编目学》，正中书局，1946年，"杜序"第2页。
③ 参见中国科学技术协会主编，中国图书馆学会编著《中国图书馆学学科史》，中国科学技术出版社，2014年，第107页。

图书馆学学者的阐述有相似之处。① 民国以来,"乃有完全之图书馆学术发现"②。昔日只以保存藏书为图书馆工作重点不足以形成现代图书馆学科,近代对图书馆使用功能的重视是图书馆管理方法改革的根本原因。图书馆的工作并不只是保存书籍的机械性工作,图书馆学的研究价值得益于图书馆用途的改变,由此产生了社会对图书馆专门学科人才的需求,图书馆学的专门教育机构就此产生。

这与民国时期我国图书馆学学科的发展事实不谋而合:图书馆学名词来源于1920年武昌所办的文华图书科和广东举办的图书馆管理员养成所,图书馆学名词的开始流行则得益于1923年杨昭悊的《图书馆学》一书的出版。从这个角度出发,金敏甫将图书馆的工作重心由保存转向使用这一变化视为图书馆学发展的基本条件,提出图书馆在注重保存藏书时期的各种知识都不能算作真正的图书馆学,这也是划清我国古代图书馆学与近代图书馆学的重要前提。

金敏甫对于图书馆学研究的最重要贡献,莫过于其对图书馆学史的分期研究。从学术发展历史的角度,他将中国的图书馆学史划分为东西洋图书馆学流入时期和中国图书馆学发轫时期。

在东西洋图书馆学流入时期,金敏甫以这一时期具有代表性的图书馆学著作和图书馆学界事件为主要评价依据,表明东西洋图书馆学术对中国图书馆学界所产生的重要影响。

1917年,《图书馆小识》将日本的图书馆学思想传播至中国,成为"中国图书馆学术书籍之滥觞"③。次年,顾实的《图书馆指南》出版,实际上还是翻译自日本的《图书馆小识》,只是在翻译

---

① 参见金敏甫编《中国现代图书馆概况》,广州图书馆协会,1929年,第5页。
② 金敏甫编:《中国现代图书馆概况》,广州图书馆协会,1929年,第28页。
③ 金敏甫编:《中国现代图书馆概况》,广州图书馆协会,1929年,第29页。

的方法上有所差别，在每篇末尾附上了欧美图书馆发展的情形。1921年和1922年，杜定友在上海、广东各地演讲图书馆学知识，宣传汉字排字法，大力提倡图书馆学教育，对我国图书馆学的传播与普及起了极大的推动作用。金敏甫认为此举"是为图书馆学术传布国内之始"，"于我国图书馆学上影响甚大"，高度赞扬了杜定友对图书馆学科发展所作的贡献。① 按照时间顺序，1922年，金敏甫对戴志骞的北京高师暑期演讲进行了鲜明的定位，除了大致介绍演讲稿的内容之外，还将此视为西洋图书馆学知识散布程度超越东洋图书馆学的开端。

1923年，杨昭悊在翻译学习了日本田中敬的《图书馆学指南》之后，对图书馆学的知识有了初步的了解。② 据此，他编写出了《图书馆学》一书。作为中国第一部以"图书馆学"命名的书籍，马宗荣认为《图书馆学》的出版开了"国人自著图书馆学的先河"③。戴志骞对其进行了充分的肯定，称赞该书对于中国的图书馆前途有着重要的价值。④ 蔡元培则评价其是办理图书馆的人一定欢迎的书籍，享用图书馆的人也不可不读。⑤ 杨昭悊在序言中也阐明了单纯翻译外国书籍的局限性，以及出版一本属于中国人自己的图书馆学著作的重要性。⑥

对于杨昭悊的《图书馆学》，金敏甫称其为"中国图书馆学自

---

① 参见金敏甫编《中国现代图书馆概况》，广州图书馆协会，1929年，第30页。
② 参见中国科学技术协会主编，中国图书馆学会编著《中国图书馆学学科史》，中国科学技术出版社，2014年，第121—122页。
③ 马宗荣：《中国图书馆事业的史的研究》（下），《学艺杂志（上海1917）》1930年第7期。
④ 参见杨昭悊编著《图书馆学》，商务印书馆，1923年，"戴志骞先生序"第3—4页。
⑤ 参见杨昭悊编著《图书馆学》，商务印书馆，1923年，"蔡孑民先生序"第1—2页。
⑥ 参见杨昭悊编著《图书馆学》，商务印书馆，1923年，"编书人的序"第9—10页。

撰书籍之最完备者"①。除了评价杨书的历史地位之外，金敏甫还指出了此书的不足之处：《图书馆学》只是限于介绍东西洋图书馆学性质，作者撰写此书"未具创造规模"②，缺少对中国图书馆实践的思考。金敏甫指出，在选购方面，杨昭悊在此书中"竟未及中国书籍之鉴别与购求"③；在分类方面，只是列举了中外图书分类的各种方法与其利弊，但对于最适合中国的分类之法，作者绝未提及。因此，即使是混合了东西之法，《图书馆学》顶多只能算是介绍图书馆学知识的普及性书籍，"此书亦只能称为东西洋图书馆学流入时期之一种作品耳"④。

在中国图书馆学发轫时期，金敏甫借用梁启超在中华图书馆协会成立会上的演说辞，表明我国图书馆学开始进入探索中国图书馆学术的时期。参照梁启超的观点，他提出中国图书馆学就是"适合乎中国图书馆应用之图书馆学也"⑤。与梁启超认为的中国图书馆发展状况相似，他表示中国图书馆学没有完全成熟，但也有诸多可观的成绩。

在中国图书馆学发轫时期的专著的评价方面，金敏甫列举了沈祖荣、胡庆生、杜定友、洪有丰对中国图书馆学教育及图书馆学术发展所作出的重要贡献。他将洪有丰在1926年出版的《图书馆组织与管理》一书称作"中国图书馆学之创始"⑥。洪有丰的著作结合了其多年的图书馆实践经验与中西图书馆学知识，是其留美归国后

---

① 金敏甫编：《中国现代图书馆概况》，广州图书馆协会，1929年，第30页。
② 金敏甫编：《中国现代图书馆概况》，广州图书馆协会，1929年，第30页。
③ 金敏甫编：《中国现代图书馆概况》，广州图书馆协会，1929年，第30页。
④ 金敏甫编：《中国现代图书馆概况》，广州图书馆协会，1929年，第30页。
⑤ 金敏甫编：《中国现代图书馆概况》，广州图书馆协会，1929年，第31页。
⑥ 金敏甫编：《中国现代图书馆概况》，广州图书馆协会，1929年，第31页。

撰写的结合中国实际状况的图书馆学著作。对于《图书馆组织与管理》一书，金敏甫并未拘泥于对书籍本身内容进行评价，而是将其上升到中国图书馆学术发展整体的高度进行定位，突出了其重要价值。

在刘国钧的《现时中文图书馆学书籍评》一文的基础上，金敏甫以近代图书馆学术著作和重要事件为依据，对中国图书馆学术史进行了理论上的扩充与发展。这种划分方法既克服了单一的时间计算方式，又融合了图书馆学重要著作和图书馆运动的关键性事件，对中国的图书馆学术史进行了综合的学术时期划分。

民国以来，近代图书馆的兴办和东西洋图书馆学知识的传播共同促进了中国近代图书馆事业的发展。这一时期的图书馆与古代单纯以保存为目的的图书馆有很大的不同。

刘国钧在《近代图书馆之性质及功用》中总结了近代图书馆的八种特征，并将其提炼为三点："自动""社会化""平民化"。[①] 其中，"自动"是指图书馆要引起阅览者的注意，提高读者的读书兴趣；"社会化"意味着图书馆大多位于地区的中心，因此图书馆管理者既要重视书籍的保存，又要注重读者的多元化；"平民化"是指读者不分年龄、阶级、性别，读者群体不仅包括研究学术之人，也包含教师、学生、儿童及广大的农工商从业者。在1934年的《图书馆学要旨》中，刘国钧给出了更为详细的概括和解释。他将近代图书馆的特征总结为："自动的而非被动的，使用的而非保存的，民众的而非贵族的，社会化的而非个人的。"[②] 刘国钧把现代图书馆视为注重使用、人人享有读书权、普及民众教育的文化场所。

---

① 刘衡如：《近代图书馆之性质及功用》，《浙江公立图书馆年报》1923年第8期。
② 刘国钧编：《图书馆学要旨》，中华书局，1934年，第6页。

这一概括更加精练、准确和全面，既是对图书馆特征的概括，也是对图书馆未来的展望。

通过借鉴当时的图书馆学学者们对图书馆特征的概括，金敏甫提出中国近代图书馆有六大发展特点："由保存的趋于使用的""由贵族的趋于平民的""由深奥的趋于实用的""由主观的趋于客观的""由形式的趋于精神的""由机械的趋于专门的"。① 其中，"主观趋于客观、贵族趋于平民、保存趋于使用"观点是对刘国钧关于图书馆特点的进一步深化，概括了图书馆由古至今的发展现实和未来趋势。民国时期，在自由平等的社会思潮的影响下，图书馆管理日趋科学，藏书观念和管理技术的进步都在一定程度上促进了图书馆管理方法的改进。对此，金敏甫在《中国现代图书馆概况》中总结了民国以来图书馆管理的发展趋势，即"开架制之流行""分类制度由四部趋于十分""书本记录之改为卡片记录""由单种目录而趋于多种目录"。②

对于中国图书馆事业的自信，金敏甫并不是毫无根据的。20世纪30年代，中国图书馆事业正处于一个快速发展的时期，各种类型图书馆的创立、图书馆教育机构的建立和图书馆协会的成立引发了当时社会对图书馆和图书馆学科的高度重视。民国政府颁布的规范图书馆事业的法律法规对图书馆的有序发展起到了很好的制度保障作用。无论是外部政策环境，还是内部图书馆学界环境，都十分有利于图书馆朝着平民化、专门化和客观化的方向去发展。当时中国图书馆事业的发展已经初具现代图书馆事业发展的规模，这种情况一直持续到1937年全面抗战的爆发。全面抗战爆发后，东方

---

① 金敏甫编：《中国现代图书馆概况》，广州图书馆协会，1929年，第7—9页。
② 金敏甫编：《中国现代图书馆概况》，广州图书馆协会，1929年，第44—45页。

图书馆的毁灭和大批出版社等文化机构的损毁及迁移在很大程度上限制了图书馆事业的发展,而这些则是不可预料的客观因素。

四、图书分类与编目思想

金敏甫并没有研究编制新的分类方法,仅对当时流行的分类法进行了评价。民国初期,各省图书馆管理混乱,各大图书馆大都将图书分为中西文书籍两个部分,采用平行管理的办法分别进行分类,所用的方法也千差万别,"门类之分配,虽或各有理由,但距科学方法,尚远,总于未能通行耳",这一时期可以看作"中国图书分类法之混乱时期"。①

1917年,文华大学图书科的沈祖荣编有《仿杜威书目十类法》,金敏甫评价其为"创中西混合之制"的分类法。②其后,王云五受到马路门牌号新屋插入方法的启发,根据东方图书馆的馆藏状况,为中国独有或特有的书籍新增加类号,编著了《中外图书统一分类法》。此书共有五章,第一章为"绪论",第二章为"中外图书统一分类法",第三章为"中外著者统一排列法",第四章为"标题法",第五章为"索引法"。③关于这本著作,金敏甫在《图书馆学季刊》上专门撰写《评王云五的中外图书统一分类法》一文,进行了全面评价。④在对章节的评价上,金敏甫指出第三至五章都不能算作分类法方面的问题,原因是分类法与编目法的内容不能混为一

---

① 金敏甫编:《中国现代图书馆概况》,广州图书馆协会,1929年,第37页。
② 参见金敏甫编《中国现代图书馆概况》,广州图书馆协会,1929年,第38页。
③ 王云五:《中外图书统一分类法》,商务印书馆,1928年。
④ 参见金敏甫《评王云五的中外图书统一分类法》,《图书馆学季刊》1929年第1—2期。

谈。关于分类方面，金敏甫认为王云五的分类表里面大部分内容都源于杜威十进分类法。

金敏甫从实际的角度出发，对民国时期各分类法有着理性的分析和看待，不盲目乐观的同时也给予肯定。金敏甫认为众多分类法皆是学者鉴于四部分类法和杜威十进分类法不适合中国国情而进行的探索，但是学者们研究的分类法各成一派，各行其是，以至于尚未达到分类方面的统一。各种图书分类法著作的出现是学者们对中国图书分类法的有益思考，但同时也是学者们之间没有相互研讨的证明。从中国图书分类法的大局出发，金敏甫认为个人的思维终究有限，集会研讨真正适合中国的图书分类法才是推动中国图书馆事业发展的有效途径，这与我国分类法的实际发展情况相符。

金敏甫于1926年进入国立暨南大学洪年图书馆工作，在这期间，他结合图书馆学实践，认真研究图书馆学的有关内容，并一度任至编目股主任。后来进入铁道部图书馆工作，金敏甫致力于图书编目的研究，曾翻译了俾沙普的《现代图书馆编目法》。金敏甫在该作序言中强调俾沙普的编目方法比较适合西文图书数量较多的图书馆，并不完全适合中文书籍。

鉴于这种情况，他结合多年的实践经验，参考俾沙普的编目方法，于1936年12月撰写了专著《图书编目学》的初稿。虽然此书的正式出版时间是1946年，因抗日战争而延迟了10年出版，但此书是我国学者所著的第一本以"编目学"命名的图书，对当时的编目理论与实践工作还是有一定的指导意义的。杜定友先生为该书作序时曾评价道："金君敏甫，从事图书馆事业，垂十余年，工作之暇，将其心得编为此书。其体例得当，内容详尽，无待赘述；允推现行编目法中最完善之本。书中所述编目方法，均系多年实地经验之结晶,适合于我国图书馆之应用,与移译欧西成规者,不可同日而语。"① 此外,金敏甫还分别在《上海图书馆协会会报》《图书馆学季刊》等专业期刊上发表了有关图书编目的文章。在图书编目基本概念、目录种类的划分、编目发展史和编目原则四个方面,金敏甫分别进行了研究。

金敏甫对编目学的定义为:"编目法乃技能而非科学,其内容在指示编制目录之方法;而编目学之内容,则将编制目录之业务,作为系统之叙述,其于目录之编制,不仅研究其方法如何,尚需推考其原由何在。故编目学者:'研究编目事业之学也。'"② 对于编目学的研究对象,他归纳为五个方面,分别是编目行政、编目设置、目录本身、编目方法、目录体裁。由此,金敏甫将编目法与编目学进行明确区分,构建了一个初步的编目学发展体系,为编目学的发展提供了理论基础。

作为图书馆管理的方法之一,编目与分类有着明显的差异。杜定友在《图书管理学》中对此进行了简单的论述:分类只是注重书籍的内容,内容相同的图书会集中在一起,这个可能会由于分类之人的眼光不同有所差别;而编目则把图书的要点提取出来,使读者可以从不同的方面去查找书籍。③ 以杜定友的观点为基础,金敏甫就图书编目和分类进行了详细的区分:图书分类是为图书馆内部整理需要而进行的,它以图书的内容为参考依据,研究对象是类例之学;图书编目主要是供读者检查之用的,它以图书的实质为主要依据,研究对象是款目之学。所以,在目的上,二者一个对内一个对

---

① 金敏甫编著:《图书编目学》,正中书局,1946年,"杜序"第2页。
② 金敏甫编著:《图书编目学》,正中书局,1946年,第10页。
③ 参见杜定友编《图书管理学》,中华书局,1932年,第202页。

外；在方法上，二者一个以实质为据一个以内容为主。①

在图书馆具体管理方法的应用上，金敏甫强调分类法和编目法在实际运用中关系密切，二者相互辅助能使图书馆的工作相得益彰。中国古代的目录学家认为目录是"典籍之纲纪"，有着"辨章学术，考镜源流"之用。②按金敏甫的说法，这些并不是目录的真正性质，目录的性质包含两个方面：（1）目录是图书的记录，要显示一个图书馆中所藏图书的全部内容；（2）目录是供阅览者应用的，因此要以使用便利为编制前提。

从不同的立场出发，金敏甫将目录进行了五种角度的分类：（1）从形式上论，目录分为书本式和卡片式两种；（2）从排列方式上说，目录可以分成字典式目录、分类目录、字顺分类目录、字顺主题目录、字顺著者目录、字顺书名目录六种；（3）从内容上来说，目录可以分为著者目录、书名目录和主题目录，这三种目录混合排列合称为字典式目录；（4）从格式上论，由于论点的差异，可以有多种分法，以全目录而论，目录可以分成正卡与副卡两种，以各种目录卡来说，著者、书名和主题三类目录卡均可以分为正、副两种目录，而以主旨来论，目录又可以分为指示图书之用和参照款目之用两种；（5）从使用角度分，目录可分为公用目录与自用目录。③

金敏甫认为，中国古代所谓的目录学是分类之学、书目之学、著述之学，而不是编目之学，中国自古以来的目录学家将分类与书目、编目等学问混为一谈。因此，要谈论中国从古至今的编目史，

---

① 参见金敏甫编著《图书编目学》，正中书局，1946年，第17页。
② 参见金敏甫编著《图书编目学》，正中书局，1946年，第16页。
③ 参见金敏甫编著《图书编目学》，正中书局，1946年，第18—26页。

不得不探讨中国的目录史。①

关于中国的编目历史，金敏甫将其分为四个时期：目录发轫时期、目录推广时期、目录盛行时期和目录改进时期。目录发轫时期为汉初至五代时期，目录推广时期始于宋讫于明，目录盛行时期即为清代一朝，目录改进时期即民国时期。

民国时期的大多数图书馆都编制了印本目录，如涵芬楼的藏书目录、江苏省立图书馆的书目、清华大学图书馆的目录等。值得一提的是，此时期的中山大学图书馆所编按照字顺（字典式）排列的中日文图书目录、北平图书馆编制的联合目录、商务印书馆所出版的《万有文库》随书附赠卡片目录，皆是图书馆管理者对编目之法的有益探索。这一时期的编目学著作中除了译作之外，也有不少自撰著作。

1923 年，查修撰写《编制中文书籍目录的几个方法》一文，后又作《中文书籍编目问题》，两篇文章分别刊载于《东方杂志》和《新教育》；黄维廉亦撰有《中文书籍编目法》一文，刊于《新教育》。以上二者的研究，金敏甫评价其为"皆曾精心研究，并有心得报告"②。1926 年，杜定友的《图书目录学》出版，此书专门探索论述了图书编目的规则和目录的用法。金敏甫认为杜氏之作是"中文编目法书中之最完备者"③。

对于目录改进时期国人对编目之法研究的进步，金敏甫给予了肯定，他认为民国时期国人已经逐步明了分类、编目、书目与目录之间的关系。编目之法最初仿照西洋之法，但国人已经意识到西洋

---

① 参见金敏甫编著《图书编目学》，正中书局，1946 年，第 68—73 页。
② 金敏甫编：《中国现代图书馆概况》，广州图书馆协会，1929 年，第 41 页。
③ 金敏甫编：《中国现代图书馆概况》，广州图书馆协会，1929 年，第 41 页。

之法对中文书籍并非完全适合，因此开始研究编制中文图书编目法，这是国人在编目之法上的最大贡献，而此时期卡片式目录的印制则具有重要的价值和意义。

鉴于当时西洋编目之法对中国图书馆界的影响，金敏甫还对西洋的图书编目历史进行了分期研究。根据西方各国目录形式的进化顺序，金敏甫将西方各国的编目史分为三个时期：一是书本目录时期，二是卡片目录时期，三是协同编目时期。①

对于欧美各国图书馆在协同编目方面的努力，金敏甫高度赞同，他评价道："协同编目，实为图书编目界之新曙光，将来各国之普遍实行，亦必然之事耳。"②

在国外编目历史的阶段划分方面，俾沙普所著《现代图书馆编目法》（金敏甫译）在"图书馆编目史略"一章中详细叙述了欧美各国从古代至现代的图书馆编目历史，其中明确涉及了书本式目录、账簿式目录、卡片式目录、印刷目录卡和美国图书馆协会以及欧美各大图书馆具体所采用的目录种类。③ 金敏甫参照俾沙普对外国编目历史的描述，概括了其发展的三个历史时期和主要事件，可以说是对俾沙普之西洋编目史观念的一个重要总结。

西洋书籍传入中国以来，我国图书馆学学人开始探讨突破中西文字束缚的中外图书统一分类法，相对应地，中西文书籍编目的事项也被广泛讨论。关于这个问题，金敏甫认为，中西文书籍既然能够进行统一分类，那么也就可以将中西文书籍编目连贯起来。

为此，他提出可以采取互见或者参照之法，在中文标题卡下注

---

① 参见金敏甫编著《图书编目学》，正中书局，1946年，第73—77页。
② 金敏甫编著：《图书编目学》，正中书局，1946年，第77页。
③ 参见俾沙普著，金敏甫译《现代图书馆编目法》，商务印书馆，1937年，第1—7页。

明可以参见的西文标题，西文标题卡下也进行类似的标注。这样做有四点好处：一是中西文编目连贯可以帮助读者省去单独在中文或者西文目录中寻找的时间；二是可以在目录卡中集中同一著者的中西文书籍，方便了解某一特定作者的著述情况；三是便于中西文合璧类书籍的查找；四是能够将各国翻译本的书籍汇集在一起，完备了编目系统。① 但是，金敏甫反对将中西文卡片目录进行统一排列。他主张中西文书籍目录的互相参照，而不是形式上的统一。他把编目的原则概述为五个方面："记载须求详尽""方式须求固定""编制须求简洁""客观的态度""检查的便利"。②

在具体图书馆的目录应用上，金敏甫在1928年《暨南周刊》上发表了《洪年图书馆编目概况》一文，对暨南大学洪年图书馆的编目情况和不同类型的图书馆目录进行了分析。针对当时洪年图书馆所用的分类目录（注：图书馆学上称之为书架目录，英文名称shelf list），金敏甫认为其应用只是为了便于编目员检查和清点书籍，为图书馆的权宜之策，有着多方面的缺点。

鉴于上述分类目录的缺点，金敏甫认为编制混合了著者目录、书名目录和类名目录等的字典式目录是图书馆应有之目录形式。由于字典式目录按照字顺进行排列，又完全以客观的眼光来编制，因此是适合图书馆采用的目录类型。在字典式目录体系中，读者不必知道图书的分类和性质，只需要知道著者、书名等款项便可进行检索，并且可以采用互著别裁的方法。但是，由于字典式目录编制烦琐，一书需要编制多张目录卡片，考虑到洪年图书馆的馆藏情况和

---

① 参见金敏甫《中西文编目连贯论》，《上海图书馆协会会报》1930年2月。
② 金敏甫：《图书编目原理》，《图书展望》1937年第8期。

专业人员配置，金敏甫认为其需要较长的时间才可以编制成功，而中文目录卡排列的方法也应予以思考。①

1929年至1930年，金敏甫在《上海图书馆协会会报》上连载了《标题目录概述》一文，专门探讨标题目录在图书编目中的重要作用和标题目录的详细知识。关于标题目录的意义，金敏甫认为，标题就是把图书的体裁或所讲的标题用适当的词句描述，作为目录卡的第一项；它可以充分地展现图书的内容以及同类题材的书籍情况，便于读者进行有关材料的查找。金敏甫还列举了标题目录的主要优势以及编制标题目录的方法和原则。

五、学术贡献

金敏甫先生是20世纪中国图书馆学家群体中的一员，同时也是民国时期中国图书馆界的普通工作人员。作为接受中国本土图书馆学教育的一员，金敏甫对图书馆学的研究更多的是对杜定友等图书馆学家所倡导的理论知识的总结和深化，这与他初期受教于上海国民大学不无关系。金敏甫的图书馆学思想具有以下几个特征：（1）善于总结前人的理论精髓；（2）注意吸取西方图书馆的有益经验；（3）重视理论与实践的结合。金敏甫在其一生的治学研究中，前期着重于研究图书馆学史及其发展状况，后期侧重于探究图书编目方面的问题。他的《中国现代图书馆概况》对1927年以前的中国图书馆学史进行了全面梳理，明确了我国图书馆学在吸纳国外理论和探索本土化发展过程中的代表学者及著作。《图书编目学》是

---

① 参见金敏甫《洪年图书馆编目概况》，《暨南周刊》1928年第11期。

金敏甫在编目实践中的理论提升，对图书编目的基本概念、发展历史、编制规则、实施办法有着独特的阐述，是我国图书编目学史的开创之作。

民国以来，各类社会思潮冲击着中国传统图书馆学，向西方学习是学界共识。但全盘西化还是折中并进，这成为当时所有学科面临的主要问题。本着强烈的民族责任感，民国图书馆学学者重新审视我国延续几千年的传统图书馆学，不盲目全盘否定或肯定，以文化自信和文化自觉构建中国图书馆学学科体系，将学术思想应用于图书馆管理实践，做到了理论与实践相统一。从学科含义、学科体系到具体的应用领域，他们不断探索适合中国国情的图书馆学发展道路，以提升中国图书馆学的国际话语权。梁启超提出要建立"中国的图书馆学"，沈祖荣将社会学的调查研究法应用于图书馆学；杨昭悊初步构建图书馆学的学科基本体系；洪有丰致力于图书馆管理的本土化研究；李小缘号召建立有层次、有体系的中国图书馆事业体系；杜定友提出图书馆事业的"三位一体"学说，系统构建了图书馆学基础理论体系；刘国钧将图书馆的特征概括为"自动、社会化、平民化"，提出图书馆成立的四要素说和图书馆事业的五要素说；缪荃孙、柳诒徵、袁同礼、蒋复璁、陈训慈、孙毓修、戴志骞结合图书馆管理实践，在图书馆管理的方法理念上有所创新；韦棣华为图书馆学教育构建了先期范式；金敏甫、卢震京对民国图书馆学的发展进行了理论概述；皮高品、桂质柏、金步瀛等结合杜威十进分类法、主题分类法，在图书分类理论、编目理论方面有着深入的探讨，并编制了中国十进分类法、杜威书目十类法、世界图书分类法、中国图书分类法等图书分类法；王云五、万国鼎根据汉字的特点，创制四角号码检字法、汉字母笔排列法；钱亚新、洪业等高度概括了索引理论的基本内容。

传承经世致用学风，借鉴西方图书馆学理论，民国图书馆学学者本着学科建设的核心诉求，撰写出一大批图书馆学经典著作，探寻图书馆学的理论根源和实践出路，使得中国图书馆学具备了现代科学的基本形态。对于民国图书馆学学者而言，建立"中国的图书馆学"是一种社会责任和历史使命，他们以建构图书馆学学科为己任，希冀借助学术研究实现文化救国的抱负。民国图书馆学学者守正创新，追根溯源，对传统图书馆学理论进行创造性的扬弃重构，探索适合中国发展的图书馆学，思考传统图书馆学的发展困境及其与现代图书馆学的融合路径，推动着中华文明的进步。

主要参考文献

北京大学信息管理系等编.一代宗师——纪念刘国钧先生百年诞辰学术论文集.北京：北京图书馆出版社，1999.

北京图书馆业务研究委员会编.北京图书馆馆史资料汇编（1909—1949）.北京：书目文献出版社，1992.

俾沙普.现代图书馆编目法.金敏甫译.上海：商务印书馆，1937.

陈燮君，盛巽昌主编.20世纪图书馆与文化名人.上海：上海社会科学院出版社，2004.

陈训慈.全国省立图书馆现状之鸟瞰.浙江省立图书馆馆刊，1935（3）.

陈训慈.浙江省立图书馆小史.浙江省立图书馆馆刊，1933（6）.

陈训慈.浙江图书馆之回顾与展望.浙江省立图书馆馆刊，1933（1）.

陈训慈.中国之图书馆事业.图书馆学季刊，1936（4）.

陈毓贤.洪业传.北京：商务印书馆，2013.

程焕文.中国图书馆学教育之父——沈祖荣评传.北京：国家图书馆出版社，2013.

丁文江，赵丰田编.梁启超年谱长编.上海：上海人民出版社，2009.

杜定友.汉字形位排检法.上海：中华书局，1932.

杜定友.图书分类法.上海：上海图书馆协会，1925.

杜定友.图书馆通论.上海：商务印书馆，1925.

杜定友.图书馆学概论.上海：商务印书馆，1927.

杜定友.图书目录学.上海：商务印书馆，1926.

杜定友.著者号码编制法.上海：上海图书馆协会，1925.

杜定友著；广东省立中山图书馆，中山大学图书馆编.杜定友文集.广州：广东教育出版社，2012.

范并思等编著.20世纪西方与中国的图书馆学——基于德尔斐法测评的理论史纲.北京：北京图书馆出版社，2004.

范凡.民国时期图书馆学著作出版与学术传承.北京：国家图书馆出版社，2011.

桂质柏.大学图书馆使用法.成都：国立四川大学图书馆，1936.

桂质柏.杜威书目十类法.济南：齐鲁大学图书馆，1925.

桂质柏.国立中央大学图书馆分类大全.南京：国立中央大学图书馆，1935.

洪范五.图书馆学论文集.台北：华联印刷厂，1968.

洪业.引得说.北平：燕京大学图书馆引得编纂处，1932.

洪有丰.图书馆组织与管理.上海：商务印书馆，1926.

黄宗忠.图书馆学导论.武汉：武汉大学出版社，1988.

吉林省图书馆学会等主编.钱亚新论文选.成都：成都东方图书馆学研究所，1988.

蒋复璁编著.图书馆.南京：正中书局，1941.

蒋复璁编著.图书室管理法.南京：正中书局，1941.

蒋复璁.珍帚斋文集.台北：台湾商务印书馆，1985.

蒋复璁.中国图书分类问题之商榷.图书馆学季刊，1929（1—2）.

蒋复璁等口述，黄克武编撰.蒋复璁口述回忆录.台北："中央研究院"近代史研究所，1990.

蒋元卿编.中国图书分类之沿革.上海：中华书局，1937.

蒋祖怡编著.蒋复璁先生传.台北：思行文化传播有限公司，2015.

金陵大学农学院农业经济系农业历史组编，万国鼎校订.农业论文索引（1858—1931）.南京：金陵大学图书馆，1933.

金敏甫编著.图书编目学.南京:正中书局,1946.

金敏甫编.中国现代图书馆概况.广州:广州图书馆协会,1929.

金天游编著.图书馆基本工作简本.杭州:浙江省立图书馆,1950.

金天游编著.图书之分类.杭州:浙江省立图书馆,1936.

李刚.制度与范式:中国图书馆学的历史考察(1909—2009).北京:科学出版社,2013.

李希泌,张椒华编.中国古代藏书与近代图书馆史料(春秋至五四前后).北京:中华书局,1982.

李小缘.藏书楼与公共图书馆.图书馆学季刊,1926(3).

李小缘.公共图书馆之组织.图书馆学季刊,1926(4).

李小缘.全国图书馆计划书.图书馆学季刊,1928(2).

李小缘.图书馆学.南京:第四中山大学,1927.

李小缘.中国图书馆事业十年来之进步.图书馆学季刊,1936(4).

李小缘编辑,云南省社会科学院文献研究室校补.云南书目.昆明:云南人民出版社,1988.

李致忠主编.中国国家图书馆馆史资料长编.北京:国家图书馆出版社,2009.

梁启超.佛家经录在中国目录学之位置.图书馆学季刊,1926(1).

梁启超.梁启超全集.北京:北京出版社,1999.

梁启超.要籍解题及其读法.长沙:岳麓书社,2010.

梁启超.中华图书馆协会成立会演说辞.中华图书馆协会会报,1925(1).

梁启超著,文明国编.梁启超自述.北京:人民日报出版社,2011.

刘国钧.刘国钧图书馆学论文选集.北京:书目文献出版社,1983.

刘国钧.什么是图书馆学.中国科学院图书馆通讯,1957(1).

刘国钧编.图书馆学要旨.上海:中华书局,1934.

刘国钧.现代西方主要图书分类法评述.长春:吉林人民出版

社，1980.

刘国钧.现时中文图书馆学书籍评.图书馆学季刊，1926（2）.

刘国钧.中国书史简编.北京：高等教育出版社，1958.

刘国钧编.中国图书分类法.南京：金陵大学图书馆，1929.

刘国钧等编.图书馆目录.北京：高等教育出版社，1957.

柳曾符，柳佳编.劬堂学记.上海：上海书店出版社，2002.

柳和城.孙毓修评传.上海：上海人民出版社，2011.

柳诒徵.柳诒徵自述.合肥：安徽文艺出版社，2013.

柳翼谋.拟编全史目录议.史地学报，1924（1—2）.

卢震京.图书学大辞典.台北：台湾商务印书馆股份有限公司，1971.

卢震京.小学图书馆概论.上海：商务印书馆，1936.

卢震京编.图书馆学辞典.北京：商务印书馆，1958.

卢震京.图书学大辞典.上海：商务印书馆，1940.

马费成主编.世代相传的智慧与服务精神——文华图专八十周年纪念文集.北京：北京图书馆出版社，2001.

马先阵，倪波编.李小缘纪念文集.南京：南京大学出版社，1988.

南京大学信息管理系编.李小缘纪念文集.南京：南京大学信息管理系，2007.

南京图书馆编.钱亚新文集.南京：南京大学出版社，2007.

南开大学图书馆学系等编.理论图书馆学教程.天津：南开大学出版社，1981.

皮高品.图书分类法评论选集.武汉：武汉大学出版社，2013.

皮高品.中国十进分类法.武汉：武昌文华图书馆学专科学校，1934.

皮高品.中国图书史纲.长春：吉林省图书馆学会，1986.

皮高品著，周荣等整理.皮高品集.武汉：武汉大学出版社，2017.

钱亚新，白国应编.杜定友图书馆学论文选集.北京：书目文献出版社，1988.

钱亚新.拼音著者号码编制法.武汉：武昌文华公书林，1928.

钱亚新.索引和索引法.上海：商务印书馆，1935.

钱亚新.郑樵校雠略研究.上海：商务印书馆，1948.

钱亚新等整编.杜定友先生遗稿文选（初集）.南京：江苏省图书馆学会，1987.

钱亚新著，谢欢整理.钱亚新别集.南京：南京大学出版社，2013.

清华大学校史研究室编.清华大学史料选编.北京：清华大学出版社，1991.

申畅等编.中国目录学家辞典.郑州：河南人民出版社，1988.

沈祖荣，胡庆生编.仿杜威书目十类法.武汉：武昌文华公书林，1922.

沈祖荣.沈祖荣文集.武汉：武汉大学出版社，2013.

沈祖荣.我国图书馆事业之改进.文华图书馆学专科学校季刊，1933（3—4）.

丁道凡搜集编注.中国图书馆界先驱沈祖荣先生文集.杭州：杭州大学出版社，1991.

宋景祁等编.中国图书馆名人录.上海：上海图书馆协会，1930.

孙永如.柳诒徵评传.南昌：百花洲文艺出版社，2010.

万国鼎，储瑞棠编.金陵大学图书馆方志目.南京：金陵大学图书馆，1933.

万国鼎.索引与序列.图书馆学季刊，1928（3）.

万国鼎编.新桥字典.上海：中华书局，1929.

王思明，陈少华主编.万国鼎文集.北京：中国农业科学技术出版社，2005.

王云五.王云五全集.北京：九州出版社，2013.

王云五.岫庐八十自述.南昌：江西教育出版社，2011.

王正廷等.韦棣华女士来华服务三十周年纪念大会启.中华图书馆协会会报，1930（4）.

王子舟.杜定友和中国图书馆学.北京：北京图书馆出版社，2002.

韦棣华演讲，程葆成记录.运动庚子赔款退回中国拨充推扩中国图书馆之经过.图书馆，1925（创刊号）.

韦庆媛，邓景康.清华大学图书馆百年图史.北京：清华大学出版社，2013.

韦庆媛，邓景康主编.戴志骞文集.北京：国家图书馆出版社，2016.

吴稌年.图书馆活动高潮与学术转型：古近代.北京：兵器工业出版社，2005.

吴慰慈，董焱编著.图书馆学概论.北京：国家图书馆出版社，2019.

吴忠良.经世一书生——陈训慈传.杭州：杭州出版社，2009.

吴仲强等.中国图书馆学史.长沙：湖南出版社，1991.

谢灼华主编.中国图书和图书馆史.武汉：武汉大学出版社，2005.

严文郁.中国图书馆发展史：自清末至抗战胜利.新竹：枫城出版社，1983.

杨立诚，金步瀛合编.中国藏书家考略.上海：上海古籍出版社，1987.

杨昭悊编著.图书馆学.上海：商务印书馆，1923.

姚名达.中国目录学史.北京：商务印书馆，1957.

俞爽迷编著.图书馆学通论.南京：正中书局，1936.

袁同礼.袁同礼文集.北京：国家图书馆出版社，2010.

张玮瑛等主编.燕京大学史稿.北京：人民中国出版社，2000.

张研，孙燕京主编.民国史料丛刊1120：文教·文博.郑州：大象出版社，2009.

浙江图书馆编.陈训慈百年诞辰纪念文集.北京：北京图书馆出版社，2006.

郑锦怀.中国现代图书馆先驱戴志骞研究.青岛：中国海洋大学出版社，2017.

中国科学技术协会主编，中国图书馆学会编著.中国图书馆学学科史.北京：中国科学技术出版社，2014.

中国图书馆图书分类法编辑委员会编.中国图书馆图书分类法.北京：书目文献出版社，1980.

中国图书馆学会主编，《建筑创作》杂志社编.百年文萃：空谷余音.北京：中国城市出版社，2005.

中华图书馆协会执行委员会编纂.中华图书馆协会第一次年会报告.上海：中华图书馆协会事务所，1929.

周洪宇.不朽的文华——从文华公书林到文华图书馆学专科学校.武汉：华中师范大学出版社，2013.

《钱亚新集》编辑组编.钱亚新集.南京：江苏教育出版社，1991.

KUEI CHIH-BER, Bibliographical and Administrative Problems Arising from the Incorporation of Chinese Books in American Libraries, Beijing: Leader Press, 1931.

索 引

【人　名】

B

鲍士伟 19，22，36，38，39，53，54，76，172

C

蔡尚思 61，63—66，73
蔡元培 134，136，141，142，178，179，393
陈训慈 262，337—355，405

D

戴志骞 2，20，21，102—122，141，245，300，377，393，405
杜定友 20，21，38，52，87，88，99，110，116，132，142，145，166，210，215，219，223，232—261，277，286，290，297，300，302，311，318，323，333，337，351，356，358，363，364，367，370，374，389—391，393，394，398，399，401，404，405

G

顾颉刚 155，157，206
顾实 141，215，300，392
桂质柏 22，257，313—327，405

H

何多源 251，321，326
洪业 148—161，219，359，406
洪有丰 2，18，20，21，87，121，161—177，215，319，351，377，394，405
胡庆生 14，20，77，84，85，87，88，101，286，356，394

胡适 114，123，124，134—136，156，162，219，274，278

J

蒋复璁 42，52，88，172，186，273—290，351，377，405

蒋元卿 87，88，210，246，312，333

金步瀛 261—272，405

金敏甫 87，99，163，251，255，277，296，300，381，388—405

L

李大钊 20，107，141，178，187

李小缘 2，21，40，52，65，69，155，171，178，193—215，223，291，342，375，377，388，405

梁启超 34—54，57，114，141，182，187，241，377，394，405

刘国钧 20，21，38，52，69，87，88，107，110，142，145，163，245，277，290—313，333，335—337，351，364，375—377，387，388，395，396，405

柳诒徵 10，55—61，63—67，69—71，73，74，338，345，346，350，354，405

卢震京 208，364，375—388，405

吕绍虞 99，324，326

罗振玉 11，141，187

M

毛坤 20，22，49，95，100

缪荃孙 4—12，23，32，55，57，405

P

皮高品 2，22，87，88，309，327—337，405

Q

钱亚新 2，6，22，247，255，324，355—374，406

裘开明 87，88，99，159，313，318

S

沈祖荣 14，16，17，19，20，

22，39，40，75—78，80—92，94—103，125，166，286，322，328，330，356，365，377，380，394，397，405

施廷镛 166，168，169

孙毓修 23—33，309，316，405

W

万国鼎 216—231，359，405

汪长炳 22，52，76，186

王云五 87，123—126，128—138，156，227，228，263，268，350，363，367，397，398，405

王重民 52，186，187，219

韦棣华 13—22，75，76，108，313，405

Y

严文郁 19，22，52，186，296

杨立诚 155，262，263，268

杨昭悊 2，109，139—147，215，300，323，392—394，405

姚名达 7，53，54，210，228，303，312，318，333

袁同礼 2，21，117，178—193，202，219，405

Z

查修 109，117，120，121，286，313，317，330，401

【文献名】

B

《标题总录》 98，99

《藏书楼与公共图书馆》 40，194，195，198，214

C

《丛书子目索引》 269，272

D

《大学图书馆使用法》 315，325，326

《杜氏图书分类法》 234，242，

244

《杜威书目十类法》 314，316，317，327

F

《仿杜威书目十类法》 77，84—88，101，397

《佛家经录在中国目录学之位置》 36，50，54

G

《国立北平图书馆之使命》 179，180

《国立中央大学国学图书馆小史》 56，63，345，346

《国立中央大学图书馆分类大全》 315，318，327

H

《汉字母笔排列法》 218

《汉字形位排检法》 234，257，258

J

《校雠新义》 210，234，235，242，244，261

《近代图书馆之性质》 20，292，293

M

《明见式编目法》 234，251，261

N

《拟编〈全史目录议〉》 56

《农业论文索引》 218，221，223，224，231

P

《拼音著者号码编制法》 357，358，363，374

S

《三民主义中心图书分类法》 234，242，246

《世界图书分类法》 87，132，233—235，242，244—246，261，286，302，367

《书目答问》 5—7，44，285，

302

《四角号码检字法》 124，130

《索引和索引法》 357，358，370，374

《索引与序列》 218，220，223，231

T

《图书编目学》 251，390，391，398，404

《图书分类法》 234，235，242，244，245，300，358，367

《图书馆》 23，24，26，27，31—33，234，276，277，290

《图书馆目录》 291，307，364

《图书馆通论》 215，234，237，238，240

《图书馆小识》 141，300，392

《图书馆学》 105，106，108，109，124，125，130，140—143，147，195，197，202，205，215，300，323，392—394

《图书馆学辞典》 371，376，378—381，384，385，387，388

《图书馆学概论》 145，234，237，254

《图书馆学简说》 104，105，107

《图书馆学讲义》 358，381，384

《图书馆学术讲稿》 104，105，108，118，122，300

《图书馆学要旨》 145，292—294，296，299，304，395

《图书馆与市民教育》 20，233，234，236—238，255

《图书馆组织与管理》 163，164，170，174，177，178，215，394，395

《图书目录学》 99，234，250，253，261，401

《图书室管理法》 276，277，290

《图书学大辞典》 364，375—381，384，388

《图书之分类》 262，272

X

《小学图书馆概论》 375，382，383，387

《新桥字典》 218，229—231

Y

《引得说》 149—151，157
《云南书目》 195，209，212，213

Z

《郑樵校雠略研究》 358，374
《中国藏书家考略》 262，263，272
《中国目录学史》 7，53，228，312，333
《中国全国图书馆调查表》 77，78，125
《中国十进分类法及索引》 88，329—332
《中国书史简编》 291—293，310
《中国图书分类法》 87，292，302，303，313
《中国图书馆事业十年来之进步》 155，195，204
《中国图书馆图书分类法》 42，329，330，335，368
《中国现代图书馆概况》 87，163，296，390，396，404
《中华图书馆协会成立会演说辞》 35，36，38，41，51
《中外图书统一分类法》 87，124，130，133，263，367，397
《中文图书编目规则》 315，316，321，327
《中文图书经营法》 315，317，326
《著者号码编制法》 234，247，363

【专有名词】

B

北平图书馆 19，56，66，179—187，190，192，220，274，291，307，313，340，401

D

东方图书馆 123，127—133，137，172，190，202，220，222，396，397

G

国立中央图书馆 202，275，277—284，287—290

国学图书馆 56—68，71—74，159，350

H

哈佛燕京学社 149，150，154，159，161

涵芬楼 23—26，28—32，127，128，401

J

江南图书馆 5，9—11，56，57，202

京师图书馆 5，8—11，35，37，76，179，182，186

S

商务印书馆 23—25，28，32，58，123，124，126，129，135，137，140，163，183，216，229，234，250，338，357，358，375，376，378，382，390，401

上海图书馆协会 137，233—235，242，244，256，389

松坡图书馆 35，37，52，274

W

文华公书林 14—17，21，75，77，87，111，302，357，358，365

文华图专 14，19—22，95，96，102，184，328，334

X

新图书馆运动 14，19，54，61，

78，101，103，118，177，300，316

Z

中华教育改进社 18，19，76，82，116，117，165，187，233，274

中华图书馆协会 19，36，38，42，46，54，70，76，82，83，91，94，115，117，118，137，140，166，179，187，192，194，203，208，219，223，226，233，256，274，276，290，313，314，340，344，389，394

后　记

知人论世，研究前辈学人的思想源流，本身就是对学术史的梳理。本书在现有史料的基础上，参考学者的诸多研究成果，提出新的见解。阅读学科经典著作，研究前辈们的学术思想，就像是参加一场跨越历史的学术盛宴。在撰写书稿的过程中，我曾无数次被前辈们的学术精神所感动，无论是图书馆运动中普及民智的大声疾呼，还是抗战时期护送珍本的殚精竭虑，都是图书馆学人在以自身行动，践行着传承中华优秀传统文化的使命。

特别感谢导师王余光教授、师姐熊静教授、师兄吴永贵教授给予我极大的信任，让我作为课题组成员负责撰写本卷图书，并给予我无私的帮助和指导；感谢北京大学信息管理系博雅博士后赵元斌的支持和帮助，赵师兄就前期的人物选取、全书体例、组稿撰写提出了诸多有效的建议；感谢课题组的诸位师长和同门。自"中国图书馆学史"课题立项以来，关于课题的分工合作、写作方式、侧重方向，课题组成员进行了数次交流讨论，促使我对书稿进行不断的修改与完善。

本书部分章节内容作为项目前期成果由课题组成员发表，收入本书时，由我按照统一体例补充修改，具体执笔情况如下：刘悦，第一章第一节，第三章第五节；许欢，第一章第八节；陈晨，第二章第一节；赵元斌，第一章第三节，第一章第五节（联合执笔）。

本书在出版期间，得到了安徽教育出版社编辑老师和审稿专家的用心编校和大力协助，在此一并谢过。本书难免存在疏漏之处，敬请各位读者批评指正。

最后，再次向所有关心、支持和帮助我的至亲、良师和益友表示最诚挚的感谢！

李诗苗

2024年4月于天津